사람중심의 4차 산업혁명을 선도하는

스마트 팩토리 Smart Factory
운영전략과 이해

Prologue

포스트 코로나(Post Corona) 시대, 기업의 미래 변화는 어떨까? 포스트 코로나(Post Corona)란 포스트(Post, 이후)와 코로나 19의 합성어로, 코로나 19 극복 이후 다가올 새로운 시대와 변화를 말한다. 코로나 19로 인해 사람들 간 대면접촉을 피하는 언택트(언택트는 부정 접두사인 '언(un)'과 접촉을 뜻하는 '콘택트(contact)'의 합성어로, 비대면·비접촉 방식을 가리키는 용어) 문화의 확산, 재택근무 및 원격교육 급증 등 사회 전반에 큰 변화를 일으켰다. 포스트 코로나는 코로나 19로 인해 일어난 이러한 변화들이 향후 우리 경제·사회문화·교육·기술을 주도할 것이다.

'붉은 여왕 효과(Red Queen Effect)'라는 말이 있다. 요즘 산업계에서 '붉은 여왕 효과'를 극복하지 못하면 세계 최고, 세계 최초의 기업도 무너져 버린다고 한다. "같은 곳 제자리에 있으려면 쉬지않고 달려야 하고 앞으로 가려면 두 배는 더 빨리 달려야 한다." 기업이든 조직이든 끊임없이 노력하고 중단없는 혁신이 필요하다는 의미이다. 요약해 보면, 어떤 대상이 변화하게 되더라도 우리 주변의 환경이나 경쟁 대상도 끊임없이 변화하고 있기 때문에 상대적으로 뒤처지거나 제자리에 머물고 마는 현상을 말한다. 루이스 캐럴(Lewis Carroll, 1832~1898)의 소설 '이상한 나라의 앨리스'의 속편인 '거울 나라의 앨리스'에서 붉은 여왕이 주인공인 앨리스에게 한 말에서 비롯되었다. 이 소설에서 붉은 여왕은 앨리스에게 '제자리에 있기 위해서는 끊임없이 뛰어야 한다.'고 말한다. 자신이 움직일 때 주변 세계도 함께 움직이고 있기 때문에 다른 사람보다 뛰어나기 위해서는 그 이상을 달려야 겨우 앞지를 수 있기 때문이다. 이 내용을 바탕으로 시카고 대학의 리반베일른(Leigh Van Valen, 1935~2010)이 생태계의 편형 관계를 묘사하기 위해 '붉은 여왕 효과'라고 부르면서 통용되기 시작했다.

제4차 산업혁명은 생산 수단과 양식만이 아니라 궁극적으로 인간사회 전체에 커다란 변화를 가져올 것이다. "인공지능(AI)과 로봇, 생명과학의 급속한 발전이 가져올 사회경제구조의 변화에 학교와 산업교육이 어떻게 대처할 것인가"라는 질문을 많이 하고 있다. 4차 산업혁명은 인공지능, 빅데이터, 사물인터넷(IoT), 클라우드, 3D 프린팅, 자율주행 자동차 등으로 불리는 급격한 소프트웨어와 데이터 기반의 지능 디지털 기술변환(intelligent digital technology transformation)에 의한 혁명을 말한다. 한편으로 4차 산업혁명은 '인간을 중심으로 가상과 현실이 융합하는 혁명'이라고도 한다. 4차 산업혁명에서 인공지능과 사람의 역할은 각각 혁신적인 일과 반복되는 일로 나눠져 서로 협력하게 될 것이다. 즉 최신 인공지능이라는 딥러닝(deep learning)은 최소 1,000개 이상의 데이터가 반복되어야 학습 효과를 거둘 수 있다.

제4차 산업혁명은 초연결성(Hyper-Connected)과 초지능화(Hyper-Intelligent)의 특성을 갖고 있으며, 사물인터넷(IoT), 클라우드 등 정보통신기술(ICT)을 통해 인간과 사물, 인간과 인간, 사물과 사물이 상호 연결되고 인공지능과 빅데이터를 통해 지능화된 사회로 변화될 것으로 예측되고 있다. 4차 산업혁명의 주창자이자 WEF 회장인 클라우스 슈밥은 "우리는 지금까지 우리가 살아왔고 일하고 있던 삶의 방식을 근본적으로 바꿀 기술혁명의 시

대 직전에 와 있다. 이러한 변화의 규모와 범위, 복잡성 등은 이전에 인류가 전혀 경험했던 것과는 다를 것이다."
라고 말하고 있다.

'스마트 팩토리(Smart Factory)'는 ICT(Information and Communication Technology)와 제조업이 융합하여 산업기기와 생산과정이 모두 네트워크로 연결되고 IoT(Internet of Things), CPS(Cyber-Physical System), 빅데이터, 클라우드 등의 ICT 기술을 통해 기계간 상호 소통을 통해 생산 방식의 전 과정이 자동화 및 정보화되어 공장과 공장을 비롯한 가치사슬(Value Chain) 전체가 하나의 공장처럼 실시간 연동 및 통합되는 생산 체계이다. 정부는 스마트 팩토리를 사이버물리시스템, 사물인터넷 핵심기술을 사용하여 다품종대량생산과 소비자 맞춤형이 가능한 유연 제조시스템 실현, 자동 수발주, 생산설비 간 실시간 정보교환, 자동품질 검사, 에너지 절감이 가능한 공장으로 정의하고 있다. 생산(MES), 물류(SCM), 에너지(EMS), 고객서비스(CRM), 제품수명주기관리(PLM), IoT 와 Cloud System을 결합한 제조서비스, 스마트 자재가 투입하여 스마트 제품을 생산하는 사이버물리시스템, 또한 센서, 네트워크, 컨트롤러, 디바이스를 제어하는 사물인터넷으로 구성된다. 스마트 팩토리는 제조 강국으로서의 체질을 개선하고 국가 경제적 부가가치를 창출한다. 그러나 스마트 팩토리는 수요부문의 일자리는 줄어들 수 있지만 간접 연관분야, 공급부문의 일자리는 창출된다. 그리고 수요기업은 고임금, 고숙련 쪽으로 일자리 변화가 일어나고 해외로 이전한 기업이 국내로 돌아와 새로운 일자리가 창출될 수 있다. 또한 인공지능(AI)의 빠른 개발속도와 잠재력을 고려하면 향후 스마트 팩토리에 있어 인공지능의 활용전략은 제조업의 성패를 좌우할 수 있다. 아직까지는 인공지능 기술이 초기 단계에 있음에도 불구하고 스마트 팩토리에 파급효과를 크게 가져온 점을 고려하면 인공지능 기술발전에 따른 적용범위와 파급효과는 더욱 확대될 전망이다. 이에 대한 지속적인 모니터링과 스마트 팩토리 관련 사업의 전략을 수립하는 것이 매우 중요하다고 할 수 있다. 제조업은 다양한 분야가 있다. 조립 및 생산공정, 프로세스 공정, 대단지 화학공정, 소규모 생산공정 등과 같이 다양하게 구분할 수 있을 것이다. 따라서 각각의 공장에 맞는 스마트 팩토리 활용 전략을 수립하는 것과 이에 맞는 전개를 해 나가는 것이 무엇보다도 중요하다.

본 책은 4차 산업혁명의 스마트 팩토리를 추진하거나 관심이 있는 기업과 관계자, 실무자, 현장관리자에게 기본적인 지식과 정보를 공유하고자 기술하였으나 제조업의 경영자에게도 권하고 싶다. 4차 산업혁명의 스마트 팩토리로 변화와 혁신을 하기 위해 국내외 글로벌 기업들은 어떤 생각을 하고, 무엇을 준비하고 있으며, 어떻게 실천하고 있는지 정보를 나누고자 하기 때문이다. 또한 생산관리, 품질관리, 물류관리, 고객관리 등을 공부하고 있는 학생들과 예비 직장인들에게는 이 책을 통하여 스마트 팩토리 기업에서 무엇을 중요시 여기고, 어떻게 수행하고 있는지를 간접 체험할 수 있을 것이다. 또한 본서가 나오기까지 격려해주고 자료를 제공해 주신 분들께 깊은 감사를 드린다. 더불어 본서가 출간될 수 있도록 흔쾌히 결정해 주신 한올출판사 임순재 대표이사께 감사를 드리며, 한국(Republic of Korea) 4차 산업혁명의 스마트 팩토리(Smart Factory) 구축과 추진에도 도움이 되기를 기대해 본다.

2020년 8월
박경록·이상진·박종찬·김성희

Contents

Contents

Chapter 02   스마트 팩토리(Smart Factory) 이해와 실무전략

Contents

Chapter 03   스마트 팩토리(Smart Factory) 국내외 사례

Contents

 Chapter 04 제4차 산업혁명의 핵심과 스마트 팩토리(Smart Factory)

Contents

 Epilogue   마치며

포스트 코로나, 제4차 산업혁명과 패러다임의 변화

CHAPTER

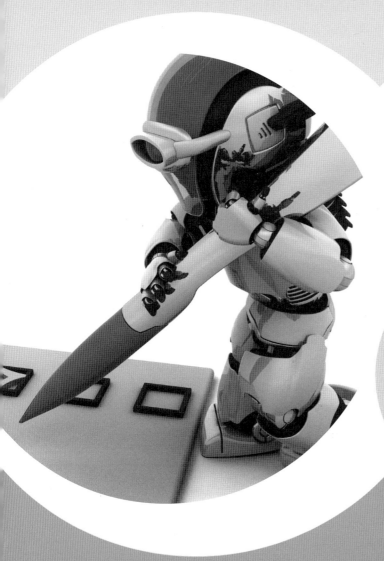

01　포스트 코로나 시대, 기업조직의 미래와 변화

　'코로나 바이러스 발생과 확산이 세계적으로 거시적·미시적 환경에 큰 영향을 미치고 있다. 세계 많은 경제학자들은 코로나 바이러스가 경제에 몰고 온 충격에 대해 분석하고 있다. 미래에 얼마나 우리 삶에 영향을 미치고 어떤 모습으로 다가올 것인지에 대해서 설명하려고 노력하고 있다. 과거에도 유행성 전염병은 세계 성장 궤도를 재형성하는 결과를 낳았고, 특히나 개발도상국들에게 타격이 매우 컸다. 2003년 사스(SARS : 중증급성호흡기증후군) 바이러스는 전 세계 성장률을 약 0.1%(약 500억 달러) 감소시켰고, 같은 해 조류 인플루엔자가 확산되면서 세계 GDP의 0.6%에 가까운 손실이 발생했다. 2019년 12월 처음 확인된 코로나19가 지속적으로 발생하면서 도시 폐쇄와 여행 제한, 공장 폐쇄가 결정되면서 세계 경제활동에 상상할 수 없는 타격을 주었다. 2020년 초 신흥시장 성장에 힘입어 세계 경제성장률이 높아질 것으로 기대했지만, 코로나19 발생이 전 세계 확산으로 해외여행 제한이 겹치면서 세계 경제에 큰 영향을 미쳤고, 중국과 한국, 일본 등 아시아 지역뿐만 아니라 유럽과 북미, 중동 등 세계적으로 퍼지고 심각한 타격을 주었다.

🔘 코로나 바이러스로 인한 사회문화적 변화

　코로나 바이러스로 인한 보건 안전위기는 사회문화적 환경을 전반적으로 바꾸어 놓고 있다. 대중교통인 버스나 지하철에서 사람들은 대부분 마스크를 끼고 다른 사람과의 접촉을 피한다. 사무실에서도 모여서 하는 회의 대신에 메신저(카톡 등)나 메일로 업무 내용을 전달하고 의견을 듣는다. 꼭 필요한 일이 아니면 가능한 접촉을 피하고, 동일 업무를 하는 직원들은 사무실을 바꾸어 일하면서 함께 코로나 전염으로 격리되는 상황을 피하고 있다. 출퇴근 시간 대중교통에서 마스크를 쓰고 사회적 거리를 유지하는 것은 사람과의 접촉을 피하려고 하는 상황으로 전 세계에서 벌어지고 있는 모습이다. 외식업체는 극심한 불황을 맞고, 사람들은 대부분 배달음식을 시켜먹거나 온라인으로 대형마트에서 주문을 한다. 가능한 한도에서 사람들과의 접촉을 줄이기 위해 기업들은 출퇴근 시간을 조정해 10시, 11시에 출근하는 제도로 변경하고, 격일제 혹은 유연하게 재택근무가 활성화되고 있는 상황이다.

비대면 서비스(Untact Service)의 변화 영역

사람들이 서로 얼굴을 마주하지 않고도 업무를 보거나 물건을 구매하도록 하는 서비스를 비대면 서비스, 언택트 서비스(untact service)라고 한다. 편의점이나 식당에서 자동판매기로 표를 구매하거나 물이나 음료수를 살 수 있는데 이런 시스템도 비대면 서비스의 일종이다. 마트에 직접 가지 않고도 00마트 온라인 주문 시스템을 이용해 택배로 생필품을 받아보는 가구가 늘어나고 있는데, 이런 서비스도 비대면 서비스이다. 은행에서 스마트폰 앱을 통해 계좌를 개설하거나 거래를 하는 것도 금융 비대면 서비스이다. 비대면 서비스는 사람을 만나는 것이 싫거나 스트레스를 받는 사람들에게만 유효한 것이 아니라, 지금 코로나 바이러스로 인한 사회적 거리두기가 필요한 상황에서 보건 안전위기를 극복하기 위한 적극적 방안으로도 효과적이다. 코로나 바이러스가 종식되는 상황이 오더라도 비대면 서비스는 축소되지 않을 가능성이 높다. 기업들은 재택근무에 대해서 더 구체적으로 생각하게 될 것이며 업무에 적용할 가능성이 높다. 재택근무를 통해 직원 복지를 늘리는 방안으로 도입할 수도 있고 출퇴근 시간을 아껴 업무에 더 많은 시간을 투자하도록 할 수도 있다. 52시간 근무 제도를 지키면서도 하루 8시간 업무에 집중하도록 시스템으로 제어할 수 있게 되기 때문이다. 그리고 오피스 관리와 유지비용을 줄이고 비대면 서비스를 늘려 예산을 효율적으로 집행할 수 있게 된다.

사회적으로는 안전 등을 위해 설치한 CCTV에 이미지 프로세스를 적용해 AI가 실시간으로 상황을 분석하는 것도 가능해질 전망이다. 자율주행 기술도 마찬가지이다. 자율주행 택시가 도입되면 운전기사가 없어지고, 아파트 입구에서 도착지까지 다른 사람과 대면 접촉 없이 이동할 수 있다.

스파트 팩토리 또한 비대면 서비스가 적용되는 영역이다. 사람이 전혀 없는 공장에서도 AI가 생산의 전 과정을 담당하는 생산시스템이 만들어질 수 있다. 사람보다 정확하고, 쉬는 시간 없이 시스템이 생산의 전 과정을 제어하고 운영하는 스마트 팩토리는 대표적인 비대면 서비스가 생산에 적용되는 사례라고 할 수 있다.

그리고 사람의 대인 접촉이 줄어드는 사회는 스마트 시티 건설로도 가능해진다. 바이러스 때문에 사람들이 사회적 거리두기를 하고 있고, 대면 접촉 없이도 물건을 고르고 결재하고 구매할 수 있고, 원격으로 의료 서비스를 받을 수 있으며, 자율주행차로 원하는 목적지까지 이동이 가능한 시스템이 도시 전체에 적용될 때 우리는 스마트 시티의 모습을 구체적으로 그려볼 수 있다.

코로나 바이러스 보건 안전 위기로 전 세계적으로 재택근무가 확산되었는데, 그 결과로 공기 대기 질이 급속히 개선되었다고 한다. 이것은 출퇴근 시간 엄청나게 몰려들던 차량운행이 감소했기 때문에 대기를 오염이 줄어든 것이다. 차량 운행은 평소보다 35% 감소하였고, 대기 중에 일산화탄소 수치는 1년 전보다 50% 가까이 감소했다는 보도가 나오기도 했다. 이런 기조가 계속된다면 지구 온실가스 배출량도 줄어들게 될 것이다. 미세먼지도 줄어들고, 전기차가 도입되면서 인류가 지금까지 고민하던 환경 오염문제에 대한 새로운 해법을 발견할 수도 있을 것이다.

재택근무를 희망하는 직장인의 변화

대인 접촉을 피하는 현상에서 서로가 서로를 부담스럽게 느끼는 학습을 하게 되는 효과가 있다. 대부분의 사람들이 외출하면 마스크를 끼고 다니는 것이 일상화되어 있는데, 이는 미세먼지 때문이기도 하지만 점차 지하철 등에서 남의 일에 신경 쓰지 않는 모습으로 변하고 있기 때문이다.

실제 직장인들은 직장에서 사람들을 가장 많이 대면하게 되는데 그 부분에서 스트레스를 상당히 많이 받는다. 코로나 바이러스와 관련해 최근 이루진 설문조사(사람인)에서 직장인들의 67%는 재택근무를 희망하는 것으로 나타났다.

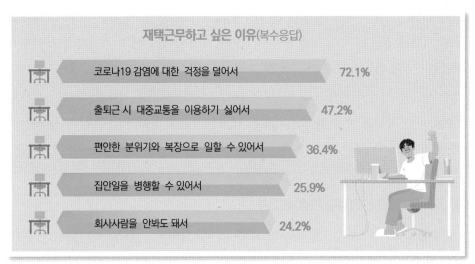

자료 참조 : 사람인 설문조사, 재택근무 희망 이유(복수응답), 2020.

첫 번째 이유는 코로나 바이러스 감염에 대한 우려 때문이었다. 전염성이 강한 특수한 상황이기 때문이다. 그 다음은 출퇴근 시 대중교통을 이용하기 싫어서라고 대답한 응답자가 47.2%로 많았다. 편안한 분위기와 복장으로 일할 수 있어서라는 응답률이 36.4%, 집안일을 병행할 수 있어서가 25.9%, 회사사람을 안 봐도 돼서가 24.2%로 나타났다.

바이러스 감염에 대한 우려와 출퇴근 시 대중교통 이용이 싫어서라는 이유를 제외하면 편안한 분위기와 복장으로 일할 수 있고, 회사 사람을 안 봐도 돼서 재택근무를 희망한다는 비율이 복수응답을 고려하더라도 절반이 넘었다. 직장생활에서 사람으로 인한 스트레스 크다는 것을 반영하는 결과이다.

이러한 분위기에서 업무 효율성 그리고 조직관리를 위해서 시스템을 도입하는 기업들이 늘어나고 있다. 향후에는 AI를 이용한 업무 조직관리가 예상되고 있다. 가능한 한 한꺼번에 많은 사람들이 모이지 않게 관리를 해야 되기 때문에 화상회의를 진행하거나 모든 사람들이 시간을 맞추기 힘들 경우 재택근무의 취지를 살리기 위해 시스템을 도입해 해결할 수 있을 것이다.

기업들은 이번 코로나 사태로 인해 재택근무 가능성을 시험해보고 있다. 재택근무로 인해 불필요한 오피스 공간을 줄이면서 비용을 절감하고 직원들은 자신에게 편안한 근무조건에서 효율성을 높일 수 있기 때문에 AI 시스템 도입을 통해 업무관리가 가능한 지를 시험해보고 있는 것이다. 스마트폰 등을 이용한 다양한 소프트웨어들이 출시되고 가장 뛰어난 기능을 탑재한 소프트웨어가 향후 많은 점유를 하게 될 것이다.

포스트 코로나, 기업의 미래와 변화

포스트 코로나란 포스트(Post, 이후)와 코로나 19의 합성어로, 코로나 19 극복 이후 다가올 새로운 시대와 환경을 이르는 말이다. 코로나 19로 인해 사람들 간 대면접촉을 피하는 언택트 문화의 확산, 원격교육 및 재택근무 급증 등 사회 전반에 큰 변화를 일으켰다. 포스트 코로나는 코로나 19로 인해 일어난 이러한 변화들이 향후 우리 사회를 주도한다는 것이다. 언택트는 부정 접두사인 '언(un)'과 접촉을 뜻하는 '콘택트(contact)'의 합성어로, 비대면·비접촉 방식을 가리키는 용어이다. 이는 코로나 19 사태에서 사람들 간의 물리적 접촉을 최소화하는 사회적 거리 두기가 강조됨에 따라 퍼진 문화이다. 실제로 코로나 19 감염을 우려한 많은 사람이 외출을 피하고 대부분 집안에서만 생활하면서 실내에서 각종 경제활동을 즐기는 것을 뜻하는 '홈코노미(Home+Economy)' 시장이 급부상했다. 즉, 오프라인 매장은 매출이 급감했지만 온라인 쇼핑이나 집안에서 즐길 수 있는 취미 관련 도구들은 큰 인기를 끈 것이다. 또한, 코로나19가 확산하면서 우리 사회에서는 비대면 재택근무의 확대, 학교 수업의 온라인 강의로의 전환, 화상 면접을 통한 기업의 신규 채용 등 기존에는 볼 수 없었던 변화들이 이어진 것이다.

포스트 코로나 시대의 기업의 미래는 어떨까?
코로나 19로 디지털 트랜스포메이션이 가속화되고 있다.

디지털 트랜스포메이션 말 그대로 디지털로 'trans+form' 즉 '형태를 바꾼다.'라는 의미다. 디지털 트랜스포메이션에 대해 한마디로 정의하면 "디지털 관점으로 산업 구조를 재편하는 것"이라고 말할 수 있다. 기업이 새로운 비즈니스 모델, 제품, 서비스를 창출하기 위해 디지털 역량을 활용함으로써 고객과 시장의 파괴적인 변화에 적응하거나 이를 추진하는 지속적인 프로세스인 것이다.

모바일, IoT, 인공지능 등의 디지털 기술의 발전과 산업 구조의 변화에 따른 기업의 조직, 프로세스, 전략, 비즈니스 모델 등 기업 경영전략의 모든 것들을 디지털 트랜스포메이션 전환으로 추진하고 있다. 역사상 최초로 선제적 혁명을 선언한 4차 산업혁명 기술과 1990년대 말부터 꾸준히 발전을 거듭해 온 디지털 트랜스포메이션은 총체적 변화에 초점을 맞추던 기업 경영전략 변화에 초점을 맞추던 결국 어떤 방식으로든 서로 연결되어 있다. 애플, 아마존, 테슬라와 같은 거대 기업은 기업 경영전략이 곧 인간 삶의 총체적인 변화와 연관되어 있기 때문이다. 오늘날 진화를 거듭하고 있는 디지털 기술은 우리 삶 거의 모든 면에 직간접적인 영향력을 발휘하고 있다. 이에 따라 포스트 코로나 시대는 '디지털화(digitalization)'라는 단어로 요약될 수 있을 것이다.

02 농업혁명에서 제4차 산업혁명으로의 전환

제4차 산업혁명은 2016년 2월 세계경제포럼(WEF : World Economic Forum), 다보스 포럼에서 주요 화두로 부상, 본격적으로 화두가 되었다. 세계경제포럼은 〈The Future of Jobs〉라는 보고서를 통해 미래에 4차 산업혁명이 도래하고 있음을 공표하고 과거 산업혁명들이 그랬듯이 국가, 사회, 경제, 교육, 기술, 정치, 문화 등 총체적 시스템 전반에 걸쳐 커다란 변화를 유발할 것이라고 전망하였다. 제4차 산업혁명은 ICT(정보통신기술)의 융합으로 이루어낸 시대이다. 18세기 초기 산업혁명 이후 네 번째로 중요한 산업시대라고 보고 있다. 4차 산업혁명은 기업들의 제조업과 ICT인 인공지능,

로봇공학, 사물인터넷, 무인운송수단, 3D 프린팅 등의 최첨단 ICT를 활용해 모든 사물들을 지능화시키고 연결하는 것을 지향하고 있으며, ICT 융합을 통해 국가와 사회, 기업경쟁력을 제고하는 차세대 산업혁명인 것이다.

○ 4차 산업혁명의 개념

출처	정의
매일경제 용어사전	기업들이 제조업과 ICT(정보통신기술)를 융합하여 작업 경쟁력을 제고하는 차세대 산업혁명을 가리키는 말로, '인더스트리 4.0'이라고 표현
다보스 포럼 (2015. 3)	ICT(정보통신기술) 등에 따른 디지털혁명에 기반을 두고 물리적 공간, 디지털 공간 및 생물학적 공간의 경계가 희미해지는 기술융합의 시대
니콜라스 데이비스 (다보스 포럼, 2016)	기계가 지능이 필요한 작업을 수행하고, 인간신체에 컴퓨팅 기술이 직접 적용되고, 기업/정부 및 수요자 간의 소통을 새로운 차원으로 향상시키는 등 '기술이 사회에 자리잡는 방식'이 새로워지는 시대
제이콥 모건 (Forbes, 2016)	실제 세계(real world)와 기술 세계(technological world)의 구분을 모호하게 만드는 컨셉트

'산업혁명(The Industrial Revolution)'은 영국 1884년에 출판된 아놀드 토인비(A. Toynbee, 1880년~1881년 사이에 옥스포드대학에서 영국 공업화의 경험에 대한 주제로 강의를 하였고 그 자료를 기초하여 책을 출판하였다(필리스 딘, 영국의 산업혁명)가 '18세기 영국 산업혁명' 강의에서 영국 근대경제사의 기본개념으로 확립한 용어이다. 그는 산업혁명을 1760~1830년에 일어난 근대경제사회로의 급격한 역사적 전환과정으로 인식하였다. 그 후 산업혁명은 이 시기 영국 경제사회의 역사적 전환을 나타내는 학술용어로 사용되면서 널리 보급되어 왔다. 오늘날에 있어서는 '산업혁명'이라는 용어는 학술용어로서만이 아니라 일반적으로도 사용될 만큼 널리 보급되어 있다. 아놀드 토인비는 산업혁명의 시발점을 1760년으로 잡았었고, 현재는 최초의 산업혁명의 시발점을 영국의 국제무역이 크게 상승 움직임을 보인 1780년대로 잡는 것이 통설로 되어 있다.

산업혁명은 본래 의미에서는 전통적 내지 전근대적인 경제가 근대자본주의 경제로 전환하는 역사과정으로 이해할 수 있을 것이다. 전통적 내지 전근대적 경제는 농업적 기반에서 생산력이 낮을 뿐만 아니라 수확체감의 법칙이 작용하여 확대재생산이 지속되지 못하고 '빈곤의 악순환(vicious circle of poverty)'이 거듭되던 경제이다.

빈곤의 악순환이라는 것은 저개발국에서 자본형성 부족으로 빈곤해지고, 그러한 빈곤으로 인하여 자본이 부족해 가난에서 헤어날 수 없다는 미국 경제학자 래그나 누르크세(Ragnar Nurkse)가 주장하는 이론이다.

🌀 빈곤의 악순환 3가지 특성

빈곤의 악순환은 3가지 특성을 갖고 있다.

첫째, 자본과 소득의 상호 의존 관계에서 찾아볼 수 있다. 즉, 저소득 → 저저축 → 저자본 → 저투자 → 저생산력 → 저소득 이는 또 저소득 → 저구매력 → 시장 협소 → 저투자 유인 → 저생산력 → 저소득의 악순환이기도 하다.

둘째, 건강과 빈곤 사이에서 볼 수 있다. 빈곤 → 영양부족 → 건강악화 → 저생산성 → 빈곤이라는 악순환이다.

셋째, 빈곤과 교육 사이에서 볼 수 있다. 빈곤 → 저교육 수준 → 저숙련도 → 저생산성 → 빈곤이라는 악순환이다. 최초의 산업혁명은 역사가들에게뿐만 아니라 근대경제발전을 연구하는 학자들에게도 각별한 관심의 대상이 되고 있다. 왜냐하면 그것은 현재 세계인구의 약 3분의 2를 차지하고 있는 저개발국 국민들이 스스로의 힘으로 필사적인 노력을 기울여 찾아내고자 하는 빈곤으로부터 벗어나는 방법, 즉 오늘날의 풍요한 사회를 창조해낸 자생적 과정을 대표하는 것이기 때문이다.

🌀 영국의 농업혁명 4가지 특징

영국의 농업혁명에는 네 가지 특징이 있다.

첫째, 공동지에서 가축방목, 연료벌채 및 사냥의 권리를 가진 농민들이 분산된 형태로 경작하던 중세의 개방경지를 대신하여 대규모의 통합된 단위의 토지에서 농사를 짓게 되었다. 둘째, 자경농지(self-cultivating farmland)가 황무지와 공동지까지 확장되었고 집약적인 가축사육법이 채용되었다. 셋째, 자급자족적인 소농민 촌락공동체는 자기의 생활수준이 기후조건보다는 국내 및 국제시장의 조건에 따라 변하게 되는 농업노동자의 공동체로 변질되었다. 넷째, 농업생산성, 즉 노동력 한 단위가 생산하는 산출량이 크게 증대되었다. 이런 특징들은 장기간에 걸쳐 점진적으로 형성되었고, 지역에 따라 형성된 시기도 상당한 차이가 있었다.

　필리스 딘은 농업혁명이 산업혁명에 미친영향을 네 가지 역할로 요약하였다. 첫째로 증가하는 인구, 특히 공업중심지의 비농업인구를 부양할 수 있게 하였다. 영국은 18세기 중엽까지만 해도 곡물수출국이었으며 18세기 후반기에도 식량을 대체적으로 자급자족할 수 있었다. 둘째로 농업소득을 증대시킴으로써 영국의 공업제품에 대한 구매력을 증대시키고 공업생산을 자극하였다. 영국 공업생산의 확대를 뒷받침한 것은 뒤이은 전쟁으로 불안정하였던 외국수요보다도 안정적으로 확대한 국내 수요였던 것이다. 셋째로 지주와 농업자의 지대 및 농업이윤을 증대시킴으로써 농업에서의 자본축적을 촉진시키고 공업자본으로의 전환을 가능하게 하였다. 산업혁명기에 농업자본은 철공업, 광업 및 교통부문에 투자되었고 정부조세수입의 대부분을 부담함으로써 상공업부문의 부담을 덜어주고 그 발전을 촉진하게 하였다. 최초의 산업혁명에 자본을 공급한 것을 엄밀하게 분석할 수는 없으나 영국의 산업혁명에 중요한 공헌을 했다는 것은 명백하다. 넷째로 농업노동자의 공업노동자로의 전환을 가능하게 하였다. 즉, 공업부문의 고용을 위해서 잉여노동을 배출했다는 것이다. 즉, 영국에서의 인클로저(enclosure)와 농업기술의 발전은 산업혁명과 좀 더 넓은 의미의 체제로서 자본주의 발전에 중요한 역할을 한 것으로 볼 수 있다. 구체적으로 시장과 이윤을 위한 생산을 이룸으로써 농업 내에서의 자본주의적 체제를 확립하였고, 농업생산의 증대를 기반으로 식량과 공업원료의 공급이라는 측변에서 도시의 공업발전을 지원하였다. 또한 농민의 양극화를 통해 공업발전을 위한 자본과 노동력을 공급하였다.

　농업혁명을 전제로 하여 산업혁명은 발생했고, 산업혁명을 거친 19세기 중엽의 영국경제는 무엇보다 맬더스(Thomas Robert Malthus)적 빈곤의 악순환이 거듭되는 전근대적 경제에서 확대 재생산이 지속되는 근대경제로 결정적으로 전환하였다. 이러한 전환이 매우 오랜 기간에 걸쳐서 점진적으로 이루어졌다는 것은 영국 산업혁명이 갖는 기본적 특징이었다. 영국은 오랜 기간에 걸쳐 경제적 및 사회적 변화의 과정을 걸어왔으며 그러한 역사적 전제 위에서 전개된 산업혁명 자체도 점진적으로 수행되었다. 성장의 점진성에도 불구하고 산업혁명의 결과 도달한 공업생산력은 새로운 기술과 숙련에 기초한 근대적인 것이었으며, 그것을 기반으로 영국은 세계적 산업혁명의 초석이 될 수 있었다. 또한 산업혁명이 전개되는 속에서 산업의 전문화로 진전되었다. 농업과 공업 및 공업과 상업이 분리되어 발전하게 되었다. 그 속에서 산업구조는 공업부문 중심의 구조로 크게 변화하였다. 산업의 구조적 변화와 함께 산업조직도 크게 변화하여 변화의 핵심은 새로운 산업조직으로서의 공장제도 확립이었다. 수공업적 소규모 가내공업조직은 기계화된 대규모 공장공업조직으로 크게 전환하였다.

따라서 산업혁명은 경제변화의 과정이면서 동시에 사회변화의 혁신 과정이기도 하였다. 공업화가 진전되어 산업적 기반이 변화하고 인구가 증가하고 도시화와 계급분화가 진전되면서 사회시스템도 변화하였다. 또한 산업혁명의 결과로서 도시화를 빼놓을 수 없다. 도시화는 산업혁명기의 도시 성장의 결과로서 진전된 것이었다. 특히 신공업도시의 성장률은 18세기 후반기 이후 두드러지게 높아졌다. 산업혁명기의 도시성장은 신흥공업도시를 중심으로 이루어졌다. 산업혁명기 대도시의 성장은 경제적 기능 확대의 원인이면서 결과이기도 하였다. 이 시기 도시 성장의 원동력은 공업이었다. 증기기관이 기계동력으로 이용되어 입지적 제약으로 벗어난 공장은 도시로 집중하였다. 도시에는 다양한 보조산업, 상업, 금융, 유통 등 다양한 전문적 서비스산업, 규칙적인 교통망, 노동력 및 경쟁이 있었으며 그 속에서 공업은 규모의 경제를 누릴 수 있었다. 도시의 성장은 더 나아가 상업적 농업의 전개를 촉진하고 교통, 통신시스템의 발달을 자극하였다. 도시의 성장과 기능 확대는 상호작용하면서 전체로서의 경제성장에 누적적 효과를 가져왔다. 그러한 의미에서 도시 성장은 성장의 엔진이었으며 동시에 산업혁명이 낳은 결과물이기도 하였다.

세계 인류의 발전에는 항상 새로운 기술과 혁신이 함께 하였다. 새롭게 등장한 기술은 단순하게 기술로서 끝나는 것이 아니라 우리 사회의 깊숙한 곳까지 변화를 촉진하게 하였다. 이러한 모습으로 산업혁명이라는 새로운 혁신이 가능하게 되었던 것이다. 단적으로 산업혁명은 그 시대의 사회적, 경제적 구조에 커다란 변화를 유발하였으며, 그 변화 속에서 세계 인류는 지속적인 성장과 발전을 거듭하여 왔다. 그리고 과학기술의 발전은 기술의 혁신과 진화를 가속화시켰으며, 현대사회로 진입할수록 첨단과학기술의 등장으로 사회적 확산이 빠르게 이루어졌다. 그러므로 현대사회에서 기술의 영향력이나 파급효과는 그 어느 시대보다도 크고, 급속도로 확산되고 있는 것이다. 이러한 관점에서 보면, 새로운 기술의 등장이나 혁신은 분명히 세계 인류의 역사와 함께하고 있으며, 새로운 첨단사회로 갈수록 기술의 사회적 영향력은 보다 더 커질 수밖에 없는 것이다. 인류는 그동안 1차 산업혁명과 2차 산업혁명, 3차 산업혁명, 4차 산업혁명이라는 새로운 변화에 대한 토론을 활발히 이어가고 있다. 아직은 제4차 산업혁명의 실체를 완벽하게 드러낸 것은 아니지만, 최근 등장하고 있는 인공지능(Artificial Intelligence), 빅 데이터(Big Data), 클라우드(Cloud), 사물인터넷(Internet of Thing) 등 새로운 기술들의 개발과 기술의 사회적 투영과 확산, 그리고 관련 기술에 대한 사회적 논의가 확대되면서 이들 기술들을 기반으로 한 새로운 사회적 변화에 대한 논의가 급속히 확산되고 있는 것이다.

이에 따라 주요 세계 선진국들은 4차 산업혁명에 대한 새로운 변화와 미래지향적 관점에 대한 효율적 대비, 그리고 경쟁력 확보와 시장 선점을 위한 대응과 전략 마련에 골몰하고 있으며, 4차 산업혁명을 선도하는 관련 첨단기술들에 대한 개발과 지원, 4차 산업혁명시대를 선도할 수 있는 첨단기술력 확보에 총력을 기울이고 있다. 이에 따라 4차 산업혁명에 대한 대응 및 전략은 미래의 국가경쟁력 제고를 위해 선택이 아닌 필수로 여겨지고 있는 것이다.

4차 산업혁명 용어인 인더스트리 4.0

4차 산업혁명이라는 용어는 독일이 2010년 발표한 '하이테크 전략 2020'의 10대 프로젝트 중 하나인 '인더스트리 4.0(Industry 4.0)'에서 '제조업과 정보통신의 융합'을 뜻하는 의미로 먼저 사용되었다.

	제1차 산업혁명	제2차 산업혁명	 제3차 산업혁명	제4차 산업혁명
시기	18세기	19~20세기 초	20세기 후반	21세기
특징	증기기관 기반의 '기계화 혁명'	전기 에너지 기반의 '대량생산 혁명'	컴퓨터와 인터넷 기반의 '디지털 혁명'	사물인터넷(IoT)과 빅데이터, 인공지응(AI) 기반의 '만물 초지능 혁명'
영향	수공업 시대에서 증기기관을 활용한 기계가 물건을 생산하는 기계화 시대로 변화	전기와 생산조립 라인의 출현으로 대량생산 체계 구축	반도체와 컴퓨터, 인터넷 혁명으로 정보의 생성·가공·공유를 가능하게 하는 정보기술시대의 개막	사람, 사물, 공간을 연결하고 자동화·지능화되어 디지털·물리적·생물학적 영역의 경계가 사라지면서 기술이 융합되는 새로운 시대

자료 참조 : 미래에셋대우 글로벌투자전략부

그 이후 세계경제포럼(WEF : World Economic Forum)에서 제4차 산업혁명을 의제로 설정하면서 전 세계적으로 주요 화두로 등장하게 되었으며, 포럼 이후 세계의 많은 미래학자와 연구기관에서 제4차 산업혁명과 이에 따른 산업·사회 변화를 논의하기 시작했다. 4차 산업혁명의 주창자이자 WEF 회장인 클라우스 슈밥(Klaus Schwab)은 저서인 '제4차 산업혁명'에서 4차 산업혁명을 "4차 산업혁명을 기반으로 한 바이오산업과 디지털, 물리학 등 3개 분야의 융합기술들이 사회구조와 경제체제를 급격히 변화시키는 기술혁명"이라고 주장했다. 그는 또 "우리는 지금까지 우리가 살아왔으며, 일하고 있던 삶의 패턴을 근본적으로 바꿀 기술혁명 시대의 직전에 와 있다고 하면서 변화의 범위와 복잡성, 규모 등은 그동안 인류가 경험하지 못했던 것과는 전혀 다를 것이다."라고 말했다.

03 제4차 산업혁명이 가져올 미래상

금세기 최고의 세계적인 석학이자 미국의 미래학자 존 네이스비츠(John Naisbitt)가 주장한 '메가트렌드(megatrends)'는 현대사회에서 일어나고 있는 거대한 조류를 뜻하는 것으로 탈공업화 사회, 글로벌 경제, 분권화, 네트워크형 조직 등을 그 특징으로 하고 있다. 최근 들어 4차 산업혁명이 화두가 되고 있고 정부와 기업, 사회, 기술, 문화 등 모든 분야에서 뒤처지지 않게 준비해야 한다는 목소리가 커지고 있는 가운데, 이제 4차 산업혁명에 맞는 혁신과 변화는 거역할 수 없는 물결이 되었다. 이에 대한 적극적인 대처가 절실히 요구되고 있다. 4차 산업혁명의 예로서 2016년 3월 '세기의 대결'로 이름 붙여진 이세돌과 알파고(AlphaGo)와의 바둑 대국은 우리에게 큰 충격으로 다가왔다. 한국인 바둑기사가 대국자로 나섰고, 아직은 시기상조라는 예상이 보기 좋게 빗나가 인공지능 알파고의 일방적 승리로 끝났다. 이세돌이 그나마 1승을 거둔 것은 인간으로서 최초이자 마지막 일거라고 말한다. 알파고의 놀라운 기술적 성장에 대한 찬사와 함께 인간이 기계에 뒤처지기 시작했다는 우려와 탄식, 기계에 의한 지배라는 SF영화(science fiction films)적 상상력이 공포심을 자극했다. 알파고의 성능과 우수성은 인공지능의 상업화에 대한 기대감을 키웠고, 미래 일자리에 대한 걱정과 함께 일자리가 줄어들 것이라는 위기의식이 고조되었다.

기계가 과연 인간을 뛰어넘을 수 있을 것인가? 인간은 또한 기계의 도전을 막아낼 수 있을 것인가? 인간과 기계의 역사적 대결이 예고되고 있다. 바둑의 이세돌 9단과 구글 딥마인드(Google DeepMind)의 인공지능 바둑 프로그램 '알파고(AlphaGo)' 대국의 경기 결과 앞에 인류의 역사는 두 개의 갈림길과 만났다. 기계가 인간을 뛰어넘어 새로운 '생각하는 존재'로 기록되거나 인간을 뛰어넘는 기계의 등장이 현재가 아닌 머나먼 미래로 잠시 유보되거나 세계인들뿐만 아니라 과학자들의 눈과 귀가 주목하고 있었다.

일반적으로 산업화는 생산성의 증대, 분업화, 시장의 고도화를 바탕으로 제조 위주의 1차 산업에서 2차, 3차 산업의 비중이 높아지는 현상과 변화를 의미하며, 인공지능이 보다 가깝게 다가올 미래 시대의 유일한 대항 산업이라는 측면에서 활성화의 당위도 충분하다. 이처럼 급변하는 산업환경하에서 글로벌 선도기업들은 향후 다가올 미래를 대비하기 위하여 혁신적인 기술을 개발하고 내재화하여, 시장을 선점하고 주도해 나가고자 모든 역량을 집중하고 있다. 그러나 4차 산업혁명은 생산성 향상이나 생활의 편의성, 새로운 일자리 창출이라는 긍정적 전망도 있지만 새로운 혁신기술의 지능화와 자동화 등으로 인해 로봇이 일자리를 대신하는 현상이 나타남으로써 단순 노동영역과 저숙련에서 일자리 감소가 나타날 것이라는 부정적 전망도 함께 존재한다. 그러나 4차 산업혁명의 등장은 세계경제의 저성장 및 생산성 하락과 무관하지 않기 때문에 글로벌 경제의 경쟁력 확보를 위해서는 새로운 성장동력이 필요하다는 주장은 상당한 설득력을 가진다. 그러므로 4차 산업혁명은 일자리 감소나 대체라는 부정적 전망에도 불구하고 중요하게 논의되고 있는 것은 물론 세계 주요국들이 4차 산업혁명에 따른 대응전략과 경쟁력 제고를 위한 전략 수립에 고민하고 있는 것은 세계 경제의 생산성 향상을 위한 신성장동력(new growth power)의 확보에 있는 것이다.

실제로 최근 글로벌 경제는 지속적으로 성장률이 정체되거나 감소하고 있으며, 많은 경제학자들이나 관련 전문가, 심지어는 국가정책 입안자들 사이에서도 글로벌 성장동력의 약화를 우려하고 있다. 즉, 골디락스(Goldilocks)와 금융위기 이후 세계

경제는 성장면에서 3%대가 지속적으로 유지되는 저성장 기조에 봉착하고 있다. 예컨대, 신흥국 경제는 4%대 전후, 선진국 경제는 2%대의 저성장 기조가 유지되고 있으며, 그 주요 원인은 기술수준과 노동, 투자와 근로자 수 등을 종합한 세계적 총요소생산 증가율의 하락에 기인하는 것으로 판단되고 있다. 구체적으로 총요소생산성(TFP : Total Factor Productivity)은 2010년 1.9%를 나타낸 이후 2014년 현재까지 - 0.2%로 하락세를 보였으며, 같은 기간 동안 신흥국과 선진국의 총요소생산성 역시 각각 2.1%와 1.5%에서 −0.2%와 −0.7%로 하락하였다(현대경제연구원, 2016).

⏰ 4차 산업혁명의 기술혁신 ICT 미래

4차 산업혁명을 이루는 모든 기술혁신은 ICT 기술을 기반으로 진행될 것이며, 이러한 미래의 기술들을 간단히 살펴보면,

첫째, 디지털 기술인 사물인터넷은 플랫폼을 기반으로 사물과 인간을 연결하는 비즈니스를 만들어내고 있으며, 사물인터넷 통신환경에서 생성되는 엄청난 양의 실시간 데이터를 처리하기 위해 클라우드 컴퓨팅과 빅데이터, 인공지능(AI)의 기술이 복합되어 인류의 생활방식을 변화시키고 있다. 특히 인공지능의 초기 단계인 기계학습을 통해 자율자동차, 드론, 로봇 등 서비스도 함께 빠르게 진화되어 나갈 것이다.

둘째, 4차 산업혁명시대에는 온디맨드(on-demand, 모바일을 포함한 ICT 인프라를 통해 소비자의 수요에 맞춰 즉각적으로 맞춤형 제품 및 서비스를 제공하는 경제활동) 경제체계로의 전환이 요구된다. 금융 분야를 보았을 때 블록체인(Block Chain) 등을 통해 암호화된 데이터가 모든 사용자에게 공유되기 때문에 특정한 사용자의 시스템 통제가 불가능하여 투명한 거래방식이 도입될 것이다. 비트코인(bitcoin)이 블록체인 기술을 활용하여 다양하게 거래 중이며, 향후 각종 증명서, 보험업무, 의료 등 거래의 상당부분이 블록체인을 통해 가능할 것이다.

셋째, 물리학 기술은 무인운송, 3D 프린터, 로봇 등 IT 기술을 기반으로 새로운 제품들이 출시되고 있다. 인공지능의 진화로 기계가 빠른 속도로 발전함에 따라 드

론, 무인차량 등 다양한 새로운 운송수단이 등장하고 있다. 3D 프린팅은 기존 제조 과정과 완전히 다른 주변 환경에 대한 인식기능이 발달하여 보다 인간에 가까운 업무 활용이 늘어나 특정 직무에 있어서는 인간능력의 대체도 충분히 가능하다는 의견이 늘어나고 있는 추세이다.

넷째, 생물학 기술은 다양한 분야에서 성과를 보이고 있으나 생물학 기술의 장벽은 법, 규제 그리고 윤리적인 이슈가 더 크다고 볼 수 있다. 합성생물학 기술은 DNA 분석을 통한 유기체 제작으로 심장병 등 난치병 치료에 사용될 수 있으며, 유전공학의 발달로 경제적 및 효율적 농작물을 개발하고, 인간의 세포를 변형시켜 사전에 병 등을 예방하는 것까지 다양한 분야에서 인류의 삶에 영향을 줄 수 있다.

인류는 1, 2, 3차 산업혁명에 의해 생산성이 고도화되었고, 그때마다 사회와 산업의 구조를 획기적으로 바꾸어 놓았다. 4차 산업혁명이란 정보통신기술(ICT)이 제조업 등 다양한 산업들과 결합하며 지금까지는 볼 수 없었던 새로운 형태의 제품과 서비스, 비즈니스를 만들어내는 것을 말한다. 즉, 4차 산업혁명의 시대를 맞아 사물인터넷, 5G, 자율주행 등 새로운 혁신 기술들이 주목받고 있으며 이러한 기술들의 핵심은 연결에 있다. 지금까지의 기술이 단순히 사람과 제품, 제품과 제품의 연결에 집중했다면, 이제는 연결을 통해 우리 삶을 어떻게 바꿀 수 있을 것인가에 초점을 두고 있는 추세로서, 다보스 포럼(2016)에서도 4차 산업혁명은 "모든 것이 연결되고 보다 지능적인 사회로 진화시켰다."고 선언한 바 있다. 4차 산업혁명이 초래하게 될 미래상과 관련하여, 전 세계는 사람·데이터·사물 등 모든 것이 네트워크로 연결된 초연결사회로 접어들고 있으며, 초연결사회를 이끄는 IT 기술들은 지금 이 순간에도 급격히 진화하고 있고, 타 산업 분야와의 융복합을 통해 우리 삶의 다양한 영역에서 변화를 가져오고 있는 것이다. 그 변화의 미래상을 예측해 본다면,

4차 산업혁명 변화의 미래상

첫째, 컴퓨터, 스마트폰으로 소통하던 과거의 정보화사회, 모바일사회와 달리 초연결 네트워크로 긴밀히 연결된 초연결사회에서는 오프라인과 온라인의 융합을 통해 새로운 성장과 가치창출의 기회가 더욱 증가할 것으로 판단된다. 예를 들어 사물인터넷, 인공지능, 센서 등 기술발달로 제조, 유통, 의료, 교육 등 다양한 분야에서 지능적이고 혁신적인 서비스 제공이 가능해진다고 볼 수 있는데, 초연결사회가 가져올 변화는 단지 기존의 인터넷과 모바일 발전의 맥락이 아니라, 우리가 살아가는 삶의 방식 전체, 즉 사회의 관점에서 큰 변화를 가져올 것이다.

둘째, 4차 산업혁명으로 인해 생산성을 높이고 비용을 낮춰 인간의 삶의 수준 향상이라는 긍정적 효과를 기대할 수 있지만, 반면에 소외계층 발생과 로봇이 인간을 대체함으로써 발생되는 근로시장의 변화는 향후 미래에 심각한 갈등요인으로 나타날 수도 있을 것이다. 즉, 정보의 집중화 등을 통해 기술 간 격차가 커짐에 따라 노동시장은 기술에 따른 임금격차가 더욱 더 심화되어 일자리 이분화로 중산층이 축소되고 양극화될 가능성이 높다. 인공지능 등 하이테크 기술직에 대한 수요는 늘어나는 반면, 로봇에 의해 대체될 수 있는 단순직 일자리는 더욱 줄어들 전망이다.

셋째, 4차 산업혁명은 자동화, 노동자의 대체, 그리고 플랫폼 비즈니스 확대 등 경제의 구조적인 변화가 급격하게 일어날 것이며, 이러한 영향하에 노동시장의 구조 또한 새로운 형태로 바뀌게 될 것이다. 기존 경제체계에서는 수요와 공급자가 거래를 할 때 공급과 수요를 기반으로 시장 내에서의 가격이 결정된다. 하지만 온디맨드(on-demand) 경제는 제품과 서비스를 소유하지 않고 이용할 수 있으며, 플랫폼이 거래의 중개역할을 수행하게 된다. 디지털 플랫폼은 유휴자원들을 효율적으로 소비하도록 여건을 만들어, 추가 서비스 제공 시 한계비용이 제로에 가까워진다. 이에 따라 유휴자산을 활용하여 서비스 제공 시 발생하는 거래비용을 감소시켜, 시장 내 모두에게 경제적 효용을 주게 된다.

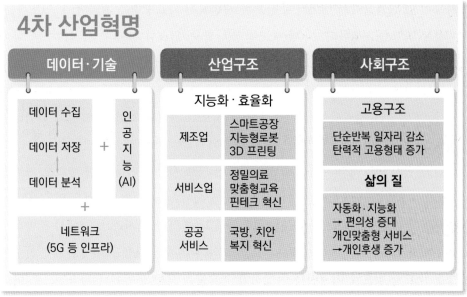

자료 참조 : 하이투자증권, 제4차 산업혁명과 스마트 팩토리

삼성, Apple, Google 등 세계적 IT기업들의 의료 분야 진출이 두드러지고 있다. 전자, 관광, 주택 등 그동안 의료와 관련이 없었던 산업에서도 의료 분야를 중요한 미래 전략으로 인식하고 있으며, 의료 산업에 투자하는 비용 역시 증가하고 있다.

5G, 사물인터넷, 클라우드 컴퓨팅 등 IT 기술의 발달은 원격 모니터링 및 관리의 최적화뿐만 아니라 원격 의료를 가능하게 함으로써 시간과 공간의 경계를 넘어서는 의료 서비스를 제공할 전망이다. 이미 영국 NHS는 HP와 협력하여 웨어러블(wearable, 착용할 수 있는) 센서 및 사물인터넷 기기를 개발, 테스트 베드를 설치했으며, 치매환자를 대상으로 가정에 사물인터넷 기기를 설치·모니터링하는 시범사업을 시행 중이다. 세계경제포럼(2016)에 따르면 2022년 세계 인구의 10%는 인터넷이 연결된 의류를 착용하고 의류 내 센서를 통해 심박동수, 호흡, 혈류량 등의 실시간 신체 정보를 얻게 될 전망이다. 수집된 데이터는 건강 기초자료로 활용되어 원격진료, 자가 통증치료를 비롯한 다양한 의료서비스를 가능하게 할 것이다. 최근 국내의 병원에도 인공지능 IBM Watson이 도입되었다. 대표적인 의료 AI인 IBM Watson은 의

사들이 암 환자들에게 데이터에 근거한 개별화된 치료방법을 제공할 수 있도록 지원하는 역할을 수행한다. 이 밖에도 병명과 확률, 필요한 검사 등을 알려주는 '화이트잭', '로봇페퍼' 뿐만 아니라 약 제조나 음성 커뮤니케이션을 통해 환자를 간호하는 인공지능 간호사 '몰리'도 등장했다. 의료 AI는 의료계 환경을 바꾸고 진단을 넘어 꿈의 의학인 '정밀의학'을 가능하게 할 것으로 기대되고 있다. 양질의 데이터를 기반으로 개인의 의료·유전체·생활 데이터를 분석하여 맞춤형 진단을 제공하고, 진단 중심의 의료에서 예측의료 시스템으로 의료 시스템 전반에 큰 변화를 가져올 것이다. 아직 초기 단계이긴 하지만 의료현장에서 인공지능이 가져올 영향력이 큰 만큼 인공지능을 의료분야에 적용하기 위한 노력 역시 전 세계 곳곳에서 활발하게 이루어지고 있는 실정이다. 결론적으로 이와 같은 인공지능을 비롯한 4차 산업혁명을 주도할 것으로 여겨지는 혁신적인 기술들은 모든 분야에서 지속적으로 혁신되고 발전되며 진화된다고 볼 수 있다. 이제 인간은 또 한 번의 도약을 앞두고 있다. 그것은 인간의 물리적인 한계를 넘어선 지금까지의 과정과는 완전히 다른 맥락에서 진행되고 있다. 바로 인간의 지능까지 대체하려는 것이다. 인간의 지능을 닮은 기계를 만들어 인간이 하던 많은 일을 대신하게 한다는 것이다. 이렇게 되면 인간의 역사와 삶은 또 다른 차원으로 넘어갈 것이다. 기계가 인간을 대신할 정도가 아니라 아예 인간의 지능을 초월하는 세계도 상정할 수 있다.

인공지능이 인간의 지능을 초월하는 역사적 시점이 언제일까에 대해 그동안 막연한 예상만 있었다. 그런데 레이 커즈와일(Ray Kuzweil)은 2006년 '특이점이 온다(The Singularity is Near)'에서 기술적 특이점(technological singularity)에 대해 상세하게 고찰했다. 여기서 '특이점'이란 미래에 기술 변화의 속도가 빨라지고 그 영향이 매우 깊어서 인간의 생활이 되돌릴 수 없도록 변화되는 시기를 말한다. 그는 특이점의 시대에 이르러서는 인간과 기술 간의 구별이 사라질 것이라고 보았다.

◎ 커즈와일의 진화 패턴 여섯 단계

레이 커즈와일(Ray Kurzweil)은 인간이 변화해 온 패턴을 여섯 단계로 설명했다.

1단계, 화학과 물리학의 패턴에서 DNA가 진화되었다. 2단계, 생물학 패턴에서 뇌가 진화되었다. 3단계, 뇌의 패턴에서 기술이 진화되었다. 4단계, 기술의 패턴이 인공지능의 방법을 터득한다. 5단계, 특이점의 패턴으로 기술과 인공지능의 융합으로 진화한다. 그리고 마지막 6단계, 인공지능이 우주로 확대된다고 보았다. 그리고 그러한 특이점의 시기를 2045년으로 본 것이다(Kuzweil, 2006).

세계경제포럼은 특이점의 시기가 오는 티핑 포인트(tipping point)가 많이 나타날 것이라고 보았다. 2025년경 로봇 약사가 등장하고, 3D 프린터로 자동차를 생산하게 될 것이며, 미국에서는 자율주행차(self-driving car)가 10%를 넘어서고, 기업의 30%는 인공지능으로 회계 감사를 수행하게 될 것이며, 국가에서는 블록체인(blockchain)으로 세금을 징수하게 된다는 것이다. 이런 상황이 되기 위해서 2027년까지 매년 티핑 포인트(Tipping point, 어떠한 현상이 서서히 진행되다가 작은 요인으로 한순간 폭발하는 것을 말함)가 나타나는데 2021년에는 로봇 서비스가 일반화되고, 2022년에는 3D 프린터에 의한 대량생산, 2023년에는 빅데이터에 의한 의사결정이 일반화되며, 2025년에는 인공지능이 화이트칼라 노동을 대체하고, 2026년에는 인공지능이 스스로 자신의 의사를 결정하게 될 것이라고 전망했다(World Economic Forum, 2015).

이렇게 미래학자나 과학자들은 특이점이 언제 올 것인가에 대해 저마다 다른 의견을 내놓고 있다. 그런데 2016년 7월 소프트뱅크의 손정의 대표는 모바일 반도체 설계회사 ARM을 인수하면서 컴퓨터가 인간의 지성을 초월하는 초지성의 탄생이 특이점이며, 곧 인류 최대의 패러다임 전환이 오고 특이점에 도달할 것이라고 전망했다. 학자가 아니라 기업가, 그것도 혁신적인 기업가의 입에서 특이점이 곧 올 것이라는 말이 나온 것은 의미가 남다르다. 더욱이 2017년에 은퇴하겠다는 계획을 취소하면서 "아직 특이점과 관련해 내가 할 일이 남아 있다. 인류 역사상 가장 중대한 특이점의 도래를 앞두고 경영 욕심이 솟아났다"고 밝혔다.

4차 산업혁명의 특성

4차 산업혁명은 '초지능화(Hyper-Intelligent)', '초연결성(Hyper-Connected)'의 특성을 가지고

있으며 클라우드, 사물인터넷(IoT) 등 정보통신기술(ICT)을 통해 인간과 사물, 사물과 사물, 인간과 인간이 상호 연결되고 인공지능과 빅데이터 등으로 보다 지능화된 사회로 변화될 것이라고 예측한다. 이와 관련하여 슈밥이 제시한 '4차 산업혁명'이라는 개념이 타당한가에 대한 일종의 '세대 논쟁'이 있다. '3차 산업혁명'이라는 용어는 2011년 미국의 미래학자 제레미 리프킨(Jeremy Rifkin)이 '인터넷에 의한 커뮤니케이션 발달과 재생에너지의 발달에 의해 수평적 권력구조로 재편되는 혁명'이라고 처음 제시했다. 리프킨은 슈밥의 '4차 산업혁명' 주장에 대해 "제4차 산업혁명을 언급하는 것은 시기상조다. 현재 일어나는 놀라운 변화들은 제3차 산업혁명인 정보화 혁명의 연장선에 불과하다."고 비판한 것으로 알려졌다. 사물인터넷(internet of things)을 통해 생산기기와 생산품 간 상호 소통 체계를 구축하고 전체 생산과정의 최적화를 구축하는 산업혁명을 말한다.

미국에서는 AMI(Advanced Manufacturing Initiative), 중국과 독일에서는 '인더스트리 4.0'이라고도 한다. 이전까지 공장자동화는 미리 입력된 프로그램에 따라 생산설비가 수동적으로 움직이는 것을 의미했다. 그러나 4차 산업혁명에서의 생산시설은 제품과 상황에 따라 능동적으로 작업방식을 결정하게 된다. 지금까지 생산설비가 중앙집중화된 시스템의 통제를 받았지만, 4차 산업혁명에서는 각 설비가 개별 공정에 알맞은 것을 판단해 실행하게 된다. 증기기관 발명(1차 산업혁명), 대량생산과 자동화(2차 산업혁명), 정보기술(IT)과 산업의 결합(3차 산업혁명)에 이어 네 번째 4차 산업혁명을 일으킬 것이라는 의미에서 붙여진 말이다. 태블릿 PC와 스마트폰을 이용한 기기 간 인터넷의 발달과 자율적으로 개별 기기를 제어할 수 있는 CPS(사이버물리시스템)의 도입이 이를 가능하게 하고 있다. 모든 산업설비가 각각의 IP(인터넷주소)를 갖고 무선인터넷을 통해 서로 대화한다. 4차 산업혁명을 구현하기 위해선 공장자동화, 스마트센서, 로봇, 스마트물류, 빅데이터처리, 보안 등 수많은 요소가 필요하다. 그리고 4차 산업혁명의 효율적인 추진을 위해서는 표준화가 중요한데 미국과 독일은 표준통신에 합의해 잠정적으로 이 분야를 선도할 준비를 갖추고 있다.

04 | 제4차 산업혁명의 5가지 핵심축과 특징

산업혁명은 새로운 기술이 등장해 새로운 산업 생태계를 만들고, 그것이 인간이 삶을 영위하는 방식을 획기적으로 변화시키고 있는 것이다. 또한 산업분야의 변화에 그치지 않고 경제, 정치, 사회, 문화, 기술에도 혁명적인 변화를 이끌어 낸다. 인간의 한계인 물리적인 힘과 정신적인 능력을 극복하고 그것이 인간의 삶과 사회에 변화를 준다면 그런 면에서 1700년대 중반의 1차 산업혁명 당시 출현한 증기기관과 기계는 그런 역할을 톡톡히 해냈다. 증기기관의 발명과 그 후의 기술 진보는 인간의 미약한 물리적인 힘의 한계를 넘어서게 했다. 인간은 생명까지 위협하는 육체노동의 굴레에서 벗어날 수 있었고, 사회 전체의 생산량은 크게 늘어났다. 철도와 선박 등 이동수단의 발달로 세계의 물리적 거리가 급격히 좁혀지는 놀라운 경험을 할 수 있었다. 1800년대 중반, 전기의 발명으로 인간은 다시 한 번 시간과 공간의 한계를 넘어설 수 있었다. 대량생산방식이 가능해져서 상품과 서비스가 대중화되면서 물질적으로 풍요로운 시대를 맞게 되었다. 중산층이 증가하고 교육이 대중화되며 민주주의가 발전하는 계기를 마련했다. 이를 2차 산업혁명으로 부르는 데 부족함이 없다. 1970년대 이후 전자를 기반으로 한 기술혁신은 자동화를 가능하게 하고 제조업과 산업을 다시 한 번 뒤흔들었다. 여기에 인터넷의 등장은 시간과 공간의 거리를 거의 해소하는 데 극적으로 기여했다. 소통 방식이 달라지고, 지구촌은 실시간으로 연결되고, 경제 행위를 크게 바꾸어 놓은 것이다.

그 이후 인간 사회는 정보화라는 새로운 프레임으로 변모하게 된다. 따라서 이러한 변화를 3차 산업혁명으로 말할 수 있을 것이다. 그런데 놀라운 것은 1차 산업혁명부터 3차 산업혁명까지 전개되는 시간의 간격이 갑자기 짧아지고 있다는 것이다. 1차 산업혁명이 시작된 이후 200여 년 만에 3차 산업혁명까지 이루어짐으로써, 이전까지 7만 년 동안 크게 변하지 않은 채 진행되어 온 인간의 역사와 완전히 다른 양

상을 보여 주고 있다. 세계 인류는 제1차, 2차, 3차 산업혁명을 거쳐 제4차 산업혁명을 직면하고 있다. 각 산업혁명을 간단히 정의해 보면 1차 산업혁명은 제임스 와트(James Watt)가 증기엔진을 발명한 1775년부터 시작된 산업혁명이다. 증기엔진의 등장으로 생산성의 제고가 있었다. 약 1800년대 후반에 시작된 2차 산업혁명 때는 전기가 등장한다. 즉, 기존의 에너지원이었던 증기가 전기로 대체되어 혁신적 대량생산이 일어난 시기이다. 3차 산업혁명은 1969년 시작된 지식정보혁명이다. 전자기술, 정보통신 등으로 자동화된 생산방식이 탄생한 시기이다. 1, 2차 산업혁명이 산업 전반에 물리적인 변화를 만들고 대량생산에 주목했다면 3차 산업혁명부터는 디지털화를 주도하고 인터넷을 통한 정보교류에 집중한다. 그리고 최근 시작된 4차 산업혁명은 사이버 시스템과 물리적 시스템을 융합, 변화시키는 산업혁명으로 이제까지 경험하지 못한 새로운 기술혁신이다. 세계경제포럼(World Economic Forum)의 회장인 클라우스 슈밥은 4차 산업혁명은 우리의 생활과 노동, 그 밖의 유관한 모든 것을 근본적으로 바꿀 것이라고 언급한 바 있으며, 인류가 이제까지 경험한 그 어떤 것과도 다른 새로운 혁신이라고 역설했다. 빅데이터(Big Data), 인공지능(AI ; Artificial Intelligence), 로봇(Robot), 사물인터넷(IoT ; Internet of Things), 자동주행자동차(Autonomous Car) 등으로 설명 가능한 4차 산업혁명은 기술과 디지털의 물리적, 생물학적 융합이라 할 수 있다. 이는 궁극적으로 산업 간 경계를 허무는 시대의 도래라고 할 수 있다.

🎯 4차 산업혁명의 5가지 핵심축

　제4차 산업혁명을 주도하는 '5가지 핵심축'이라고 할 수 있는 '융합혁명, 초연결성, 초지능성, 초신뢰성, 초생명성' 등 예측가능성이 지배하는 시대에 살고 있지만, 대한민국 국민은 하루에 6분 정도 독서를 하고, 3명 중 1명은 1년에 책 한 권도 읽지 않는다고 한다. 4차 산업혁명은 첨단기술혁명을 주도하는 사람중심의 혁명일 수밖에 없다. 4차 산업혁명시대의 변화는 급격히 우리들의 일상생활 속으로 스며들고 있다. 첨단기술의 집합체라고 하는 자동차, 로봇만 보아도 알 수 있다. 스스로 목적지까지 운행하는 '자율주행자동차'부터 무선통신을 결합한 '텔레매틱스 서비스'와

'커넥티드 카'까지 고가품의 도난장치, 유아 및 치매노인의 위치추적, 생활기기 원격제어 등 생활 편의를 위한 각종 생활 서비스도 4차 산업혁명시대에 각광을 받고 있다. 4차 산업혁명의 주창자인 클라우스 슈밥은 자신의 책 '4차 산업혁명'에서 4차 산업혁명을, '4차 산업혁명을 기반으로 한 디지털과 물리학, 바이오산업 등 3개 분야의 융합된 기술들이 사회구조와 경제체제를 급격히 변화시키는 기술혁명'으로 정의하였다. 1, 2, 3차 산업혁명을 살펴보면, 제1차 산업혁명(1760~1840년) : 철도·증기기관의 발명 이후의 기계에 의한 생산, 제2차 산업혁명(19세기 말~20세기 초) : 전기와 생산 조립라인 등 대량생산체계 구축, 제3차 산업혁명 : 반도체와 메인프레임 컴퓨팅(1960년대), PC(1970~1980년대), 인터넷(1990년대)의 발달을 통한 정보기술시대로 정리할 수 있다.

4차 산업혁명의 주요 특징

첫 번째, 정보라는 'Cyber(가상성)'와 현실이라는 'Physical(물리성)'의 융합

ICT는 정보라는 가상성을 다루는 기술이다. 보통 정보통신기술(ICT)에 포함되는 기술분야의 컴퓨터, 소프트웨어, 통신네트워크 등은 형태는 다르지만 모두 정보를 저장, 처리, 분석하기 위한 기술이다. 정보는 가상의 재화라는 것이다. 가상의 재화인 정보는 눈으로 볼 수 없는(Invisible) 가상의 세계에서 처리된다. 우리가 쉽게 착각하는 것 중의 하나가 스마트폰과 컴퓨터 화면에 나타나는 문자나 그림을 정보라고 생각하는 것은 잘못이다. 화면에 표시된 것은 정보 자체가 아니라 표현양식일 뿐이다. 정보가 존재하는 가상의 세계와 대비되는 것은 우리가 살고 있는 물리적인 세계이다. 가상의 세계에서 취급되는 정보는 부피와 질량 등으로 특징지어지지 않는 가상성이지만, 물리적인 현상계는 부피와 질량으로 특징 지워지는 물리성이다. 가상의 세계는 물리적인 현실세계와 계속 상호작용하면서 물리적인 현상계에 영향을 미치고 있다. 즉, 물리적인 현상계에서 고객이 필요로 하는 물건이 있어서 이것을 온라인 쇼핑몰에서 주문을 하면, 주문은 정보로 가상의 세계에 들어가고, 이 정보를 바탕으로 물리적인 제품이 물리적인 현상계에 있는 고객에게 배송된다. 즉, 물리적인 현상계에서 정보가 만들어지고 이 정보는 가상의 세계에서 처리되어 다시 물리적인 현상계에 영향을 주는 것이다.

두 번째, 초연결성(Hyper-Connected)

4차 산업혁명이 추구하고 있는 방향은 그 이면을 들여다보면 연결의 극대화라 표현할 수 있는 '초지능에 기반한 초연결성(Hyper-Connected)'이라는 양상을 띠며, 이를 통해 "모든 것이 상호 연결되고, 보다 융합된 사회로 변화" 될 수 있음을 이미 기정사실화하고 있다고 해도 지나친 말이 절대 아니다. 데이터는 인공지능의 입장에서는 일종의 '먹이'이기 때문에 이러한 연결을 통해 만들어지는 무수한 데이터를 수집, 분석, 학습, 활용하는데 사용한다. 4차 산업혁명은 연결을 통해 부가가치를 창출하는 것을 목적으로 하기 때문에 '연결성의 최극단' 유지가 지상과제이다. 얼마나 많은 유용한 데이터를 창출할 수 있느냐가 관건이 된다. '초연결성' 수준에서는 인간과 데이터의 수준이 일치하는 상황으로 가는 것이므로, 인간이 데이터정보로 변환되고 데이터정보가 인간으로 변환될 수 있다고 본다. 예를 들면, 컴퓨터가 사전에 결정된 프로그래밍한 대로 수동적 작동하는 방식이 아니라, 자기 스스로 데이터정보를 이해하고 이를 바탕으로 독자적으로 자율판단해 자기 나름의 해법을 찾아가는 방식으로 바뀌는 것에 이른다. '초연결성'이란 현상계에 존재하는 것들 중 네트워크와 연결되지 않은 것이 없는 최고의 경계이다. 인공지능(AI)이 인간과 동일하게 가장 확률적 가능성이 높은 경우의 수에 가중치를 주는 패턴적 사고를 거쳐 최상의 결정을 하는 수준까지 이르기 위해서는 학습과 결정을 위한 데이터가 절대 필요하다. 이 데이터를 생성하는 것이 '초연결'이다. 우리 사회는 이미 초연결을 통해 데이터의 중요성이 강조되고 있는 '데이터 경제(Data Economy)'의 세계로 진입해 있다. 미래기술인 사물인터넷(IoT), 클라우드 등 정보통신기술(ICT)의 급격한 발전과 확산은 인간과 인간, 인간과 사물, 사물과 사물 간의 연결고리를 무서운 속도로 확대시키고 있고, 이를 통해 '융합'과 '초연결성'이 이미 자리잡아가고 있다.

세 번째, 초지능화(Hyper-Intelligent)

4차 산업혁명의 미래기술은 '초지능화(Hyper-Intelligent)'라는 양상을 띤다. 즉, 4차 산업혁명의 주요 미래기술들이 가지고 있는 인공지능(AI)의 의사결정능력과 빅데이터의 광대한 정보, 사물인터넷의 센서, 5G의 통신망 등의 연계 및 융합으로 새로운 '초지능형 인간'이 탄생된다는 것을 시사한다. 사실 4차 산업혁명이 구체적으로 구현되고 있는 현장은 자동화된 생산공장이다. 산업혁명의 상징이라 할 수 있는 생산 조립라인과 자동화된 대규모 생산시스템이 연상되는 공장에서 센서와 칩이 들어간 기기들이 서로 연결되어 대화를 나누고, 지능을 가진 기계는 스스로 생산공정과 작업자와 기계를 제어한다. 최적의 실시간 의사결정이 이루어지는 '인간처럼 생각하는 공장(smart factory)'으로 바뀌고 있는 것이다.

네 번째, 사회구조에 긍정적, 부정적 영향

4차 산업혁명의 기술 간 융합은 사회경제 및 산업구조, 노동시장 등 현실세계에 긍정적, 부정적 영향을 동시에 미칠 것으로 예상된다. 4차 산업혁명의 '명'과 '암'이라고도 한다. 많은 미래학자들과 전망보고서들은 4차 산업혁명에 따른 미래사회 변화가 크게 기술·고용구조·산업구조 그리고 직무역량 등의 측면에서 나타날 것으로 예측하고 있다. 우선 산업·기술적 측면에서 4차 산업혁명은 산업·기술 간 융합을 통해 산업구조를 변화시키고 새로운 스마트 비즈니스 모델을 창출시킬 것이다. 4차 산업혁명의 특성인 '초지능화', '초연결성'은 사이버물리시스템기반의 스마트 팩토리(Smart Factory) 등과 같은 새로운 구조의 산업생태계를 만들고 있다. 즉 빅데이터, 인공지능 및 자율주행자동차, 사물인터넷 등의 기술개발 수준 및 주기를 고려할 때 향후 본격적인 상용화로 인해 새로운 시장이 나타날 것이다. 또한 4차 산업혁명으로 인해 '미래 고용구조의 변화'가 나타날 것이다. 즉, 4차 산업혁명을 야기하는 과학기술은 기술 자체의 발전과 함께 미래사회의 일자리 형태를 변모시킬 것으로 전망되고 있다. 우선 컴퓨터 기술 및 자동화기술의 향상 등은 단순·반복적인 일반 사무행정직이나 숙련도가 낮은 저숙련 업무와 관련된 일자리에 직접적인 영향을 미칠 것이고 그 결과 고용률 감소로 이어질 것이다.

　그러나 고용구조의 지형 변화와 관련하여 비관적인 예측만 있는 것은 아니다. 4차 산업혁명과 관련된 기술직군 및 산업 분야에서 새로운 고용수요가 발생하고, 고숙련 노동자에 대한 고용수요가 증대할 것이라는 예측도 병존한다. 특히 산업계에서는 AI(인공지능), 빅데이터, 3D 프린팅 등 4차 산업혁명의 주요 미래기술과 관련성이 높은 영역에서 새로운 고용수요가 창출되고, 그중 상당수는 처음으로 생겨나는 신생직업이 될 것이라는 전망도 있다. 자동화 또는 인공지능 등 기술 및 기계의 발전으로 노동력이 대체되더라도 인간의 창의성 및 인간의 고유한 혁신성 등과 같은 대체할 수 없는 주요 능력 및 영역은 자동화되기는 쉽지 않을 것이다. 세계적인 컨설팅업체인 Mckinsey는 미국 내 800개 직업을 대상으로 업무활동의 자동화 가능성을 분석한 결과를 보고하고 있는데, 800개 중 5%만이 자동화기술로 대체되고 2,000개 업무활동 중 45%만이 자동화될 것으로 분석하고 있다. 그리고 창의력이 절대 요구되는 업무와 인간의 감정을 인지하는 영역의 업무는 생각처럼 자동화되기 쉽지 않을 것으로 보고 있다.

　2016년 6월 국회에서는 3당 대표연설이 있었다. 그런데 3당 대표 모두 앞으로의 변화로 4차 산업혁명을 들었다. 전문가들만이 아니라 정치권에서까지 거론할 정도가 되었다면 4차 산업혁명이라는 말은 이미 널리 일반화된 것으로 볼 수 있다. 그런데 우리는 4차 산업혁명에 대해 정말로 얼마나 알고 있을까? 사실 4차 산업혁명이 무엇인가에 대해서는 확립된 개념도, 이론도, 실체도 뚜렷하게 설명되지는 못하고 있다. 2016년 세계경제포럼에서 4차 산업혁명을 제시하기 전인 2011년에 독일 정부는 이미 '인더스트리 4.0(제조업 4.0)' 정책을 추진하기 위해 4차 산업혁명 개념을 사용했다. 인더스트리 4.0은 제조업의 혁신을 통해 경쟁력을 강화하기 위한 것으로, 사물인터넷(IoT ; internet of things)을 통해 생산기기와 생산품 간의 정보 교환이 가능한 제조업의 완전한 자동생산체계를 구축하고 전체 생산과정을 최적화하는 목표로 추진되었다. 그런데 같은 해 제레미 리프킨(Jeremy Rifkin)은 오히려 『3차 산업혁명(The third industrial revolution)』이라는 저서를 발표해서 지금이야말로 3차 산업혁명이 시작되었다고 보았다. 인터넷 테크놀로지와 신재생에너지가 융합해 강력한 3차 산업혁명을 가져온다고 고찰한 것이다. 리프킨은 1760년대 1차 산업혁명은 증기기관과 석탄을 에너지로 하여 대량생산시대를 열고 철도, 대중교육, 인쇄술 등이 결합되었다고 설명했다. 1860년대에는 2차 산업혁명으로 전기와 석유를 에너지로, 전화, 방송 등 전자통신기술이 널리 경제와 사회를 변화시켰다고 보았다. 1990년대에는 인터넷의 등장으로 정보고속도로, 분자생물학, 재생에너지 등의 발전을 이루는 3차 산업혁명이 등장했다고 본 것이다(Rifkin, 2011).

2011년에 독일 정부는 4차 산업혁명을 제시하고, 리프킨은 3차 산업혁명을 제시했다. 어느 것이 맞는가? 3차 산업혁명이 등장한 지 불과 20여 년 만에 4차 산업혁명에 들어섰다고 볼 수 있는 것인가? 4차 산업혁명에서 거론되는 상황들이 뜬구름 잡는 거품에 불과한 것일까? 이에 대해 2016년에 4차 산업혁명의 화두를 본격적으로 던진 세계경제포럼의 클라우스 슈밥(Klaus Schwab) 회장은 4차 산업혁명이 범위, 속도, 체제에 대한 충격의 세 측면에서 3차 산업혁명과 확실히 다르다고 강조했다. 4차 산업혁명을 기존의 산업혁명들과 비교했을 때 선형적인 변화가 아니라 완전히 차원이 다른 지각변동 수준이라고까지 표현했다. 또한 과거의 산업혁명과 달리 새로운 산업혁명은 모든 국가와 산업 분야에서 이루어지며 결국 사회, 경제, 문화에 대한 영향력이 다르다고 강조했다(Schwab, 2016). 여기에서 슈밥도 4차 산업혁명이 언제 도래할 것인지는 확정하지 못했다는 것을 짐작할 수 있다. 그러나 한 가지 분명한 것은 4차 산업혁명이 3차 산업혁명과 본질적으로 다르다는 것이다.

05 제4차 산업혁명을 이끌 융합의 선도기술

과거의 산업혁명과는 다른 차원의 것들이 오기 시작했다. 인간과 사물을 포함한 모든 것들이 연결되고, 기존에는 구별되었던 현실과 사이버가 융합하는 새로운 패러다임으로 변화한 것이다. 사물인터넷 환경에서 빅데이터가 산출되며, 이것을 처리, 활용하는 인공지능이 발전하고 현실적인 세계는 증강현실, 가상현실과 다시 연결된다. 결과적으로 소유가 아니라 공유를 기반으로 한 '우버화(Uberization)'가 실현되고, 제조업의 서비스화가 급격히 이루어지게 된다. 로봇과 인공지능의 등장으로 무엇보다도 사람의 일자리가 커다란 영향을 미칠 것이다. 이런 4차 산업혁명이 가져오는 사회는 바로 지능정보사회이다. 지능정보사회에서의 거버넌스(governance, 국가경영 및 공공경영)는 종전과 크게 달라져야 한다. 4차 산업혁명의 10개 키워드를 도출해 보면 인공지능, 연결, 사이버-현실 융합, 사물인터넷, 가상현실, 우버화, 일자리와 노동, 인더스트리 4.0, 지능정보사회, 거버넌스(governance)이다.

4차 산업혁명의 핵심은 '연결'과 '지능'

일단 누가 뭐라 해도 4차 산업혁명의 핵심은 '연결'과 '지능'인 것이다. '연결과 지능'을 중심으로 새로운 산업혁명이 일어나고 그것은 초연결사회를 만든다. 무엇보다도 '연결(connectivity)'이 핵심인 것이다. 인간의 역사는 연결을 확대해 온 역사로도 설명된다. 테크놀로지의 발전과 융합을 통해서 인간은 연결의 폭과 깊이를 한층 더 발전시키고 변화시켜 왔다. 물리적 연결은 그 속도를 빠르게 좁히고 있다. 불과 100년 전까지만 해도 한국에서 뉴욕까지 가는 데 1개월이 걸리던 것이 이제 비행기로 14시간 정도로 급격히 좁혀졌다. 앞으로 초음속 여객기 'X플레인(X-Plane)'이 등장하면 3시간으로 앞당겨질 수 있다고 한다. 물리적 연결보다 가상세계에서의 연결은 더욱 극적이다. 웨어러블 기술(wearable technology, 착용기술, 몸과 하나되는 기술, 스마트 워치 등)은 '디지털 존재감'을 향상시켜 왔다. 이제는 인간과 인간의 연결뿐만 아니라 사물과 사물, 인간과 사물의 연결이 실현되고 있다. 연결은 더 나아가 현실과 사이버를 융합시키는 결정적인 역할을 한다. 예전에는 현실과 사이버 세상이 서로 다르고 상호 보완적인 것으로 여겨졌지만, 이제는 융합되는 방향으로 변화하고 있다. 사이버의 수요를 공급자로 연결하는 비즈니스인 O2O(online to offline)가 등장하는 것이 대표적인 사례이다. 이것은 생활의 편리함을 제공할 뿐만 아니라 라이프스타일을 완전히 바꾸고 인식의 전환을 가져온다.

'사물인터넷'은 이러한 연결을 가능하게 하는 기반이다. 2025년까지 1조 개 이상의 센서가 인터넷에 연결될 것으로 예상된다(World Economic Forum, 2015). 인간은 스마트한 센서를 갖춘 기기와 더욱 연결되고, 이는 우리 주변에 무한대로 도입된다. 가정, 도시, 에너지, 액세서리, 교통 등 모든 분야가 인터넷으로 연결된다. 심지어 센서가 인간의 몸에 주입되어 인터넷과 직접 소통할 수 있다. 이 경우 인간의 건강 상태를 항상 모니터해 질병을 예방할 수 있고, 실종된 사람을 찾는 데도 큰 도움을 줄 수 있다. 그러나 반면에 개인의 사생활이 침해되거나 조직에서 사람을 감시하는 데 이용될 수도 있다. 인공지능이 획기적으로 발전한다. 인공지능이 최근 등장한 것은 아니다. 이미 인공지능의 역사는 오래되었다. 그런데 근래 인공지능 분야에서 놀라운 성과가 나타나면서 인공지능은 미래의 일이 아니라 현실이 되고 있는 것이다. 이러한 현상들은 빅데이터의 출현과 기계 스스로가 학습할 수 있는 '딥러닝(deep learning)'이라는 알고리즘의 개발 덕분이다. 인터넷과 모바일은 음성, 동영상, 텍스트 등 엄청난 양의 데이터를 만들고 있는데, 지난 날에는 이런 데이터들을 분석할 수 있는 도구가 없었다. 그러나 스마트 기기들이 등장하고 딥러닝이 개발되는 등의 조건이 갖추어지면서 인공지능이 현실화되기에 이르렀다. 인공지능의 발전으로 우리는 좀 더 스마트한 삶을 영위할 수 있다. 반면에 인공지능의 발전으로, 인공지능에게 인간의 일을 빼앗기는 것은 아닌지, 인공지능에 의해 인류가 지배당하는 것은 아닌지에 대한 우려가 제기되기도 한다. 심지어 인간의 신체와 정신의 기계화 정도에 따라 인간이 다양한 종(種)으로 분화하는 것 아니냐는 우려가 있기도 한다. 물론 이러한 우려는 시기상조일 수도 있지만 그렇게까지 발전하기에는 앞으로도 몇 수십 년이 걸릴지 모를 일이다.

'가상현실'은 사람의 경험 폭을 크게 확장하는 데 기여할 수 있다. 오히려 현실보다 더 흥미를 주고, 현실 속에서 경험하지 못하는 것들을 가능하게 하는 새로운 현실감을 가져다줄 수 있다. 공간·시간·환경의 제약을 극복하는 삶을 가능하게 하는 것이다. 인간은 현실의 모든 대상과 연결되어 상호작용하고, 가상 환경의 모든 대상과도 연결되어 상호작용하게 된다. 가상현실은 시뮬레이션 형태로 일부 도입되어 있지만 미디어, 교육, 의료 등의 분야에 큰 변화를 가져올 수 있는 잠재력을 갖고 있다. 또한 연결이 확대되면서 세상은 플랫폼 기반 경제와 사회로 변화한다. 특히 스마트폰 앱으로 서비스를 원하는 고객과 서비스 제공자를 연결해 주는 비즈니스가 발달하게 된다. 그 시작은 우버(Uber)가 제공했다. '우버'는 차를 가진 개인과 차가 필요한 이용자를 스마트폰 앱으로 연결해 비즈니스의 혁신을 불러일으킨 주인공이다. 우버 모델이 모든 서비스로 확대되고 있는데 '경제의 우버화'라고 부르며 이는 주문형(on-demand) 디지털 경제를 일컫는 말이다. 우버는 기존의 경제제도나 노동자 등과 충돌을 일으킨다. '우버'는 기존에 면허를 받은 택시 산업을 규정하고 있는 법을 위반하고 있기 때문에 불법 여부의 문제를 두고 전 세계에서 논란이 일기도 했다. 미국 주요 도시는 이것을 합법으로 인정한 반면, 한국에서는 불법으로 간주하고 있다. 또한 우버 운전기사를 독립적인 사업자(우버의 계약자)로 볼 것인가, 또는 실질적인 우버의 피고용인(직원)으로 볼 것인가 노동직의 분류를 놓고도 논란이 되고 있다. 하지만 우버화는 새로운 비즈니스 현상으로 21세기형 비즈니스 모델이기도 하다. 한편 모든 산업도 서로 연결을 증진함으로써 연결된 산업(connected industry)으로 발전한다. 정보통신기술(ICT)과 제조업의 융합을 통해 산업기기와 생산과정이 연결되고, 상호 소통하면서 효율화, 최적화를 달성할 수 있다는 것이다. 기존의 전통적인 공장도 스마트 팩토리로 혁신하는 것을 포함한다. 이를 독일 정부가 2011년 '하이테크 2020 전략'의 하나인 '인더스트리 4.0'으로 명명함으로써 일반화되었다. 이것이 산업의 효율화만을 위한 것은 아니다. 결국 사람의 노동과 삶의 질 변화에 대한 문제라는 것이다.

4차 산업혁명의 핵심 논란

4차 산업혁명의 변화가 가져오는 핵심 논란 중 중요한 것은 일자리에 관한 것이다. 인공지능과 지능정보가 사람의 일자리를 빼앗는 것이 아니냐는 우려도 크다. 이것은 일자리 문제뿐만 아니라 노동 성격의 환경변화와도 깊은 관련이 있다. 우리는 이렇게 인공지능, 가상현실, 사물인터넷 등으로 연결이 극대화한 사회를 지능정보사회라고 부른다. 이런 지능정보사회는 기존의 사회와 다른 특징을 갖고 있다. 사회적으로는 결사체와 공동체를 넘어 공감사회로 변화한다. 기술은 정보기술, 기계기술을 넘어 지능정보기술로 진화한다. 이에 따라 경제는 물질적 경제를 넘어서는 것이다. 즉, 서비스 경제화로 넘어가고 더 나아가 공유경제와 체험경제로 발전한다. 사회의 지배 양식은 예전의 위계적이고 수직적인 지배 질서를 넘어 수직·수

주요국의 4차 산업혁명 대응전략

국가	발표 연도	정책명	주요 내용	추진 주체
독일	2012	Industry 4.0	• 기계 및 장비를 초연결 네트워크로 연결하여 기계와 사람, 인터넷 서비스가 상호 최적화된 스마트공장을 구현 및 확장하는 프로젝트 • 국가의 아젠다 제시와 민·관의 활발한 공동대응	민·관 공동 실행
미국	2014	Making in America	• 제조업 발전국가협의체 AMP(Advanced Manufactur-ing Partnership) 발족 • 디지털디자인과 3D 프린팅, 첨단 제조업 추진을 위한 국가전략계획 수립	민간 주도 정부 지원
일본	2015	과학기술 이노베이션 종합전략 2015, 4차 산업혁명 선도전략	• '신산업구조부회' 및 각종 협의회 설치, ICT 주요 기술에 의한 변혁 적극적 대응 • 4차 산업혁명을 통해 '인구감소'라는 사회적 과제를 해결하고, 새로운 비즈니스 모델을 창출	민·관 공동 실행
중국	2015	중국제조 2025, 인터넷 플러스	• ICT 및 첨단기술을 융합하여 '제조 강국' 도약 • 인터넷을 비롯한 ICT와 제조업 융합을 통해 2025년까지 신경제 생태계 조성, 2050년까지 ICT 제조업 세계 1위 도약	정부 주도 민간 실행

자료 : KOTRA, 산업은행, 재구성

평적인 질서로 변화하게 된다. 문화는 다문화를 넘어 혼성문화로 변화한다. 이러한 4차 산업혁명시대, 지능정보사회에 걸맞은 국가경영 및 공공경영을 갖추기 위한 준비도 필요하다. 규제와 문화를 바꾸고, 민간부문과 공공부문의 역할도 달라져야 한다.

4차 산업혁명 융합을 선도하는 5가지 기술

① 인공지능(AI ; artificial intelligence, 人工知能) ② 빅데이터(Big Data) ③ 가상현실(VR ; Virtual Reality)과 증강현실(AR ; Augmented Reality) ④ 사물인터넷(IoT ; Internet Of Things) ⑤ 3D 프린팅(3D Printing)

4차 산업혁명을 이끌 10개의 선도적 기술을 슈밥이 제시했는데, 물리학 기술로는 첨단 로봇공학 · 무인운송수단 · 3D 프린팅 · 신소재 등 4개, 디지털 기술로는 블록체인 · 사물인터넷 · 공유경제 등 3개, 생물학 기술로는 유전공학 · 바이오프린팅 · 합성생물학 등 3개이다. 이러한 기술을 기반으로 빅데이터, 클라우드 컴퓨팅, 스마트 단말, 딥러닝, 자율주행차, 드론 등의 산업이 발전하고 있다는 것이다. 사물인터넷(IoT)은 다양한 플랫폼을 기반으로 사물(제품, 장소, 서비스)과 사람을 연결하는 새로운 패러다임을 창출하고 있으며, 이러한 환경에서 생성되는 다양한 데이터를 처리하기 위한 빅데이터, 클라우드 컴퓨팅 산업이 발전한다는 것이다. 또 이에 인공지능(AI)이 더해져 다양한 서비스 제공이 가능해진다. 이러한 기술이 생산현장에 적용되면 사이버물리시스템(CPS ; Cyber-Physical System)으로 운영되고 생산성이 극대화된 '스마트공장'이 만들어진다. CPS는 컴퓨터와 네트워크상의 가상세계와 현실의 다양한 물리, 화학 및 기계공학적 시스템을 치밀하게 결합시킨 시스템이다. 이러한 체계가 적용된 공장인 '스마트 팩토리'는 자체적으로 정보를 교환하고 독립적으로 작동할 수 있다. 독일 남동부 바이에른 주에 있는 지멘스 암베르크 공장은 독일의 인더스트리 4.0을 대표하는 스마트공장으로 부품제조업체 · 조립공장 · 판매회사 · 물류 등이 인터넷으로 연결되어 있고, 공장 내 생산장비와 부품, 제품도 센서와 바코드 정보 등을 통해 실시간으로 관리되고 있다.

① **인공지능**(AI ; artificial intelligence, 人工知能)

인간의 학습능력과 지각능력, 추론능력, 자연언어의 이해능력 등을 컴퓨터 프로그램으로 실현한 기술을 말한다. 인간의 지능으로 할 수 있는 학습, 사고, 자기개발 등을 컴퓨터가 할 수 있도록 연구하는 정보기술, 컴퓨터 공학 및 정보기술의 한 분야로서, 컴퓨터가 인간의 지능적인 행동을 모방할 수 있도록 하는 것을 인공지능이라고 말한다. 또한 인공지능은 그 자체로 존재하는 것이 아니라 컴퓨터 과학의 다른 분야와 직간접적으로 많은 관련을 맺고 있다. 특히 현대에는 정보기술의 여러 분야에서 인공지능 요소를 도입하여 그 분야의 문제풀이에 활용하려는 시도가 매우 활발하게 이루어지고 있다. 4차 산업혁명의 핵심 기술인 인공지능은 많은 기술들이 새로 생겨나거나 기존에 있던 기술들이 과거와는 다르게 급진적으로 발전하게 하는 원동력이다. 과거 1950년대에 영국의 수학자 Alan Turing이 기계도 생각할 수 있는지에 대해 의문을 품으며 개발된 최초의 컴퓨터가 인공지능의 시초로 알려져 있으며, 처음에는 인간이 하기 힘든 복잡한 수학적 계산을 돕는 수준에 그쳤다. 그러나 현재의 인공지능은 단지 과학과 수학 분야만이 아닌 언어, 사회, 경제, 교육 분야에도 영향을 미치고 있으며, 인간이 가지고 있는 추론능력, 학습능력, 지각능력 등을 컴퓨터 소프트웨어로 구현해 마치 컴퓨터가 사람과 같이 생각한다고 느낄 수 있는 수준에 이른 것이다. 특히 현재의 인공지능과 과거의 인공지능을 가장 뚜렷하게 구분할 수 있게 해주는 특징은 인공지능의 학습능력인 것이다. 신경망 기계학습 (Machine Learning)이란 방식을 통해 무수히 많은 데이터 중에서 유용한 데이터만을 기계가 스스로 인식하고 처리할 수 있도록 하며, 추후 비슷한 처리과정을 거칠 경우 더욱 효율적으로 처리할 수 있도록 데이터 처리 방식을 학습할 수 있다.

저자가 지난 1월 11일 일본 도쿄 시부야의 모디쇼핑몰에서 직접 목격한 소니의 인공지능(AI) 애완견 로봇 '아이보(Aibo)' 출시 행사는 '로봇 강국'인 일본의 단면을 보여줬다. 역시 아이보(Aibo)는 실제 반려견과 비교해도 손색이 없는 귀여운 외모, 깜빡이는 눈과 눈동자를 보며 안아주고 싶은 사랑스러움이 느껴졌다. 이전 세대들과는 다른 엄청난 귀요미이다. 아이보(Aibo)는 유기발광다이오드(OLED) 눈을 마주치면 깜빡거리기도 하고 칭찬하거나 쓰다듬으면 귀를 쫑긋 세우며 머리와 꼬리를 흔들고 옆으로 드러누웠다. 멍멍 짖는 것은 물론 두 발로 서기도 하고 입에 손가락을 대면 깨물기도 했다. 로봇 느낌이 들지만 28개의 관절을 활용해 많이 자연스러워졌다. '샤신도테 구다사이(사진 찍어 줘)'라고 말하면 카메라로 촬영해 '마이 아이보 앱'에서 볼 수도 있다. 소니 관계자는 "눈으로 물체를 파악하고 소리로 듣고 주인을 알아보는 훈련을 한다."며 "정보를 클라우드에 보내 다른 아이보가 파악한 것도 습득, 지능이 나아지게 설계됐다."고 설명했다. 소니가 1999년 아이보를 처음 선보였다가 경영난으로 2006년 단종한 뒤 이번에 AI를 탑재하며 컴백한 것은 일본 경제의 힘찬 부활의 날갯짓을 보여주는 듯했다. 디지털시대로 들어서 삼성전자에 밀렸던 소니가 기술개발을 통해 잇따라 신제품을 내놓고 있는 것이다.

도요타도 지난해 11월 관절 32개와 10개의 손가락을 가진 원격 조정 로봇을 내놓는 등 일본이 4차 산업혁명의 핵심 기술 중 하나인 로봇에서 미국을 맹추격하고 있다. 역시 4차 산업혁명의 총아인 자율주행차에서도 닛산 · 도요타 등 자동차사는 물론 ZMP 등 벤처기업도 가속도를 내고 있다. ZMP는 지난달 도쿄 시내에서 시속 20km의 속도로 무인주행에 성공했고, 2020년 도쿄올림픽에서 공항에서 경기장까지 운행할 계획이다.

2018.1.11. 일본 도쿄 시부야 모디쇼핑몰, 소니 인공지능(AI) 애완견 로봇 '아이보(Aibo)' 출시 행사

② 빅데이터(Big Data)

빅데이터는 '큰 데이터(Big Data)'를 말한다. 디지털 환경에서 생성되는 데이터로 그 규모가 방대하고, 생성주기도 짧고, 형태도 수치 데이터뿐 아니라 영상 데이터와 문자를 포함하는 대규모 데이터를 말한다. 빅데이터 환경은 과거에 비해 데이터의 양과 데이터의 종류가 폭증하고 다양해져 사람들의 행동은 물론 위치정보와 SNS를 통해 생각과 의견까지 분석하고 예측할 수 있다. 그야말로 데이터의 크기로 빅데이터를 정의한 가장 기초적인 개념인 것이다. 그러나 빅데이터는 단순하게 데이터의 크기에 해당하는 개념은 아니다. 빅데이터를 데이터 규모의 차원에서 정의하면 일반적인 데이터베이스 SW가 저장·분석·관리할 수 있는 범위를 초과하는 규모의 데이터를 의미한다. 그러나 기술적 차원에서는 다양한 종류의 대규모 데이터로부터 저렴한 비용으로 가치를 추출하고, 데이터의 초고속 발굴·수집·분석을 지원하도록 고안된 차세대 기술 및 아키텍처로 정의되기도 한다. 데이터베이스 통합 및 연동 기술, 데이터의 조합 및 가공 기술 등 빅데이터 분석 기술의 발달과 더불어 오픈 소스 소프트웨어(Open Source Software)의 비약적인 발전과 빅데이터 처리 인프라의 공개가 빅데이터의 등장과 발달에 크게 기여했다. 특히 오픈 소스 기반의 분산 컴퓨팅 플랫폼인 하둡(Hadoop)의 등장으로 클라우드 기반 위에서 대용량 데이터의 신속한 분산처리가 가능하게 되었다. 또한 스마트폰으로 대표되는 모바일 디바이스의 발전 및 보급 확대와 SNS의 이용 확대는 막대한 양의 텍스트와 동영상, 사진 등 다양한 형태의 데이터 확산으로 이어지고 있다. 특히 스마트폰과 SNS가 접목되면서 개인과 관련된 무수한 정보가 언제, 어디서나 쉽게 생산·공유·확산되는 환경이 조성되게 되었다. 그리고 이는 대량의 다양한 데이터 유통으로 이어져 빅데이터의 등장과 확산에 기여하고 있다. 빅데이터의 특징은 일반적으로 3V로 요약하고 있다. 즉 데이터의 양(Volume), 형태의 다양성(Variety), 데이터 생성 속도(Velocity)를 의미한다. 최근에는 가치(Value)나 복잡성(Complexity)을 덧붙이기도 한다. 이처럼 다양하고 방대한 규모의 데이터는 미래 경쟁력의 우위를 좌우하는 중요한 자원으로 활용될 수 있다는 점에서 주목받고 있다. 대규모 데이터를 분석해서 의미있는 정보를 찾아내는 시도는 예전에도 존재했다. 그러나 현재의 빅데이터 환경은 과거와 비교해 데이터의 양은 물론 질과 다양성 측면에서 패러다임의 전환을 의미한다. 이런 관점에서 빅데이터는 산업혁명 시기의 석탄처럼 IT와 스마트혁명 시기에 혁신과 생산성 향상, 경쟁력 강화를 위한 중요한 원천으로 간주되고 있다.

③ 가상현실(VR ; Virtual Reality)과 증강현실(AR ; Augmented Reality)

'가상현실(VR ; Virtual Reality)'은 어떤 특정한 상황이나 환경을 컴퓨터로 만들어서 사용하는 사람이 마치 실제 주변환경과 상호작용을 하고 있는 것처럼 만들어 주는 컴퓨터-인간 사이의 인터페이스를 말한다. 가상현실은 특수 헤드셋이나 주변장치들을 이용해 인공으로 만든 가상의 세계를 실제 상황처럼 인식하고 경험하게 해준다. 삼성전자는 가상현실과 증강현실 기술을 결합한 '혼합현실' 헤드셋 '삼성 HMD 오디세이'를 출시하기도 했다.

'증강현실(AR ; Augmented Reality)'은 사용자가 눈으로 보는 현실세계에 가상물체를 겹쳐 보여주는 기술이다. 현실세계에 실시간으로 부가정보를 갖는 가상세계를 합쳐 하나의 영상으로 보여주므로 혼합현실(Mixed Reality ; MR)이라고도 한다. 증강현실은 실제 배경을 그대로 두고 그 위에 가상의 이미지를 더해 보여 준다. 가상현실이란 물리공간과 증강공간, 전자공간으로서 다양한 정보기술(IT), 생명공학기술(BT) 나노기술(NT) 들을 활용하여 우리가 처해 있는 물리공간을 디지털화, 전자화하는 것이다. 가상현실을 가상환경(Virtual Environment), 인공현실(Artificial Reality), 합성환경(Synthetic Environment), 사이버스페이스(Cyberspace), 원격실재(Tele-Presence) 등의 호칭으로 부르고 있다. 일반적으로 가상현실(Virtual Reality)이란, 컴퓨터가 만들어낸 가상의 세계인 가상환경에서 사용자에게 다양한 감각채널을 통해 제공함으로써 사용자로 하여금 가상세계에 몰입(Immersion)하도록 하는 동시에, 가상세계 내에서 현실세계와 같은 자연스러운 상호작용(Interaction)을 가능하도록 하는 제반 기술과 필요한 이론적 바탕을 총칭한다. 증강현실(Augmented Reality)은 현실세계와 가상세계를 이음새 없이(Seamless) 실시간으로 혼합하여 사용자에게 제공함으로써, 사용자에게 보다 향상된 몰입감과 현실감을 제공하는 기술이다.

물리적인 환경은 실제로 우리가 살고 있는 환경을 실제환경(Real Environment)이라고 한다. 또한 컴퓨터 그래픽에 의해 생성한 가상의 공간을 가상환경(Virtual Environment)라고 하며, 실제환경의 이미지를 가상의 환경에서 합성시킨 것을 증강된 증강가상(Augmented Virtuality)이라고 한다. 이와 반대로 가상의 물체를 실제 물리적인 환경에 합성시키는 것을 증강현실(Augmented Reality)이라고 정의하며, 이 모든 범주를 포함하는 것을 혼합현실(Mixed Reality)이라고 한다.

증강현실 시스템은 사용자가 현실세계에 있다는 감각을 유지하면서 만들어진 증강현실세계를 말한다. 이는 일반적으로 현실세계를 기반으로 가상물체를 합성한 것을 의미한다. 이와는 달리 증강가상(Augmented Virtuality)은 컴퓨터가 만들어낸 완전한 가상세계를 기반으로 실제환경을 합성한 것을 의미한다. 실세계 환경과 가상환경을 합성한 영상을 사용자가 보았을 때, 사용자는 합성된 흔적을 느끼지 못하도록 실세계환경과 가상세계환경 간에 3차원으로 정확한 정합(Registration)이 이루어져야 된다. 그리고 이러한 작업이 모두 실시간에 이루어져야 하며, 가상세계환경과 실세계환경 간에는 상호작용이 있어야 한다.

④ **사물인터넷**(IoT ; Internet of Things)

출근 전에 교통사고로 출근길 도로가 심하게 막힌다는 뉴스가 떴다고 상상해 보자. 소식을 접한 스마트폰이 스스로 알람을 평소보다 30분 더 일찍 울려준다. 스마트폰 주인을 깨워주기 위해 집안 전등이 일제히 켜지고, 커피포트가 때를 맞춰 물을 끓인다. 식사를 마친 스마트폰 주인이 집을 나서 문을 잠그면, 집 안의 모든 전기기기가 스스로 꺼지고 가스도 안전하게 차단된다. 공상과학 영화에서나 보던 일이 현실 속에서 곧 이뤄질 전망이다. 앞으로 주변에서 흔히 보고 쓰는 사물 대부분이 인터넷으로 연결돼 서로 정보를 주고받게 된다.

'사물인터넷'(Internet of Things) 시대가 열리는 것이다. 사물인터넷(Internet of Things)은 약어로 'IoT'라고도 불리고 있다. 용어의 등장은 1999년 캐빈 애시톤(Kevin Ashton)이라는 당시 MIT Auto-ID Center 소장이 Procter & Gamble(P&G)에서 RFID를 활용한 공급 망 관리업무담당 시 처음 제안한다. 이후, IoT는 각종 사물에 센서와 통신 기능을 내장하여 Network 환경에 연결하는 기술을 뜻한다.

　인터넷은 고유의 IP를 가지고 인터넷 연결을 기본으로 하나 여기에 연결되는 사물이란, 내장형 시스템(embedded system)을 기본으로 구성하고 있는 장치들의 연결을 말한다. 내장형 시스템은 통상적으로 하나 이상의 core로 제어가 되는데, 이 core는 Micro Controller 또는 디지털 신호처리장치이다.

　이런 범위로의 사물은 작게는 모바일 장비, 웨어러블 컴퓨터(Wearable Computer, 옷이나 시계·안경처럼 자유롭게 몸에 착용하고 다닐 수 있는 컴퓨터를 말함), MP3 가정용 가전제품 등이 속할 수 있고, 크게는 교통신호등, 원자력발전소 제어시스템에 이른다. 즉, 사물과 사물 간의 통신을 주고받는 상태를 말한다.

　이는 이전의 사물통신(M2M - Machine to Machine)과는 기본적인 전제를 상동하게 가져가더라도 이 위에 지능(Intelligence)를 더하고 이미 과거부터 존재해왔던 각각 존재하는 사물망을 인터넷 네트워크(Internet Network)에 연결하여 하나의 개체로 묶어서 제공하는 서비스에 대한 기술을 통칭하는 부분에서는 다르다고 할 수 있다. 결국 사물인터넷 (Internet of Things)이란 고유하게 식별 가능한 사물(Things)이 만들어낸 정보를 인터넷을 통해 공유하는 환경을 의미한다. 사물인터넷은 기존의 유선통신 기반 인터넷 및 모바일 인터넷(Mobile Internet)보다 진화된 다음 단계의 인터넷을 의미한다.

자료 : 산업통상자원부 블로그(blog.daum.net/mocie/15613321)

⑤ **3D 프린팅**(3D Printing)

3D 프린팅 기술은 30여 년 전인 1983년 시작됐다. 지금도 3D 프린팅 시장에서 선도적 위치에 있는 3D 프린팅 기술 전문업체 '3D 시스템스(3D Systems)'의 공동창업자 찰스 헐(Charles W. Hull)이 기술의 주인공이다. 찰스 헐은 시제품 생산 단계에서 3D 프린팅 기술을 고안했다. 제품을 완성하기 전에 시제품을 제작하는 시간을 단축하기 위함이었다. 3D 프린팅 기술은 실제 제품을 완성하기 전 디자인을 미리 보기 위한 '목업(mock-up, 실물크기모형)'제작 단계를 혁신한다. 3D 프린팅 기술을 활용하지 않는다면, 목업 제작에 걸리는 시간은 일반적으로 수주에서 한 달이 넘는다. 3D 모델링 소프트웨어로 설계한 제품 디자인을 목업 제작 전문가에게 전달한 후에도, 최종 결과물을 받아 보기까지는 디자인이나 세밀한 부분을 수정하는 데 많은 시간이 필요한 탓이다. 이 길고 지루한 과정을 3D 프린팅 기술은 단 몇 시간 안에 끝낼 수 있게 해준다. 시제품 제작에 드는 비용을 절감할 뿐만 아니라 제품의 완성된 디자인이 외부로 유출되는 사고도 방지할 수 있다. 3D 프린팅 기술로 얻을 수 있는 부가가치인 셈이다. 3D 프린팅은 프린터로 물체를 뽑아내는 기술을 말한다. 종이에 글자를 인쇄하는 기존 프린터와 비슷한 방식으로, 다만 입체 모형을 만드는 기술이라고 하여 3D 프린팅이라고 부른다. 보통 프린터는 잉크를 사용하지만, 3D 프린터는 플라스틱을 비롯한 경화성 소재를 쓴다. 기존 프린터가 문서나 그림파일 등 2차원 자료를 인쇄한다면, 3D 프린터는 3차원 모델링 파일을 출력 소스로 활용한다는 점도 차이점이다. 적게는 한두 시간에서 길게는 10시간이면 3D 프린터에 입력한 모형을 완성할 수 있다. 3D 프린팅이란, '3차원 인쇄'라는 뜻으로 플라스틱 및 금속성 가루 등이나 고분자 물질의 소재를 컴퓨터 모델링을 통한 설계에 따라 적층제조법으로 3차원 입체물을 제조하는 기술이다. 3D 프린팅 기술은 2009년 이전까지 '신속조형기술' 또는 '쾌속조형기술(Rapid Prototyping)'이라 통칭되었으나 현재는 '적층 가공(Additive Manufacturing)'이라는 용어로 불리고 있다.

3D 프린팅 기술은 현재 제조 산업의 한계를 보완하고 지속적인 발전과 변화를 가져올 혁신적 기술로 주목받고 있다. 공산품 제조에 있어서 금형을 이용한 사출 방식은 대량생산에는 필수적이나 개인 맞춤형 상품에는 부적합하며, 제조 과정 및 재료의 특수성으로 인하여 디자인하는 모든 형태의 상품을 제작하는 데에는 어려움이 있었다. 이에 반해 3D 프린팅 기술은 3D 모델링을 통해 설계된 복잡한 형태도 정확하게 입체로 출력해낼 수 있으며, 하나의 모델링 파일로 같은 형태를 반복, 지속적으로 출력할 수 있다. 이러한 3D 프린팅의 특징은 기존의 금형제작과 사출공정에서 소요되는 초기 비용을 회수하기 위한 소품종 대량생산의 시스템에서 다품종 소량 생산으로의 변화를 가져올 것이다. 더 나아가서는 '맞춤형 소량생산' 또는 '맞춤형 정량생산'이라는 효율적이고 낭비가 없는 새로운 생산시스템이 도래될 것으로 기대된다. 현대의 소비자는 개인성이 강하고 더욱 다양한 취향과 스타일을 추구하고 있다. 또한 소비의 형태는 점점 빠르고 편리한 방식으로 변화하고 있다. 3D 프린팅 기술이 가져올 맞춤형 정량생산의 시스템은 다양한 소비자의 욕구를 충족시켜주면서 경제성의 효과를 동반하는 새로운 제조 산업으로의 발전을 가져올 것으로 전망된다. 제4차 산업혁명, 제조업의 혁신 혹은 생산의 민주화를 이끌 기술, 3D 프린팅 기술은 지금 산업현장 최첨단에서 가장 주목받는 기술이다. 소프트웨어와 인터넷 발전이 이끈 지난 30여 년의 정보통신기술 역사에서 3D 프린팅 기술은 가장 단단한(하드웨어) 혁명으로 기록될 것이다.

06 제4차 산업혁명에 대비하는 미래교육

세계경제포럼(WEF ; World Economic Forum)에서는 2015년 9월 4차 산업혁명시대에 변화하는 21가지 티핑포인트(tipping point)를 발표했다. 티핑포인트란 1969년 노벨경제학상 수상자(2005년 수상) 토머스 셸링(Thomas Schelling, 1921~)이 「분리의 모델(Models of Segregation)」이라는 논문에서 사용한 개념으로, 백인이 교외로 탈주하는 현상을 기술하기 위해 자주 사용된 표현이다. 사회학자들은 특정한 지역에 이주해오는 흑인의 숫자가 어느 특정한 지점, 즉 20퍼센트에 이르게 되면 그 지역 사회가 한계점, 다시 말해 남아 있던 거의 모든 백인이 한순간에 떠나버리는 한계점에 도달한다는 점을 관찰했다. 또한 그로진스(Morton Grodzins)가 1957년 '화이트 플라이트' 연구에서 사용한 용어로서, 어떠한 현상이 서서히 진행되다가 작은 요인으로 한순간 폭발하는 것을 말한다. '갑자기 뒤집히는 점'이란 뜻으로 때로는 엄청난 변화가 작은 일들에서 시작될 수 있고 대단히 급속하게 발생할 수 있다는 의미로 사용되는 개념이다. 4차 산업혁명 시대에 변화하는 21가지 티핑포인트(tipping point)를 발표한 내용에 따르면 2025년에는 전체 인구의 10%의 의류가 인터넷과 연결되고, 90%는 무료 클라우드를 보유하며, 세계 어느 곳에서나 인터넷에 접속할 수 있게 되고, 우리가 쓰는 제품들 중 대다수가 3D 프린터로 제작될 것이며, 도로에는 자율주행자동차가 매우 흔하게 보일 것이다. 또한 인간이 종사하고 있는 수많은 직업들은 로봇이 사람 대신 일하게 될 것이라고 말한다. 이것이 매우 먼 미래같이 느껴질 수도 있겠지만, 자율주행자동차는 이미 도로에 나와 사람을 태우고 운행하는 중이며, 3D 프린터는 이미 우리 주변의 수많은 물건들을 찍어내기 시작했고, 수많은 전자기기 또한 상용화되는 중이다.

📍 북유럽의 실리콘밸리 에스토니아 혁신

'아이폰'이라면 정부 시스템의 혁신적 모델로 꼽히는 나라가 바로 '에스토니아'다. 발트해 연안에 조그만 나라 에스토니아, 언제나 강대국의 침략과 지배를 받아온 이 작은 나라는 지금 디지털 국가로 세계의 4차 산업혁명을 선두하고 있다고 한다.

세계 최대 인터넷 기업 스카이프가 이곳에서 탄생했다고 한다. 발트해의 호랑이 북유럽의 실리콘밸리라고 부르는 에스토니아는 도시 어디에서나 와이파이를 사용할 수 있는 세계 최고의 디지털 환경을 자랑한다. 실제로 정부에서 장기적인 플랜 속에 디지털 국가를 선언하며 국제적으로 디지털 시민권을 발행하여 많은 사람들이 에스토니아의 디지털 시민이 됐다고 한다. 이제 데이터가 압도하는 디지털시대 그리고 4차 산업혁명이라는 세기의 지각변동에서 위기를 기회를 만들어 보는데 에스토니아의 사례가 많이 등장하고 있다. '발트해의 호랑이' 에스토니아에서는 도시 어디에서나 와이파이를 무료로 사용할 수 있으며, 전자서명을 기초로 한 ID카드를 넣고 핀 번호만 입력하면 금융, 통신, 교육, 사업 등 모든 디지털 서비스를 자유롭게 사용할 수 있다. 또한 에스토니아는 '디지털 국가 선언'을 통해 12만원이면 누구나 그 국가의 디지털 시민이 될 수 있고, 선거를 제외한 에스토니아의 모든 디지털 서비스를 내국인과 똑같이 이용할 수 있게 하였다. 심지어 2000년 8월, 에스토니아는 세계 최초로 우리에게는 생소한 단어인 '인터넷 접속권'을 인권으로 선언한 바 있다. 또한 연말정산에 걸리는 시간이 5분밖에 걸리지 않는 나라, 해외에 사는 외국인들이 굳이 본토를 방문하지 않아도 유럽연합(EU) 소재 법인을 설립할 수 있게 해주는 나라이다. 북유럽에 위치한 에스토니아는 이 모든 것이 가능한 나라다. 4차 산업혁명시대 혁신의 아이콘인 에스토니아는 인구 120만 명의 작은 나라이고 100년이라는 짧은 역사를 갖고 있지만 단숨에 IT 강국으로 떠오른 전자정부이다. 새로운 세대를 위해 디지털, 모바일 교육을 통해 혁신을 지속적으로 이어나가고 있는 나라이다. 이렇게 4차 산업혁명은 우리 삶을 엄청나게 변화시키고 있고, 또한 그를 맞이하는 우리에게 엄청난 변화를 요구하고 있다.

4차 산업혁명을 이끌어 가는 교육개혁

4차 산업혁명에 있어서 교육의 개혁은 모든 국가가 해결해야 할 과제이고, 4차 산업혁명을 대비하는 우리나라에게 가장 중요한 키워드 중 하나이다. 우리나라 교육의 현실은 현재 이러한 변화에 비추어 보면 개혁해야 할 것이 많다. "한국 학생들은 미래에 필요하지 않은 지식과 존재하지 않을 직업을 위해 매일 15시간씩이나 낭비하고 있다." 미래학자인 앨빈 토플러가 2007년 한국을 방문해서 한 충격적인 말이다. 빅 데이터가 지배하는 시대에 한국에서 성행하는 주입식 암기 교육이 4차 산업혁명이 원하는 인재를 양성할 수 있을까? 따라서 우리나라 교육의 개혁은 필수적이다. 실제로 앞서 말한 에스토니아를 비롯하여 수많은 나라에서 이미 이에 맞추어 교육의 개혁이 일어났고, 또 계속해서 일어나고 있다. 호주, 미국, 캐나다, 독일 등은 최근 지식습득과 암기 중심의 다양한 능력 또는 역량의 함양을 중심으로 한 능동적인 교육을 강조하고 이에 따라 학교 교육의 방향을 근본적으로 재조정하고 있다고 한다. 이들은 이러한 교육을 통해 어떤 인재를 키워내려 하는 것일까? KBS '명견만리'에서 방영된 "4차 산업혁명은 어떠한 인재를 원하는가?"에서는 그동안의 1, 2, 3차 산업은 누군가가 1을 만들어 놓으면, 그것을 N으로 키워나가는 모방을 통한 확장을 하는 산업을 의미하는 반면, 그와는 다르게 4차 산업혁명은 '0에서 1을 만드는, 새로운 것을 창조해 내는 수직적 혁신을 필요로 한다고 말한다. 이러한 수직적 혁신을 가능하게 하는 사람을 키워내는 것이 4차 산업혁명에 걸맞은 교육의 목표라고 할 수 있다. 단순히 기계처럼 알고리즘(algorithm, 어떤 문제를 해결하기 위한 절차, 방법, 명령어들의 집합)을 집어넣었을 때에 답이 나오는 것이 아닌, 자율적으로 탐구를 하려고 하는, 또한 머릿속에 갇힌 상상력을 밖으로 끄집어낼 수 있는 창의적인 인재를 만드는, 즉 자율성과 동시에 창의성을 기를 수 있는 교육이 되어야 하는 것이다. 이를 위해서는 현재의 단순한 지식의 습득 수준의 교육에 그칠 것이 아니라 지식을 만들어나가는 교육을 지향해야만 한다. 그러기 위해서는 현재 시행되고 있는 교육과정, 학습, 평가에 대해 획기적인 변화를 일으켜야만 할 것이다. 또한 창의성을 기르기 위해서는 정답의 기준 역시 지금처럼 하나로 일관되어 있는 것은 문제가 있고 이미 주어진 답에 비추어 정답과 오답을 가리는 것이 아닌 본인 스스로 답을 찾는, 즉 모두가 정답이 될 수 있는 방식을 채택하는 것이다. 그리고 이는 자연스럽게 학생들끼리 공부를 할 때에 서로 경쟁하는 것이 아니라 협력을 통해 공부를 하게끔 만든다. 평가의 방식 역시 변화해야 한다. 현재 한국 교육의 평가는 주로 상대방과의 비교를 요구하는 상대적 결과중심 평가, 즉 상대평가로 대부분 이루어진다. 그러나 새로운 시대의 평가방법은 이와는 달리 개인을 중심으로 한 능력 절대평가, 또는 성장 참조평가가 주가 되어야 한다. 더 나아가서 학습과 평가를 막연하게 분리시킬 것이 아니라 점차 합쳐가는 과정이 필요하다.

분야별 4차 산업혁명 적응력 순위

종합순위	기술숙련도	교육시스템	노동시장 유연성
1 스위스	4	1	1
2 싱가포르	1	9	2
3 네덜란드	3	8	17
4 핀란드	2	2	26
5 미국	6	4	4
25 한국	23	19	83

자료 참조 : 틴틴경제, 4차 산업혁명 땐 일자리 줄어드나요?, 2017.

4차 산업혁명시대의 교육은 단순히 창의력만을 길러주는 교육에 한정되지 않는다. 4차 산업혁명이 이루어진 사회는 첨단 지능정보기술들이 만연한 사회라고 할 수 있다. 따라서 그에 따른 핵심 역량은 과학기술을 다룰 수 있는 지능정보 역량이다. 학교는 컴퓨터, 인터넷 등의 기초적인 정보교육을 하는 것에서 나아가 인공지능, 빅 데이터, 로봇 등을 다룰 수 있는 역량을 길러주어야 한다. 대한민국 사교육의 중심지라고 할 수 있는 강남에서는 이미 코딩 사교육이 만연하고 있는데, 이는 4차 산업혁명이 이루어진 시대에 남들보다 앞서나가 한 발 먼저 시작해 높은 위치에 설 수 있도록 학부모들이 열의를 불태우고 있는 것이라고 할 수 있다. 이는 곧 사회적 계층화, 양극화를 극단적으로 심화시키는 결과를 낳게 된다. 공교육에서 강력한 지능정보 교육이 이루어지지 않아 이 영역을 사교육이 독점하게 된다면 학생들 사이의 지능정보의 차이는 이루 말할 수 없는 경제적인, 능력적인 격차를 낳아 사회적 계층화와 양극화의 극단적인 결과를 만들 것이기 때문이다. 공동체를 이끌어가는 데에 중심역할을 하는 공교육은 단순히 우리나라의 성장만을 지향해서는 안 된다. 소외받는 이들이 최대한 적어지도록 해야 하며, 궁극적으로는 지속적으로 발전하며 나아가는 공평한 사회를 지향해야만 한다. 그러므로 4차 산업혁명의 지능정보교육도 이와 같아야 한다. 즉, 하나의 학생도 소외되는 일 없이 모든 학생들이 이와 같은 능력들을 잘 배울 권리를 충족시켜야만 한다. 물론 이는 대단히 어려운 문제라고 할 수 있는데, 미래 교육이 지향해야 할 방향은 현재와 같은 수동적인 교육이 아닌 능동적인 교육이 필요하기 때문이다. 즉, 필연적으로 학생들 개개인의 역량에 따라 그 학생이 같은 수업에서도 배우는 양의 크기가 심하게 차이나게 된다. 따라서 학교는 학생들의 다양성 또는 발달 단계를 더욱 고려하여 학생들의 시각에서 교육을 할 필요가 있고, 모든 학생이 자기 주도적으로 교육활동을 할 수 있도록 학생의 자율성을 늘려주는 교육을 필수적으로 해야 한다.

4차 산업혁명시대는 인공지능, 로봇 등 급격하게 과학기술이 일어나고, 따라서 인간소외 문제, 인간성 상실의 문제가 이루어지기 쉬운 시대이다. 이러한 사회에 인간 존엄성과 고유성을 제대로 지키지 못한다면 인간성의 상실, 공동체의 붕괴는 피할 수 없는 결과로 다가올 것이다. 그렇기에 우리가 현재 하고 있는 인성교육은 이 시대에 무조건적으로 필요하고, 그것이 오히려 더욱 중요한 자리를 차지해야만 한다. 우리는 학생들에게 4차 산업혁명시대에 알맞은 인성교육을 실시해 인간 자체의 소중함, 고귀함, 인간 존엄성, 공동체의 가치를 더욱 깊숙이 함양할 수 있도록 가르쳐야 하며, 나아가서 배려와 존중의 가치 역시 중요하게 가르쳐야 할 것이다. 앞서 말한 능동적인 교육, 지식정보활용능력 교육이 잘 실행된다고 하더라도 그것은 완벽해지기 힘들기에 당연히 한계가 존재하고, 그 결과 우리가 맞이할 시대에 개인 간의 격차와 갈등은 더욱 더 심해질 것이다. 이러한 사회에서 사회적 약자에 대한 배려 또는 존중, 공동체의 가치를 상실하게 되면 우리 사회는 더더욱 비인간적인 사회가 되고 말 것이며, 평등에 관련된 정책이 많이 만들어진다고 할지라도 국민의 공감을 이끌어내지 못한다면 허울뿐인 정책이 되고 말 것이다. 그렇기에 인성교육은 그 역할을 충분히 수행할 수 있도록 변화해야 하고, 더욱 더 강화되어야 한다.

4차 산업혁명시대의 인재육성전략

한국 사회에서 가장 핫한 이슈는 '4차 산업혁명'이다. 각종 포럼, 학술대회, 다큐

멘터리, 정책 세미나 등의 키워드를 보면 분야별로 4차 산업혁명에 대한 대응방안을 찾기 위해 분주한 모습임을 알 수 있다. 4차 산업혁명에 대한 관심은 혁명적 기술의 발달로 산업 지형과 일자리 지형이 크게 변화할 것이라는 전망에서 비롯됐다. 4차 산업혁명은 사람, 기계, 지능, 데이터, 서비스 등 모든 것이 연결되는 사이버 물리시스템을 의미하는데, 4차 산업혁명을 통해 인류는 이전과는 다른 새로운 세상을 맞이할 것이며 로봇과 인공지능의 역할이 점차 넓어질 것으로 예측되고 있다. 4차 산업혁명의 도래로 기존 산업에서 중용하는 인재상도 변화하고 있다고 할 수 있으며, 이에 따라서 기업에서의 인재육성도 변화된다고 할 수 있다. 따라서 4차 산업혁명시대의 도래로 인해서 기업이 추구하는 인재의 역량 및 이를 육성할 수 있는 전략방향에 대한 인재육성전략이 필요하다.

◎ 4차 산업혁명시대 인재가 갖추어야 할 역량

4차 산업혁명의 도래로 기업이 추구하는 인재가 갖추어야 될 역량을 살펴보면, 우선 2016년 세계경제 다보스 포럼에서 주요 HR전문가를 대상으로 실시한 설문결과에서 이와 같은 내용을 확인할 수 있다. 2015년과 비교해 2020년에 요구되는 역량으로서 '품질관리 역량'과 '경청 역량' 대신 '감성지능'과 '융통성'이 순위에 올랐으며, 2015년에는 10위에 머물던 '창의성'이 2020년에는 3위를 차지하며 미래 가장 요구되는 역량 중 하나로 꼽혔다. 이 같은 결과는 직업인들이 가져야 하는 필수 역량이 산업유형과 지역 등을 불문하고 단기간에 급변할 것임을 암시하고 있는 것이다. 또한 2020년에 직업인들이 가져야 하는 역량, 상위 10개를 살펴보면, 1위 복합적 문제해결능력, 2위 비판적 사고력, 3위 창의력, 4위 인적 자원관리 역량, 5위 대인관계 역량 순으로 나타나고 있다. 독일 아카텍(acatech, 공학한림원)이 발표한 '인더스트리 4.0에 따른 역량' 보고서에서도 현재 기업교육훈련 현장에서 요구되는 필요역량으로 다음 5가지가 꼽혔는데, 1위는 학문의 경계를 넘나드는 간학문적(間學問的 接近, interdisciplinary approach, 다학문적 접근의 문제점을 보완하기 위하여 고안된 학문 간 접근) 사고, 2위 프로세스 노하우, 3위 리더십 역량, 4위 혁신과정 촉진, 5위 문제해결 순이다. 세계경제포럼에서 제시한

2020년 요구 역량과 아카텍이 발표한 기업요구 역량 순위는 공통적으로 인공지능과 로봇 등의 기계가 대체하기 힘든, 인간 고유의 역량 중요성을 강조하고 있으며 보다 고차원적인 사고와 그에 따른 실천적인 능력에 주목하고 있다. 이와 같은 흐름은 미래사회를 살아가는 조직구성원들에게 요구되는 필수역량이 단순히 익히고 아는 것만으로는 습득되기 어려우며, 이전과는 다른 방법으로 조직 내 인재가 육성될 필요가 있다는 점을 시사한다고 볼 수 있다. 결국 지식의 습득과 정답 찾기에만 몰두한 인재육성 방식으로는 4차 산업혁명시대에 맞는 창의적이고 실천적인 인재의 육성에 한계가 있는 것이다.

4차 산업혁명시대를 위한 인재육성 방안과 사례

4차 산업혁명에서 요구하는 인재를 육성하기 위해서는 학습과 훈련의 고유 영역이라고 생각되어 온 아는 것과 기술 습득에 대한 초점을, 재료를 쓸 줄 아는 것, 없던 것을 만들어 낼 수 있는 것 등으로 옮길 필요가 있는 것이다. 즉, '활용'과 '창조'에 중점을 두고 창의적이고 혁신적인 인재육성 방법에 대한 집중 조명을 통해 인공지능(AI)과 협업(collaboration) 가능한 인재육성 전략을 구축해야 하는 것이다.

4차 산업혁명시대를 맞이하여 인재육성을 위한 전략 중 하나가 바로 조직구성원 간 의사소통과 공유를 통한 사회적 학습을 진행하는 것이다. 구체적으로 보면, 이는 직장 상사 및 동료 등 타인을 통한 상호 의존적 학습을 의미하며 흔히 소셜러닝으로 잘 알려진 방법을 적용하는 것이다. 소셜러닝(social learning)학습에서 소셜네트워크 서비스[누리소통망(SNS) 서비스를 결합한 교육방법으로 SNS의 장점인 소통과 협업으로 창의성과 문제해결 능력을 키우는 교육 방식]는 조직구성원들 간의 협업을 통해 아이디어를 발전시키고 집단지성을 창출할 수 있도록 해준다. 구체적인 실천방안으로는 전문적인 외부 코치가 조직의 임원들을 심리적인 측면과 리더십에 중점을 두며 개별적인 역량개발을 도모하는 임원 코칭, 임원이나 경영진이 자신의 부하와 1대1 관계를 형성하면서 멘토링을 받게 되는 역발상의 리버스 멘토링(Reverse Mentoring : 선배가 후배를 가르치는 기존 멘토링의 반대 개념으로 일반 사원이 선배나 고위 경영진의 멘토가 되는 것을 말한다. 1999년 제너럴일렉트릭(GE) 회장이던 잭 웰치가 최고경영자(CEO) 시절

역멘토링을 통해 젊은 소비자들이 원하는 제품을 만들 수 있는 감각을 구비할 수 있다는 취지로 실시함), 학습을 목적으로 개인들이 자발적으로 구성하는 실천공동체(CoP ; Communities of Practice), 오프라인 학습이 진행되는 동안 청중들이 트위터 등 SNS(Social Network Services)를 통해 커뮤니케이션하는 백채널(Back channels, 프레젠테이션 현장에서 발표가 진행되는 동안 청중이 SNS를 통해 만들어가는 소통채널) 등 무궁무진하다고 할 수 있다. 이와 같은 활동은 동료 간 학습효과를 가져오는 것이다. 결론적으로 볼 때, 소셜러닝은 조직구성원 개인의 한정된 지식과 정보를 정해진 플랫폼을 경유해 집단지성화하기 때문에 개인 및 조직의 창의적 역량 제고에 유리하다고 할 수 있다.

대표적인 기업 사례를 보면, 테슬라의 타운홀 미팅(town hall meeting)이 있다. 이는 토론을 통한 참여민주주의 방식에서 착안한 활동으로 테슬라의 경우 최고경영자가 전사적인 현안을 임원을 포함한 조직구성원들과 공유하는 의사소통의 장으로 활용 중이다. 본래 최고경영자-임원 간 원활한 의사소통을 위해 타운홀 미팅을 활용하는 사례는 많지만, 테슬라처럼 참가를 희망하는 직원을 모집해 이들 모두를 대상으로 타운홀 미팅을 진행하고 이를 생중계하는 회사는 거의 없다. 테슬라에서는 이 타운홀 미팅을 통해 지위 고하를 막론하고 회사 운영방식 및 제품현안 등과 관련해 자유로운 의견 개진이 가능하다.

또 다른 사례로는 고어 앤드 어소시에이트(W. L. Gore and Associates)의 대블타임(Dabble Time)을 들 수 있다. 대블타임은 일명 장난치는 시간으로 불리는데 직원들에게 주어지는 자유시간 정도로 여길 수 있다. 잡담, 휴식, 운동 등 그 어떤 것도 상관없이 말 그대로 물장구치듯 가볍게 시간을 보낼 수 있는데 그 과정 안에서 번뜩이는 아이디어가 도출되고 실제로 그렇게 도출된 많은 아이디어가 제품 개발과 혁신적 성과로 이어진다. 대블타임은 편안하고 자유로운 분위기 속에서 서로 아이디어를 제안하고 같이 고민해 보고 질문해 보는 시간으로 이어지는데, 이는 규칙적으로 정해진 시간에 열리는 압박이 있는 회의의 개념이 아니라 자연스러운 브레인스토밍과 같은 시간으로 연결된다. Gore and Associates 사는 대블타임을 창조와 혁신의 구심점으로 삼으며 임직원들 간에 보다 풍성한 대블타임을 갖도록 격려하고 있다. 빌 고어는 사람들이 조직의 위계에 구애받지 않고 농담을 주고받을 때 창의적 생각이 나오는 것을 경영에 적용했다. 현재 Gore and Associates 사는 대블타임(Dabble Time · 장난치는 시간)을 일주일에 반나절 이상 갖고 있다. 하지만 Gore and Associates 사는 직원들이 중시하는 것이 있다. 자유에 대한 책임이다. 그리고 동료 간 상호 책임을 다하는 분위기에서 스스로 최선을 다할 수밖에 없다. Gore and Associates 사의 급여 수준은 동종 업계 중간 수준이다. 하지만 동료들로부터의 존경 · 자기만족 · 책임감 등이 급여 이상의 보상이 되고 있다. 수준 높은 경영의 모습을 보여 주는 사례다. Gore and Associates 사는 직원의 자율성을 극대화하는 경영으로 제품과 사업도 직원에 의해 저절로 진화하게 하고 있다.

4차 산업혁명시대의 도래로 인해서 기업이 추구하는 인재의 역량 및 이를 육성할 수 있는 전략 방향에 대해서 살펴보았다. 4차 산업혁명은 그 어떤 산업혁명보다 빠르고 급진적인 변화를 가져올 것으로 전망된다. 그리고 이런 변화는 우리나라에 특히 더 큰 파급을 불러올 것으로 보인다. 농업적 근면성을 바탕으로 성장한 한강의 기적과 같은 방식이 더 이상 성과를 내기 어려운 시대가 되었기 때문이다. 즉, 재료를 쓸 줄 아는 것, 없던 것을 만들어 낼 수 있는 것, 즉 활용과 창조역량이 절실하게 요구되고 있어 기업은 조직 내 창의적 인재육성이 그 어느 때보다 시급한 과제로 대두되고 있는 것이다. 그래서 기업은 기존의 인재육성전략의 틀을 벗어나서 도전과 실험을 통한 인재육성전략을 통해 단지 지식을 전달했던 과거 인재육성 패러다임을 벗어날 필요가 있다.

07 제4차 산업혁명시대 기업의 인재채용 변화

과거 인류는 그동안의 역사를 뒤흔들었던 몇 차례의 산업적 변화를 경험하였다. 처음으로 겪었던 1차 산업혁명은 18세기 증기기관차의 발달로 빠른 대량수송 교통

체제가 갖춰져 인류의 생활이 매우 편리해졌다. 2차 산업혁명은 1865년 이후 미국과 독일을 중심으로 증기기관차의 동력이었던 증기 대신 전력을 이용한 컨베이어벨트 대량생산시스템을 통해 자동차 등 상품의 대량생산라인이 구축되게 하였다. 3차 산업혁명은 인터넷을 활용한 IT 기술, 대형화, PC컴퓨터로 제조업의 디지털화와 자동화된 생산체계로 컴퓨터 제어자동화를 통한 자동대량맞춤 생산을 함으로써 고객들의 다양한 수요를 충족시킬 수 있게 되었다. 지금까지 일어났던 총 3번의 산업혁명을 통해서 우리가 사는 세상은 다양한 변화를 맞이하고 또 새로운 미래를 향해 나아갔다. 이제 우리는 더 나아가 4차 산업혁명의 시작점에 서있다고 해도 과언이 아니다. 2016년 다보스에서 개최된 제46차 세계경제포럼(WEF)에서 '제4차 산업혁명의 이해'를 대주제로 삼았고 회장 '클라우스 슈밥'은 "전 세계 사회, 산업, 문화적 르네상스를 불러올 과학기술의 대전환기는 시작됐다."라고 이야기했는데 이 말은, 즉 4차 산업혁명은 이미 시작되었다는 것이다. 향후 디지털, 물리학, 바이오 등 영역경계가 허물어지면서 융복합된 새로운 기술혁명으로 지금까지 겪어보지 못한 매우 빠르고 광범위하게 우리의 삶의 방식을 완전히 바꾸는 새로운 시대가 도래 할 것이다. 과거의 산업혁명들이 그랬던 것처럼 아직은 낯선 이러한 새로운 개념들을 제대로 이해하지 못하거나 무시한다면 변화의 흐름에서 도태될 수밖에 없을 것이다. 이는 기업에서도 똑같이 적용될 수 있는데 대표적으로 개방협력을 수용하지 못한 노키아가 있다. 세계 최대의 기업은 페이스북, 구글과 같은 플랫폼 기업들로 대체된 지 오래되었고, 전통적인 기업의 가치사슬을 대신해 개방 기업 생태계가 밀고 들어왔다. 초연결 혁명이 연결비용을 감축시켰다면 인공지능 혁명은 거래비용을 축소시키고 있다. 인간의 가치관을 대신하는 인공지능을 추천하고 인간은 단순히 수용 여부를 결정하는 방향으로 시장경제가 진화하기 시작했다. 4차 산업혁명은 현재 진행 중이며, 그 어떤 산업혁명보다도 빠른 과학적 진보를 통해 미래사회의 급격한 변화를 예고하고 있다. 그럼 이제부터 인력고용과 채용에 초점을 맞춰 1, 2, 3차 산업의 발달과정 뿐만 아니라 4차 산업혁명시대에서의 인재채용 방식과 일자리에 대해 관심을 가져야 한다.

과거의 산업혁명과 일자리

영국에서 18세기 후반부터 시작된 급격한 경제상의 변화를 의미한다. 기술혁신, 기계의 도입, 공장제의 등장 등과 그에 따른 사회적 변화를 포괄하는 개념이다. 산업혁명은 서양 근대사회의 발전에 중요한 계기를 제공한 사건이다. 산업혁명이라는 개념이 일반화된 것은 영국의 아놀드 토인비(Arnold Toynbee)가 영국 경제발전을 설명하는 과정에서 시작되었으며, 18세기 증기기관이 발달하면서 벌어진 제1차 산업혁명은 농업과 수공업 위주의 경제에서 기계를 사용하는 제조업 위주의 경제로 전환한 과정을 의미한다. 제2차 산업혁명은 19세기부터 20세기 초 전기에너지가 개발돼 대량생산사회를, 제3차 산업혁명은 20세기 후반 컴퓨터와 인터넷 등 전자장치, 소셜네트워크 서비스 발달로 지식정보사회를 열었다. 산업혁명기마다 기술혁신으로 생산성이 극대화되면서 경제, 산업, 사회에 큰 변화가 있었다. 그리고 지금 또 한 번의 산업혁명이 일어나고 있다. 지금까지의 기술혁신은 기존 경제의 중심축을 뒤흔들며 새로운 산업, 시장, 상품, 아이디어를 만들어냈다. 미국의 Time지는 "자동화는 기존 일자리를 없앨 뿐만 아니라 이를 대체할 직업을 충분히 창출해 내지는 못할 것이다. 과거에는 자동화로 제조업에서 없어진 일자리가 서비스업으로 대체됐지만, 오늘날에는 산업이 중간기술의 직업을 없앨 것이다."라고 보도한 바 있다.

1차 산업혁명과 일자리

1차 산업혁명 초반 기계가 인간의 노동을 대체해 일자리가 사라질 것이라는 두려움에 기계를 파괴한 러다이트 운동(Luddite Movement, 1811~1817년 영국의 중부 ·북부의 직물공업 지대에서 일어났던 기계 파괴운동)이 벌어졌다. 1970년에 미국의 농촌인구는 90% 이상이었지만 1990년에는 전체 인구의 2%인 500만 명으로 조사됐다. 상대적으로 감소했을 뿐만 아니라 절대적으로도 감소했다. 1960년과 1987년 사이 농촌 인구는 1500만 명 이상에서 600만 명 이하로 줄어들었다. 농산물 유통 인구까지 감안하면 생산 인구는 2%보다 적다. 한마디로 자동화기기로 90%의 노동력이 하던 일을 2%의 인구가 해결하고 있다는 것이다. 산업혁명으로 농업의 일자리가 줄어든 대신 공장의 일자리가 늘어났으며 생산성이 확대돼 제조업이 부상했고 이는 부의 증가와 일자리 증가로 이어졌다.

2차 산업혁명과 일자리

2차 산업혁명기에는 전기 발명과 대량생산으로 없어진 일자리보다 더 많은 일자리가 창출됐다. 기술발전은 기존에 없던 수요를 만들어 내며 생산성이 폭발적으로 높아졌다. 가령 전기혁명은 기존에 쓰지 않던 냉장고, 세탁기 등 기존에 없던 가정의 수요를 늘렸다. 제1차 산업혁명이 생존에 필요한 양적 물질혁명이었다면, 제2차 산업혁명은 질적 물질혁명이라고 할 수 있을 것이다. 한 경제학과 전문가는 "실증 분석을 통해 1980년대에는 기술혁신이 단기적으로 고용 감소를 야기했지만, 장기적으로는 회복되면서 거의 영향을 주지 않았다."고 주장했다. 미국 노동부의 조사에 따르면 1960년부터 2014년 사이 공장에서 일하는 노동력의 비중은 3분의 2가 감소했지만, 생산성은 획기적으로 증가한 것으로 나타났다. 이는 제조업에서 일하던 인력이 서비스 직종으로 옮겨갔기 때문이다.

3차 산업혁명과 일자리

3차 산업혁명기에는 컴퓨터와 인터넷이 등장하면서 타이피스트 등 많은 직업이 없어졌다. 하지만, 정보가 넘쳐나면서 정보관련 새로운 직업과 소셜네트워크 서비스와 같은 새로운 정보교환 및 의사소통 방식이 생겨났다. 특히 스마트폰 활성화로 휴대폰 애플리케이션이 만들어내는 경제 생태계인 '앱 경제(App Economy)'가 등장했다. 애플리케이션 하나로 PC, 소비자, 생산자, 인터넷, 전통경제 등이 연결되면서 경제, 고용을 포함한 개인의 일상생활에 큰 변화를 일으켰다. 2012년 2월 TechNet은 앱 경제가 최근 5년간 미국에서 일자리를 46만6,000개를 창출했다고 분석했다. 산업혁명은 일자리를 축소하기보다 오히려 사람들의 삶의 질을 끌어올려 새로운 수요를 창출했다. 실제로 1970년에는 미국에만 3만종의 직업 종류가 생겼고, 2013년이 되자 그 수가 폭발적으로 늘어 38만종의 다양한 일자리가 생겨났다. 일자리 형태가 바뀔 일자리는 기술혁신에 따라 줄어든 적이 없다. 미국은 기술혁신이 일어날 때마다 생산성이 크게 높아졌고 고용도 함께 증가했다. 다만, 2000년 이후부터는 생산성 증가 속도가 고용성장 속도보다 빠르게 진행되고 있다. 그리고 박원순 서울시장이 쓴 책 「세상을 바꾸는 1000개의 직업」에서 혁명 후 새로 등장하고 유망 있는 직업들에 대해 소개를 하고 있다. 온라인 개인정보 보호관, 소셜에듀케이션 전문가, 사회혁신 애플리케이션 개발자 등 시대 변화에 민감한 성향을 가지고 있는 사람들에게 추천하는 직업들과 글로벌시대에 따라 국경 없는 사회성을 가진 사람들에게 추천하는 지구별 어린이, 글로벌 대학생 중개인, 국제 홈스테이 중개인, 지방자치단체 국제사업전문가 등이 있다. 시대의 변화에 따라서 예전에는 상상도 하지 못했던 다양한 직업들과 일자리가 등장하고 이는 앞으로 엄청난 규모로 증가할 수도 있다.

🔵 4차 산업혁명과 일자리

4차 산업혁명은 지능정보기술이 제조업과 서비스, 사회에 체화된 사회가 지능화되는 혁명이라고 할 수 있다. 그동안의 산업혁명은 기술 및 동력원의 발전을 통해 자동화와 연결성을 발전시켜 온 과정으로 축약될 수 있는데, 4차 산업혁명은 전기 등의 에너지원의 활용과 작업의 표준화를 통해 기업과 국가 간 노동부문의 연결성을 강화하고, 대량생산체제를 성공적으로 수립하였다. 또 인공지능에 의해 극대화되는 시기로 오늘날 우리 곁에 모습을 드러내고 있다. 그래서 기계와 제품이 지능을 가지게 되는데 인터넷 네트워크로 연결되어 있어 학습능력도 좋다. 몇 년 전 미국 뉴욕타임즈에 흥미로운 기사가 실렸는데 미국의 한 대형 마켓에서 어떤 가정에 아기 옷과 유아용품에 관련된 할인 쿠폰을 발송했다. 하지만 미성년자인 딸이 있어서 부모는 쿠폰을 보고 임신을 부추기는 상업적 용도인 쿠폰으로 인식을 해 화를 냈지만 며칠 뒤에 진짜 딸의 임신 사실을 알게 된다. 부모도 모르는 딸아이의 임신 소식을 대형 마켓에서는 어떻게 알았을까? 딸이 갑자기 로션을 무향 로션으로 바꾸고 안먹던 영양제를 샀다는 고객 데이터베이스를 활용해 임신가능성이 있는 고객들에게 앞으로 필요해질 임신용품을 추천했던 것이었다. 이런 이야기는 4차 산업혁명시대에는 얼마든지 가능하다. 제품과 제조공정이 지능화되면 고객맞춤 생산이 본격화되는데 소비자가 진정 왕이 되는 시대가 열릴 것이다. 기계의 지능화를 통해 생산성과 효율성이 고도로 향상되어 산업구조의 근본이 변하게 되고 지능정보기술은 그 변화의 대표적인 동인이다.

　이러한 지능정보기술은 산업 측면에서 수확체증이 가능할 정도의 높은 생산성을 제공하며, 노동과 자본 등 기존 생산요소를 압도하는 산업구조 재편을 촉발하고 있다. 이미 해외 주요국가와 선도기업들은 지능정보기술의 파괴적 영향력에 주목하고 장기간에 걸쳐 대규모 연구와 투자를 체계적으로 진행하고 있다. 미국은 2011년 '첨단제조 파트너십 전략'을 발표하면서 신산업혁명 물결에 합류했으며, 일본은 로봇신전략에 이어 2016년 일본재흥전략(JAPAN is BACK)을 발표하고 본격적인 4차 산업혁명시대를 선포했다. 이 영향은 비단 경제와 산업에 국한되지 않을 것인데 놀라운 속도로 발전하고 있는 인공지능은 기존 일자리 및 업무 성격 등을 변화시키고, 삶 전반에 총체적 변화를 야기할 것으로 예상되고 있다. 많은 전문가들이 자동화로 인해 단순하고 반복적인 업무의 일자리 수요가 감소하고 고부가가치 업무의 인력수요가 증가하는 고용 구조 변화가 일어날 것으로 전망하고 있다. 또 인공지능을 가진 로봇이 사회 전반에 활용될 경우에 생산성 향상과 근로시간 감소, 건강수명이 증가함으로써 경제, 사회적 혜택이 고루 확대되며, 고령화와 저출산 시대의 해결방안이 될 것이라고 긍정적 변화를 예상하기도 한다. 현재 사물인터넷(IoT)과 인공지능을 기반으로 사이버세계와 물리적 세계가 네트워크로 연결돼 하나의 통합 체계로서 사이버물리시스템(CPS)을 구축하는 방향으로 나아가고 있다. 사람과 사물, 사물과 사물이 네트워크로 연결되고 이러한 초연결성으로 축적된 막대한 데이터(Big Data)를 분석하고 패턴을 파악해 이를 토대로 인간의 행동을 예측해서 새로운 가치를 창출해 내는 것이 특징이다. 생명과 의료분야, 자율주행자동차, 인공지능, 로봇, 3D 프린팅, 나노기술, 신소재 사업 등이 최근 각광받는 이유이기도 하다. 아직까지는 4차 산업혁명을 실제로 확실히 체감하고 있다고는 볼 수 없지만 모바일 인터넷과 클라우드를 통한 데이터 축적, 쌓인 대량의 데이터를 처리하는 인공지능의 발달과 딥러닝(deep learning)이 앞으로의 4차 산업혁명을 견인할 요소로 현재 생활 속에 깊숙하게 들어와 있다.

🔘 4차 산업혁명시대의 채용

　과거 산업혁명을 일으켰던 기술들은 사회와 경제 전체로 확산되기까지 많은 시간이 걸렸지만 4차 산업혁명의 주요 기술들인 인터넷과 컴퓨터 관련 기술 등은 비교적 빠른 확산이 가능하다. 이전의 모든 산업혁명이 그랬듯이 4차 산업혁명도 좋은 점만 있는 것은 아니다. 가장 크게 거론되는 것이 일자리 문제인데 세계경제 다보스 포럼에서도 2020년까지 인공지능과 로봇의 발달로 기존의 일자리는 710만개가 소멸하고, 새로 200만개가 창출돼 총 510만개의 일자리 감소를 예상하기도 했다. 일자리의 컴퓨터화 가능성으로 미국에서의 직업종사자 중 47%, 한국은 63%가 사라질 것이고 세무사, 관세사, 경기심판, 회계사, 택배원 등은 컴퓨터에 대체될 고위험 직업에 속한다. 또 2018년에는 종업원보다 스마트 기계가 많은 회사가 50%에 이를 것이다. 이런 변화의 상황 속에서 과연 기업을 운영하는 경영자들은 직원들을 어떻게 채용을 해야 할까? 아마 단순하고 반복적인 업무를 하는 직원들은 새로운 일을 찾으려고 할 것이다. 하지만 금방 찾아내기는 쉽지 않을 것이고 경영자 또한 기계가 대체하는 흐름 속에서 어떤 일을 새로 만들어낼 것인가 고민하게 될 것이다. 경영자라면 내부모집 측면에서는 기존의 직원들을 가능하면 많이 유지하는 방안을 택할 것이다. 현장에서 직접 일을 한 경험이 풍부한 직원들은 업무를 하면서 불편한 점, 개선해야 할 점을 누구보다 더 잘 알고 있을 것이다. 그래서 기계에 의해 업무가 대체된 직원들을 바로 해고하는 것이 아닌 그 직원들을 대상으로 앞으로 자신이 기업에서 무엇을 할 수 있을까를 주제로 자유형식의 면접과 시범행위를 보고 난 후에 그 생각이 타당하다면 기존의 분야에서 추가하거나 새로운 분야를 만들어 시행할 것이다. 그리고 외부적으로 모집공고를 한다면 서류심사 때 지원자격 금지나 요구항목을 제시할 것이다. 요즘은 대다수의 기업들이 서류나 1차 심사 때 자격증 가산제도나 필수적인 지원자격이 있기 마련이다. 하지만 실질적으로 지원자들이 요구되는 자격에 맞추기에만 급급하지 현장에서는 그 공부가 무용지물이 되는 경우가 많다. 실제 현장에서는 도움이 되지 않는 이론적 공부를 넘어서 모든 지원자들을 대상으로 예상치 못한 상황을 주제로 한 현장면접을 실시할 것이고, 모든 채용과정에서의 핵심은 기계로 대체화된 환경변화 속에 자신이 어떤 일을 잘할 수 있는지 뽐내고 알아보는 것이다. 단순 시험을 통해 신입사원을 뽑는 것이 아니라 심층면접을 통해 '기술 트렌드 또는 소비자 트렌드 등에 관련된 빅데이터를 주고 일주일 내에 그 의미를 해석하라' 등의 실질적인 직무역량을 파악하는 채용방식을 도입할 것이다. 이런 방식으로 채용을 한다면 선발 비용이 기존에 비해 많이 들겠지만 다른 부분에서 그 비용을 충당을 해 크게 지장을 주지 못하게 할 것이다.

　　최근 이슈가 된 아디다스 '스피드 팩토리(Speed Factory)'는 다양한 자료와 분석을 통해 완벽한 신발을 만드는 것을 목표로 하고 있다고 한다. 직접 운동화를 만들기 위해 바느질하는 생산공정을 기계가 대체함으로써 오차가 없는 완벽한 신발을 만들 수는 있을 것이다. 그리고 데이터베이스를 통해 다양한 자료를 수집하고 모을 수 있어서 기존의 필요한 직원 수를 대폭 줄일 수는 있을 것이다. 하지만 무엇보다도 고객의 요구가 중요하기 때문에 고객의 옆에서 고객의 소리를 듣고 즉각 반영해 개선시키고 자료 입력을 하는 인력 등이 필요하기 때문에 모든 인력을 대체하기에는 어느 정도 한계가 있을 것이다. 또는 기업 확장시에는 현재 자신의 기업과는 상관이 없는 인력이지만 전망이 있는, 예를 들면 고령층 대상 여가 산업, 바이오 헬스 산업 등에 재능이 있는 인력을 채용해 부서를 만들어 종업원들의 복리후생에도 힘쓸 것이다. 지금까지 1차, 2차, 3차 그리고 진행형인 4차 산업혁명까지 혁명을 통해 발달한 기술과 그에 따른 변화, 특히 일자리와 인재채용에 초점을 맞추어 보았다. 항상 핵심산업이 바뀌면서 기존의 일자리는 줄어들었고, 이 때문에 일자리 감소에 대한 우려는 산업혁명 도입기마다 함께 잇따라 왔다. 매우 빠르게 변화하고 기술이 발전하는 시대에서 도태되지 않고 살아남기 위해서는 기존의 방식만을 고수하는 것이 아닌 새로운 기술과 산업에 열린 마음을 가지고 있어야 한다. 그리고 그에 대비해 개인, 기업, 국가를 포함한 모든 사람들이 미리 대비해야 할 것이다. 이미 진행되고 있는 4차 산업혁명 그 이후에는 과연 어떤 기술들이 나올 것이며 인류는 어디까지 발전을 할 것인가에 대한 고민은 항상 생각하고 앞으로도 끊임없이 고민해 볼 필요가 있는 문제이다.

08 제4차 산업혁명시대에 필요한 핵심인재와 역량

알파고(AlphaGo)가 프로기사 9단인 이세돌과 중국의 커제를 이겼다. 무한에 가까운 경우의 수가 존재하는 바둑에서 인공지능이 인간을 이길 수 있을 것이라고는 아무도 예측하지 못했다. 알파고(AlphaGo)의 AI를 비롯해서 4차 산업혁명이 화두가 되고 있으며, 현재진행 중으로 인공지능, IoT, 로봇기술 등이 융합된 지능정보기술이 제조업, 서비스업을 비롯한 사회 전반에 침투하면서 지능화되는 시기이다. 우리는 4차 산업혁명이 현재진행 중에 있지만 그 속도가 아주 빠르다는 점을 경계해야 한다. 4차 산업혁명을 인공지능, 빅데이터, 사물인터넷(IoT), 클라우드, 3D 프린팅, 자율주행자동차 등으로 불리는 급격한 소프트웨어와 데이터 기반의 지능디지털 기술변환(intelligent digital technology transformation)에 의한 혁명이라고 말한다. 한편으론 4차 산업혁명은 '인간을 중심으로 현실과 가상이 융합하는 혁명'이라고 정의하고 있다. 4차 산업혁명에서 인간과 인공지능의 역할은 각각 혁신적인 일과 반복되는 일로 나눠져 상호 협력하게 될 것이다. 소위 딥러닝(deep learning)이라는 최신 인공지능기술은 최소한 1,000개 이상의 반복되는 데이터가 있어야 어느 정도 학습효과를 거두게 된다. 앞으로 이런 4차 산업혁명으로 인해 일부 직군은 큰 타격을 받을 것으로 예상된다. 가장 큰 타격을 받을 직군은 사무관리직으로 전망하고 있으며, 빅데이터 분석과 인공지능 기술이 바탕이 된 자동화 프로그램과 기계가 사무직 일자리를 대체할 것이란 이유에서다. 로봇과 3D 프린팅의 위협을 받는 제조·광물업 분야 일자리도 감소할 것으로 예상된다. 반면에 전문지식이 필요한 경영·금융 서비스·컴퓨터·수학·건축·공학에서는 일자리가 늘어날 것으로 전망된다. 즉 많은 일자리가 STEM(과학·기술·공학·수학) 분야에서 생겨날 것이다. 산업화 시대의 인재상과 정보화 시대의 인재상이 다르듯이 정보화 시대의 인재상과 4차 산업혁명시대의 인재상은 다를 수밖에 없다. 핵심인재상으로 봤을 때, 현재의 스펙(specification, qualification)형 인간은 미래에는 인공지능과의 경쟁에서 도태되는 인재상이 될 것이고, 창조와 협력을 중심으로 창의융합형 인재상이 늘어날 것이다. 즉, 4차 산업혁명시대의 인재는 교양(인성), 직업기초능력, 글로벌마인드, 자기계발능력 등 네 가지를 갖춰야 하지만 이외에 어떤 핵심인재가 필요할까?

4차 산업혁명시대의 핵심인재

첫째, 교양인·학습인이 되어야 한다.

'교양인'은 정서적으로 안정되고 풍부한 감성을 기반으로 미를 추구하며 다양한 디자인을 해낼 수 있는 사람으로 직업인은 어떤 직업을 택하기에 앞서 누구나 공통적으로 갖춰야 할 기초능력을 갖추고 인공지능(AI)과 경쟁해도 살아남을 수 있는 수준의 전문성을 갖춘 인재이다. '학습인'은 끊임없이 자기계발에 매진하며 일하는 장소에서 배움을 실천하는 평생학습이 생활화된 인재를 말한다. 4차 산업혁명시대의 미래사회에서는 정서적으로 안정되고 풍부한 감성을 갖춘 교양인과 새로운 환경에서 항상 창의적 도전을 하는 학습인인 핵심인재가 필요한 것이다.

둘째, 창의융합형 인재가 되어야 한다.

'가방끈' 인재보다 '신발끈' 핵심인재가 필요하다. 4차 산업혁명시대에는 직업세계에 입문하는 직장인들에게 요구하는 인재상이 다를 수밖에 없고, 직업능력 역시 양극화가 심화될 것이다. 정부도 고등교육의 환경변화에서 높은 전문성을 갖춘 창의 융합형 인재양성을 요구하고 있다. 창의적이고 융합형 인재가 필요하고, 스페셜리스트(specialist)인 동시에 제너럴리스트(generalist)인 인재가 필요하다. 즉, 소프트웨어도 알지만 하드웨어도 알아야 하고, 미래를 읽는 기술인 트렌드 워칭(trend watching)과 4차 산업혁명시대의 환경과 미래도 이해해야 한다. 단순한 예로 사물인터넷 하나만 볼 경우 센서, 마이크로프로세서 및 저장수단, 클라우드, 통신, 전송, 데이터분석, 자동화 유니트, 디지털기술 등을 이해해야 한다. 또한 그것을 접목할 산업 또는 접목하여 새로운 것을 창출해 낼 수 있어야 하는 인재가 필요하다. 한 분야의 전문가이면서도 직무분야와 관련된 분야를 이해하고 새로운 것을 창출해 낼 수 있는 핵심인재가 필요한 것이다.

셋째, 직관력과 상황에 대한 뛰어난 이해력이 있어야 한다.

1차 산업혁명이 100년 이상의 긴 시간에 걸친 변화의 과정을 거쳤다면, 2차 산업혁명은 60~70년의 과정을 거쳤고, 3차 산업혁명은 불과 30~40년 만에 완성되었다. 4차 산업혁명은 10~20년 만에 급속히 발전하고 수많은 변화를 가져올 것이고, 그 파장이 전 세계와 삶의 전 영역으로 퍼져나가게 될 것이다. 변화의 속도가 빠르면 어떤 현상과 문제를 천천히 살펴보고 종합하고 방향을 추론할 수 있는 시간이 없기도 하다. 따라서 일어나는 현상을 빨리 보고 그 방향과 문제점과 해결방식을 빨리 찾아낼 수 있는 직관력과 그 상황을 빨리 이해할 수 있는 뛰어난 이해력을 지닌 핵심인재가 필요한 것이다. 하나의 대안이 있다면 교육적 측면에서는 가상의 상황을 시나리오별로 만들어놓고 시뮬레이션을 실시함으로써 직관력과 상황에 대한 뛰어난 이해력과 실행력을 높이는 훈련이 필요한 것이다.

넷째, 컴퓨팅적 사고와 코딩능력을 지닌 인재가 되어야 한다.

'컴퓨팅적 사고'란 해결하고자 하는 문제를 명확히 구성하고 사람이나 컴퓨터가 효과적으로 그 문제를 풀어서 답을 내 놓게 하는 프로세스적 사고력이다. 그리고 '코딩'이란 컴퓨터, 스마트폰 등 IT기기에 사용되는 소프트웨어를 설계하는 과정 중 하나로 우리가 조작하는 대로 컴퓨터가 작동하도록 도와주는 명령문을 작성하는 것이라고 할 수 있다. 4차 산업혁명시대에서는 어떤 문제가 발생했을 때 프로세스에 맞춰 해결하려는 사고가 필요하며, 프로그래머와 같은 IT업계 종사자들의 전유물로 여겨지던 코딩은 스마트폰의 대중화와 모든 사물이 인터넷으로 연결되는 이른바 '사물인터넷(IoT ; Internet of Things)'의 시대가 도래하면서 전문가의 영역을 넘어 우리의 일상으로 다가왔기 때문에 앞으로는 기본적인 것을 활용할 줄 아는 핵심인재가 필요한 것이다.

다섯째, 통계적 사고를 지닌 인재가 되어야 한다.

4차 산업혁명이 데이터 기반의 지능적 변환이라고 볼 수 있으므로, 통계적 사고(statistical thinking)를 함양하는 것이 중요하다. 특히 빅데이터에 의한 미래예측, 사물인터넷(IoT), 스마트 팩토리 등의 운영에 유효하다. '통계적 사고'란 일상생활에서 데이터를 바탕으로 한 확률과 통계를 이용하여 당면한 문제를 시스템적으로 생각하고, 해결책을 찾아가는 사고방식을 말한다. 통계적 사고를 함양하기 위해서는 수학, 통계, 과학교육 등이 강화되어야 한다.

4차 산업혁명시대 적응을 위한 필요한 역량

4차 산업혁명시대는 사람과 사람이 연결되는 것을 넘어 사물과 사물, 사물과 사람이 연결되고 있다. 이미 사물인터넷(IoT) 기술로 완벽하진 않지만 사람과 사물이 서로 연결되어 있는 시대에 우리는 살고 있다. 이렇듯 우리의 사회는 초연결사회로 되어가고 있는데 그 핵심에는 인공지능과 인간과 사물을 연결하는 센서기술, 로봇기술 등이 중심에 자리 잡고 있다. 4차 산업혁명시대에 적응하는 데 필요한 새로운 역량에 대해서 알아야 할 것이다. 앞으로 제시할 역량을 갖춘 사람이 새로운 시대의 인재가 될 것이며, 학교교육이나 산업교육에서는 필연적으로 그러한 인재를 길러야 하기 때문이다.

첫째, 인공지능(AI)과 협력하고 그것을 잘 다룰 줄 아는 역량

미래의 인간은 인공지능과의 경쟁을 피할 수 없다. 학교의 예를 들면 당장 교사는

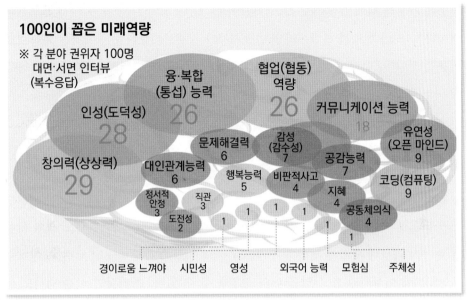

자료 출처 : 다빈치와 스티브잡스, 창의성 비밀은?, 중앙일보(2018.1.27)

인공지능 때문에 교사라는 위치를 위협받게 될 것이다. 아직까지는 개발되지 않았지만, 인간에 버금가는 아주 높은 수준의 인공지능(고도의 처리능력, 자율성, 가치판단 등을 하는) 로봇이 교사의 일을 대신하게 된다면 잘못된 지식을 학생들에게 전달해 줄 일은 없기 때문이다. 또한 감정에 휘둘리지 않는 합리성을 갖췄기 때문에 법이나 제도가 중요치 않게 될 수도 있다. 그러나 이는 인공지능과 인간의 경쟁만을 예시로 든 것이고 현명한 사람이라면 인공지능과 동맹하고 협력하고 활용할 대상으로 변화시킬 것이다. 이미 인공지능과 협력하고 있는 사람은 우리 주변에서 쉽게 찾아볼 수 있다. 우리가 운전을 할 때 내비게이션에 목적지를 입력하면 우리의 상황에 맞는 최적의 경로를 알려준다. 중국의 한 식당에서는 로봇이 서빙을 하고, 일본의 초밥 식당 '구라스시(くら寿司)'는 로봇이 초밥을 만들고 있다. 시간이 지날수록 인간과 기계의 협업 범위는 넓어질 것이다. 미래의 인재들은 인공지능을 활용해서 소설을 쓸 것이고 작곡도 하게 될 것이다. 인간과 인공지능은 상호 보완적인 협업이 가능하다는 것이다. 속담에 '아는 만큼 보인다.'라는 말이 있다. 인공지능을 잘 알지 못하는 사람은 인공

지능을 활용해 보지도 못하고 그저 자신의 밥그릇을 빼앗는 경계할 대상으로만 볼 것이다. 그러나 현명한 사람이라면 인공지능과 경쟁하기보다는 협력하는 대상으로 이용할 것이다. 따라서 4차 산업혁명시대에 인공지능과 협력하고 그것을 잘 다룰 줄 아는 역량은 미래의 우리에게 필요한 제1의 역량이 될 것이다.

둘째, 시간을 자신에게 맞게 창조하고 지배하는 역량

100세 시대라는 말을 한 번쯤은 들어봤을 것이다. 이는 21세기 전후에 태어난 세대들은 과학기술의 발전에 힘입어 100세 이상까지 살게 될 것을 의미한다. 이렇듯 인간의 절대적인 평균 수명은 100세를 웃돌게 될 것이지만 우리의 삶은 아주 빠르게 변하기 때문에 우리가 경험하는 것은 과거의 변화속도와 비교해 보면, 상대적으로는 200세 이상의 삶을 살았을 때의 경험을 할 수 있다. 물리적인 시간 역시도 생명공학기술(BT ; Bio Technology), 뇌 과학 등의 발전으로 120세를 훌쩍 넘게 될 것이라는 전망도 있다. 인공지능과 협력하는 인간은 잉여시간이라는 값진 선물을 받게 된다. 2020년 이후, 자율주행자동차가 상용화되었을 때 직장인 A씨의 출퇴근 모습을 상상해보자. 'A씨는 직장까지의 통근거리가 자동차로 30분 정도이다. 아침 7시50분 A씨는 샌드위치와 커피를 쥔 채로 자율주행자동차에 오른다. 자율주행자동차가 나오기 이전이라면 꼼짝없이 30분 동안 운전을 해서 출근했을 것이다. 그러나 운전을 자율주행자동차가 대신하기 때문에 A씨는 샌드위치를 차안에서 먹으며 자동차 속의 증강현실에서 그날 하루업무를 계획한다. 또한 자율주행자동차는 실시간 교통상황을 반영해서 운전하기 때문에 막히는 길을 들어서서 늦게 출근할 일도 없다.' 아주 간단히 자율주행자동차만 예시로 들었지만 더 많은 인공지능 기술이 우리에게 잉여시간을 선물해 줄 것이다. 이렇게 만들어진 새로운 시간을 창조하고 활용하는 능력이 새로운 경쟁력이 될 것이다. 잉여시간의 가치를 인식하는 것이 새로운 경쟁력이 될 것이다. 잉여시간의 가치를 인식하고 새로 주어진 시간을 소비에서 창조와 활용으로 전환해야 한다. 미래에는 시간을 잃는 것이 자본을 잃는 것만큼 치명적인 일이 될 것이다. 또한 이렇게 얻은 잉여시간을 통해 가치 있는 지식을 창출한다면 4차 산업혁명시대에 맞는 인재상이 될 것이다.

셋째, 인류의 문제, 욕구, 갈등을 통찰하는 역량

최근 인문학의 필요성이 다시금 강조되고 있다. 인문적 사고는 사람의 마음을 이해하고 사람의 생각을 해석하는 도구이다. 이 도구를 활용해야 문제, 욕구, 갈등의 원인을 찾을 수 있다. 미래 인류의 문제, 욕구, 갈등을 통찰하는 것은 새로운 도전의 영역을 발견하는 지름길이다. 또한 더불어 감성과 감정, 이성을 바탕으로 한 공감대를 형성하는 능력도 필요하다. 아무리 논리적이고 합리적이고, 과학적이라 할지라도 주변의 환경과 공감대를 이룰 수 없다면 의미가 없다. 완벽한 인공지능이 개발된다면 우리 주변의 무한한 문제들을 인공지능이 모두 해결할 수 있을 것이다. 그러나 아직까지는 인공지능의 작동 알고리즘 역시 인간이 스스로의 필요성에 의해서 작성한 것이다. 즉, 완벽한 인공지능이 나오기 전까지 우리 주변의 문제, 욕구, 갈등을 통찰하는 것은 여전히 인간의 몫이라고 할 수 있다.

스티브 잡스의 아이폰은 그의 통찰력을 바탕으로 개발된 것이다. 구글의 알파고 또한 구글사의 인공지능에 대한 끝없는 갈망과 통찰력을 통해서 만들어졌다. 이렇듯 인류의 문제, 욕구, 갈등을 통찰하는 역량은 우리가 미래에 갖춰야 할 역량이 될 것이다.

넷째, 상상력을 발휘하는 역량

상상력, 머릿속으로 상상력을 발휘해 끝없이 치밀하게 그림을 그려 가면, 나중에 그 상상했던 대로 자신이 도달했음을 깨닫게 된다. 상상은 계획이나 행동보다 더 삶에 영향을 끼친다. 상상한다는 것은 계획이나 행동보다 더 중요하다. 그것은 계획과 행동이 도달할 지점이며, 살아가며 부딪히는 수많은 상황을 어떻게 하나의 지점으로 모을지 가려내는 기준점이 된다. 생생하게 꿈을 꾸면 꿈은 반드시 이루어진다.

$$R\text{(Realization, 이루어진다)} = V\text{(Vivid, 생생하게)} \times D\text{(Dream, 꿈)}.$$

뜻을 실천한 사람들의 명언 모음이다.

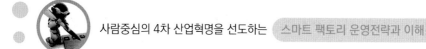

괴테는 "소리내어 외치고, 생생하게 상상하라! 그러면 꿈은 이루어진다."

빌 게이츠는 "나는 10대 시절부터 세계의 모든 가정에 컴퓨터가 한 대씩 설치되는 것을 상상했고, 또 반드시 그렇게 만들고야 말겠다고 외쳤다. 그게 시작이다."

워렌 버핏은 "아주 어렸을 때부터 내 마음속에는 세계 제일의 부자가 된 나의 모습이 선명하게 자리 잡고 있었습니다. 나는 내가 거부가 되리라는 사실을 의심해 본 적이 단 한 순간도 없습니다."

조지 워싱턴은 "나는 아름다운 여자와 결혼할 것이다. 나는 미국에서 가장 큰 부자가 될 것이다. 나는 군대를 이끌 것이다. 나는 미국을 독립시키고 대통령이 될 것이다."

아주 강한 인공지능으로 발전하기 전까지 인공지능은 패턴 안에 들어오는 것에 대해서는 명석하지만 패턴을 벗어나는 영역에 대해서는 한계를 보일 것이다. 바로 이 틈이 우리가 도전해야 할 영역이다. 인간은 오래전부터 상상하는 능력을 가지고 있었다. 상상력이야말로 인간을 만물의 영장으로 만들어 주었다. 많은 사람들이 인간이 인공지능(AI)에게 지배당하지 않을까 하는 걱정을 하고 있다. 그러나 상상력을 여전히 발휘해서 인공지능이 해결하지 못하는 점을 찾아서 대책을 세운다면 인간은 여전히 로봇 위에 군림할 수 있을 것이다. 따라서 상상력은 4차 산업혁명시대에 필요한 필수역량이다.

다섯째, 적응력을 발휘하는 역량

구글(Google)사가 4차 산업혁명을 주도하고 있다는 것은 자명한 사실이다. 그렇다면 구글(Google)사는 과연 어떤 역량을 갖춘 인재를 원하는지 조사해 보았다. 리더십, 겸손, 오너십 등 많은 역량들을 갖춘 인재를 원하지만 눈에 띄는 것이 바로 '적응력'이었다. 이는 앞서 말한 인공지능과 협력하고 다룰 줄 아는 역량과도 일맥상통한다. 우리 주변의 기술은 빠른 속도로 변화할 것이다. 그 변화에는 우리가 예측한 변화도 존재하지만 분명 예측하지 못한 변수도 발생할 것이다. 변화하는 세상에 적응하지 못한다면 발전하지 못하고 낙오될 것이다. 그러나 변화하는 기술에 적응하고 이를 이용할 줄 아는 인간이 있다면 그는 훌륭한 인재가 될 것이다. 그 적응에 물리적 적응과 심리적 적응이 있다고 본다면, 가령 '물리적 적응'은 로봇을 다룰 줄 아는 능력이라고 정의하고, 또한 '심리적 적응'은 변화를 두려워하지 않고 항상 도전하고 배우는 자세라고 하겠다. 물리적 적응은 호모 파베르로서의 인간을 만물의 영장으로 만들 것이고, 심리적 적응은 호모 사피엔스로서의 인간을 만물의 영장으로 만들어 줄 것이다.

여섯째, 기술교육에서 길러야 하는 기술적 역량

4차 산업혁명의 중심에는 바로 최신 기술이 있다. 보통 교육으로서의 기술교육은 모든 과목 중에서 4차 산업혁명과 가장 밀접한 관계가 있다. 따라서 기술교육에서 길러야 하는 기술적 역량을 새로 적립하는 것이 중요하다. 먼저 기술적 역량 중 지식을 살펴보자. '고기도 먹어본 사람이 많이 먹는다.'라는 속담이 있다. 한 번이라도 겪어본 사람과 그렇지 못한 사람은 차이가 있다는 뜻이다. 현재 직장에서 기술을 배우는 사람들은 다양한 기술을 접할 것이다. 그 변화는 직장인들이 학교 다닐 때 배웠던 기술의 내용과 실제 삶속에서 겪는 기술의 산물과는 다를 것이다. 변화의 속도가 너무나도 빠르기 때문이다. 그런데 학교 기술시간에 배웠던 지식이 A학생은 톱질을 배웠고 B학생은 3D 프린터에 대해서 배웠다고 가정해 보자. 정규과정을 마치고 사회에 진출했을 때 A와 B학생 모두가 3D 프린터를 마주했다면 과연 어떤 학생이 더 잘 다룰까? 답은 크게 고민할 것 없이 B학생이 3D 프린터를 더 잘 다룰 것이다. 학교에 다닐 때 3D 프린터를 접해보았기 때문이다. 반대로 두 사람 모두 군에 입대하여 작업의 일환으로 톱질을 해야 할 경우를 생각해보자. 이럴 때에는 A학생이 톱질에 더 자신이 있을 것이다. 기술교육의 기능은 어떻게 전달해야 할까? 기술은 단순 지식전달에서 그치는 것이 아닌 실습과 경험을 통해서 해결해야 한다. 최신 기술에 대한 실습을 진행하려면 기술교과에 대한 충분한 전문성을 갖춰야 한다. 따라서 지속적인 지식과 기술교육 연수가 필요한 것이다.

4차 산업혁명시대, 최고의 실력은 인성(personality)

인공지능(Artificial Intelligence) 기술은 인간의 지각, 추론, 학습능력 등을 컴퓨터 기술을 이용하여 구현함으로써 문제해결을 할 수 있는 기술로 다양한 분야에서 연구되고 있다. 알파고(AlphaGo) 이전의 대부분의 인공지능은 규칙 기반으로 주어진 작업을 처리하여 결과물을 제시하였으며 추론은 불가능하였다. 그러나 최근에 빅데이터(Big Data) 세상이 되면서 규칙이 아닌 엄청난 양의 정보가 존재하고, 이를 학습 데이터로 제공받아 기계에 학습기능을 주는 것이 가능하게 되었다. 이로 인해 인간 고유의 영역을 보호받지 못하게 되고, 우리는 이러한 인공지능 시대에 어떻게 대처해야 할 것인지 고민해야 한다. 단순한 문제해결형 인재는 더 이상 경쟁력을 갖출 수 없다. 소프트웨어를 이해하고 컴퓨터와 협업하여 문제해결을 이루어내는 융합형 인재가 필요하다.

마이크로소프트사의 인공지능 채팅봇 '테이(Tay)'는 잘못된 교육으로 극단적인 차별주의 발언을 하면서 서비스를 중단하기도 했다. 불행하게도 인간의 악함이 대화 중에 학습되었고, Tay는 엄청난 나치주의자에 빠지게 되었다. 이러한 현상은 인공지능의 발전 방향이 결국 인간에게 달려 있음을 시사한다. 인공지능이 인류의 악이 될지, 미래 발전의 원동력이 될 것인가는 인간에게 달려 있다. 그러므로 우리는 인공지능과 협업할 수 있는 능력을 갖추어야 한다. 또 직무역량과 더불어 자동화 또는 인공지능 등 기술 및 기계의 발전으로 노동력이 대체되더라도 창의성은 인간만의 주요 능력과 영역으로 자동화되지 않을 것이다. 결국 디지털 환경에 익숙한 디지털 세대인 '디지털 네이티브(Digital Native, 개인용 컴퓨터, 휴대전화, 인터넷, MP3와 같은 디지털 환경을 태어나면서부터 생활처럼 사용하는 세대를 말함)'는 다음과 같은 인성과 자질이 요구된다.

첫째, 창의성. 지금의 디지털시대에서는 누구나 인터넷을 통해 정보를 찾을 수 있다. 때문에 주어진 정보들을 창의적으로 융합하여 새로운 지식을 만들어내는 능력을 필요로 한다.

둘째, 비판적 사고력. 넘쳐나는 정보 중 올바른 정보를 잘 선별하는 것이 중요하며 나아가 자신의 주장을 객관적으로 전개할 수 있어야 한다.

셋째, 협업능력. 다른 분야의 여러 사람들과 효과적으로 상호작용하는 능력, 협업능력이 매우 중요시된다.

넷째, 의사소통능력. 언어적, 비언어적으로 표현된 생각이나 감정을 적절하게 상호작용하는 능력으로 인성적인 측면도 포함된다.

다섯째, 디지털 리터러시(digital literacy), ICT 리터러시(Information & Communication Technology literacy), 컴퓨터를 조작하여 원하는 작업을 실행하고 필요한 정보를 얻을 수 있는 지식과 능력이 중요시된다.

영화 '어벤저스(The Avengers)'의 원작에선 "오직 고귀한 자만이 묠니르(Mjolnir, 토르의 망치 이름)를 들 수 있지." 이런 장면이 나온다. 거대한 산도 평지로 만들어 버리는 토르의 망치 '묠니르'를 놓고 어벤저스 멤버들이 내기를 한다. 힘깨나 쓴다고 생각하는 히어로(hero, 소설·연극·영화 등에서 독자나 관객이 감정 이입하거나 자기와 동일시하는 대상으로서 주요 인물의 주인공, 혹은 프로타고니스트(protagonist)라고 부르기도 함)들이 나서 신비의 망치를 들어보려 한다. 그러나 괴력을 가진 헐크도, 최첨단 기술로 무장한 아이언맨(Iron Man, 여심을 사로잡는 매력적인 미소의 백만장자 플레이보이 토니 스타크)도 꿈쩍 조차 못한다. 그때 토르(Thor, 북유럽 신화에 나오는 천둥의 신, 고대 게르만족(族)의 신으로, 독일에서는 도나르(Donar)라고 함)가 웃으면서 '묠니르는 신만이 사용할 수 있는 무기'라고 말하자, 어벤저스의 리더인 스티브 로저스(캡틴 아메리카)가 망치를 움켜쥔다. 그리고 모두가 놀랄 상황이 벌어지는데 로저스가 묠니르를 드는 것이다. 로저스의 고결한 인품을 알아본 묠니르가 자신을 사용할 수 있도록 허락한 것이었다. 어벤저스는 사상 최고의 히어로들만 모아놓는 팀 '쉴드(Shield)'의 이야기이다. 쉴드에는 아이언맨, 헐크, 스파이더맨, 토르 등 이름만 들어도 쟁쟁한 영웅들이 있고, 이들이 한 팀이 돼 지구를 지킨다. 그런데 재밌는 것은 팀의 리더가 캡틴 아메리카, 즉 스티브 로저스라는 사람이다.

사실 로저스는 다른 멤버들에 비하면 매우 '평범한' 인물에 가깝다. 레이저를 쏘며 하늘을 날아다니는 아이언맨이나 불사의 체력과 강력한 힘을 가진 헐크, 천둥의

신 토르 등과 비교했을 때 전투 능력은 그들에게 훨씬 못 미친다. 그럼에도 불구하고 로저스가 어벤저스의 리더가 된 이유는 뭘까? 원래 로저스는 키도 작고 깡마른 허약 체질의 젊은이였다. 처음엔 너무 몸이 약해 군대에서도 받아주지 않았다. 그러나 그의 올바른 품성과 올곧은 신념이 눈에 띄어 '슈퍼 솔저 프로젝트'에 참여하게 되고, 이를 통해 일반인보다는 몇 배 강한 힘과 스피드를 얻게 된다. 이후 냉동인간이 돼 잠들었다가 70년 만에 깨어나 어벤저스의 일원이 된 것이다. 어벤저스의 멤버들은 각기 모두 개성이 강한 한 '성깔'하는 캐릭터들이다. 이들을 하나로 모아줄 리더는 가장 똑똑하거나 힘센 사람이 아니었다. 가장 올곧은 생각을 갖고 있으면서 친절하고 마음이 따뜻한 로저스만이 이들을 조화시킬 수 있었다. 그 덕분에 어디로 튈 줄 모르는 개성 강한 히어로들도 로저스만큼은 믿고 따르게 된 것이다. 만약 어벤저스에 로저스가 없었다면 팀 '쉴드'는 매번 어디로 튈지 모르는 '꼴통' 집단이 됐을 확률이 크다. 바른 품성을 가진 로저스가 팀을 조화롭게 이끌지 못했다면 지금과 같은 팀워크를 보이지 못했을 것이다.

어벤저스처럼 우리 사회엔 각자의 분야에서 훌륭한 능력을 갖춘 '히어로', 즉 전문가들이 많다. 그리고 미래사회에는 전문성이 더욱 깊어지고 분화된다. 이처럼 사회가 복잡해지고 다원화될수록 머리를 맞대고 협업을 해야만 풀 수 있는 문제들이 더욱 많아진다. 특히 '초연결성'을 특징으로 하는 4차 산업혁명시대에는 다양한 가치를 조율하고, 개성이 다른 사람들을 조화시키는 능력이 중요하다.

2016년 다보스 포럼도 미래사회의 인재가 갖춰야 할 핵심 역량 5가지 중 하나로 '협업능력'을 꼽았다. 아울러 사람들 사이의 조화를 이끌어내고 원활하게 커뮤니케이션하는 사람관리능력도 핵심 역량으로 제시했다. 이를 가장 잘 보여주는 사례가 구글(Google)이다. 구글은 미래에 가장 가깝게 가 있는 기업이기도 하다. 이런 구글에는 매년 입사지원서를 내는 사람이 전 세계에서 300만 명이 넘는다고 한다. 이 중 0.23%만 채용되는 것이다. 매번 다른 질문과 평가로 심사한다. 라즐로 복(Laszlo Bock) 구글 인사담당 CEO는 그의 책 '일하는 원칙'에서 "구글은 영리하기만 한 게 아니라 겸손하고 성실한 지원자를 원한다."고 말했다. 실제로 구글은 인재를 뽑을 때 바른

자료 출처 : 영화, 어벤저스(The Avengers: Age of Ultron, 2015)

품성을 가장 중시한다. 라즐로 복은 뉴욕타임스와의 인터뷰에서 '지적 겸손' 등 구글이 중시하는 5가지 인재상을 제시했다. 단순히 머리가 좋거나 스펙이 뛰어난 사람보다는 책임감 있고, 문제해결을 위해 적극적으로 노력하면서, 다른 사람의 아이디어를 존중할 줄 아는 사람이 구글이 원하는 인재라는 것이다.

그러면서 5가지 기준 중 전문지식은 가장 덜 중요하다. "머리에 있는 지식보다 필요한 정보를 한데 모으고 새로운 것을 배우는 학습능력이 우선이라고 강조했다. 특히 '나도 틀릴 수 있다'는 생각, 타인의 의견을 받아들이는 '지적 겸손'이 매우 중요하다고 강조한다. 만일 똑똑한 사람이 '지적 겸손'을 갖추지 못한다면, 실패할 경우 그 책임을 다른 팀원이나 상사 탓으로 돌리는 경우가 많기 때문이다. 자신의 분야에서 전문성을 갖추는 것도 중요하지만 이보다 중요한 건 다른 사람과 협업(collaboration)하고 시너지를 내는 일이다. 그러기 위해선 마음이 열려 있어야 하고 상대를 존중·배려할 줄 알아야 한다. 즉, '바른 인성'을 갖추는 것이 지금의 사회, 나아가 4차 산업혁명시대에는 필수능력이다.

Google

구글이 신입사원 채용 시 중시하는 5가지

학습능력 IQ가 아니라 필요한 정보를 한데 모으고 새로운 것을 배우는 능력

새로운 리더십 팀의 구성원으로서 협업을 이끌어내는 리더십과 팔로어십

지적 겸손 다른 사람의 아이디어를 포용하고 배우려는 자세

책임감 공적인 문제를 자신의 것처럼 생각하는 주인의식

전문지식 해당 분야의 전문성. 그러나 5가지 중 가장 덜 중요

\# 학점·시험점수 등은 큰 영향 안 미침
자료 출처 : 라즐로 복 인사담당 수석부사장(뉴욕타임스 칼럼 '구글에 취업하려면' 중에서 발췌)

09 제4차 산업혁명과 노사관계 변화

2016년을 시작하며 세계경제포럼은 향후 세계가 직면할 화두로 사이버물리기술을 기반으로 물리적 공간, 디지털적 공간 및 생물학적 공간의 경계가 희석되는 기술융합의 혁명인 4차 산업혁명을 제시했다. 그 이후 4차 산업혁명에 대한 많은 논의가 이루어지기 시작하였다. 특히, 인공지능과 로봇, 사물인터넷, 빅데이터 등을 통한 새로운 융합과 혁신이 빠르게 진행되고 있음을 사회의 여러 방면에서 볼 수 있고 느낄 수 있게 되었다. 이에 과연 이 새로운 산업혁명의 물결 속에서 노사관계는 어떻게 변화할 것인지, 발전할 것인지에 대한 관심이 높아질 수밖에 없게 되었다. 지금부터 우리는 이를 분석해 볼 필요가 있고 노사 간 협력을 위해 준비해야 한다.

4차 산업혁명을 분석하기 전에 앞서 있었던 1차 산업혁명, 2차 산업혁명 그리고 3차 산업혁명과 그에 따른 노사관계의 변화를 분석하고 이를 토대로 4차 산업혁명에 따른 노사관계의 변화를 예측, 분석해 보도록 하겠다.

1차 산업혁명시대의 노사관계

산업혁명이라는 말은 경제학자 아놀드 토인비(Arnold Toynbee)가 처음 사용하였다고 전해지며, 1차 산업혁명은 1784년 영국에서 시작된 기술혁신과 이에 수반하여 일어난 사회경제 구조의 변혁을 말한다. 제1차 산업혁명은 증기기관이 중대한 기폭제가 되어 기계화 혁명으로 인한 육체노동의 절감이 핵심내용이었다. 하지만 수용이나 확산속도가 빠르지 않아 유럽에서의 산업혁명과 공업화는 1850년대에 이르기까지 일부 지역으로 국한되어 확산되었으며, 유럽 외의 지역은 미국에서만 확산되었다는 특징이 있다.

이렇게 산업화가 되면서 산업화의 관정을 배경으로 '노사관계'라는 개념이 등장하게 된다. 노사관계란 노동시장에서 노동력을 제공하여 임금을 지급받는 노동자와 노동력 수요자로서의 사용자가 형성하는 관계이다. 단위 사업장에서 노동시장을 매개로 하여 사용자와 개별 노동자가 형성하는 관계를 '개별적 노사관계'라고 하며, 노동자 집단과 개별적 사용자 혹은 노동자 집단과 사용자 집단 간의 관계를 '집단적 노사관계'라고 한다. 노사관계란 일반적으로 집단적 노사관계를 의미한다. 산업화 과정에서 사업장을 중심으로 노사 간에 많은 노동문제가 발생하였고, 이러한 문제에 대하여 노동자들이 저항하는 과정에서, 노동조합을 조직하게 되었다. 집단적 노사관계는 근대적 계약관계와 전근대적 신분관계가 교차하는 시점에서 노동자들이 자신의 권익을 확보하려는 투쟁을 하는 가운데에 성립한 것이다. 노사관계는 이와 같이 노동자와 사용자의 관계를 다루는 것이지만 정부 역시 노사관계의 주요한 주체이다. 왜냐하면 노사관계가 사업장 내에서의 관계로 그치는 것이 아니라, 노사관계에 대한 규칙의 제정이나 이해관계의 조정, 나아가 노사관계 행위 감시 등의 필수적 기능을 수행하는 정부의 역할을 포함하기 때문이다. 따라서 노·사·정 3자를 노사관계의 3주체로 부른다. 노사관계는 보는 입장에 따라 다른 용어로 사용되기도 한다. 노사관계가 하나의 사업장 또는 기업 관계는 물론 경제 전체 혹은 산업 전체의 노동문제와 관련되는 관계라는 의미에서 산업관계라는 용어를 사용하기도 하다.

노사관계는 그 시대와 사회에 따라 독특한 양상을 보이게 된다. 18세기의 노사관계는 굉장히 빠른 산업화에 노동자들이 이러한 변화의 속도를 따라가지 못하고 직능 노조 등과 같은 것을 만들어 노사 간의 관계를 맺게 된다. 자본주의 초기에 비록 자유로운 자본시장이 성립되었으나 근대적 노동시장은 성립되지 못하였다. 그 결과 기업은 소유자 경영단계에 있었기 때문에 일반적으로 전제적 성격이 강하였다. 따라서 자유로운 자본시장은 충분히 형성되지 않은 채, 전제적 자본의 성격을 다분히 갖게 되었다. 그 결과로 기업도 소유자에 의한 경영, 즉 Owner-Management로서 전제적 또는 일방적 성격을 띠고 있었다. 이는 역사적으로 19세기 중엽까지의 형태이며, 고용주 혹은 자본가에 의하여 임금, 작업 내지는 근로조건이 결정되는 단계이다. 또 한편으로는 노동력도 아직 농촌에서 완전히 분리되지 않고 근대적인 노동시장도 성립되지 않았을 뿐만 아니라, 훈련도 개인적인 것이 되어 획일적인 수준이 되지 못하였다. 또한 사용자와 근로자의 관계도 절대적인 명령과 복종만이 있을 뿐 거의 인간적인 요소는 무시되었고, 근로자의 기본적 권리는 자본가의 이윤극대화 도구로 맹종되었으며, 다만 도덕적·윤리적·종교적 가치기준에서만 준용되었던 것이다.

2차 산업혁명시대의 노사관계

제2차 산업혁명은 1차 산업혁명의 영향력이 아직 전 세계에 확산되기 전인 20세기 초반에 두 번째 산업혁명의 싹이 움트기 시작하였다. 2차 산업혁명은 전기의 발명과 보급이 핵심이었다. 이에 1차 산업혁명에 따라 많이 생겨난 공장에 전력이 보급되었다는 점, 컨베이어 시스템이 등장하였다는 점, 그리고 이와 같은 요소들에 따른 획기적인 생산성 혁신인 대량생산이 가능해졌다는 특징이 있다. 또한 2차 산업혁명은 20세기를 전후하여 산업의 중심이 경공업에서 중화학공업으로 전환된 것을 두고 일컫는 말이기도 하다. 즉, 산업구조가 소비재 산업인 경공업 중심에서 부가가치가 큰 생산재 산업인 중화학공업으로 변화되었음을 말한다. 제2의 산업혁명으로 인하여 자본주의는 고도로 발달되어 독점자본주의 단계에 이르게 되었고, 2차 세계대전을 거치면서 군사기술 · 전자 · 합성 · 화학공업 등이 현저하게 발달하였다. 2차 산업혁명은 석유자원과 전화, 텔레비전과 같은 커뮤니케이션 기술을 발명한 미국이 주도하였다. 2차 산업혁명시대는 이전의 산업혁명 때와 마찬가지로, 상당수의 도시 노동자가 공장 노동자로 전환되었고, 그 밖에 세입 유동이 없기 때문에 실업이 일상화되었으며, 저임금 노동력이 일상화되었다. 또한 화이트칼라 노동자의 수가 현저하게 증가하여 노동조합에 참여하는 사람의 숫자도 늘었다.

산업혁명이 거의 끝나갈 무렵인 19세기 말기에 나타난 노사관계의 발전 형태로서 이 시기에는 자본이 비교적 집중화되기 시작하였으며, 유한사회와 근대 주식회사가 일반적인 기업형태로 성립되고, 경영규모도 종래보다 확대되어 이 무렵에는 Taylor나 Feyol 등에 의한 관리의 합리화가 추진되었으며, 동시에 자본의 집중에 의한 경영과 자본의 분화현상이 나타나게 되었다. 그러나 당시의 자본집중은 아직도 자본과 경영의 분리를 촉진할 정도가 되지는 못하였고, 경영자도 지주에 의한 경영으로서 어느 정도 경영과 자본이 분화되기는 하였으나, 아직도 개별자본의 성격이 강하게 지속되고 있었다. 한편으로는 노동에 있어서도 노동의 정착, 전업화와 아울러 숙련의 객관화 내지 사회화가 실현되고 근대적인 노동시장이 형성되었으며, 이러한 노동력의 집중화와 사회화의 진전에 따라 횡단적인 직능별 노동조합 또는 초기 공장위원회 등이 출현하게 되어 근대적인 노동시장의 형성을 보게 되어 이러한 성질을 가진 자본과 노동의 관계에 있어서는 필연적으로는 노동의 조직력이 자본의 세력과 대등한 지위에까지 이르지는 못하였고, 노동의 종속적인 성격은 여전하여, 가령 단체교섭을 하더라도 노동조합의 힘은 여전히 미약하였지만 자본가 측의 일방적인 전제를 어느 정도 완화시키는 정도는 되었던 것이다. 이렇게 하여 당시의 노동관계는 다소간의 합리주의적인 제도가 움텄으면서도 아직까지는 이전의 온정

주의적이며 가부장적인 관계가 다분히 남아있었던 시기라고 할 수 있다.

또한 투쟁적 노사관계도 등장한다. 이는 사회주의적 변혁에 직면한 시기, 예를 들면, 구소련에서는 1917년 볼세비키 혁명시기인 2월부터 11월 사이, 독일에서는 1918년의 혁명부터 1919년 바이마르헌법 제정까지의 시기, 제2차 세계대전 후의 1947년까지의 프랑스나 이탈리아에 있어서의 경영위원회 성립까지의 시기에 나타났던 노사관계의 형태로서 이를 간혹 계급 투쟁적 노사관계라고도 한다. 이 시기의 특징은 격화된 계급투쟁이 개별경영에서 전개되었고, 고용조건 등은 오직 노사 간의 실력투쟁에 의해 결정되는 등 노사 간의 대립적 투쟁이 매우 강한 성격을 띠게 되었다. 나아가서는 공장이나 사업장에서 경영자를 축출하고 근로자가 직접 경영관리를 담당하는 소위 생산관리의 형태가 지배적으로 나타났던 시기라고 할 수 있다.

3차 산업혁명시대의 노사관계

1960년대에 시작된 제3차 산업혁명은 반도체와 메인프레임 컴퓨팅 PC, 인터넷이 발달을 주도하였다. 이에 3차 산업혁명을 '컴퓨터 혁명' 혹은 '디지털 혁명'이라고도 일컬어졌다. 또한 자동화에 따른 노동력 감소 및 자동화기기 대체로 이어진 제3차 산업혁명은 인간의 역사에서 노동의 부담이 축소되는 시대가 열리기 시작했다는 측면에서 그 의의가 있다. 미국의 유명한 경제학자인 제레미 리프킨(Jeremy Rifkin)은 3차 산업혁명의 핵심요소를 다섯 가지 정도로 정리하였다. 그 내용으로는 첫째, 재생 가능 에너지로 전환한다는 것이다. 둘째, 모든 대륙의 건물을 현장에서 재생 가능 에너지를 생산할 수 있는 미니 발전소로 변형한다. 셋째, 모든 건물과 인프라 전체에 수소 저장 기술 및 여타의 저장 기술을 보급하여 불규칙적으로 생성되는 에너지를 보존한다. 넷째, 인터넷 기술을 활용하여 모든 대륙의 동력 그리드를 인터넷과 동일한 원리로 작동하는 에너지 공유 인터그리드로 전환한다. 다섯째, 교통수단을 전원 연결 및 연료전지 차량으로 교체하고 대륙별 양방향 스마트 동력 그리드상에서 전기를 사고팔 수 있게 한다.

1929년의 경제공황 이후, 자본의 집중·독점화가 고도로 진전되고 경영규모도 더욱 확대되었다. 그 결과 '자본과 경영의 분리'가 촉진되어 경영직능의 분화와 전문화, 경영전문가의 출현, 경영자 집단의 조직화 등이 보편화되었다. 한편, 노동도 경영규모의 확대에 따라 기능의 획일화와 사회화 및 산업별 노동조합의 발전이 이루어졌다. 특히 산업별 노동조합과 경영자단체와의 통일적 단체협약이 발전됨에 따라 노동의 성격도 종래의 개개 기업의 직원이었던 성격에서 점차로 계급 적대적 성격을 띠게 된 것이다. 따라서 민주적 노사관계는 이미 미숙련 노동자의 대다수에 따른 산업별 노동조합의 발전으로 노동조합과 기업의 전문경영자 사이의 대등의식의 입장에서 임금, 작업 내지는 노동조건을 공동으로 결정하는 노사관계의 단계가 이루어졌다.

3차 산업혁명의 결과 중 하나는 생산성은 향상되지만 블루칼라 노동자가 지속적으로 감소한다는 점이다. 컴퓨터 혁명, 디지털 혁명으로 인하여 더 많은 작업들이 컴퓨터 화면에서 처리될 것이며, 전체 생산 비용에서 차지하는 노동 비용의 비중은 계속 줄어들 것이다. 반면 제3차 산업혁명 덕분에 매스커스터마이제이션(Mass Customization)이 가능하여 현지 취향의 변화에 빠르게 대처할 수 있게 되기도 하였다. 매스커스터마이제이션(Mass Customization)이란 '대량생산(mass production)과 고객화(customization)의 합성어'로서 기업 경영혁신의 새로운 패러다임이다. 규격화된 상품을 대량으로 만들어내는 대량생산은 근대산업의 중요한 특징이지만 고객화, 즉 고객의 개별적인 주문생산에 맞출 수 없다는 단점이 있다. 매스커스터마이제이션은 과거에는 서로 양립할 수 없다고 여겨오던 대량생산과 고객화를 융합시킴으로써 경영혁신의 새로운 패러다임으로 자리 잡았다.

매스커스터마이제이션은 개별 고객의 다양한 요구와 기대를 충족시키면서도 대량생산에 못지않은 낮은 원가를 유지할 수 있는데, 이는 정보기술과 생산기술이 비약적으로 발전함으로써 가능해진 것이다. 고객의 개별적 요구에 대응하기 위해서는 개발·생산·판매·배달의 모든 기업활동의 과정에서 고객의 주문에 맞출 수

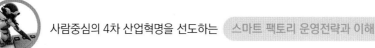

있는 가능성을 찾아내는 것이 관건이다. 매스커스터마이제이션의 성공사례는 미국의 퍼스널컴퓨터(PC) 제조업체인 델컴퓨터와 출판사 맥그로힐 등을 들 수 있다. 델컴퓨터는 전화로 고객의 주문을 받아 고객이 요구하는 기능을 갖춘 컴퓨터를 대량 생산함으로써 대기업으로 성장하였다. 또 맥그로힐은 100부 미만의 주문에도 적절히 대처하며 큰 이익을 올렸다. 이러한 주문생산은 고객의 필요에서 출발하여 기업활동 전체에 대한 혁신을 전제로 한다는 점에서 생산자의 발상에 기초한 단순한 다품종화(多品種化)와는 구별된다.

4차 산업혁명시대의 노사관계

제4차 산업혁명의 노사 간 과제는 무엇이 중요할까? 세계경제포럼 2016 다보스 포럼을 통해 현재 우리의 미래는 혁신적이고 파괴적인 변화를 가져 올 것이라는 점을 강조했다. 세계경제포럼에서 정의하는 4차 산업혁명은 인공지능(AI)과 기계학습(ML), 로봇공학, 나노기술, 3D 프린팅과 유전학과 생명공학과 같이 이전에는 서로 단절되어 있던 분야들이 경계를 넘어 분야 간 융복합을 통해 발전해 나가는 '기술혁신'의 패러다임이라고 볼 수 있다. 혁신적인 기술의 융복합 트렌드는 향후 스마트 홈, 스마트공장, 스마트 농장, 스마트 그리드, 스마트 시티 등 스마트 시스템 구축으로 공급사슬 관리부터 기후 변화에 이르기까지 다양한 문제에 대응할 수 있는 범용적인 기술로 자리 잡을 것으로 예상된다.

이와 같은 기술혁명과 병행하여 진행되는 일련의 광범한 사회경제적, 지정학적, 인구학적 발전 또한 기술적 요인에 버금가는 영향을 미칠 것이다. 세계경제포럼에서 기술적인 측면을 강조한 반면, 4차 산업혁명의 가장 주목할 만한 혁신을 '제조업 혁신'이라는 관점에서 바라보는 입장도 있다. IoT, 클라우드 컴퓨팅, 3D 프린터, 빅데이터 등 ICT 기술을 통해 생산공정과 제품 간 상호 소통시스템을 지능적으로 구축함으로써 작업 경쟁력을 제고하는 '인더스트리 4.0'이 대표이다. 4차 산업혁명 제조공정에 CPS(사이버물리시스템)가 도입되는 등 자동화, 지능화되어 '제조공정의 디지털화', '제품의 서비스화'라는 면이 강조된다. 제조공정의 디지털화는 한마디로 스마트공장의 확산을 의미하는데, 3D프린트를 기반으로 맞춤형 소량생산이 가능해진 공정혁신으로부터 현재 GE의 산업인터넷 전략처럼 공정 전반에서부터 제품의 유지관리, 제품을 기반으로 고객접점을 확보하고 지속적인 AS를 지원하는 것까지 광범위하다. 즉, 제조업의 수익모델이 기존에 제품을 판매하는 것에서 제품이라는 플랫폼을 기반으로 각종 서비스를 판매하는 것으로 변화하고 있으며, 모바일기기 이외에도 자동차, 가전기기 등 여러 제품군에 변화의 바람이 일고 있다. 한편 광의의 관점에서 4차 산업혁명은 플랫폼을 활용한 신규서비스 시장 전체를 의미한다.

이는 플랫폼 비즈니스가 확산되고 있다는 것을 의미하는데 공유경제나 온디맨드 (On-Demand) 서비스 시장이 바로 여기에 해당된다. 새로운 산업들은 중개인을 대신하는 지능적인 플랫폼을 기반으로 유휴자원에 대한 수요와 공급을 즉각적으로 연결해주는 특징을 갖고 있어, 고용시장의 유연화를 야기하게 된다. 서로 모르는 사용자들끼리 신뢰를 주는 공적 기관을 두지 않고 프로그래밍을 통해 암호화되는 시스템을 공동으로 만들어가는 산업구조도 플랫폼 비즈니스에 포함된다. 현재 비트코인이 블록체인 기술을 이용하여 금융거래를 하고 있으며, 향후 각종 국가발급 증명서, 보험금 청구, 의료기록, 투표 등 코드화가 가능한 모든 거래가 블록체인 시스템을 통해 가능할 것으로 전망된다. 4차 산업혁명은 크게 융복합되며 공진화하는 기술혁신, 제조업의 산업구조 혁신(제조공정의 디지털화, 제품의 서비스화), 그리고 AI 기반의 플랫폼 비즈니스(공유경제, 블록체인 등)라는 3가지 측면에서 파악될 수 있다.

2016년 다보스 포럼(World Economic Forum)에서 본격적으로 제기된 제4차 산업혁명은 사이버물리기술을 기반으로 물리적 공간, 디지털적 공간 및 생물학적 공간의 경계가 희석되는 기술 융합의 시대를 의미한다. 4차 산업혁명시대에서는 기술적 혁신이 이전 3차례 산업혁명과 비교할 수 없는 속도로 이뤄지고 이에 따른 사람들의 생활방식의 변화가 우리가 예상하지 못한 방향으로 이뤄질 것으로 보인다. 기술과 사람들의 생활방식의 변화는 필연적으로 노동시장 내 일자리 구조의 변화를 가져온다. 우리는 이미 20세기 후반부터 진행되어 온 인터넷과 디지털기술에 기반을 둔 3차 산업혁명시대가 중간 수준의 기술인력의 저숙련·저임금 서비스 부문으로의 이동을 촉발하여 노동시장 내 소득 양극화를 심화시키는 결과를 가져오는 것을 목도해 왔다. 4차 산업혁명은 이전 산업혁명과 또 다른 방식으로 노동시장 내 일자리 구조를 변화시킬 것으로 보인다. 한편으로는 신기술의 도입으로 새로운 직종과 산업이 출현하여 일자리가 늘어날 것이라는 긍정적 전망이 있으나, 인공지능의 발전과 이에 기초한 상품과 서비스 제조의 자동화는 기술 수준과 상관없이 모든 일자리 소멸 위험성을 높일 것이라는 비관론이 더 합리적인 전망으로 받아들여지고 있다. 국제기구와 민간연구기관들은, 특히 기존 중간 수준의 기술 일자리와 더불어 저임금·저숙련 일자리 또한 자동화에 따라 향후 소멸될 위험이 높다고 분석하고 있다. 다만, 우리나라는 이미 상당히 진행된 자동화와 노동력의 고학력으로 인하여 다른 선진국에 비하여 일자리 소멸의 위험이 상대적으로 낮다는 평가를 받고 있으나, 저임금·저숙련 일자리의 감소로 인하여 현재 소득 양극화가 더욱 심화될 것으로 예상되기도 한다. 제4차 산업혁명은 일자리 측면에 있어서 긍정적 전망과 부정적 전망이 함께 존재한다. 우선 지난 3차례 산업혁명은 오히려 일자리 증가를 불러왔다는 경험에 의해 4차 산업혁명 또한 일자리 증가를 가져올 것이라는 긍정적 전망 존재하는데 그 내용으로는 기술 진보가 일자리를 위협할 것이라는 우려는 지속적으로 제기되어 왔으나 결과적으로 산업혁명으로 일자리 증가를 가져왔다는 점이 있다. 실례로 19세기 방직공장의 자동화는 면직물 가격하락으로 오히려 면직물 수요가 증가하여 1830~1900년 방적공이 오히려 4배가 증가한 것과 20세기 말 PC의 보급으로 사무자동화가 진전되었으나, PC와 관련된 다양한 직종의 일자리가 증가한 점 등을 들 수 있다. 또한, 자동화가 제조 공정에 도입이 되더라도 인간은 교육과 훈련을 통하여 자동화되지 않은 곳에서 새로운 일자리를 찾는 경향을 들 수 있다.

맥킨지 글로벌 연구소는 제4차 산업혁명에서 신생 기술과 관련한 새로운 직군과 산업 분야에서 일자리가 등장하고 고숙련 노동자에 대한 수요가 증가할 것으로 예상하였으며, 직무 관점에서도 로봇과 인공지능이 담당하지 못하는 '인지능력'과 '복합문제해결능력'에도 요구가 높아질 것으로 보여 이에 대한 교육훈련이 필요할 것으로 예상된다고 하였다.

그 반면 4차 산업혁명은 과거의 산업혁명과 달리 기술의 진보속도가 혁명적이고 기술 융합의 범위가 예측 가능하지 않아 인간의 적응에 한계가 있다는 비관론이 있기도 하다. 4차 산업혁명은 이전 산업혁명과 달리 미(未)자동화분야를 남겨두지 않고, 교육훈련을 통한 신기술 흡수도 쉽지 않는 '기술 실업' 문제가 심화될 것으로 예상된다고 한다. 특히, 4차 산업혁명은 스마트공장과 인터넷은행 도입과 같이, 극단적인 생산성 향상을 위하여 생산과정에서 인간 노동의 개입을 최소화하는 것을 목표로 하고 있다는 점에서 더욱 그러하다. 20세기 기술 진보에 따른 일자리 대책으로 교육 및 훈련 등을 통한 인적 자본 향상이 강조되었으나, 저비용으로 기술의 혁신과 적용이 가능하게 되어 인간의 기술교육 및 재훈련으로 기술을 추격하는 한계가 있다는 반론도 있다. 자동화에 따른 일자리 감소를 체계적으로 분석한 Frey와 Osbourne의 2013년 연구는 단순 판매직, 서비스직을 중심으로 일자리 감소가 일어날 것으로 예측하였는데 텔레마케터가 가장 위험도가 높은 직업으로 나타났으며, 회계사와 소매상도 위험이 높을 것으로 나타난 반면에, 치과의사나 레크리에이션 강사는 위험도가 낮은 것으로 예측하였다. 단순·반복적인 사무행정직이나 저숙련 직업뿐만 아니라, 인공지능에 의해 의사, 재무관리자, 고위간부 등 고숙련 고임금 직업도 자동화될 가능성이 있을 것으로 예상하고 있다.

4차 산업혁명시대에서는 소득 양극화에 대비 전략이 필요할 것으로 보인다. 20세기 후반, 3차 산업혁명시대부터 악화되어온 소득 양극화는 4차 산업혁명시대에 더욱 확대될 것으로 예상이 된다. 3차 산업혁명시대에는 '경제의 서비스화'로 지칭될 만큼 중간 수준의 기술인력의 일자리 축소로 인한 저임금 및 서비스 일자리로 이동이 발생하였다. 이에 미국을 비롯한 선진국 상당수 국가들이 교육의 확대로 전문·숙련 인력의 공급은 늘어났으나 중간 부문의 일자리 감소로 고급 관리직과 서비스 부문으로 인력이 몰리는 고용구조를 보여주고 있었으며, 개발도상국도 중간 부문의 일자리 비중이 축소되면서 양 극단으로 인력이 쏠리며 소득 양극화가 악화되어왔다. 4차 산업혁명시대에서는 저기술 일자리 부문의 일자리마저 감소할 것으로 예상되며, 고숙련 및 전문직 일자리만 소폭 상승하여 소득 양극화는 더욱 심화될 것으로 예상된다. 즉, 저임금 및 저숙련 일자리에 근무하는 저학력 근로자일수록 자동화의 위험이 더욱 높다는 분석이 일관되게 제기되고 있다. 결과적으로 4차 산업혁명시대는 노동력의 저임금 일자리 이동에 의한 소득 양극화가 아니라 고숙련직을 제외한 전반적인 일자리 감소로 인한 실업으로 인한 소득 양극화가 악화될 가능성이 높아질 것으로 예상된다.

4차 산업혁명이 가시화되면서 노사관계도 전환점을 맞게 되었다. 산업혁명은 필연적으로 구조조정을 동반하며, 특히 공정이 자동화되는 제조업은 대규모 인력조정이 우려된다. 때문에 일자리를 놓고 노사 간에 갈등도 이전보다 심화될 전망이다. 사용자 입장에서는 4차 산업혁명이 장밋빛일 수 있지만 노동자들에게는 잿빛이 될 수 있다. 대립은 이미 시작되었다. 지난해 정부가 노동시장 구조개혁을 추진하면서 임금피크제와 저성과자 해고 지침 등을 각 사업장에 내려 보내자 노사분규 건수가 최대치를 기록했다. 이를 노동계에서는 극한 대립의 시대로 받아들였다. 하지만 모든 노사관계가 갈등으로만 치달은 것은 아니다. 그 예로 동원시스템즈를 들 수 있다. 동원시스템즈는 대표이사가 노조와의 대화를 직접 챙겼고, 교섭간에도 현안을 직접 확인하며 노조위원장과 소통하며 정년 연장에 합의했고 임금피크제도 도입했다. 통상임금과 교대제, 임금피크제 등 민감한 현안에서 모두 합의를 이룸으로써 안정적인 노사관계가 정착됐다는 좋은 사례도 있다. 뿐만 아니라 유한킴벌리와 SK하이닉스 등의 기업에서 실천하고 있는 노사관계 재정립은 경영성과 차원에서도 재계에 주는 울림이 크다. 노사가 협력해 얻는 효과는 적지 않다. 무엇보다 경영위기 등 노사협력이 필요한 시점에서 빛을 발한다. 경영위기로 구조조정이 필요한 상황에서 교대제나 임금체계를 개편해 노동자들은 정리해고를 피할 수 있고, 경영진 역시 구조조정에 대한 부담을 줄일 수 있다. 최근 정치권은 근로시간을 최대 68시간에서 52시간으로 줄이는 근로기준법 개정안 마련에 돌입했다. 개정안이 국회를 통과할 경우 앞으로 노사는 근로시간 단축을 두고 협력이 더욱 절실해진다. 특히 4차 산업혁명으로 인한 혼란과 갈등을 최소화하기 위해서는 노사관계에 대한 근본적인 변화가 불가피하다. 4차 산업혁명시대는 그 어느 때보다 노사 간의 협력이 더욱 중요해진 시기라 볼 수 있다.

10 | 제4차 산업혁명시대, 인공지능을 뛰어넘는 기술 블록체인

'블록체인(Block Chain)'이 뜨거운 관심을 받고 있다. 지난해부터 전 세계에 가상화폐 광풍이 몰아치면서 그 핵심 기술인 블록체인도 덩달아 몸값이 올랐다. 서점가에는 블록체인 관련 서적이 넘쳐나고 기업들은 블록체인을 연구하는 전담조직을 신설, 사업에 도입하려는 움직임을 보인다. 10년 전 한 논문에 쓰여진 이론이 오늘날 4차 산업혁명의 핵심 기술로 떠올랐다. 비트코인의 창시자 나카모토 사토시가 2008년 비트코인에 관한 논문을 통해 블록체인의 개념을 정립한 지 10년이 지난 올해 각국 정부는 블록체인 연구에 박차를 가하고 있다. 한때 이론으로만 존재하던 블록체인이 역사의 전면에 등장할 태세다. 거래정보를 하나의 덩어리로 보고 이를 차례로 연결한 것이 '블록체인' 기술이다. 블록체인은 가상화폐 열풍을 타고 IT기술의 프레임도 벗어 던졌다. 편리한 분산저장 기술은 숱한 거래를 일으키며 시장규모를 키워가고 있다. 새 먹거리 찾기에 분주한 글로벌기업들은 블록체인 기술 도입에 열을 올리고 있으며, 이제 블록체인은 네트워킹의 패러다임을 바꿀 기세이다.

4차 산업혁명시대를 살아가면서 정말 중요한 것 중 하나는 앞으로의 미래를 어떻게 준비하느냐이다. 향후엔 지금과는 차원이 다르고 복잡한 기술들이 쏟아져 나올 것이다. 그중 대표적인 기술이 바로 블록체인(Block Chain)이다. 블록체인은 요즘 IT업계에서 가장 핫한 단어 중 하나이다. 블록체인이란 데이터를 거래할 때 네트워크 거래 참가자 모두에게 내용을 공개하는 분산형 디지털 장부를 말한다. 2016년 다보스포럼에서는 블록체인기술을 IoT, 자율주행자동차 등과 함께 떠오르는 10대 기술로 선정하였으며, 향후 세계은행은 변화의 흐름에 발맞춰 2017년까지 80%가 도입할 것으로 전망했다. 액센츄어는 향후 5년을 전후로 블록체인의 성장기가 도래할 것이라고 전망했다. 최근 IBM, 마이크로소프트, 삼성, 골드만삭스, JP모건, 모건스탠리 등의 굴지의 기업들은 한 가지 공통점을 가지고 있다. 바로 블록체인(Block Chain) 기술에 투자하고 있다는 것이다. 이 같은 글로벌 대형 기업들은 물론, 주요국 증권거래소와 정부까지 나서서 블록체인 연구에 박차를 가하고 있다. 아직 발전 초기 단계이지만, 블록체인의 무한한 가능성을 인식한 것이다. 기술업계 전문가들은 블록체인을 2010년대 컴퓨팅의 새로운 패러다임이라고 평가한다. 1970년대 메인프레임이 개발되고, 1980년대 PC가 나타나고, 1990년대 인터넷이 보급되고, 2000년대 소셜미디어가 등장했듯이 2010년대에는 블록체인 기술이 등장해 인류의 미래를 변화시킬 것이라는 것이다. 같은 맥락에서 블록체인은 흔히 인터넷에 비유되기도 한다. 1990년대 인터넷이 처음 보급되었을 때, 아무도 인터넷이 지금과 같은 삶의 모습을 만들어 내리라 예상하지 못했던 것처럼, 블록체인도 미래에 다양한 형태로 우리 삶의 모습을 크게 변화시킬 것이라는 것이다. 마이크로소프트 창업자 빌 게이츠는 블록체인을 "기술의 역작"이라고 호평했으며, 나스닥 CEO 밥 그리펠드는 블록체인이 "향후 10여 년 동안 우리가 떠올릴 수 있는 가장 큰 기회"일 것이라고 전망했다. 미국 前 재무장관이자 하버드대 경제학 교수인 래리 서머스는 "블록체인이 금융 관행과 거래의 상당 부분을 바꿀 것이라는 확신"이 든다고 발언하기도 했다. 이들은 모두 블록체인이 가져올 변화에 주목하고 있다. 실제로 블록체인에 의한 변화는 이미 시작되었으며, 금융산업에서 가장 두드러지게 나타나고 있다.

블록체인의 개념과 장단점

세상 뒤바꿀 '자동화 실행규약' 블록체인은 거래정보를 하나의 덩어리로 보고 이를 차례로 연결한 거래장부다. 간단하게 말해 가상화폐가 돈이라면 블록체인은 장부가 되는 셈이다. 블록체인은 '정보제공'에 치중된 기존 네트워크의 패러다임도 '가치'로 바꿀 수 있다. 한국과학기술정보연구원에 따르면 2016년 201억원 규모였던 국내 블록체인시장은 2022년 3,562억원 규모로 성장할 전망이다. 글로벌 시장조사기관 가트너는 블록체인시장이 2022년 100억달러(약 11조2,000억원)에 이를 것으로 내다봤다.

블록체인(Block Chain)이란 여러 건의 거래내역이 일정 시간마다 하나의 블록(Block)으로 묶여, 기존 생성된 블록에 체인(Chain)처럼 계속적으로 연결되는 데이터 구조를 의미한다. 즉, 과거 체결되었던 모든 거래내역이 담긴 블록들이 가장 최초의 블록부터 유기적으로 연결되어 저장되는 것이다. 이러한 데이터 구조가 주목받고 있는 이유는 바로 이것이 분산원장기술의 사용을 가능하게 하기 때문이다. '분산원장'이란, 거래가 발생했을 때 데이터를 중앙집중형 장부에 기록을 보관하는 기존의 방식과 달리, 거래 참가자 모두에게(프라이빗 블록체인의 경우 권한이 부여된 참가자들에게) 내용을 공개하는 분산형 디지털 장부를 뜻한다. 블록체인은 P2P(Peer-to-Peer) 기반이기 때문에 중개기관 없이 참여자 간 직접 거래가 가능하다. 따라서 인프라 구축에 필요한 비용과 중개기관에 지불해야 하는 수수료를 절감할 수 있다. 또한, 다수의 참여자가 분산원장을 통해 거래정보를 공유하기 때문에 해킹이 어렵다. 즉, IT 보안비용을 절감할 수 있는 것이다. 그뿐 아니라, 오픈소스를 이용해 애플리케이션을 구축할 수 있어 IT 구축비용도 절감할 수 있다. 그리고 모든 거래가 투명하게 이루어지기 때문에 관

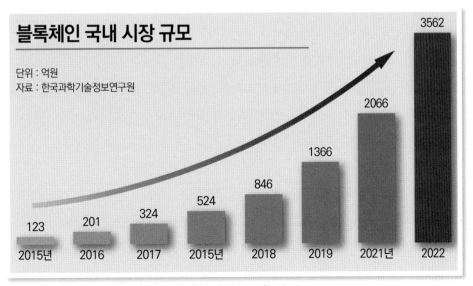

자료 출처 : 블록체인 국내 시장 규모 및 전망, 한국과학기술연구원, 2018.

요소	특징
분산성	• 신뢰된 제3자 없이 분산형 네트워크(P2P) 환경에서 거래 가능 • 중앙집중형 시스템 운영, 유지보수 등 필요했던 비용을 절감
확장성	• 공개된 소스에 의해 네트워크 참여자 누구나 구축·연결·확장 가능
투명성	• 모든 거래기록에 공개적 접근 가능 • 거래 양성화 및 규제 비용 절감
보안성	• 거래내역의 장부를 네트워크 참여자 모두에게 공동으로 소유함으로써 거래 데이터 조작 방지 및 무결성 보장
안정성	• 분산형 네트워크 구조로서 단일 실패점이 존재하지 않음 • 일부 참가 시스템에 오류 또는 성능저하 발생 시 전체 네트워크에 영향 미미

자료 출처 : 블록체인(BlockChain) 개요 및 활용사례(금융보안원, 2015)

리감독 및 규제비용 절감효과도 있다. 또한 거래가 코딩을 통해 프로그램되어 자동 실행되기 때문에 거래의 신속성도 향상시킬 수 있다. 그러나 블록체인 기술은 한계점도 가지고 있다. 일단 거래기록을 검증할 때 모든 장부를 대조해야 하기 때문에 거래 처리속도가 상대적으로 느리다는 단점이 있다. 예를 들어, 현재 비트코인 네트워크상에서 처리될 수 있는 거래는 초당 7건에 불과하다. 따라서 1초에도 수천 건의 거래가 일어나는 주식시장에서와 같은 대량거래를 현재 기술로는 구현하기 어렵다. 또한, 모든 거래기록을 저장해야 하기 때문에 블록체인의 용량도 문제의 소지가 될 수 있다. 현재 블록체인이 차지하는 저장 공간은 무려 45GB가 넘는다. 한번 집행된 거래는 다시 되돌릴 수 없기 때문에 실수나 오류가 있었다고 하더라도 강제로 반환될 수 없다는 한계점이 있다.

📍 네트워크상의 공적 거래장부

블록체인이 전자상거래에서 가상화폐로 거래할 때 해킹을 막기 위한 기술이라고 막연하게 알고 있던 것이었지만 네트워크상의 공적 거래장부로서 인간에게 가치 있는 거의 모든 정보를 안전하고 완벽하게 기록할 수 있다고 한다. 대한민국에서는 KB국민은행이 블록체인 서비스를 본격적으로 도입했다고 하며. VISA카드 역시 이미 블록체인 실무 그룹을 발족하고 향후 블록체인 기술을 도입하는 방안을 모색하는 중이다. 그 밖에 다른 은행과 증권사들 역시 블록체인 기술을 도입하기 위해 공동 컨소시엄을 구성하는 등 활발한 논의가 진행되고 있다고 한다. 블록체인은 유례 없이 단순하고 혁명적인 프로토콜로 변경 불가능한 '공적 원장'에 가치를 기록해 익명성과 보안성이 보장된 거래를 구현한다. 비트코인(bitcoin)은 이러한 블록체인의 기술을 잘 보여 주는 대표적인 사례이다. 처음 비트코인이 세상에 나와 그 이름을 본격적으로 알리기 시작한 것은 비트코인의 가치가 수백 달러로 치솟았을 때였다. 하지만 진정한 비트코인의 그 숨겨진 가치는 암호화 화폐에 대한 거래의 메커니즘의 중심을 이루고 있는 블록체인이다. 비트코인 기술을 처음 고안한 사람은 '사토시 나카모토'라는 개발자다. 비트코인은 생긴 지 5년 만에 시가총액으로 세계 100대 화폐 안에 들어갈 정도로 성장했다. 그는 '비트코인 : P2P 전자화폐 시스템'이라는 논문에서 비트코인을 전적으로 거래당사자 사이에서만 오가는 전자화폐로 정의했다. P2P(Peer to Peer) 네트워크를 이용해 이중지불을 막아준다는 것이다. 즉, P2P 네트워크를 통해 이중지불을 막는 데 쓰이는 기술이 바로 블록체인(Block Chain)이다. 비트코인은 특정 관리자나 주인이 없다. P2P 방식으로 작동하기 때문이다. P2P는 개인 간 거래를 의미한다. 인터넷으로 다른 사용자 컴퓨터에 접속해 파일을 교환·공유할 수 있는 서비스다. 비트코인은 개인이나 회사가 아닌 여러 이용자 컴퓨터에 분산 저장된다. 비트코인에서 10분에 한 번씩 만드는 거래 내역 묶음이 '블록'이다. 즉, 블록체인은 비트코인의 거래 기록을 저장한 거래장부다. 데이터베이스(DB)로 이해하면 쉽다. 거래장부를 공개하고 분산해 관리한다는 의미에서 '공적 거래장부'나 '분산 거래장부(Distributed Ledgers)'로도 불린다.

이러한 블록체인 기술이 가지는 획기적 기술혁명으로 우리의 생활에서 차지하게 될 비중을 보안성과 분산성을 근간으로 디지털 원장에 거의 모든 것을 기록할 수 있음을 제시한다. 우리들이 살면서 가지고 있는 모든 형태의 원장이 블록체인으로 대체된다면 블록체인의 기술이 몰고 올 사회의 변화는 이제까지의 세상이 또 한 번 큰 변화가 올 것임을 충분히 예견하게 해준다.

블록체인이 가져올 변화

한국블록체인협회 진대제 회장(삼성전자 사장 출신으로, 2003년부터 2006년까지 3년간 정보통신부장관을 지냄)은 창립총회(2018.1.26.)에서 "블록체인 기술이 '제2의 반도체'이자 '제2의 인터넷 혁명'을 이끌 핵심 기술"이라고 강조했다. 협회의 역할에 대해서는 "20세기 3차산업까지의 경험만을 기준 삼아서 아직 우리가 경험해보지 못한 21세기 4차산업의 가능성을 미리 예단하고 막아버리는 우를 범하지 않도록 적절한 예측과 전망을 제공하는 역할을 하겠다."고 밝혔다. "블록체인은 기본적으로 회계 시스템이다. 지난 600년간 회계학의 근간이 된 복식부기(複式簿記)의 실질적인 개선이다. 그래서 금융산업이 전환점을 맞게 될 것이다. 기본적으로는 금융 데이터를 기록하는 더 나은 방식이지만, 물류·헬스케어·금융·정부기록 등 보안이 필요한 모든 데이터의 추적 및 관리에도 적용할 수 있다. 장기적으로는 정부가 가장 큰 고객이 될 것이라 생각한다."고 데이비드 여맥 뉴욕대(NYU) 스턴경영대학원 교수는 말했다. 왜냐하면, "출입국 관리부터 식품 안전까지 정부 업무의 상당 부분은 데이터 관리다. 정부가 서비스를 개선하고 공공 데이터 보안을 강화하기 위해 블록체인 기술을 활용하는 것은 자연스러운 흐름이다. 장기적으로 블록체인은 공무원 일자리를 대체할 수도 있다. 공무원 업무의 상당 부분은 데이터를 기록·관리·추적하는 일이다. 블록체인 기술이 5~10년 뒤 이런 일자리 상당 부분을 쓸모없게 만들 것이다." 특히 금융 부분의 미래로서 "금융 부문은 그동안 너무 정체됐다. 연구에 따르면 컴퓨터와 통신 발전에도 불구하고 오늘날 금융업의 생산성은 1880년과 달라지지 않았다고 한다. 결제 시스템은 큰 변화를 맞게 될 것이다. 앞으로 결제는 은행이 아니라 애플·아마존·구글 같은 정보처리 기업이 하게 될 것이다. 10년 뒤 은행이 존재할지도 불분명하다."고 전문가들은 예측한다. 컨설팅회사 맥킨지는 10년 안에 세계에 은행이 2곳만 남을 수도 있다고 전망했다. 알다시피 맥킨지는 급진적인 성향과는 거리가 멀다. 블록체인 같은 혁신 기술은 은행이 도대체 왜 필요하냐는 의문을 제기한다. 물론 네트워크 병목현상, 용량 제한 문제는 블록체인이 풀어야 할 과제이다. 안전하지만 확장성은 아직 부족하다.

블록체인(Block Chain) 혁명이란 "하위자와 상위자로 나누어진 상태에서 가진 자와 못가진 자의 부의 배분"에 관한 것이었는데 현재와 같은 상태가 고착된다면 앞으로도 이 고리가 끊어질 가능성은 별로 없다. 그래서 이런 중간자들의 수수료 부분을 해결하고 음악가, 작가, 정보생산자들의 권익을 보호하고 블록체인 기술을 통해 나의 가치가 가치 그대로 온전히 타인에게 보상받을 수 있는 시스템을 보편화시키는 데 목적이 있다. 사실 블록체인은 실체가 없다. 게다가 숨겨진 기술이기에 더더욱 그 가치에 대해서, 앞으로 어떤 쓰임으로 우리 생활에 부지불식간 기저에 깔릴지 알 수 없다. 이미 우린 그런 세상을 지나가고 있다. 아직은 극복해야 할 문제와 한계가 많지만, 모든 기술들이 그래왔듯이 인간은 충분히 그러한 한계를 극복할 집단지성이라는 무기로 또 극복해 나갈 것이다.

사실 블록체인이 가져올 변화에 비해 기존의 체계는 크게 뒤처져 있다. 오늘날의 금융시스템은 불합리한 모순과 부조화로 가득 차 있으며 산업화 시대에 고안된 규칙에 따라 관리되고 있다. 하나의 사례를 들어보면 뉴욕 주의 송금에 관한 법률은 남북전쟁 시대 이후로 크게 바뀐 게 없다고 한다. 이 당시에 돈을 운반하는 주된 수단은 '말과 마차'였다. 오늘날 인터넷 뱅킹으로 현금 거래가 이뤄지고 있는 시장 상황에 말과 마차가 다니던 시절의 기준을 적용하고 있는 것이 문제이다. 이렇게 낡은 금융시스템을 시작으로 사회 전반의 시스템을 바꿔 나갈 혁명적 기술인 블록체인은 우리의 미래를 확연히 바꿀 것이 확실시된다. 우리에게 필요한 것은 블록체인을 받아들일 것인가, 말 것인가의 논의가 아니라 이미 현실화되고 있는 블록체인을 얼마만큼 이해하고 어떻게 응용할 것인가에 대한 논의가 매우 중요하다는 것이다.

블록체인의 투명성과 정치적 환경변화

블록체인 기술은 비트코인으로 대변되는 전자화폐를 통해 향후 미래경제에 막대

한 영향력을 끼칠 것으로 보인다. 하지만 블록체인은 비단 경제뿐만 아니라 정치, 사회적으로도 큰 변화를 이끌 원천 기술로 여겨지고 있다. 특히 정치, 정책 분야에서 블록체인은 오늘날과는 다른 좀 더 직접적이고 참여적이며 투명한 환경을 만들어 낼 것으로 전망하고 있다. 블록체인의 익명성과 투명성은 정치후원금을 모집하는 데에도 유용하게 활용될 수 있다. 랜드 폴 상원의원은 2016년 대통령 선거에 출마하면서 처음으로 비트코인 형태의 후원금을 모금하기도 했다. 한 가지 확실한 사실은 블록체인이 향후 어떤 형태로든 정치 분야에 영향을 미칠 것이라는 점이다. 그런 면에서 블록체인은 단순히 비트코인으로 대변되는 핀테크(FinTech)는 Finance(금융)와 Technology(기술)의 합성어로, 금융과 IT의 융합을 통한 금융서비스 및 산업의 변화를 통칭하는 기술 가운데 하나가 아니라 사회 전반에 영향력을 미치는 원천 기술 가운데 하나로 볼 수 있다.

◎ 블록체인의 사용 사례

블록체인의 국내외 사례를 보면 실손보험 청구시 블록체인 기술 도입으로 서류 인증 최소화의 교보생명, 전자신분증 및 지급재가 서비스를 삼성카드에 적용한 삼성SDS, 블록체인 기반 공동인증서비스와 공인인증서 바이바이의 금융투자협회, 블록체인 기반 시정업무 적용 방안 개발 중이며 2022년까지 전체 시정업무에 확산하는 것이 목표인 서울시, 주민제안 공모사업 심사 전자투표에 블록체인기술을 적용한 경기도 등이 있다.

① IBM

컨소시엄뿐만 아니라 개별 기업과 기관들의 블록체인 연구개발 및 도입 움직임도 활발하게 나타나고 있다. 먼저 IBM은 뉴욕, 런던, 싱가포르, 도쿄를 포함한 4개 지역에 IBM 블록체인 연구소를 설립했다. IBM의 디자인 사고 프로세스와 전문 지식 등을 제공하여, 기업 고객들이 블록체인을 도입할 수 있도록 컨설팅 서비스를 제공하는 것이 IBM 블록체인 연구소의 역할이다. 그뿐만 아니라 내부적으로도 연구개발에 힘쓰고 있다. 다양한 기기로부터 수집된 정보를 블록체인 네트워크상에서 관리할 수 있도록 하여, 금융업뿐만 아니라 제조업이나 유통업 같은 산업에서도 활용할 수 있도록 하겠다는 계획이다.

② 글로벌 증권거래소

각국 증권거래소들의 관심도 뜨겁다. 나스닥은 지난해 블록체인 스타트업 체인 닷컴과 파트너십을 맺고, 비상장 장외시장에 블록체인을 시범 적용한 바 있다. 나스닥 프라이빗 마켓에서 블록체인 기반 기술인 나스닥 링크를 이용한 주식발행에 성공한 것이다. 일본 증권거래소의 경우, IBM과 함께 블록체인 기반 장외 주식거래 시스템을 개발 중이며, 호주 증권거래소도 지난해 10월 미국의 디지털애셋홀딩스와 손을 잡고 블록체인 기반의 증권거래시스템을 개발하고 있다. 런던 증권거래소는 CME그룹, UBS 등과 함께 블록체인 결제 그룹을 구성해 거래 후 처리과정에 대해 연구개발하고 있다.

③ 해외 금융기업

해외 금융기관을 중심으로 결제 목적의 암호화폐 개발 노력 또한 지속적으로 나타나고 있다. 한때 시장의 관심을 한 몸에 받았던 비트코인과 수많은 알트코인들은 잊혀져 가고 있을지 모르나, 블록체인의 통화 기능은 시간 효율성과 비용감소 측면에서 여전히 중대한 의미를 가지고 있기 때문이다. 골드만삭스와 씨티그룹은 이미 각각 세틀코인과 씨티코인이라는 자체 암호화폐를 내놓았으며, 현재 UBS가 도이체방크(Deutsche Bank), 산탄데르, BNY멜론과 손을 잡고 유틸리티 결제 코인 공동 개발을 진행하고 있다.

④ 삼성그룹

삼성그룹 또한 블록체인에 주목하고 있다. 삼성그룹은 IBM과 함께 ADEPT라는 컨셉트로 사물인터넷에 블록체인 기술을 접목하기 위해 연구 중이다. 또한 삼성증권, 삼성카드, 삼성생명, 삼성화재 등 금융 계열사 간 프라이빗 블록체인을 도입하고 있다. 서비스 대상은 멤버십 포인트 결제와 송금 같은 간단한 거래부터 시작하여 향후 규제가 완화되면 점차 확대해 나갈 계획이다. 한편, 삼성SDS는 하이퍼레저 컨소시엄에 참여하고 있으며, 국내 블록체인 스타트업인 블로코에도 투자한 바 있다.

⑤ 온두라스 정부 블록체인 기반 부동산 등기시스템 구축

온두라스는 국가 토지대장 관리를 위해 블록체인 기술 도입을 적극 추진하고 있다. 토지대장 관리가 허술하여 군벌, 토호세력, 관료들까지 토지대장을 조작하여 농민들의 토지를 빼앗기도 하고, 심지어는 정부자료를 해킹하는 사례가 발생하였다. 토지대장, 등기 등을 블록체인에 기록하여 데이터 조작을 방지하는 시스템을 개발 중이다.

⑥ 키프로스 니코시아대학교 블록체인 기반 수업수료증 발급

키프로스에 있는 니코시아대학교는 '가상화폐의 이해' 강좌를 들은 학생에게 블록체인을 적용한 수료증을 발급하였다. 블록체인 위에 수료증을 데이터로 심어 넣고 이를 찾을 수 있는 코드를 수료 학생에게 나누어 주었다. 기존에는 수업이수 사실 증명을 위해 대학교 방문 및 신청절차 필요했지만, 비트코인 블록체인에 등록하면, 누구나 쉽게 증명서 확인 가능하고, 위변조가 불가능한 증명서가 입증되는 것이다.

⑦ 미디어체인의 음원, 동영상 콘텐츠 블록체인 적용

2015년 한 음원사이트가 순위를 조작한 사실로 음원사이트에 대한 신뢰성이 의심되었다. 미디어 체인은 음원·동영상·사진 등의 콘텐츠를 등록하는 순간 해당 창작물의 정보가 블록체인 네트워크상으로 퍼져서, 음원·동영상 재생횟수 및 평점, 후기 등의 정보도 블록체인 기술로 기록되다 보니 조작이 불가능해진다.

⑧ 세계 최강 디지털 국가, 에스토니아 전자영주권(e-Residency)

4차 산업혁명시대 혁신의 아이콘이 '아이폰'이라면 정부시스템의 혁신적 모델로

꼽히는 나라가 바로 '에스토니아'다. 15분 만에 창업·법인세 0…전 세계 스타트업
(start-up, 설립한지 오래되지 않은 신생 벤처기업을 뜻하며 미국 실리콘밸리에서 생겨난 용어다. 1990년대 후반 닷컴 버블로 창
업 붐이 일었을 때 생겨난 말로, 보통 고위험·고성장·고수익 가능성을 지닌 기술·인터넷 기반의 회사를 지칭함)을 빨아들
인 에스토니아, 매력적인 세제시스템, 이익배당할 때만 20% 과세, 상속세·부동산
보유세도 없어 글로벌 벤처자금이 10년 사이 20배 증가했다. 세계 최강 디지털 국
가로서 블록체인 기반 전자영주권(e-Residency), 온라인에서 신청해 2주 후 취득하며
정부가 스타트업보다 더 혁신되어 있다. 연말정산에 걸리는 시간이 5분밖에 되지
않는 나라, 해외에 사는 외국인들이 굳이 본토를 방문하지 않아도 유럽연합(EU) 소재
법인을 설립하게 해주는 나라. 북유럽에 위치한 에스토니아는 이 모든 것이 가능한
나라다. "에스토니아는 인구 125만 명의 작은 나라이고 100년이라는 짧은 역사를
갖고 있지만 그렇기 때문에 새로운 세대를 위해 디지털, 모바일 교육을 통해 혁신을
지속적으로 이어나가고 있다."고 말한다.

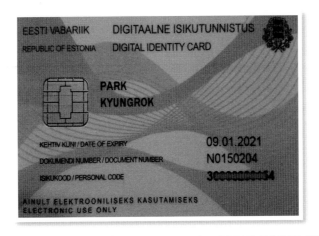

자료 출처 : 에스토니아의 e-Residency 전자신분증, EU 내에서도 신분증으로 사용이 가능하다, 저자 박경록

에스토니아는 전자영주권(e-Residency) 제도를 시행한 곳으로 유명하다. 이 제도를
활용하면 에스토니아 사람처럼 한국인도 이 나라에서 법인을 설립할 수 있는 자격
을 얻는다. 에스토니아는 EU 회원국이기 때문에 여기에 법인을 설립하면 EU에 소

속된 것과 같은 법률·제도상 혜택을 얻는다. 저출산 고령화로 인해 성장 잠재력이 저하되는 현상을 이민자 유입 등 정치적으로 갈등하는 정책 없이 기업시민증을 적극적으로 부여함으로써 인터넷 기술로 풀 수 있는 해법인 셈이다. 이 정책은 에스토니아로 전 세계 인재들이 몰려오도록 한 다음에 세계 어디서든 창업하게 하는 것이라며 전자영주권을 가지면 은행계좌 개설, 법인 설립 등이 자유로우며 재투자를 하면 법인세도 없다. 에스토니아는 블록체인과 연계한 전자영주권 제도를 2015년 12월부터 시행하고 있다. 추후 결혼, 계약, 출생증명 등을 공증하는 신원 서비스도 실시할 예정이라고 한다. 인구 125만 명에 불과한 에스토니아는 디지털 이민자를 받아들여 전자영주권자 1,000만 명을 유치하고, 10만 개 기업이 활동할 수 있도록 하는 것이 목표이다. 또한 발트해 연안에 자리 잡은 소국 에스토니아의 수도인 탈린 외곽에 위치한 탈린공과대학에는 1년 365일, 24시간 불이 꺼지지 않는 곳이 있다. 에스토니아 청년에게 '창업 DNA'를 심는 중심부라는 '멕토리(Mektory) 창업센터'다. "학생들에게 기술(technology)이 흥미롭다(Fun)는 것을 알려주고, 기업가정신의 참된 의미를 가르치자는 게 멕토리 창업센터와 에스토니아가 가진 교육철학"이라고 말한다. 학생들은 이곳에서 자신들이 가진 아이디어를 당장 팔 수 있을 정도의 완성도 높은 시제품으로 뚝딱 만들어내고 있다.

　기업뿐만 아니라 미국, 중국, 일본 등 10여 개국 대사관도 이곳에 별도 공간을 만들어 수시로 방문한다. 미래 '페이스북'이 될 만한 기업을 수시로 살피겠다는 의도다. 매년 2회 에스토니아 최대 규모의 창업대회도 열고 있다. 학생들에게는 멕토리센터에서 가꾼 아이디어를 실제 투자자들 앞에서 시연하는 절호의 기회다. 에스토니아가 유럽 스타트업의 메카로 자리 잡을 수 있었던 원동력은 이처럼 우수한 인재를 길러내 창업이라는 망망대해로 나아갈 수 있는 생태계를 조성했기 때문이다. 에스토니아의 선택은 법인세율 '제로(0)'이다. 이익과 상관없이 투자에 쓰거나 쌓아두면 세금을 한 푼도 내지 않는다. 상속·증여세와 부동산 보유세도 없다. 단, 이익을 배당할 때만 20% 세율로 과세한다. 이는 자국 기업뿐만 아니라 외국계 기업에도 똑같이 적용된다. 에스토니아 정부 관계자는 "매력적인 세제 시스템을 구축해 외부

인구	125만 명(세계 158위)
면적	45,228km²(세계 133위)
GDP	234억 달러(세계 102위)
1인당 GDP	1만 9,618달러(세계 42위)
언어	에스토니아어

자료 출처 : 외교부(2017년 기준)

인력과 자본이 들어오고 창업과 고용이 늘어나면 국가도 더 부유해진다."면서 "이러한 정부정책에 힘입어 기업이 더 많이 투자하고 고용하는 선순환 구조가 만들어졌다"고 말한다. 창업 관련 절차와 지원 시스템은 '완벽'에 가깝다. 법인 설립은 200유로만 내면 15분 만에 완성된다. 게다가 이 모든 절차를 온라인화했다. 특히 2014년 12월에는 에스토니아를 방문하지 않아도 외국인이 온라인으로 내국인과 똑같이 에스토니아에 회사를 설립하고 은행계좌를 열 수 있도록 '전자영주권'을 도입했다. 세계 어디에서도 찾아볼 수 없는 파격적인 지원모델인 것이다.

블록체인 기술의 향후 전망

현재 금융산업에는 블록체인에 대한 연구개발이 활발히 이루어지고 있다. 세계 경제포럼(WEF)은 2017년까지 전 세계 은행의 80%가 블록체인을 도입할 것이라고 전망했다. 산탄데르 이노벤처는 2022년까지 해외결제, 증권거래, 준법감시 등에 투입되는 은행들의 인프라 투자비용이 150~200억 달러 가량 절감될 것으로 예상했다.

하지만 블록체인은 금융산업뿐만 아니라 다른 산업에도 중대한 영향을 미칠 것으로 기대된다. 블록체인은 결제나 송금뿐만 아니라, 코딩으로 프로그램화할 수 있는 모든 유·무형 자산에 대한 거래를 가능하게 하기 때문이다. 예를 들어, 정부입찰과정이나 제조공정, 소매점 회원 포인트, 사물인터넷, 음악, 게임, 운송 등에도 블록체인이 적용될 수 있다. 이러한 특성 때문에 세계경제포럼은 2027년까지 전 세계 GDP의 10%가 블록체인 플랫폼에 보관될 것이라고 전망했다. UN 미래보고서 2050은 블록체인이 스마트계약을 가능하게 해 금융은 물론 행정시스템도 바꾸어 놓을 것이라고 전망한 바 있다. 2018년부터 2024년까지는 성장이 이루어질 것으로 내다보았다. 얼리어답터(earlyadopter, 최신제품들을 미리 접하는 것을 좋아하고 신기술을 적극적으로 수용하는 사람)들이 혜택을 얻는 모습을 다른 은행들이 발견하기 시작하는 가운데, 사용자가 많아질수록 더 많은 사용자가 모이게 되는 네트워크 효과가 나타날 것으로 전망했다. 또한 다양한 자산군으로 적용이 확대되고, 새로운 상품과 서비스가 생겨나게 되며, 현재 사용되는 프로세스나 서비스의 사용이 점차 사라질 것으로 보았다. 결론적으로 블록체인은 아직 도입 초기 단계에 있으며, 실생활에 완전히 적용되기 위해서는 아직 더 많은 노력이 필요한 것으로 보인다. 인프라와 법규를 재정비해야 하고, 갈등이 있는 부분에서 주요 이해관계자들의 합의를 이끌어내야 하며 기술개발에도 더 많은 진전이 필요하다. 블록체인 기술은 복제가 불가능한 거래장부, 기존 시스템 대비 거래의 투명성 및 비용절감 등의 효과로 많은 분야에 관심을 받고 있다. 물론 오픈 소스로서 활용성과 확장성에 대한 의문, 익명성을 활용한 불법거래 및 탈세가능성, 상대적으로 복잡한 제어 등의 논란점이 있지만, 블록체인 기술은 제2의 인터넷이라 불리고 있을 만큼 사회적 파급력은 클 것으로 예상된다. 블록체인 기술의 성공적인 도입을 위해서는 블록체인 기술을 정확히 이해하고, R&D, 관련 인프라 구축, 제도개선, 인력양성 등 블록체인 기술의 경쟁력 제고를 위한 다각적인 노력이 필요할 것이다.

비트코인이 아니라 블록체인 시대가 온다.

　방대한 데이터를 적은 비용으로 안전하게 관리, 보험금 청구·본인 인증 손쉽게, 물류서류 간소화, 가상화폐 비트코인으로 쏠렸던 관심이 원천 기술인 블록체인으로 옮겨가고 있다. 블록체인은 방대한 데이터를 효율적으로 관리할 수 있어 데이터의 중요성이 커지는 4차 산업혁명시대 대표 기술로 꼽힌다. 국내외 기업과 공공기관도 앞다투어 블록체인 사업에 뛰어들고 있다. 디지털 공공장부로 불리는 블록체인은 데이터를 일종의 묶음(block) 형식으로 분산·저장해 거래에 참여하는 사람들과 공유한다. 중앙집중형 시스템이 아니므로 해킹과 위·변조 위험이 적고, 제3의 중개기관 없이도 거래가 가능하다. 또한, 계약이 자동으로 이행될 수 있도록 조건을 설정하는 것이 가능해 보험금 청구, 본인인증 등 반복적인 업무에 효율적이다. 거래 비용은 적고, 정보의 신뢰도는 높기에 다보스 포럼은 2027년 전 세계 총생산(GDP)의 10%가 블록체인 기술로 저장될 것으로 예상했다. 시장조사업체 가트너는 세계 블록체인 시장이 2022년 100억 달러(한화 약 10조7천억 원)에 이를 것으로 전망했다.

11　제4차 산업혁명시대를 이해하는 변화의 모습

　세계적으로 인류는 지금까지 어느 누구도 미리 예측하지 못할 정도의 빠른 기술혁신에 따른 '제4차 산업혁명' 시대를 맞고 있다. 직장에서 기존의 일하는 방식이나 소비 행태뿐 아니라 생활방식 전반에 걸친 혁명적 변화가 가속화되는 시대에 들어서 있는 것이다. 인공지능과 로봇, 빅데이터와 클라우딩 기술을 활용한 자동화 시스템, 3D 프린팅과 드론, 사물인터넷(IoT), 블록체인, 나노, 바이오기술 등 거의 모든 지식정보 분야에 걸친 눈부신 속도의 발전이 제4차 산업혁명을 이끌고 있다. 4차 산업혁명의 큰 특징은 지난날 인류가 경험했던 어느 산업혁명에 비해 더욱 광범위한 분야에 걸쳐 급격하게 빠른 속도로 진전되고 있다는 것이다. 알파고(AlphaGo)와 이세돌, 커제 프로기사 간의 '세기의 대결'을 통해 엄청난 속도로 진전되고 있는 제4차 산업혁명의 일면을 실감했다. 거의 모든 전문가들이 인공지능이 이렇게 빨리 세계 최고 바둑 프로기사들을 이기리라고 내다보지 못했을 것이다. 따라서 우리는 4차 산업혁명의 변화 속에서 무한한 도전과 기회를 남보다 먼저 내다보고 지혜롭게 대응해 나갈 준비를 해야 한다. 기업과 근로자, 정부뿐만 아니라 조직구성원 모두 동참해야 한다. 그러기 위해 우선 4차 산업혁명의 특성과 그 함축성부터 잘 이해하는 것이 무엇보다 중요함은 두말할 필요가 없다.

　미래에 펼쳐질 4차 산업혁명시대에 관한 전문가들의 몇 가지 구체적 예측 사례를 한 번 살펴보자. 현재의 지식정보 관련 기술혁신 속도를 고려할 때 현재 초등학교에 진학하는 학생들이 사회에 진출하여 갖게 될 일자리는 거의 70퍼센트가 현재 존재하지 않는 전혀 새로운 일자리 시대가 올 것이라고 한다. 그리고 앞으로 10년 이내에 길거리에 나와 있는 자동차 10대 중 한 대가 자율주행자동차일 것이고, 인공지능 로봇이 법률관련 자문과 기업 감사업무의 상당 부분을 맡게 되며, 로봇이 약사의 일을 해내고, 3D 프린팅에 의한 간 이식이 이루어질 가능성이 높다고 보는 전문가들이 많다. 4차 산업혁명시대를 맞이해 우리가 해야 할 일이 많고 시급하다는 것은 누구나 쉽게 상상할 수 있다. 특히 교육 분야에서의 전면적인 혁신의 필요성은 누구나 짐작할 수 있다. 새로운 일자리를 창출해낼 수 있는 창의력을 갖춘 인재와 새로운 일자리에 맞는 능력을 지닌 인재를 기존의 교육제도와 방법, 교육내용으로 길러낼 수 있겠는가? 그리고 기존 근로자들을 위한 수시의 교육훈련을 위한 제도도 마련되어야 하며, 노동시장 유연성 확보와 함께 적절한 사회안전망도 구축되어야 한다. 특히 경제와 과학기술, 교육과 사회문화, 법과 행정 등 모든 분야에 걸친 정책담당자들과 기업 및 근로자, 사회구성원 모두에게 지금까지 해오던 일에 대한 혁명적인 발상의 전환이 필요함을 느끼고, 4차 산업혁명시대에 나타날 모든 정보와 지식, 경영 및 기술환경을 유용하게 활용할 수 있어야 할 것이다.

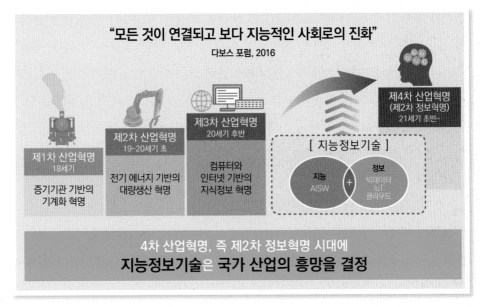

자료 출처 : 2016. 2. 세계경제포럼(WEF : World Economic Forum), 다보스 포럼

4차 산업혁명과 성(性) 격차

세계경제포럼의 '제10회 세계 성(性) 격차 리포트 2015'에서는 두 가지 우려되는 상황을 지적했다. 첫째, 지금의 변화 속도로 보면 전 세계적으로 남녀평등이 실현되기까지 118년이 더 걸릴 것으로 예측했다. 둘째, 남녀평등의 실현이 교착상태에 빠졌다고 할 만큼 느린 속도로 진행되고 있다는 것이다. 이러한 점에서 4차 산업혁명이 성별 격차에 미칠 영향에 대해 살펴보는 것은 중요한 일이다. 물리학, 생물학 디지털 분야에 걸쳐 가속화되고 있는 기술의 변화가 정치, 경제, 사회 속 여성의 역할에 어떠한 여향을 미칠 것인가? 남성 참여자가 높은 직군과 여성 참여자가 높은 직군 가운데 어떤 직업이 FA(공장자동화)에 더욱 민감하게 반응하는지 살펴보아야 한다. 세계경제포럼 '기업 미래보고서'에 따르면 성별 격차 없이 모든 직군에서 대량의 일자리 감소 사태가 벌어질 것이라고 예측한다. 남성 근로자 비율이 높은 제조업, 건설, 설비 분야의 FA자동화로 실업률이 높아질 것으로 예상되고, 인공지능의 발달과

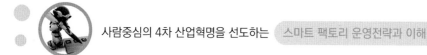
서비스 분야의 업무 디지털화로 개발도상국의 콜센터 직업부터 소매업과 선진국의 행정 분야 업무까지 수많은 직업군이 위험에 처해 있다. 높은 실업률은 사회적으로 부정적 효과가 크지만, 여성이 노동시장에 진입할 수 있었던 다양한 직업군에서 대량 실직이 일어날 때 누적되는 효과는 사회적으로 더 큰 문제를 일으킬 수 있다. 특히 저숙련 여성이 책임지던 가정이 위험에 처하게 되고, 맞벌이 가정의 경우 총소득이 줄어들게 되면서 세계적으로 문제가 되고 있는 남녀 격차가 더욱 벌어지는 결과를 초래할 수도 있다.

그렇다면 새로 등장하는 일자리와 직업군은 없을까? 4차 산업혁명으로 발생할 노동시장에 여성을 위한 기회는 무엇일까? 아직 구체적으로 형성되지 않은 산업 분야 내 어떠한 기술과 능력이 필요할지 예측하는 것은 어렵다. 하지만 기술적 시스템에 발맞춰 일하는 능력이나 기술적 혁신이 채우지 못하는 틈새를 채우는 노동시장의 수요가 늘어갈 것이라는 점은 예상할 수 있을 것이다. 수학, 컴퓨터공학, 엔지니어링 분야는 아직까지도 남성 근로자의 수가 많기 때문에 전문화된 기술적 능력에 따른 수요가 더욱더 늘어남에 따라 남녀 성비 불균형의 격차는 더욱 악화될 수 있다. 그러나 기계가 채울 수 없는 분야, 즉 공감과 연민 등 인간의 능력과 본성에 기인한 역할에 대한 수요는 늘어날 것이다. 심리학자, 코치, 치료사, 간호사와 의학보건 분야, 이벤트 플래너 분야에서는 여성이 훨씬 강한 편이다.

여성 근로자가 많은 직업 분야에서는 미래에도 저평가될 가능성이 높기 때문에 기술적 능력을 요구하는 직업에서 노력 정도에 따른 상대 수익률은 중요한 요소이다. 이러한 가정 속에서 본다면 4차 산업혁명이 여성과 남성의 역할에 더 큰 격차를 가져오게 될 것이라는 사실을 알 수 있다. 성 격차와 불평등이 더욱 크게 벌어지고 여성이 미래에 자신의 능력을 일터에서 펼치기 더욱 어려워지는 상황이 발생하여 4차 산업혁명의 부정적인 결과가 발생할 수 있다. 남녀 성비가 잘 어우러진 조직의 경우 효율성과 창의성이 높아지고, 여기서 얻는 이익과 다양성으로 창출되는 가치가 사라지게 될 수도 있다. 일반적으로 여성이 더 많이 지니고 있는 특성과 능력은

4차 산업혁명시대에 더욱 더 많이 요구될 것이다. 남성과 여성 각각에게 4차 산업혁명이 어떤 영향력을 미칠지 예상할 수는 없더라도 이러한 혁명으로 발생하는 노동정책과 사업상 관행을 변화시키는 기회로 삼아 여성, 남성 모두가 자신의 역량을 충분히 발휘할 수 있는 조직과 사회를 만들어가야 할 과제인 것이다.

4차 산업혁명시대 자연환경 재생과 보존

4차 산업혁명의 가장 큰 특징인 물리학, 생물학, 디지털 분야의 기술융합은 자원의 활용과 효율을 크게 높일 수 있는 다양한 기회를 제공한다. 세계경제포럼의 프로젝트 메인스트림(mainstream, 주류)은 순환경제로의 전환을 촉진하기 위한 새로운 계획(initiative)이다. 프로젝트 메인스트림이 보여준 청사진은 단지 조직과 개인, 정부가 자연계에 미치는 영향력을 줄이는 것뿐만 아니라, 지능적 시스템 디자인과 과학기술의 활용을 통해 자연환경을 회복하고 재생시킬 수 있는 큰 잠재력까지 포함하고 있다. 기존의 소비자와 기업 간의 전통적인 방식, 즉 손쉽게 취할 수 있는 자원을 대량으로 사용해 수취-제조-처분하는 자원활용 방식에서 벗어나 자원과 에너지, 노동력, 정보까지 효율적인 흐름을 통해 상호작용하며 복원 및 재생이 가능하고 생산성이 더욱 높아진 경제적 시스템을 계획적으로 만들어가는 새로운 산업모델로 이동하는 것이 '프로젝트 메인스트림'의 핵심인 것이다.

이를 실현하기 위한 방법에는 네 가지가 있다.

첫째, 사물인터넷과 스마트 자산 덕분에 자원과 에너지 흐름을 추적할 수 있으며, 또한 가치사슬 전반에 걸쳐 효율성을 높일 수 있다. 시스코사에 따르면 앞으로 10년간 사물인터넷을 통해 실현될 경제수익이 14조4,000억 달러에 이를 전망이다. 이 가운데 2조7000억 달러는 공급체인과 물류유통 과정을 개선하고 낭비를 없애 발생되는 수익이다. 사물인터넷의 활용과 솔루션을 통해 2020년까지 온실가스 배출을 91억 톤 줄일 수 있게 된 것이다. 이는 2020년 온실가스 배출량 감축 목표인 16.6퍼센트에 해당된다.

둘째, 자산이 디지털로 전환되면서 가능해진 정보의 투명성과 민주화는 국민에게 국가와 기업에 책임을 물을 수 있는 권력을 준다. 블록체인 기술은 정보의 신뢰성을 높여줄 수 있다. 예를 들면, 위성에서 확보한 삼림 파괴에 대한 데이터를 안전한 포맷으로 저장, 인증하여 토지소유자에게 보다 정확한 책임을 물을 수 있게 된다.

셋째, 정보의 흐름과 투명성이 국민의 행동양식을 대대적으로 변화시킬 수 있다. 이는 지속적인 순환 시스템을 위한 새로운 사회규범 내에서 가장 저항이 적은 방법이기 때문이다. 그동안 심리학과 경제학의 생산적 융합의 산물로 사람이 세계를 인식하는 방식, 사람의 행동과 그것을 정당화하는 방식에 대한 이해와 설명이 상당히 깊어졌다. 정부와 기업, 대학에서 대규모로 진행된 무작위 통제실험을 통해서도 경제학과 심리학의 생산적 융합이 가능하다는 사실이 입증되었다. 오파워(Opower) 기업의 경우, 전기 사용내역서의 동료간 비교를 통해 사람들이 전기소비를 줄이도록 유도해 비용절감과 환경보호라는 두 마리 토끼를 잡았다.

넷째로, 새로운 사업모델의 등장은 혁신적 방법으로 새로운 가치를 창출하고 공유하도록 만들었다. 또한 이를 통해 경제와 사회에 혜택을 주는 동시에 자연에도 혜택을 제공하도록 전체 시스템을 변화시켰다. 자율주행자동차, 임대형 비즈니스 모델, 공유경제를 통해 자산 활용도가 눈에 띄게 증가했을 뿐만 아니라, 적절한 시기에 자원을 확보하고 재사용하며 '업사이클(Up-Cycle, upgrade와 재활용을 뜻하는 recycle 합성어)'로 더욱 의미있게 재활용하는 것을 뜻하는 작업을 훨씬 쉽게 만들었다. 4차 산업혁명을 통해 기업은 자산과 자원의 사용주기를 연장해 그 활용도를 높일 수 있다. 또한 추가적인 활용을 위해 재료와 에너지를 재생시키고 새로운 용도에 맞게 변형시킬 수 있는 폭포형(waterfall style) 사용을 만들어 낸다. 이 과정에서 배출물과 소요 자원의 양을 줄이는 것이 가능하다. 더욱 중요한 것은 이를 통하여 정부와 기업, 국민이 자연자본의 재생전략에 더욱 관심을 갖고 참여할 수 있다. 인간이 자연자본을 이성적이고 재생적 방법으로 활용하면 지속가능한 생산과 소비로 나아갈 수 있고, 환경이 위협받는 지역에서도 생물의 다양성을 회복하는 데 실질적이고 효과적인 해결책을 제공할 수 있다.

🌐 인공지능(AI) 기반 지능형 장비 상용화로 바뀌는 건설현장

오늘날 인공지능(AI) 기술 보급으로 접근성이 높아짐에 따라 건설업과 제조업에서는 학습단계를 지나서 개발단계로, 즉 데이터를 훈련하는 단계로 넘어가고 있다. 이를 통해 건설시공과 제조생산에 대한 예지적인 통찰력(predictive insights)을 확보해 경쟁력을 높여가고 있는 것이다. 데이터 훈련을 통한 기계학습의 핵심 기술들은 제조생산 및 건설현장 관리영역에서 매일 직면하는 복잡한 문제를 해결하는데 크게 기여하고 있다. 기계학습 알고리즘은 공급망 관리를 효율적으로 운영해 고객의 요구에 부합하는 맞춤 시공을 하도록 돕고 주문형 제품을 제시간에 생산하도록 현장에서 실행역량을 극대화시킨다. 이는 모든 생산과 시공단계에서 더 큰 예지적인 정확성을 지속적으로 제공하기 때문에 가능한 것이다. 더 나아가 판매현장에서도 사용자경험(UX ; User Experience) 디자인을 지능화함으로써 실판매와 실수요 예측에 적용이 가능하다. 현재 개발되는 많은 알고리즘은 반복적이며, 지속적으로 학습하고 최적화된 결과를 추구하도록 설계되어 있고, 이러한 알고리즘은 아주 작은 미세 단위로 반복되므로 기업은 짧은 기간 내에 최적화된 결과를 찾을 수 있다.

예측 데이터 분석 및 기계학습을 활용하도록 설계된 지능형 제조시스템은 설비와 기계, 생산 및 현장 플랜트 수준에서 삼위일체화되어 효율성을 향상시킬 수 있다. 재무, 운영 및 공급망관리(SCM)가 상호 관련성이 높은 데이터를 제공함으로써 공장 및 수요 측면에서의 제약 조건을 상황별 최적화로 변환시켜 지속 가능한 관리를 할 수 있게 되었다. 또한, 대부분의 건설업과 제조업에서 정보통신기술(ICT) 시스템이 실행현장에서 통합되지 않아 교차 기능을 수행함으로써 공통의 목표를 달성하기가 힘들었다. 반면에 기계학습은 완전히 새로운 수준의 통찰력과 인텔리전스(Intelligences)를 계획과 실행을 수행하는 조직에 동시적으로 제공함으로써 생산, 워크플로우(Workflow), 현장재고관리(Inventory Management), 제조공정관리(WIP ; Work In Process), 가치사슬(Value Chain, 기업이 제품 또는 서비스를 생산하기 위해 원재료, 노동력, 자본 등의 자원을 결합하는 과정)에 관련된 의사결정을 가능하게 만들어 준다. 건설 및 광업 장비의 선두 제조업체인 일본의 건설사 코마슈(Komatsu)는 최근 엔비디아(NVIDIA)의 AI 컴퓨팅 플랫폼을 굴착, 로딩, 광업 등에 사용되는 중장비에 통합할 계획을 수립했다. 무인항공기 드론(Drone)을 사용하여 360도 카메라와 실시간 비디오 분석(IVA ; Intelligent Video Analytics)을 결합하면 건설장비를 더 안전하고 효율적으로 관리할 수 있다고 한다. 지능형 중장비 및 현장관리의 가장 큰 목표는 운영 효율성 향상, 즉 스마트 건설사업이라고 말할 수 있다. 일부 건설현장에서는 기계장치의 최대 50%가 유휴 상태에 있는 것으로 나타나고 있다. 기계지능은 무인 드론을 포함하여 기계 센서 데이터 및 현장 사진 측량법을 사용하여 사이트를 3D로 매핑(mapping)하고 작업진행 상황을 추적하여 계획과의 적합성을 비교할 수 있게 되었다. 또한 미국 건설업계 내에서 매년 1만 건 이상의 차량을 포함한 기계류와 관련된 부상 사고가 발생하고 있는데, 중장비, 각종 기계와 인공지능의 결합으로 전체 서라운드 비전(surround vision)을 추가해 부상을 줄일 수 있으며, 심층 학습기반 인공지능(AI)를 통해 사람들을 추적하고 위험한 상호작용을 피할 수 있는 장비의 움직임을 예측할 수 있게 될 것이다. 이러한 도입 사례는 건설 및 제조업의 시작일 뿐, 인공지능(AI) 기술은 모든 산업에 영향을 줄 수 있는 보편적인 기술이 될 것으로 예상된다. 따라서 새로운 분야와 새로운 직업이 탄생하는 일자리 창출의 추세가 고조되고 있으며, 인공지능 관련 직업으로는 데이터를 훈련시키는 데이터훈련기술 보유자가 필요한 때이다.

4차 산업혁명의 핵심 기술 분야 파급 영향

4차 산업혁명은 3차 산업혁명을 기반으로 한 디지털, 물리학, 생물학 등의 경계가 무너지고 융합되는 기술혁명을 의미한다. 즉, 1차 산업혁명은 동력, 2차 산업혁명은 자동화, 3차 산업혁명은 디지털로 인한 산업혁명이 출발되었다. 4차 산업혁명에서는 다른 분야의 기술이 서로 융합되어 새로운 기술혁명이 일어날 것이다. 주요 핵심 기술 분야로는 사물인터넷(IoT), 3D 프린팅, 바이오 공학 등이 부상하고 있으며,

이들 주요 핵심 기술이 융합되어 새로운 기술들을 창출해 내고 있다. 이와 같이 4차 산업혁명은 범위, 속도, 영향력 등 측면에서 3차 산업혁명과 차별화되고, 인류가 한 번도 경험하지 못한 새로운 혁명 시대를 접하게 될 것임을 보여주고 있다. 주요 핵심적 특징으로는 파괴적 기술에 의한 산업재편, 획기적인 기술 진보, 전반적인 시스템의 변화와 혁신 등이 일어날 것이다.

4차 산업혁명은 경제 및 노동시장, 산업구조 등 다양한 분야에 많은 영향을 미칠 것으로 예상되어진다. 먼저 산업구조 측면에서 살펴보면, 수요와 공급을 연결하는 기술 기반의 플랫폼 발전으로 공유경제, 즉 재화나 공간, 경험과 재능을 다수의 개인이 협업을 통해 다른 사람에게 빌려주고 나눠 쓰는 온라인 기반 개방형 비즈니스 모델있다. 즉, 렌트카 회사 '릴레이라이즈', 운송회사 '우버'는 차량을 한 대도 소유하고 있지 않음에도 공유경제라는 플랫폼을 이용하여 기업을 운영하는 모습을 볼 수 있다. 온디맨드 경제(On Demand Economy)는 IT 인프라 및 모바일 기술을 통해 소비자의 수요에 즉각적으로 서비스 및 제품을 제공하는 경제활동을 의미하며, 온디맨드 경제가 부상하는 효과를 낳을 것이다. 또한 기술 기반의 플랫폼을 이용한 다양한 사업모델 및 서비스가 증가하면서 쉽게 창업이 가능해지고, 이러한 플랫폼 활용은 가격, 품질 등을 빠르게 개선하는 효과를 가져와 대기업을 추월할 수 있는 기회를 제공해 주기도 한다. 노동시장에서는 기술혁명으로 인해 신흥국과 선진국을 포함한 15개국에서 약 200만 개 일자리가 새로 생길 수도 있지만, 반대로 약 700만 개 일자리가 사라질 위기에 있어 전체적으로는 약 500만 개 일자리가 없어질 것으로 예측되고 있다.

주요 핵심 분야로 로봇, 인공지능, 바이오 등 하이테크놀로지에서 필요로 하는 전문기술직에 대한 수요는 늘어나는 반면, 단순직 고용 불안정성은 더욱 커질 것으로 전망된다. 4차 산업혁명이 미치는 큰 영향을 요약하면 기술융합으로 인한 생산성을 높이고 유통 및 생산 비용을 낮춰 국민소득 증가와 삶의 질 향상의 긍정적 효과를 기대할 수 있지만 빈부격차, 사회적 불평등뿐만 아니라 기계가 사람을 대체하면서 염려되는 노동시장 붕괴와 같은 부정적인 측면도 일어날 수 있다. 특히나 앞으

산업혁명의 발전 단계별 특징

산업혁명	특징	
제1차(18세기)	• 동력	
	– 수력 및 증기기관	– 기계식 생산설비
제2차(19~20세기)	• 자동화	
	– 노동 분업, 전기	– 대량생산
제3차(20세기 후반)	• 디지털	
	– 전자기기, IT	– 자동화 생산
제4차(2015~)	• 융합	
	– 사이버물리시스템(Cyber-physical system)	

자료 출처 : World Economic Forum

4차 산업혁명의 특징

구분	특징
속도(Velocity)	• 인류가 전혀 경험하지 못한 빠른 속도의 획기적 기술 진보
범위(Scope)	• 각국 전 산업 분야에서 파괴적 기술(Disruptive Technology)에 의해 대대적으로 재편
시스템의 영향 (System Impact)	• 생산, 관리, 지배구조 등을 포함하여 전체적으로 시스템의 큰 변화가 예상

자료 출처 : World Economic Forum

로 노동시장은 높은 수준의 기술에 따른 고임금과 낮은 기술의 수준에 따른 저임금 간의 격차가 더욱 커질 뿐만 아니라 일자리 양분으로 중산층의 지위가 축소될 가능성도 크다는 점을 예측할 수 있다.

🌀 4차 산업혁명이 행정변화에 미치는 영향

세계적으로 4차 산업혁명이 급격하게 확산되면서 선진 기업들과 정부들이 이러한 변화를 국가경쟁력 확보 차원에서 지원하고 있다. 그러나 한국의 뚜렷한 정책적 움직임들은 시작에 불과하다. 기업 차원에서도 경쟁력있는 기업들이 나타나고 있다고는 볼 수 없다. 이러한 환경에서 4차 산업혁명에 대응하기 위한 국가적 정책 대안들이 긴급하게 절실히 요구되고 있다. 중장기적 관점에서 법 제도화가 필요하다. 최근 정부도 4차 산업혁명에 속도를 내고 있지만, 이것이 '알파고 쇼크'로 지능정보기술에 대한 관심이 급상승하면서 관련 부처도 급기야 정책을 개발하고 협력하고 있는 듯하다. 지난 과거 정부들에서도 이미 2009년 클라우드 컴퓨팅 활성화 계획과 2008년 IT융합 전통산업 발전전략, 국가융합 기술발전 기본계획을 세운 바도 있다. 현재 4차 산업혁명에 대응하는 정부정책과 매우 유사한 성격을 갖고 있었다.

실제 겉모습으로는 4차 산업혁명으로 탈바꿈했지만 과거 정부에서도 서비스산업과 사회 전반의 경쟁력 제고, 신규 서비스 시장창출과 미래성장 동력을 육성하겠다며 녹색융합서비스, 녹색성장전략이 추진되었다. 당시에 내세웠던 대표적 서비스 역시 '화상전화 + 의료^(교육) = 원격진료^(원격교육) 시장'이었다. 그래서 전문가들은 현 정부에서 4차 산업혁명이 공염불로 끝나지 않기 위해 단기적으로는 속도감 있는 실행력도 필요하지만 중장기적 관점에서 법 제도화의 중요성을 지적하기도 한다. IoT를 통해 제조업 생산과정의 자동화와 최적화 시스템을 구축하고 있는 독일의 'Industy 4.0'이나 로봇과 항공우주설비 등 10개 핵심 제조업을 스마트 제조로 전환하고 있는 중국의 '중국 제조 2025^(Made in China 2025)'와 같은 장기적 접근이 필요하다. 프랑스도 지난해 융합기반 산업 혁신 추진전략인 'Industry of the Future', 영국은 2050년까지 장기적 제조업의 변화 방향과 정부 과제를 담은 'Future of Manufacturing'을 발표하기도 했다.

또한 세계 최고 수준의 네트워크 인프라를 갖춘 한국의 경쟁력을 중장기적 핵심

정책 과제로 전 산업 분야에 확장시키는 노력이 필요하다는 지적도 나온다. 5G와 IoT 등을 통해 'ICT 올림픽'으로 규정지은 2018년 평창올림픽을 단순히 세계적 행사를 치르는 것만으로 멈추어서는 안된다는 것이다. KT경제연구소는 지난해 보고서에서 "다가올 미래에는 통신의 역할이 ICT를 넘어 제조업과 전통산업 등에서 경제 재도약을 위한 핵심동력으로 확장될 전망"이라며 "통신이 전통적인 커뮤니케이션과 정보서비스를 넘어 산업과 산업을 연결하고 융합시키는 매개체이자 플랫폼으로 활용될 것"이라고 주장했다. 이광형 KAIST 교수는 "우리에게는 아직 '열두 척'보다 더 많은 것들이 있고 세계 최고 수준의 주력산업과 ICT가 있다."며 "우리에게는 세상을 깜짝 놀라게 한 성과를 달성한 수많은 경험이 있고, 세계 선두에 진입해 있는 주력산업과 ICT 산업을 결합하면 혁신을 일으키지 못할 이유가 없다."고 강조했다. "문재인 대통령 정부의 핵심 아젠다들을 진두지휘하고 있고 알파고 효과로 지능정보기술에 관계 부처가 협력하고 있지만, 장기적으로 정책이 일관성 있게 추진되고 4차 산업혁명을 성공시키기 위해서는 정부정책을 뒷받침할 수 있는 관련 법 제도화가 절실하다.

4차 산업혁명, 교육의 틀도 완전히 바꾸는 패러다임

4차 산업혁명의 성패를 가르는 핵심적인 요소 가운데 하나는 바로 교육혁명이다. 암기식으로 정해진 답을 찾아가고 그걸 서열화하는 교육에서 상상력을 드높이고, 그것을 현실로 구현해 내는 방법을 찾을 수 있도록 지원하는 교육으로 바꾸는 것이 무엇보다 중요하다. 도대체 인터넷에서 한두 번이면 모두 찾을 수 있고 알 수 있는 내용을 굳이 암기하게 하는 교육이 4차 산업혁명시대에 왜 계속되어야 하는지 생각해 보아야 한다. 하지만 어느 누구도 이 거대한 교육혁명을 이끌어내지 못하고 있다. 더욱 더 정확히 말하자면 제대로 문제의식을 갖고 관심을 갖는 것이 필요하다. 그러나 관심을 갖는 사람은 소수에 불과하고 실질적인 교육혁명 제도 변화에는 아무런 영향력도 미치지 못하는 게 현실이다. 그래서 대통령과 정부 그리고 정치권이 책임감을 갖고 주도적으로 나서야 한다. 교육혁명이 미래 대계임을 인식하고 교육

가치를 완전히 바꿔야 한다. 소수의 학생을 제외하고 대부분의 학생에게 도전해 볼 기회를 주지 않는 교육을 개선하지 않는다면, 4차 산업혁명은 공염불에 지나지 않을 수 있다. 지금의 초등학생이 사회에 나올 때는 70%의 직업이 바뀌어 있을 것이라고 예견하고 있기 때문이다.

정부 구조는 4차 산업혁명을 촉발시킬 수 있는 분권형 · 네트워크형 정부구조가 바람직하다. 정부조직 간 칸막이를 없애고 프로세스 중심형 조직으로 재구성하며, 개방형 직위를 확대하고 프로세스 전문가를 육성하는 것을 중심으로 정부조직이 운영되어야 한다. 프로세스 조직은 기존 방식인 기능별 조직에서의 자원배분 및 구성원 성과관리가 기능조직의 리더에게 집중되어 있는 것과는 달리, 프로세스 책임자가 프로세스를 구성하는 기능단위 구성원에 대한 평가와 프로세스별 자원배분을 실시하는 것이다. 프로세스 조직의 구성은 기본적으로 고객의 분류에서부터 시작되며 정부조직 기능을 국민의 문제를 중심으로 재구성해야 한다. 따라서 어떠한 법안을 만들더라도 프로세스의 주체인 주무부서가 명확하게 정의되고, 주무부처가 통제센터가 되며 각 부처 내부에서도 프로세스에 따라 업무를 진행하는 부서들이 연계되어 유기적으로 움직일 수 있도록 해야 한다. 프로세스 중심의 정부조직으로 재구성되면 정부 부처 간 칸막이가 없어지고, 업무효율이 높아지게 되지만 업무수행에 따른 책임을 누가 지느냐의 문제로 혼란이 발생할 가능성도 있기 때문에 책임주체를 명확히 해야 한다.

4차 산업혁명이 교육에 미치는 긍정적·부정적 영향

4차 산업혁명시대에는 정보통신기술(ICT)을 기반으로 한 새로운 형태의 교육이 등장하고 있다. '무크(MOOC)', '칸 아카데미(Khan Academy)' 등의 인터넷 동영상 교육뿐 아니라 강의실이 없는 대학으로 유명한 '미네르바 스쿨(Minerva School)', 메이커 교육, 개별화 교육 등이 대표적인 사례이다. 4차 산업혁명은 교육에 많은 긍정적인 영향을 미칠 것이지만 맹목적으로 4차 산업혁명의 긍정적인 영향만을 고려하여 교육을 진행하다면 많은 부작용이 초래할 수도 있다. 4차 산업의 교육혁명은 빠르게 변화하고 도입되고 있다. 하지만 효율적이고, 효과적으로 도입하기 위해서 4차 산업혁명이 미치는 교육의 긍정적인 모습과 부정적인 모습을 고려하여 도입해야 할 것이다.

첫 번째, 4차 산업혁명이 교육에 미치는 긍정적인 영향으로

① 시간과 공간의 개념이 무너진 교육

최근 스마트폰 대중화, 인터넷 기술의 발전, 교육콘텐츠의 융합으로 인터넷 기반을 통해 언제 어디서나 학습이 가능하다. 또한 먼 거리에 떨어진 두 개의 대학 연구소에서, 하나의 가상현실 공간에서 물리실험을 함께 할 수 있고, 데이터를 수집하고, 실험의 결과를 도출해 내는 등 가상 랩(Virtual Lab) 프로젝트도 추진되고 있다. 그리고 VR과 AR 기술을 활용하여 시공간을 뛰어넘는 교육이 증대될 수 있고, 이로 인해 전통적인 학교의 필요성은 점점 감소할 것이며, 시간과 공간을 뛰어넘는 교육을 통해 보다 효율적이고 효과적인 교육이 증대될 것이다.

② 개인별 맞춤식 교육의 확대

전통적인 교육에서 개별 맞춤식이 어려운 가장 큰 이유는 과밀한 학급당 학생 수의 영향이다. 하지만 앞으로 빅데이터 기반의 미래학교에서는 자신의 속도와 개성, 적성에 맞는 개별 맞춤형 교육이 가능해질 것이다. 그리고 인공지능(AI)의 발달과 다양한 교육콘텐츠 증가로 개인이 본인에 맞는 맞춤교육은 더 확대될 것이다.

③ 다양한 기기를 활용한 교육콘텐츠 증가

가상현실 및 증강현실, 교육 게이미피케이션(Gamification, 게임 스토리, 다양한 미션, 재미 요소를 교육에 접목해 학습을 게임처럼 즐기게 하는 방법) 등으로 효과적인 몰입과 체험 교육도 가능해질 것이다. 가상현실이나 증강현실 기술을 활용할 경우 가상의 세계로 들어가 교육을 학습할 수 있다. 또한 공간과 시간의 한계를 넘어서는 현실감 있는 체험을 원하는 관련 기술과 산업은 더욱 더 발전할 것이고, 최소한 5년 이내에 현실과 가상을 뛰어넘는

다양한 체험교육이 증가하게 될 것이다. 이로 인하여 시간과 공간의 한계를 벗어나 학습 주제에 맞는 효과적이고 효율적인 학습이 가능할 것이다.

④ 융합교육

전통적 학교에서의 수업 방식도 학습 공간의 공유가 활발하게 일어나고, 체험 중심의 학습이 확대될 것이며, 교육 시스템은 상호 연결되어 학문 간 융합이 일어날 것으로 예측되고 있다. 또한 온라인과 오프라인의 학습경험 융합(Blended Learning, 학습 효과를 극대화하기 위해 칵테일처럼 온라인과 오프라인 교육, 그리고 다양한 학습 방법을 혼합하는 것), 교과 간 및 학문 간 융합(Steam Learning), 형식 교육과 비형식 교육의 융합(Crossover Learning), 과학적 논쟁과 맥락 기반 학습(Context-based Learning) 등이 보편화될 것이다.

두 번째, 4차 산업혁명이 교육에 미치는 부정적 영향으로

① 맹목적인 기술의 사용에 따른 학습효율 저하

배움에 있어서도 학습의 목적과 교과 특성을 고려하지 않은 채 최신 기술을 맹목적으로 사용한다면 학습 효율은 오히려 떨어질 것이다. 이런 부작용을 막기 위해서 맹목적인 기술의 사용이 아닌, 본인에 맞는 맞춤형 학습이 가능하도록 교육의 방향성을 맞추어 나가야 할 것이다.

② 교육 본질에 대한 왜곡

배움과 학습도 의무적이 된다면 어떤 첨단 기술도 학생들의 진정한 학습을 유도할 수 없을 것이다. 진정한 학습을 유도하기 위해 학생들에게 맞는 다양한 체험활동과 다양한 경험을 통해 본인에게 잘 맞는 옷을 입혀주어야 할 것이다.

③ 기술발달에 따른 교육의 상업화

일부 업체들에서는 ICT 교육을 통한 돈벌이에 뛰어들고 있다. 대표적인 회사인

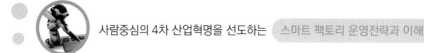

무크(MOOC ; Massive Open Online Course)만 봐도 언뜻 보기엔 저렴한 가격으로 언제 어디서든지 교육을 받을 수 있는 좋은 시스템인 것처럼 보이지만, 운영 주체들의 입장에서는 큰 노력 없이 추가적인 수익을 창출하는 서비스이기도 하다. 즉, 다양한 교육 콘텐츠의 발달은 교육의 상업화를 가져 올 수 있으며, 이로 인해 교육의 빈부격차가 발생 할 수 있다. 하지만 무크(MOOC)는 온라인 대중 공개강좌로 전 세계의 유명 대학의 강의를 무료로 들을 수 있다. 2000년대 초반 인터넷의 급격한 발달과 함께 '지식의 공유'라는 기치를 내걸고 등장했지만, 당시는 크게 주목을 받지 못했다. 그러다 2010년대부터 새로운 교육에 대한 관심이 커지고 하버드, 스탠퍼드, 예일, MIT 등 유수의 대학이 참여하면서 고등교육의 새로운 흐름으로 떠오르고 있다. 무크는 기존의 무료 온라인 강의와 큰 차이점이 있다. 이전의 온라인 강좌는 교수가 강의를 하는 것을 듣기만 하고 끝난다. 일방적 강의로 학습이 이루어지고, 질문에 대한 답변 등과 같은 소통이 불가능했다. 그러나 무크는 온라인을 기반으로 교수와 학생의 상호참여가 가능하다. 온라인 커뮤니티, SNS를 통해 교수와 학생, 조교가 만나 토론, 질의응답, 과제, 퀴즈까지 이루어진다. 강좌를 끝낸 후에는 수료증까지 받을 수 있다. 학점 인정이 되지 않는다는 점을 제외하면 정규 과정과 거의 차이가 없어 보인다. 이미 여러 대학과 연계한 무크 플랫폼이 속속 등장했고, 코세라, 코텍스, 유다시티 등이 대표적인 플랫폼이다. 코세라(https://www.coursera.org/)는 100개가 넘는 대학과 제휴하여 2년 만에 500만 명 이상의 수강생을 배출했다. 최근 미국 곳곳에서는 무크를 정규 학점으로 인정하고자 하는 절차가 진행 중이다. 만약 학점 인정까지 된다면 무크 강좌는 급격하게 늘어날 것이다.

국내에서도 국가평생교육진흥원에서 K-MOOC라는 이름으로, 한국형 무크 서비스를 시작했다. 2015년 10개 대학 27개 강좌를 시작으로, 현재는 70개 대학이 300여 개의 강좌를 운영하고 있다. 고려대, 이화여대, 한양대에서는 제한적으로 케이무크 학점을 인정하고 있고, 정부에서는 기업에서 케이무크 수료증 자격을 인정하도록 논의 중이라고 한다. 이수 결과를 현실적으로 인정받을 수 있다면 무크, 케이무크는 더욱 확대될 것이고, 국내 대학의 등록금도 현재보다 많이 줄어들 수 있다.

그러나 교육계 일부에서는 무크 역시 일시적인 붐이며, 무분별한 온라인 강의가 고등교육의 퇴보를 가져올 수도 있다고 우려하고 있기도 하다.

④ 인성교육 부재로 인한 혼란

사회는 변화하고 있다. 우리는 더 이상 지난날 마을 공동체 같은 곳에서 타인과 관계를 맺지 않는다. 최근 젊은이들은 타인과 관계를 맺기 보다는 학업과 스펙 만들기에 시간을 더 쏟고 있다. 그리고 의사소통 방식도 많이 달라졌다. 직접 만나서 대화하기 보다는 문자, 이메일, SNS 등으로 관계를 맺고 소통하는 사회가 된 것이다. 이로 인해 타인과 협력하고 타인을 배려하는 기술이 부족해 질 것이고, 사회는 인성교육의 부재로 혼란을 초래 할 수도 있다.

스마트 팩토리(Smart Factory) 이해와 실무전략

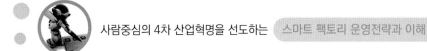

4차 산업혁명으로 불리는 스마트 팩토리(Smart Factory)는 가치사슬과 비즈니스 모델을 변화시키고 있으며 품질개선, 안전한 작업장, 비용절감, 생산성 향상을 통한 경쟁우위를 가져다준다. 즉, 제품설계·개발, 제조 및 유통·물류 등 생산 과정에 디지털 자동화 솔루션이 결합된 정보통신기술(ICT)을 적용하여 생산성 및 품질, 고객만족도를 향상시키는 지능형 생산공장을 말한다. 공장 내 설비와 기계에 사물인터넷(IoT)이 설치되어 공정 데이터가 실시간으로 수집되고 데이터에 기반한 의사결정이 이루어짐으로써 생산성을 극대화할 수 있다. 많은 국가들이 스마트공장 구축과 핵심요소 기술에 열중하고 있고, 최근 스마트공장은 하나의 키워드가 되어 제조 분야에서 전 세계적으로 이슈화되고 있다. 기술과 산업이 융합되는 4차 산업의 시작점인 스마트 팩토리! 스마트공장의 보급과 확산을 위하여 '사물인터넷, 빅데이터 분석, 사이버물리시스템, 스마트센서, 클라우드 컴퓨팅, 3D 프린팅, 에너지절감, 홀로그램'의 8대 핵심요소 기술이 중요하다. 그러나 스마트 팩토리는 최신 IT 트렌드를 포함하는 개념으로 그 중요성 및 파급력에 대해서는 대내외적으로 알려져 있지만, 구체적인 구축전략이나 성공사례가 부족한 실정이다.

처음 인류는 산업혁명 이후 공장은 인간의 노동, 그리고 그 노동력과 관련된 기계를 중요시했다. 그 시대에는 노동력이 생산성과 직접적으로 연결이 되었다고 본 것이다. 하지만 생산성과 기업수익이 한계점에 이르자 다른 방식으로 접근을 지속해왔다. 재고관리 및 경영과학을 통한 문제의 수치, 데이터 분석을 통하여 성장해 왔다. 스마트 팩토리는 기존의 데이터가 모인 정보를 활용할 수 있는 빅데이터(Big Data), 사물인터넷(IoT), 스마트기기, 로봇, 인공지능(AI)을 통하여 각 과정에 필요한 공정끼리의 정보전달을 통해 수치분석과 실제화 그리고 불확실성으로 구성된 공정의 문제점을 빅데이터를 이용해 예측을 가능하게 함으로써 기업의 생산성 증진과 이익 증진을 활성화하도록 만들어주는 미래형 공장이라고 할 수 있다.

01 │ 스마트 팩토리의 개념 및 필요성과 기술 구성

　4차 산업혁명 중심에 스마트 팩토리(Smart Factory)가 있다. 스마트 TV, 스마트 홈, 스마트 그리드와 같이 많은 기술과 개념들이 지능화되고 있는 스마트시대이다. 공장 또한 산업기기와 생산과정이 모두 네트워크로 연결되는 스마트공장으로 진화하면서 전사적 최적화가 달성될 것으로 기대되고 있다. 전 세계적으로 제조업의 부흥과 함께 정보통신기술(ICT)을 활용하고 융합하여 생산효율을 높이고 공장을 혁신시키고 있는 것이다. 이른바 4차 산업혁명의 주역으로 사물인터넷, 빅데이터, 인공지능기술 등이 공장을 업그레이드시키고 있는 것이다. 기술의 융합이 제조업의 혁신을 이끄는 스마트 제조라는 패러다임의 변화가 일어나고 있는 것이다. 스마트 팩토리는 ICT(Information and Communication Technology)와 제조업이 융합하여 산업기기와 생산과정이 모두 네트워크로 연결되고 IoT(Internet of Things), CPS(Cyber-Physical System), 빅데이터, 클라우드 등의 ICT 기술을 통해 기계 간 상호 소통을 통해 생산방식의 전 과정이 자동화 및 정보화되어 공장과 공장을 비롯한 가치사슬 전체가 하나의 공장처럼 실시간 연동 및 통합되는 생산체계이다.

　미국에서는 NNMI(National Networked Manufacturing Innovation) 정책을 발표하고 우주항공, 국방 등의 3D 프린터 산업을 중심으로 스마트 팩토리가 추진되고 있으며, 독일은 SAP, SIEMANS 등 소프트웨어, 정밀기계, 인터넷을 기반으로 하는 모든 제조업과 서비스 분야에서 Industry 4.0이라는 명칭으로 스마트 팩토리가 추진되고 있다. Industry 4.0은 독일의 'High-Tech Strategy 2020 Action Plan'에서 추진하는 전략으로 자동차, 기계 등 제조업에 ICT를 활용하여 모든 생산공정, 조달, 물류, 서비스까지 통합 관리하는 스마트 팩토리 구축을 목표로 하고 있다. 국내는 IoT, 클라우드, 빅데이터 등 ICT 기반 CSF(Connected Smart Factory) 중장기기술 로드맵 수립과 산업혁신 3.0 정책을 기반으로 2020년까지 1만 개 기업에 스마트 팩토리를 보급하는 정책을 추진하고 있다. 대량 제조에 대한 생산성 혁신과 다양한 소비자 요구를 충족시키기 위한 적응적 다품종 소량생산 및 공급 환경 제공이 요구되고 있으며, 이를 위해 기존 제조 공정에 IoT, 빅데이터, 클라우드 컴퓨팅 등과 같은 ICT 기술과의 융합은 필수적인 상황이다. 그러나 ICT 기술들의 이질적 요소들은 시스템 복잡도를 급격히 증가시킬 뿐만 아니라 다양한 종류의 사물이 상호 연결되어 정보를 교류하게 되면서, 제조 현장의 데이터를 구조화할 정보모델, 적합성 및 성능, 상호 운용성을 만족시키기 위해서는 반드시 표준 기반으로 스마트 팩토리 구축이 추진되어야 한다. 정부에서도 이러한 변화에 대응하기 위해 제조혁신 3.0 전략과 함께 대한상공회의소, 중소기업진흥공단, 중소기업한국생산성본부 등과 함께 민관합동으로 '스마트공장추진단'을 설립하여 스마트공장 기술개발, 보급확산, 표준/인증 등의 관련 사업을 총괄하도록 조직화하였고, 삼성·LG(전자), 현대차(자동차), 두산·효성(기계), SKT(통신), LS(전기) 등도 2·3차 협력사 등에 스마트공장 모델 구축을 지원하며 추진하고 있다. 제조공장과 ICT의 성공적 융합을 위해 스마트공장의 개념 정립, 스마트기기와 시스템, 제조공장의 상호호환성 확보를 위한 표준안 개발도 추진하고 있다.

스마트 팩토리의 개념

스마트 팩토리(Smart Factory)는 다양한 제품 개발부터 양산까지 시장 수요 예측 및 모기업의 주문에서부터 완제품 출하까지의 모든 제조관련 과정을 포함한다. 국가기술표준원은 스마트 제조(광의의 스마트공장)와 스마트공장(협의의 자동화에 초점을 맞춘 스마트공장)을 구분하고 있다. 고도화 수준에 따라 5개 단계로 나눌 수 있는데 '협의의 기초단계'에서는 바코드나 RFID로 기초데이터를 수집하고 생산실적을 자동으로 관리한다. '중간수준1'은 설비 정보를 최대한 자동화하며, '중간수준2'는 모기업과 공급사슬 관련 정보 및 엔지니어링 정보를 공유한다. '고도화수준'에 이르면 사물, 서비스, 비즈니스 모듈 간의 실시간 대화체제가 구축되어 기계 스스로 판단하여 생산지시를 하고 제어가 가능한 가상물리시스템 공장이 구현되게 된다.

'광의의 스마트공장'은 생산프로세스의 정보화와 자동화를 넘어 비즈니스 가치사슬 전반에 최적화를 하고 설비 및 생산, 운영을 통합하여 상호 운용성을 지원하며

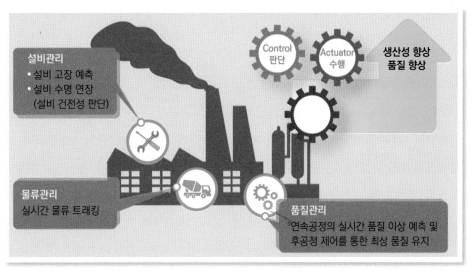

자료 출처 : 기술 서평, 현장 중심형 스마트 팩토리, 4차 산업혁명시대 최강의 무기로 태어나라, 2017.

고객과 소통하는 공장이다. 이러한 스마트 제조 프레임워크 체계에서 스마트공장은 최소의 비용과 시간으로 고객맞춤형 생산을 하고, 생산공정들이 실시간 연동 및 통합되는 생산체계로서 적기생산, 생산성 향상, 에너지절감, 인간중심 작업환경, 개인맞춤형 제조를 가능하게 하는 공장이다. '스마트 제조'는 크게 전방산업, 후방산업, 생산영역으로 구성되며 가치사슬을 연동시키는 수평적 통합과 공장 내 생산체계의 수직적 통합을 이룬다. 정부는 스마트공장을 사물인터넷, 사이버물리시스템을 핵심 기술로 사용하여 소비자맞춤형 다품종 대량생산이 가능한 유연 제조시스템 실현, 생산설비 간 실시간 정보교환, 자동 수발주, 에너지절감, 자동품질검사가 가능한 공장으로 정의하고 있다. 생산(MES), 에너지(EMS), 물류(SCM), 고객서비스(CRM), 제품(PLM)의 IoS(Internet of Service), 스마트 자재가 투입되어 스마트 제품을 생산하는 사이버물리시스템, 그리고 센서, 컨트롤러, 네트워크, 디바이스를 제어하는 사물인터넷으로 구성된다. '스마트공장'은 제조 강국으로서의 체질을 개선하고 국가 경제적 부가가치를 창출한다. 스마트공장은 수요부문의 일자리는 줄어들지만 공급부문 및 간접 연관분야의 일자리는 창출된다. 또한 수요기업은 고숙련, 고임금 쪽으로 일

자리 변화가 일어나고 해외이전 기업의 국내 회귀를 유발하여 신규 일자리가 창출
될 수 있는 것이다.

🔘 스마트 팩토리 등장 배경과 필요성

최근 몇 년간 '4차 산업혁명', '인더스트리(Industry) 4.0' 등이 산업계의 중요한 화두로
떠올랐다. 이와 함께 제조업 부흥 전략으로 '스마트공장'이 강조됐다. 스마트공장은
제품설계부터 유통 및 판매에 이르는 공정 전체 과정에 정보통신기술(ICT)을 접목해
효율적 생산을 하는 지능형 공장을 말한다. 생산 데이터를 실시간으로 수집하고 이
를 분석하고 활용해 생산성과 효율성을 높일 수 있다. 4차 산업혁명은 인더스트리
4.0과 마찬가지로 스마트공장의 개념 역시 독일에서 유래되었다. 독일 인공지능연
구소(DFKI)는 2004년 제조업 자동화시스템에 인터넷을 접목하는 스마트공장 개념을
만들었다. 스마트공장 개념의 탄생 배경에는 독일 산업환경의 변화가 있다. 독일의
숙련 노동자들이 퇴임할 시기가 되면서 이들의 업을 이을 새로운 인력이 필요했다.
하지만 젊은 세대는 힘든 일을 하지 않으려 했고, 세계 제조업 1위 타이틀을 뺏길
위기에 놓인 독일은 새로운 산업체계를 마련해야 했다. 한국생산기술연구원 융합

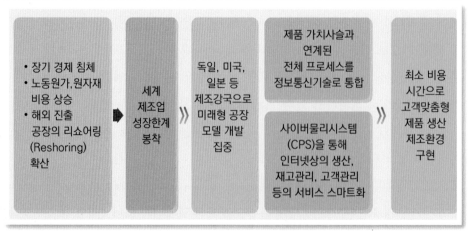

스마트 팩토리 도입 배경

- 장기 경제 침체
- 노동원가, 원자재 비용 상승
- 해외 진출 공장의 리쇼어링(Reshoring) 확산

→ 세계 제조업 성장한계 봉착

독일, 미국, 일본 등 제조강국으로 미래형 공장 모델 개발 집중

제품 가치사슬과 연계된 전체 프로세스를 정보통신기술로 통합

사이버물리시스템(CPS)을 통해 인터넷상의 생산, 재고관리, 고객관리 등의 서비스 스마트화

≫ 최소 비용 시간으로 고객맞춤형 제품 생산 제조환경 구현

자료 출처 : 제4차 산업혁명과 스마트 팩토리(하이투자증권, 2017) 자료 재정리

생산기술연구소 IT융합공정그룹 김보현 박사는 "공장에 새로운 인력을 유입시키기 위해서는 양질의 일자리를 창출해야 한다."며 "독일은 공장을 스마트화해 숙련 노동자들이 지닌 기술을 시스템화하고 자동화를 통해 노동 강도를 낮췄다"고 설명했다.

국내 상황 역시 독일과 크게 다르지 않다. 국내 제조업이 국내총생산(GDP)에서 차지하는 비중은 30% 수준으로 특히 2010년대 들어 크게 높아졌다. 갈수록 제조업이 중요해지는 반면, 제조업에 종사하는 숙련된 기술인력은 공급이 정체되어 있다. 값싼 노동력을 찾아 생산공장이 동남아 등으로 이전하면서 생산활동 규모가 축소되고 있다. 제조업 전반에 새로운 혁신의 계기가 필요한 상황이다.

제조업의 근간이 되어 왔던 생산제조기술은 고도의 엔지니어링 기술을 기반으로 하는 기술 집약도가 높은 고부가가치 산업이며 기계, 재료, 전자, IT, 화학 등의 다양한 기술들이 다학제적으로 융합된 기술로 지난 반세기 동안에 한국의 자동차, 조선, 반도체, 디스플레이 분야 등의 산업발전을 실질적으로 이끌어 온 원동력이었다.

학제(學際)란, 말 그대로 '학문과 학문 사이'를 뜻한다. 이것은 나라와 나라 사이를 '국제'(國際)라고 말하는 것과 동일한 의미이다. 근대 학문이 세분화되고 전문화하면서 크게 발전하게 되었지만, 그 결과로 전문 영역이 지나치게 좁아지게 되었다. 이 때문에 날로 복잡, 다양해지는 현실문제에 대해 도무지 대처하지 못하게 되는 경우가 흔히 발생하게 되었다. 여기에서 나타난 움직임이 바로 학제적(學際的) 접근이다. '학제적(學際的)'이란 전혀 다른 것으로 간주되었던 분야의 학문들이 서로의 연구 성과를 공유하고, 각 분야에 대하여 새로운 시각으로 접근하여 연구하는 경향을 뜻한다. 다시 한 걸음 더 나아가 단순한 학문 간의 협업 관계 정도가 아니라, 인문 · 사회과학과 자연과학 등 학문의 큰 범주를 넘나들고, 미시 · 거시적인 접근을 포괄하여, 총체적인 학문 영역 간 협력 활동까지 등장하였다. 하지만 최근 주요 산업들에서 요구되는 제품들에 대한 기능, 품질, 성능, 환경적 요구 등이 높아짐에 따라 경쟁력을 갖춘 제품 생산을 위한 기술적, 경제적 부담이 증가하고 있고, 국내외적 시장에서는 일본 엔화의 가격 경쟁력에 밀리고 기술적으로는 중국에 추월을 당하는 위기에 빠질 위험성이 점점 커지고 있다. 한국의 생산제조기술은 지금까지는 선진국 추격형으로써 생산구조를 노동집약에서 기술집약, 지식 기반으로 지속적으로 발전시켜 왔으나, 기술적 창의성은 선진국에 비해 상대적으로 부족한 것이 현실이다. 또한 한국 생산제조시스템 산업은 자동차, 반도체, 디스플레이, 모바일 사업과 동반 급성장해오고 있으나 선진국 대비 기술적 열위와 중저가 산업 분야의 경쟁심화 속에 고객들의 변화하는 요구에 효율적으로 대응하는 역할을 충족시키기는 어려운 실정이다. 따라서 한국의 제조업 관련 산업의 경우 글로벌 경쟁심화, 인력난, 수요의 다양화로 인해서 총체적 난국 상태이다. 이러한 위기상황을 타개하고 한국 생산제조기술이 다시 한국의 제조업을 이끄는 선도적인 주역으로 자리매김하고 글로벌 시장을 선도하기 위해서는 생산제조기술 분야에 대한 창조적 미래전략 수립을 통해 창의적이고 체계적인 연구개발을 수행해 나갈 필요성이 크다고 할 것이다.

스마트 통합의 기술

독일 지멘스 PLM 소프트웨어의 최고 디지털 책임자인 헬무스 루드윅(Helmuth Ludwig)은 "스마트 제조의 미래는 오늘날이다."라고 말한다. 또한 "이전의 산업 가치사슬, 제품디자인, 생산계획, 생산기술, 생산수행과 서비스들은 부분적으로 발전해왔다. 오늘날, 새로운 기술은 이러한 기술로부터 흥미로운 방법을 통해 나올 것이다."라고 하였다. 그가 만든 Amberg 공장이 가장 성공적인 것은 제품라이프사이클 관리(PLM), 생산관리시스템(MES), 그리고 산업자동화와 같은 대단히 중요한 제조기술을 통합하였기 때문이라고 이야기한다. "최신 상용항공기, 고효율 자동차 혹은 고성능 골프채를 생산하든 PLM, MES, 산업 자동화기술을 사용하는 것은 제조사가 생산성 증가와 위험을 최소화함으로써 최고의 라인으로 성장하도록 도와줄 것이다. 이러한 시스템의 지렛대 효과에 의해, 성공적인 회사는 지식공유와 다양한 환경에서 예측함으로써 위험의 최소화를 통해 그들의 혁신 주기를 줄이는 것과 그들의 운영방법에 투명성을 얻는 것, 개인의 생산성을 높이는 것에 초점을 맞출 수 있다."고 덧붙였다. 지멘스의 산업자동화 부분 담당자인 Raj Betra는 "좀 더 명확하게 제조업의 미래는 완벽한 시스템을 구축하기 위하여 이러한 기술과 지식 사이의 완벽한 접합점을 찾아내어 함께 사용하는 것"이라고 자신의 견해를 밝혔다. 그리고 제조효율에서 주요한 변화를 이끌기 위해서는 제조사들이 자신들의 모든 최첨단 장비를 함께 이용하는 것이 필요하며 또 다른 비결이 될 수 있다고 이야기한다.

스마트 팩토리의 기술구성

스마트공장이 공장 인터넷, 상호 운영적 통합제조, 유비쿼터스 제조, 디지털 공장, 자동화 및 자율기반 유연 제조시스템 등의 진화와 WSN(Wireless Sensor Network), MES(Manufacturing Execution System), M2M(Machine to Machine), WoT(Web of Things), IIoT, IoF(Internet of Factory Things), CPS 등 기술 패러다임을 상속한 결과로 볼 때, 스마트공장의 최근 기술은 IIoT와 CPS 패러다임이라고 할 수 있다. IIoT(IIoT : Industrial IoT, 산업용 사물인터넷)의 IoT가 사물객체들의 인터넷 기반 연결이고, CPS는 가상과 현실세계 객체의 통합 연결 시스템이라면, 스마트공장은 공장 사물인 센서, 액추에이터, 설비 등 모든 현실세계 객체와 이들 간의 네트워크, 인터넷으로 연결 구성된 가상세계를 제어하고 관리하는 종합 시스템이 된다.

스마트공장 구현의 핵심은 제조 IoT 기술을 기반으로 공장 내 외부 관리자원을 연결하고 제조 및 서비스 최적화를 위한 플랫폼을 구성하는것이다. 플랫폼의 기술구성은 생산 데이터의 실시간 수집, 생산 빅데이터의 분석 및 응용이 기본이다. 생산 데이터의 실시간 수집기술은 수집기기와 미들웨어(middleware, 분산 컴퓨팅 환경에서 서로 다른 기종의 하드웨어나 프로토콜, 통신환경 등을 연결하여, 응용프로그램과 그 프로그램이 운영되는 환경 간에 원만한 통신이 이루어질 수 있게 하는 소프트웨어를 말함)에 의해 수행되며, 빅데이터의 분석 및 응용기술은 공정성능 및 품질변수 검증, 설비신뢰도 분석 및 예측, 시뮬레이션 및 스케줄링 분석을 수반한다. 생산 자원 모니터링 및 분석 등의 통합관리는 플랫폼 OS와 관련모듈들에 의해 수행된다. 스마트공장의 구현기술은 공장자동화, 유연 및 통합 제조시스템, 상호 운영 컴퓨터기반 통합제조시스템(I-CIM), 지능적 제조시스템(IMS), 지능적 다기능 제어 기반의 전자적(e)제조시스템, M2M 자율통신과 지식 기반의 유비쿼터스 제조시스템, 스마트공장 등으로 이어지는 구성기술에서 판단 가능하다. 최근 자율적 지식 습득과 대화를 통한 지능적 제조설비와 인터넷 기반의 통합적 설비관리기술, 실시간 정보기반 통합생산 운영, 지능형 센서 네트워킹 및 모니터링, 재구성 모듈러 시스템, 실시간 자율보정 및 가공 최적화 무인제어기술 등의 논의가 있다. 스마트공장은 기술융합범위에 제한이 없으며 제조 운영관리에서 인터넷, 클라우드, 빅데이터, 모바일기술 등은 선택적이다. 한국의 경우 스마트센서, CPS, 3D 프린팅, 에너지 절감기술과 IoT, 클라우드, 빅데이터, 홀로그램 등의 8개 기술을 스마트 제조의 8대 핵심 기술로 구성하고 있다. 스마트공장의 3대 요소 기술 분야는 '애플리케이션, 디바이스, 플랫폼' 분야이며 그 통합 환경에서 엔지니어링과 제조, 즉 디지털 및 현실 세계의 유기적인 협력과 기술요소의 선별 구성이 중요하다.

국내 과제의 제안요청서(RFP ; Request For Proposal)를 통해 본 스마트공장의 기술요구 분야는 주문맞춤형 유연생산을 위한 공정 최적설계 자동화, 실시간 공정데이터 기반 품질고도화, 대용량 제조데이터 연동 스마트공장 애플리케이션 통합운영, 제조 환경 적응형 데이터 수집 및 처리 시스템과 스마트공장 실증모델, 제조 산업을 위한 개방형 IIoT 스마트공장 플랫폼 및 공장사물 하드웨어의 연결, 스마트공장 보급 및 확산적용을 위한 공통 산업표준 분야 등이 있다. 최신 제조 키워드로 IIoT에 비해 CPS의 언급이 아직 적은 반면, 뿌리기업의 자동화와 첨단화, ICT 융합 스마트공장 보급과 확산 지원 관련 사업은 MES, PLM, SCM 연계 솔루션을 주 대상으로 하고 있어 스마트공장의 맞춤형 기술구성이 요구되고 있다.

🔘 스마트공장 vs 스마트 제조

스마트 제조(smart manufacturing)와 스마트공장(smart factory)의 차이에 대한 용어 정의가 국제 및 국내에서 이루어져 있지 않은 상황이고, 국제적으로 일종의 브랜드와 같이 미래 제조업의 비전을 제시하는 목표로서 활용되고 있다. 따라서 개념적 의미에 대한 설명에 그치고 있기 때문에 두 가지 용어에 대한 설명에 많은 차이가 나지 않고 있다. 반면에 국내에서는 표준화에 대한 시스템적 접근을 위해 표준화 프레임워크와 표준화 로드맵 등을 개발하고 있어서 두 가지 용어에 대한 의미 차이를 구분하고자 하고 있다. '스마트공장'은 제조가 일어나는 장소라는 의미에 중점을 둘 수밖에 없고, '스마트 제조'는 제품이 제조되는 행위에 초점을 두게 된다. 스마트공장에 대해서도 광의의 스마트공장과 협의의 스마트공장 의미가 쓰이고 있다. 아직 국내에서 이들에 대한 합의된 의미 정의가 이루어져 있지 않은 상태이지만, '광의의 스마트공장'은 비즈니스 가치사슬 전반에 최적화를 가능하게 하며, 유연하고 상호 운용성을 지원하는 자동화 지능형 설비, 생산, 운영을 통합하고 개방을 통해 고객과 소통하는 공장으로서 설명하고 있고, '협의의 스마트공장'은 제품의 기획 · 설계, 생산, 품질, 유지보수 등 제조공장에서의 생산 프로세스에 대한 정보화 및 생산시스템의 자동화를 실현하는 공장으로 설명하고 있다.

국가기술표준원에서 개발하고 있는 "스마트 제조 표준화 프레임워크"에서는 스마트 제조와 스마트공장을 구분하고 있는데, 여기서의 스마트 제조는 광의의 스마트공장과 같은 뜻이고, 스마트공장은 협의의 스마트공장을 뜻한다. 스마트 제조 표준화 프레임워크에서 스마트 제조분야의 개념 모델은 하나의 도메인, 하나의 애플리케이션 또는 서비스에 한정되지 않는다. 개념 모델은 스마트 제조분야에서 다루어야 되는 폭넓고 다양한 비즈니스와 서비스를 포함하며, 비즈니스 사업자 및 시장 고객의 요구사항을 충족하기 위한 다양한 기능을 포함하고 있다. '스마트제조표준화 프레임워크'의 스마트 제조는 크게 전방산업, 후방산업, 생산에 대한 세 가지 영역으로 구성된다.

스마트공장으로 원부자재 및 에너지를 공급하는 후방산업 주체들과 생산된 제품에 대해 재활용과 폐기를 포함하여 운송, 물류, 유통, 판매 채널을 통해 시장으로 공급하여 최종 소비자에게 이르기까지 연관되는 전방산업 주체들이 있고, 기업이 생산을 운영하고 있는 것이다. 생산기업들은 세부적으로 '스마트공장, 경영, 연구개발'세 가지 구성으로 이루어진다. 공정설비들과 작업자들을 통해 실제 제품제조가 일어나는 공장이 있고, 소비시장과 직접 소통을 하는 경영이 있고, 연구개발은 경영과는 속성이 다르며 제조현장과는 분리된 형태로 구성될 수 있다.

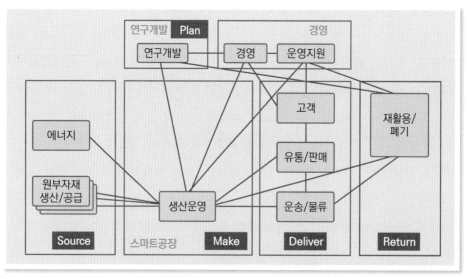

자료 출처 : 국가기술표준원에서 개발하고 있는 "스마트 제조 표준화 프레임워크"

'스마트 제조'에 대한 각각의 구성요소들 내에는 공통된 속성의 기능을 수행하는 기능 도메인들이 존재한다. 후방산업에서는 원부자재를 공급하는 주체들로 이루어진 '원부자재 생산/공급' 도메인이 있고, 이들 자체는 또 하나의 스마트 제조체계를 구성한다. 또한 '에너지' 도메인이 존재하여 공장운영에 필요한 에너지를 공급하는 역할을 맡는다. 생산기업의 경영영역에는 직접적 경영역할을 수행하는 '경영' 도메인이 있고 보안, 안전, 법적규제 대응 등 안정적 경영활동과 제품생산을 지원하는 '운영지원' 도메인이 있다. 생산기업의 연구개발 영역에는 '연구개발' 도메인이 있어, 제품 개발을 수행하는 데에 필요한 세부 역할들을 모두 아우르게 된다.

'스마트공장' 영역은 제품생산과 직접 관련된 수행 사항들을 모두 포괄하는 '생산운영' 도메인이 있다. 공장으로부터 출하된 제품은 전방산업 영역으로 진행되는데, '운송과 물류' 도메인을 통해 시장에 공급되고, '유통과 판매' 도메인을 통해 소비자에게 공급되며, '고객' 도메인은 제품을 사용하면서 활용에 대한 피드백이 경영의 '운영지원' 도메인으로 전달된다.

활용이 끝난 폐품은 '재활용/폐기' 도메인을 구성하여 폐기 과정 또는 재사용과 재활용을 거쳐 '생산운영' 도메인으로 환원되어 생산의 재료로 쓰이게 된다. 이러한 개념적 구성을 바탕으로 스마트 제조는 그림 "스마트 제조 표준화 프레임워크"과 같이 고객에게 다가가는 제조 전방산업과 원부자재를 공급하는 후방산업의 가치사슬을 연동시키는 수평통합과 공장의 생산체계에 대한 수직통합을 통해 소비자 맞춤형 개인화 제조를 지원하고 소비자 요구에 빠르게 반응할 수 있도록 동적 및 적응적 제조가 제공되는 생산체제로서 설명할 수 있다. 따라서 스마트 제조는 같은 가치사슬을 이루는 전체 제조 생태계의 지능화를 아우르는 광의의 개념이고, 그 속에서 제조공정, 공장의 효율화 및 지능화를 도모하는 것이 스마트공장의 개념이라고 할 수 있다.

이러한 개념적 정의를 바탕으로 "스마트 제조 표준화 프레임워크" 체제에서의 스마트공장은 제조와 공정관리, 유지보수, 재활용과 폐기 등 제품 생산에 초점을 맞추어 최소 비용과 시간으로 고객맞춤형 제품생산을 하고, 제품생산공정들이 실시간 연동 및 통합되는 생산체제로서 시장 변화 적응적 적기 생산, 생산성 향상, 에너지절감, 인간중심 작업환경, 개인맞춤형 제조를 가능하게 하는 공장이라고 정의할 수 있다. 그러나 이러한 용어 설명에 있어 생산과 제조의 의미와 "스마트 제조 표준화 프레임워크"에서의 스마트 제조는 의미상 서로 부합되지 않는 문제가 있다. 이와 같이 현재 국내에서는 핵심 용어들에 대해 공통된 의미 정의가 미진한 상황이며, 공통 용어 정의에 대한 KS 표준안이 현재 개발 중에 있고, 향후 로드맵과 프레임워크에 대한 보완작업이 진행될 예정이어서 이러한 표준 대응과정을 통해 완료될 것으로 보인다.

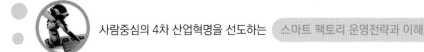

02 | 국내외 스마트 팩토리 기술 동향과 표준화 동향

기술의 동향(trend of technology)

스마트 팩토리의 경우 다양한 소비자 요구에 부응하기 위해서 다음과 같은 요소들은 필수적이다. 먼저 생산조건 변화, 재고 위치 변경과의 같은 생산관련 변화를 감지하는 기능이 필요하며 이러한 감지된 생산현황 관련 변화에 대해서 자율적으로 판단해서 적절하게 조치가 이루어지도록 하는 제어관련 기능이 필수적이다. 마지막으로 결정된 조치 방안에 대해서 생산공정을 변화시킬 수 있는 기능이 유기적으로 연결되어야만 스마트 팩토리가 적절하게 운영될 수 있다. 그렇지만 한국의 경우 그동안 관련 기능들에 연구가 개별적으로만 이루어져 이러한 기능들을 유기적으로 결합시키는 관련 원천기술이 부족한 실정이다. 그동안 취해왔던 선진국 추격형 전략은 Bench Marking에 의해 특허를 피하기 위한 형상 및 구조 변경을 한 후 실험을 통한 시행착오(trial error)에 의해 품질 기준치를 만드는 방식이었다. 따라서 기술적인 측면의 개선에 의해 제품 및 공정이 개발되지 않고 필요에 의한 즉흥적 대응으로 이루어져 체계적이고 논리적인 지식 및 기술부족 때문에 선진국과의 기술개발 격차를 줄이지 못했다. 이는 기초연구 분야의 개발능력 부족의 문제라기보다 국내 대부분의 중견 및 중·소기업들이 즉흥적인 형식으로 제품을 개발해 온 측면이 없지 않았다. 특히, 독일 및 일본 등 제조 선진국들은 제조업의 경쟁력은 생산성 및 품질 향상에 의존한다고 믿고 이들을 위한 전략과 방법론 등 기술개발에 치중하고 있다. 즉, 고임금 및 고비용을 상쇄할 수 있는 방안들을 개발하여 혁신역량을 갖추어 추격하고자 하는 후발주자들을 압도하면서 격차를 지속적으로 유지하겠다는 야심찬 계획이다. 그러한 계획 중에 하나인 독일의 인더스트리 4.0은 제조업에 정보통신기술(ICT)을 적용하여 모든 생산기계·공정·물류·서비스 시스템을 통합 관리하는 새로운 산업 생산시스템이며 사물인터넷(IoT) 기술 활용이 기본이 된 것이다. 이를 기반으로 해서 스마트 팩토리에 대한 보급을 추진하고 있는 것이다.

미국 연방정부에서는 제조업 부흥의 확산 전개를 목표로 첨단 제조(Advanced Manufacturing) 혹은 스마트 제조(Smart Manufacturing)라 일컬어지는 제조업의 하이테크화를 위한 연구개발(R&D) 예산확충 및 프로그램 시행을 적극적으로 추진해 왔다. 구체적으로 백악관에서는 첨단 제조 파트너십(Advanced Manufacturing Partnership) 프로그램을 재가동하고, 관련 연구기관을 45개로 확대하였다. 스마트 팩토리와 관련 있는 첨단제조 기술 컨소시엄 프로그램(Advanced Manufacturing Technology Consortia Program) 및 미국 표준기술 연구소의 제조 확대 파트너십(Manufacturing Extension Partnership) 프로그램의 연구개발 예산은 갈수록 증가하였다. 또한 스마트 팩토리라 일컬어지는 혁신적인 제조 환경변화에 적극적으로 대응하기 위하여 미국의 제조관련 연구개발 프로그램은 사물인터넷, 빅데이터, 데이터 애널리틱스(analytics, 빅데이터를 분석하는 기술 전반을 가리킴), 시스템 통합, 지속 가능 생산 및 적층 가공 등을 주요 핵심 기술 개발과제로 초점을 두고 있다.

🔵 표준화 동향(trend of standardization)

ISO와 IEC(International Electronical Committee, 국제전기표준회의) 기구에서의 스마트공장 관련 표준화 활동은 주로 제조현장에서 활용되는 산업데이터와 제조현장에 설치되는 산업기기 및 시스템 등 표준 간 상호 운용성 확보에 초점을 두고 있다. 우선 IEC의 국제표준화 활동을 간략하게 살펴보면 IEC의 표준화관리이사회는 스마트 제조의 국제표준 제정을 위한 방향설정을 위하여 2014년 6월부터 인더스트리 4.0-스마트 매뉴팩처링 전략그룹(SG 8 : Industry 4.0-Smart Manufacturing)을 구성하여 운영하기 시작하였다. 본 그룹은 2014년 11월(Singapore)부터 2015년 10월(Sao Paulo)까지 미국, 독일, 스웨덴, 일본, 중국, 프랑스, 영국, 브라질 등 9개국이 참여하여 3차례에 걸친 표준화 회의를 진행하였다. 다음으로 IEC TC 65에서는 공장 제어 및 자동화 설비에서 디바이스와 통신망 그리고 시스템과 관련된 모든 표준을 다루고 있는데 대개 스마트공장 구성요소들 간의 상호 운용성을 보장하기 위한 기술표준 제정을 목적으로 한다.

다음으로 ISO의 국제표준화 활동을 간략하게 살펴보면 스마트공장과 관련해서는 산업자동화 및 통합을 담당하는 ISO TC 184에서 담당하고 있다. ISO TC 184는 산업자동화 시스템 영역과 제품 및 관련 서비스의 설계, 구매, 제조 및 배달, 지원, 유지 보수 및 폐기에 대한 통합 표준화를 수행하고 있다. 이외에도 최근 개최된 IEC(국제전기표준회의) 산하 전략그룹 SG 8(스마트제조 부문 담당) 제3차 회의(2015년)에서는 독일이 중심이 되어 정의한 스마트 제조 표준 참조 구조모델인 RAMI 4.0(Reference Architecture Model Industry 4.0) 모델과 스마트공장 관련 기존 ISO / IEC 국제표준과의 매칭 작업이 추진되고 있다. 이러한 작업은 향후 본격화되어 스마트공장 요소 기술별로 국제적 수준의 표준화 로드맵이 제시되고 있다.

🌐 한국의 표준화 추진 전략

스마트공장 표준화 추진전략은 국가기술표준원에서 스마트공장 구축 및 운용의 용이성을 강화하여 민간 자율적 스마트공장 확산 촉진을 꾀하고, 제조현장 수요자 중심의 표준화 체계를 확립하고자 2015년 7월 발표한 전략으로 주요 내용으로는

- 스마트공장 인식확산을 위한 국가표준 개발
- 스마트공장 표준정보 격차해소를 통한 수요자-공급자 간 정보 불균형 해소
- 스마트공장 표준활용 지원체계 구축
- 스마트공장 표준기술력 향상 기반조성
- 스마트공장 표준화 추진체계 확립

등을 담고 있다. 스마트공장 표준화 로드맵은 기업의 중간관리자 이상의 이해당사자를 대상으로 하여 스마트공장 관련 표준화의 이해도 증진, 활용 및 확산을 목표로 구축하였다. 이는 독일 인더스트리 4.0 표준화 로드맵과 미국 NIST 스마트 그리드 표준화 로드맵을 참고하되, 국내 공장 환경에 맞는 표준화 로드맵 구성을 위해 필요한 9대 표준화 항목을 도출하고, 기 구축한 스마트공장 라이브러리의 표준들 중에서 9대 항목에 포함되는 대표적 표준을 선정하여 표준의 주요 내용과 활용현황, 향후 국내 대응방향 등을 기술하였다. 이러한 표준화 로드맵 작업을 통해 기

업 중간관리자 이상이 전반적인 스마트공장의 표준화 구성요소를 이해할 수 있도록 돕고 향후 기업의 표준화 전략 수립에 이정표가 되도록 하는 것이 목적이다. 특히 공정모델 20대 표준화 주요 기술 후보 제목과 기술요약을 그간 산업부 스마트공장 및 미래부 커넥티드 스마트 팩토리 R&D 기술을 기반으로 다음과 같이 도출했다.

- 소비자 맞춤형 가상제조 지원과 제조공정 간 연동 제어 기술

소비자 요구의 다양성과 변화에 따라 제품을 설계하여 가상제조를 통해 조기 검증하도록 하고 실제 제조공정과 연동하여 최적 제조 조건을 적용하는 기술

- 실시간 생산정보 기반 4M1E 데이터 분석 및 제어 기술

제조현장의 공정 상황들에 대해 가진 4M1E 정보들을 실시간으로 획득하여 빅데이터 기술을 활용한 정보 분석을 거쳐 KPI 성과 향상을 위한 공정 제어 기술

- 제품 설계정보 기반 동적 생산계획 및 스케줄링 기술

제품의 제조에 앞서 제품 설계정보를 기반으로 제품의 제조계획을 수립하는 과정이 필요하며, 다양한 업종의 제조 공정에서 활용 가능한 표준화된 제품 생산계획 수립절차, 그리고 제품의 제조를 위한 각 단계에서 제품의 제조 공정에 영향을 주는 요소들(legal factor, political factor, economic factor, risk factor, technological factor 등)을 고려하여 제품의 생산을 최적화할 수 있는 제품 제조 공정 설정 기술

- 고객 주문형(mass customization) 제조 공정 서비스화 기술

범용적인 제조 설비에서 고객 주문형 다품종 제품 제조를 서비스 형태로 제공하기 위해 제품 설계, 제조 공정 구성 및 운영 등을 포함하는 서비스 기술

- 고객 맞춤형 공정설계 기술

고객(고객사)의 다양한 제품(부품) 수요에 유연하게 대응하고 설계-생산으로 신속하게 연계할 수 있도록 맞춤형 공정 · 운영 최적화 기술

- 실시간 데이터 연계 공정-레이아웃-라인 밸런싱 통합설계 기술

고객 맞춤형 공정설계 자동화 기술을 바탕으로 레이아웃, 라인 밸런싱까지 통합설계하는 플랫폼 구성

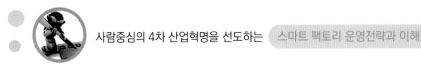

- 수직통합 및 수평통합을 위한 생산 관리 시스템 통합 연동 기술

공장의 생산 및 제조 과정을 체계화된 정보 연계를 통해 수직적 통합 연동 환경을 만들고, 생태계 가치사슬 전체에 대한 유기적 정보 연계 체계를 통해 수평적 통합 연동 환경을 만드는 기술

- 스마트공장 통합 운영 및 상호 운용성 지원 서비스 기술

공장 내 다양한 생산지원 시스템들(예: MES, ERP, PDM, PLM 등)이 유기적 통합 운영이 가능하도록 상호 운용성을 지원하는 기술

- 클라우드 기반 IoS(Internet of Service) 기술

스마트 제조, 스마트 에너지 관리, 공급망 관리, 경영·고객관리 등 다양한 서비스를 클라우드 환경에서 통합 제공하는 기술

- 실시간 데이터 기반 출하 후 예측 기반 품질 및 제품 관리 기술

제품에 부착된 스마트태그 등을 통한 데이터 획득을 통해 제품 출하 후에 제품 상태, 활용 등을 파악하고 제품에 대한 유지보수, 사후 지원 등 제품을 관리함으로써 대규모의 품질 리콜과 설비 이상에 의한 라인 중단에 사전 대응하는 기술

- 설비 상태 기반 품질 예측 및 공정 설비 운영과 피드백 제어 기술

공정 설비 상태를 추적 관리할 수 있도록 하여 상태 변화에 따른 품질 수준을 예측하여 유지보수와 설비 운영을 사전 대응하도록 하여 품질 및 생산성을 향상시키는 기술

- 가상/증강현실 기반 공정 데이터 연계형 작업자 지원 기술

스마트공장에서 작업하는 작업자가 보다 효율적으로 편리하게 작업할 수 있도록 공정 데이터를 가상/증강현실 기반으로 연계해주는 기술

- 작업자 이상, 유해 상황 감지 및 사전 대응 기술

작업자가 공장 내 위험·불편 상황에 처하지 않고 편안하고 효율적인 작업환경에서 일할 수 있도록 유해상황을 감지하여 사전 경보하거나 작업자의 상태 변화를 감지하는 안전 확보 기술

- 가치사슬 연계 물류흐름 추적 관리 및 공급망 리스크 관리 기술

가치사슬 전체에서 실시간으로 자재·부품·제품 흐름을 추적 관리하고 실물-시

스템을 일치시킬 수 있도록 지능형 유통·조달 물류 기술 및 실시간 데이터 분석을 바탕으로 한 공급망 리스크 대처 기술

● 실시간 데이터 기반 지능형 창고운영 기술

원부자재, 재고, 및 물류창고에 대해 실시간 현황 정보 및 생산지원 시스템 연동을 통해 적정 창고 운영 수준을 유지하는 기술

● 공장 4M1E 모델링 및 공정 시뮬레이션 기술

실제 공장의 구성 및 운영 요소들을 모델링하여 공정 운영 및 변경에 대한 시뮬레이션 기술

● 설비 자산 건전성 통합 관리 및 설비 보전 지식화 기술

설비 상태에 대한 실시간 데이터를 바탕으로 설비고장을 진단하고 유지보수하는 보전기술과 이를 보전계획으로 연계하는 운영기술을 통합하여 설비 건전성을 관리하고 지식화하는 기술

● 생산 프로세스 마이닝 기술

스마트공장 공정상에서 쌓인 대용량 실적 로그 데이터를 기반으로 프로세스 모델을 자동으로 도출함으로써, 작업에 대한 이해를 돕고, 병목 공정 등의 문제점 발견, 미래 공정 결과 예측 등에 활용하는 기술

● 제조설비의 공정 프로파일과 유틸리티 공급 시스템의 동기화를 통한 에너지절감 기술

공장 내 제조설비는 공정 프로파일에 따라 부하의 증/감이 발생하고 있어, 설비에 공급되는 유틸리티의 유입량을 공정 프로파일과 동기화함으로써 에너지를 절약하는 기술

● 공장 신재생에너지 생산, 분산 에너지 자원 관리 및 최대 수요 관리 기술

신에너지(연료전지, 석탄액화가스화 및 중질잔사유 가스화, 수소에너지)와 재생에너지(태양광, 태양열, 바이오, 풍력, 수력, 해양, 폐기물, 지열)를 다수 활용 및 관리하여 종합적 에너지효율을 높이고, 또한 전력 사용에 대한 계절별, 월별, 시간대별 수요 관리하는 기술

03 스마트 팩토리 제조생산 업무의 기능별 변화 모델

글로벌 선진국 및 기업들은 제조현장의 스마트화를 국가 및 산업 경쟁력 확보의 핵심 기반 기술로 인식하고 있다. 새로운 가치 및 수익창출의 원동력으로 삼고 이에 대한 전략을 수립하고 있다. 우리 정부도 '제조현장의 스마트화'와 '스마트공장 공급 산업 육성'을 2-트랙으로 진행하고 있다. 스마트공장의 확산은 제조 강국으로의 체질 개선과 경제적 부가가치 향상, 노동생산성 향상, 양질의 일자리를 가져온다는 점에서 그 중요성이 높다. 그러나 국내 제조업의 공동화 현상은 중소기업이 심각하다. 열악한 제조환경과 구인난, 자동화 미약으로 생산성이 저하되고 있다. 제조업체는 그 관리 구조 및 공정, 영업, 물류 등의 프로세스가 유사함에도 불구하고 관리체계가 통합되지 않고 표준화되지 않아, 비용 절감이 어렵고 수요기업 및 공급기업 간 연계성도 매우 부족한 편이다. 이에 스마트공장을 통하여 제조업을 고도화하고 경제 활성화와 전후방산업의 고용창출을 기해야 할 것이다. 스마트공장을 구현하기 위한 핵심 기술에 대한 개발과 선진국 대비 기술격차를 극복하고 표준화에 선점해야 한다. 또한 스마트공장의 보급 확산을 위해서는 중소기업을 대상으로 한 교육 및 모델 공장 구축이 시급하다. 중소기업들은 우선적으로 생산실적집계, 생산관리, 제품검사 부분을 스마트화하고 있으며 고용 증가, 매출액 증가, 영업이익 증가라는 성과를 가져온 걸로 나타났다. 따라서 스마트 팩토리 생산업무 기능별 진화모델의 분류 사항과 필요성을 이해해야 한다.

🎯 경영(management)

경영의 경우에 종합적인 회사의 운영 현황에 대해 실시간 접근 여부와 의사결정을 위하여 정제된 정보의 제공 수준으로 분류하였다. 경영 영역의 고도화는 B2B보다는 B2C 기업이 필요할 것으로 예상되며, 특히 협력업체와의 정보 공유 및 협업이 필요한 기업을 주요 대상으로 고려할 수 있다. 소량다품종 제품을 생산하는 기업의 경우에 더욱 효과적으로 활용할 수 있는 진화 모델이다. 스마트공장으로의 고도화를 위해 기술 솔루션 도입이 불가능한 소규모 기업의 경우에는 현장자동화를 통한 생산 정보화에 주력하고, 별도의 소규모 의사결정 지원시스템을 구축하는 것이 적절한 방향이라 할 수 있다.

🎯 마케팅 및 영업(marketing and sales)

마케팅 및 영업 기능의 경우에 시장 분석, 소비자 및 제품 동향 등의 정보를 획득하여 연관 기능(연구개발, 생산, 품질 등)과의 관련 정보를 공유하는 수준으로 분류하였다. 마케팅 및 영업 기능의 고도화가 필요한 기업은 최종 소비자용 제품을 제조하는 기업으로 파악되었으며, 규모에 관계없이 관련 기업의 경우 고도화를 통하여 최종 소비자들의 Needs가 제품 개발에 반영될 수 있는 체계로의 고도화가 필요하다.

🎯 연구개발(research and development)

연구개발의 경우에 도면 작성을 위하여 사용되는 솔루션의 기능 수준과 연관 기능(마케팅, 생산, 품질, 클레임 등)과의 협업 정도로 분류하였다. 특히, 연구개발의 경우에 신기술의 접목이 빠른 산업군과 제품 개발에 긴 시간이 요구되는 기업들이 고도화에 적합하고, 규모와는 관계없이 초정밀 제품을 생산하거나 제품을 구성하는 부품 수가 많은 기업의 경우에도 고도화가 필요하다. 또한 연관 기능과의 협업이 많이 요구되는 기업도 고도화 대상으로 파악할 수 있다.

🎯 구매 및 조달(purchasing & procurement)

구매 및 조달의 경우에 생산에 필요한 원·부자재 협력사와의 정보 공유 정도로 수준을 분류하였다. 이 분야의 주요 고도화 대상기업의 특징은 제품을 구성하는 원·부자재의 종류가 많거나 소요되는 물량이 많은 대상으로 파악된다. 또한, 협력사에서도 추가 기술개발 작업이 요구되고, 개발기간이 오래 소요되는 부품을 발주하는 기업도 고도화가 필요하다.

생산 및 생산관리(production & production management)

생산관리의 경우에 작업 지시, 생산실적 집계의 자동화 수준과 생산계획 수립 시 반영되는 관련 기능(영업, 연구개발, 구매 및 조달, 설비, 품질, 안전 및 보건환경 등)과의 정보공유 수준으로 분류하였다. 생산관리 업무 기능은 업종 및 규모에 관계없이 모든 기업이 고도화 대상으로 파악할 수 있다. 또한 제품의 유형에 따라서 최적의 생산관리 기법이 서로 다르기 때문에 이를 고려한 고도화 수준 정의가 필요하다. 즉, 이에 대해서는 기업별로 자체적인 고도화 추진 전략을 고려할 필요가 있는 것이다.

생산 및 제조공정(production & production process)

제조공정의 경우에 스마트공장으로의 진입을 위하여 가장 중요한 부분으로서 현장에 설치되어 있는 센서, 장비, 설비의 기술 수준으로 분류하였다. 제조공정의 경우에도 비즈니스 형태 및 규모, 생산 특성에 관계없이 고도화가 필요한 영역으로 파악된다. 이 영역에서의 고도화가 스마트공장을 위한 인프라 구축의 척도로 사용될 수 있다.

생산 및 원·부자재 관리(production & raw materials management)

원·부자재 관리의 경우에 제조공정으로의 투입과 자재관리 수준으로 분류하였다. 이 영역의 경우에도 비즈니스 형태 및 규모, 생산 특성과 관계없이 고도화해야 하는 대상으로 파악되었으며, 원·부자재의 수불을 통하여 비용 절감을 도모하고, 공정 중단을 미연에 방지할 수 있도록 고도화 방향을 수립하여야 한다.

생산 및 재고관리(production & inventory control)

재고관리의 경우에 최종 제품의 실적 집계와 영업정보와 연계된 재고관리 수준으로 분류하였다. 이 영역의 경우에도 비즈니스 형태 및 규모, 생산 특성과 관계없이 고도화하여야 하는 영역으로 파악되었으며, 영업 쪽의 수주 및 납품계획에 따른 제품 재고관리가 필요하다.

품질관리(quality control)

품질의 경우에 불량률, 품질관리 수준과 연관 기능(구매 및 조달, 생산, 설비, 클레임 등)과의 정보공유 수준으로 분류하였다. 이 영역의 경우에도 비즈니스 형태 및 규모, 생산 특성과 관계없이 고도화하여야 하는 대상이다. 품질불량에 따른 클레임 등의 정보가 접수되었을 때 이를 연관 기능과의 정보공유를 통하여 불량률을 개선하거나 해당 불량품을 추적하여 선제적으로 소비자에게 공지하는 방향으로 고도화하는 것이 필요하다.

설비관리(plant engineering)

설비의 경우에 설비보전 방식과 생산계획과의 최적화 여부를 수준으로 분류하였다. 이 영역의 경우에도 비즈니스 형태 및 규모, 생산 특성과 관계없이 고도화하여야 하는 대상이다. 특히 신규 IoT 기술의 접목을 통하여 가장 고도화가 빠르게 진행될 수 있는 영역으로서 설비 자체의 진단 및 설비 간 통신을 통한 정보공유, 그리고 의사결정 수준까지 고도화될 가능성이 높은 영역이다.

안전 및 보건, 환경관리(safety & health care, environmental management)

안전 및 보건, 환경의 경우에 생산현장에서 각 영역별로 관리되고 있는 수준과 미래에 개발될 다양한 유형의 센서활용 정도 수준으로 분류하였다. 이 영역의 경우에도 비즈니스 형태 및 규모, 생산 특성과 관계없이 고도화하여야 하는 대상이다. 다양한 유형의 센서 개발 및 가상화 기반의 작업 환경 도입에 따라 열악한 작업환경으로부터 작업자의 안전을 확보하는 방향으로 고도화가 진행될 수 있다.

고객 서비스(customer service)

고객 서비스의 경우에 고객불만의 접수 및 처리 수준과 연관 기능(영업, R&D, 생산, 품질 등)과의 정보공유수준으로 분류해야 한다.

04 | 스마트 팩토리를 위한 4차 산업혁명 핵심 주요기술

4차 산업혁명의 화두는 초연결, 초지능, 융복합이다. 4차 산업혁명이 산업 간의 융복합 기술혁신을 통해 서서히 전개되고 있다. 스마트 홈, 스마트공장, 스마트 팩토리 등이 등장했다. 인공지능(AI), 사물인터넷(IoT), 차세대 통신기술(5G), 로봇, 블록체인, 드론, 3D 프린터, 빅데이터, 무인 운송수단, 바이오 공학, 신소재, 공유경제, VR/AR 등이 미래의 먹거리 4차 산업혁명의 핵심 주요 기술로 떠오르고 있다. 4차 산업혁명의 키워드는 융복합이다. 스마트 홈, 스마트 마트, 스마트 팜 등 대부분의 산업과 서비스에 일정 부분 적용되고 있으며, 향후 더 빠른 속도로 다방면에서 활용될 것이다.

🔵 인공지능(AI) 기술

최초로 인공지능이란 말을 쓴 것은 1956년 미국 다트머스 콘퍼런스에서였다. 이 학회는 인공지능 연구의 선두주자인 마빈 민스키, 존 매카시, 클로드 섀넌, 네이선 로체스터가 개최했으며, "학습의 모든 면 또는 지능의 다른 모든 특성으로 기계를 정밀하게 기술할 수 있고, 이를 시뮬레이션할 수 있다."라는 주장을 하며 시작되었다. 이때 AI, 즉 인공지능(Artificial Intelligence)이라는 말을 처음 사용했으며 본격적으로 인공지능 연구가 시작되었다. 인공지능은 1940년대부터 과학자들 간 회자되다가 1950년 앨런 튜링(Alan Turing)이라는 과학자의 논문에서부터 본격적으로 연구가 되기 시작했다. 인공지능의 주요 기술은 패턴인식, 자연어 처리, 자동제어, 가상현실 등이 있으며, 이 기술이 이업종 기업 간 융합을 통해 파괴적인 혁신을 만들어 낸다. 애플 아이폰에 기본 탑재된 시리(Siri) 역시 음성인식을 기반으로 한 인공지능 기술이다. 인공신경망은 최근 들어 '딥러닝(deep learning, 컴퓨터가 사람처럼 생각하고 배울 수 있도록 하는 기술을 뜻함)'네트워크로 발전했다. 딥러닝의 장점은 빠른 속도의 고성능 컴퓨터들을 연결해 방대한 양의 데이터를 학습시킬 수 있다는 데 있다. 딥러닝은 이미지 분류나 외국어 번역, 스팸 메일 분류 등 유형화된 데이터에서 탁월한 성능을 보여주고 있다. 고전적 인공지능이 두 손을 든 문제도 초보적인 수준의 인공신경망은 거뜬히 풀어낸다. 그런데도 몇 가지 한계는 있다. 예를 들어, 학습 데이터가 충분치 않을 때 인공신경망은 좋은 실력을 보여주지 못하는 기술적 한계도 있다.

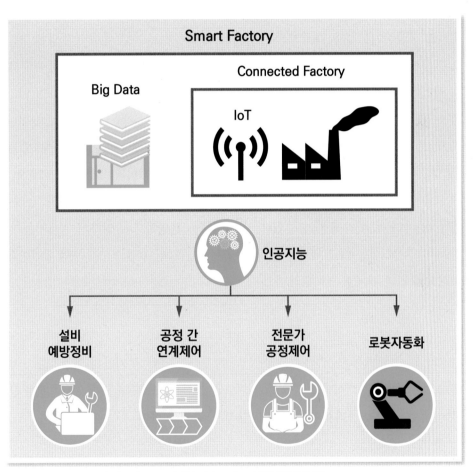

자료 출처 : 스마트 팩토리 인공지능으로 날개를 달다, 포스코 경영연구원(2017)

빅데이터(Big Data) 기술

3차 산업혁명시대에 정보통신기술(ICT)의 발달로 누적되는 데이터의 수는 이전과는 비교도 할 수 없을 정도로 서버(server)에 저장되고 있다. 4차 산업혁명시대에는 수

많은 데이터를 단순히 처리할 수 있는 기술을 뛰어넘어 대량의 정형 및 비정형 데이터들을 가공하여 가치 있는 새로운 데이터를 추출하고 분석하는 기술이 필요하다. 이러한 기술이 바로 '빅데이터'이다. 빅데이터는 이미 광범위하게 활용되고 있으며, 앞으로도 관련 서비스들의 활용 분야 및 성장가능성은 무궁무진하다고 할 수 있다. 디지털 환경에서 생성되는 다양한 형태의 데이터를 의미하며 그 규모가 방대하고 생성주기도 짧은 대규모의 데이터를 의미하며, 증가한 데이터의 양을 바탕으로 사람들의 행동패턴 등을 분석 및 예측할 수 있고, 이를 산업현장에 활용할 경우 시스템의 최적화 및 효율화 등이 가능하다. 빅데이터는 PC와 인터넷, 모바일기기 보급률이 높아지고, 이용이 생활화되면서 데이터 양은 기하급수적으로 늘어나고 있다. 매일 전 세계에서 250경 바이트 데이터가 생성되고, 현존하는 전 세계 데이터의 90%는 최근 2년 내에 생성되었다. 2020년경에는 데이터 생성속도가 2009년에 44배에 육박할 예정이라는 것이다. 또한 기업이 보유하고 있는 데이터의 규모는 매 1.2년마다 두 배씩 증가하고 있다. 빅데이터를 운영하고 관리하기 위해서는 기존 데이터 처리와는 다른 새로운 방식이 필요하다. 그리고 웹과 SNS 등의 비정형데이터의 수집과 관계형 데이터베이스^(RDBMS, Relational Data Base Management System)가 아닌 고속의 CAP이론^{(3가지 특성 중 2가지만 보장 가능하며 3가지를 모두 충족할 수 없다는 이론으로서) ① 일관성(Consistency) : 모든 노드가 같은 시간에 같은 데이터를 본다. ② 가용성(Availability) : 일부 노드가 다운 되어도 다른 노드에 영향이 없다. ③ 부분결함 허용(Partition Tolerance) : 일부 메시지 손실보다 시스템의 정상작동이 중요하다)} 기반의 저장소를 구축해야 하며, 대용량 데이터를 분석하기 위한 다양한 솔루션^[(인메모리(In-memory)] 컴퓨팅, DW^(data warehouse) 어플라이언스 등을 도입 및 구축해야 한다.

🔵 사물인터넷(IoT ; Internet of Things)

사물인터넷은 정보통신기술 기반으로 모든 사물을 연결해 사람과 사물, 사물과 사물 간에 정보를 교류하고 상호 소통하는 지능형 인프라 및 서비스 기술을 말한다. 사물인터넷이라는 용어는 1999년 MIT의 오토아이디센터^(Auto ID Center)의 케빈 애시턴이 RFID^(무선인식, Radio Frequency Identification)와 센서 등을 활용하여 사물에 탑재된 인터넷이 발달할 것이라 예측한 데서 비롯되었다. 각종 사물에 센서와 통신 기능을 내장하여 인터넷에 연결하는 기술로 기존에는 인터넷으로 사람과 사람만이 연결되어 정보공유의 대상도 사람에게만 한정되어 있었지만, 사물인터넷 기술로 인해 사람뿐 아니라 사물까지도 모든 정보를 주고받을 수 있다. IoT의 기술에는 크게 센싱기술, 유무선 통신 및 네트워크 인프라 기술, IoT 서비스 인터페이스 기술, 배터리 기술(Battery Technology) 등이 대표적으로 꼽힌다. 사물인터넷의 기술 발전을 통해 향후 커넥티드카(connected car), 의료기술과의 융합, 스마트 팩토리, 스마트 홈 등의 구축에 더 효율적으로 활용이 가능해질 것이다.

클라우드 컴퓨팅(Cloud Computing) 기술

'클라우드 컴퓨팅(Cloud Computing, 정보처리를 자신의 컴퓨터가 아닌 인터넷으로 연결된 다른 컴퓨터로 처리하는 기술을 말함)' 기술은 클라우드 서비스를 활용한 기술 혹은 업그레이드 버전으로 사용자가 필요한 소프트웨어를 자신의 컴퓨터에 설치하지 않고도 인터넷 접속을 통해 언제든 사용할 수 있고 동시에 각종 정보통신기기로 데이터를 손쉽게 공유할 수 있는 사용 환경이다. 1965년 '클라우드 컴퓨팅'이 개념적으로 살짝 드러난 후, 그로부터 40여년이 지나서야 '클라우드 컴퓨팅'이라는 용어가 점차 사용되기 시작하였다. 2006년 본격적으로 '클라우드 컴퓨팅'이라는 용어가 사용되었다. 클라우드는 빅데이터 시대에 데이터를 효과적으로 관리하여 능동적인 비즈니스 혜택을 창출하도록 해주는 기술이다. 클라우드 컴퓨팅 기술의 가장 큰 가치 중 하나는 '가상화'로 초기 투자비용 및 유지보수비용이 적게 들고 시스템의 자원을 유연하게 늘리거나 줄일 수 있는 장점이 있다. 또한 IoT 기반 기술로 수집한 정보들을 빅데이터를 통해 분석할 수 있는 공간이며, 하나의 인프라가 된다는 점에서 4차 산업혁명시대의 중심 역할을 하게 될 것이다. 컴퓨터의 역사를 간단히 살펴보면,

- 주판(기원전 2,000년 전) : 덧셈, 뺄셈 등을 계산하기 위해 사용된 첫 번째 도구. 주판 알을 움직여 계산했다.

- 파스칼 계산기(1642년) : 프랑스의 수학자 파스칼이 만든 세계 최초의 기계식 계산기. 덧셈과 뺄셈이 가능했다.
- 트랜지스색더(1957년) : 트랜지스터로 더 많은 계산을 할 수 있게 됐다. 더 적은 양의 전기를 사용하며 컴퓨터가 차지하는 공간도 줄어들었다.
- 마이크로칩(1958년) : 미국의 물리학자 잭 킬비에 의해 개발됐다. 작은 트랜지스터를 연결해 마이크로칩을 만들어 컴퓨터의 크기는 더욱 작아졌다.
- 재규어 XT5(2010년) : 1초에 1천 조 가량의 계산을 할 수 있는 세계에서 가장 빠른 기후 연구용 컴퓨터
- 클라우드 컴퓨팅(2010년 이후) : 클라우드(Cloud)는 구름, 컴퓨팅(Computing)은 컴퓨터로 계산(측정)하다는 뜻이다. 구름 속 보이지 않는 공간에 컴퓨터를 잔뜩 갖다 놓고, 그 속에서 계산을 하는 시스템으로 이해하면 쉽다.

3D 프린팅(Three Dimensional Printing) 기술

3D 프린터는 3D 디자인 소프트웨어로 제작된 3차원 설계도로 실제 물건을 만들어 출력하는 프린터다. 기존 프린터가 PC에 있는 문서를 바탕으로 그림이나 글자를 종이에 인쇄하듯이, 3D 프린터는 3차원 도면을 바탕으로 플라스틱이나 금속을 녹여 그릇·신발·장난감과 같은 입체적 물건을 만들어낸다. 3D 프린팅의 원리는 간단히 수학의 '미분'과 '적분' 개념이다. 입체 형태로 생긴 물건을 '미분' 하듯 매우 얇게 도려낸 후, 이 조각들을 '적분' 하듯 바닥부터 꼭대기까지 쌓아올리는 것이다. 좀 더 자세히 알아보면 일단 CAD, 3D 스캐너 등 컴퓨터 그래픽 설계 프로그램을 통해 물체의 모양을 3차원 형태로 모델링하는 작업을 진행한다. 원하는 물건을 3차원 입체모델로 만드는 것이다. 제조업계가 3D 프린팅을 주목하는 이유 중 하나는 3D 프린팅의 제작 방식이 맞춤형 다품종 소량생산에 적합하기 때문이다. 3D 프린터의 기술이 보편화되면 누구나 크리에이터(Creator)가 된다. 개인은 디자이너에게 3D 모델링을 의뢰하고, 아이디어나 3D 모델링의 설계도를 사고파는 시장이 형성될 것이다. 그리고 제품 생산 주체가 다양해지고, 제조방식과 유통에 있어서도 개인과 소

규모 제조사들의 비중이 커질 것이다. 3D 프린터 기술이 발달하면 향후 개인에 맞는 인공뼈를 제작하거나 인공세포를 통해 인공장기 등 제작이 가능하며 여러 분야에 활용이 가능할 것이다

드론(Drone) 기술

20세기 초반 등장한 드론은 처음엔 군사용 무인항공기로 개발됐다. '드론(drone)'이란 영어 단어는 원래 "벌이 내는 웅웅거리는 소리"를 뜻하는데, 작은 항공기가 소리를 내며 날아다니는 모습을 보고 이러한 이름을 붙였다. '드론'이란 단어가 처음 등장한 것은 1930년대다. 방산전문가 Steven Zaloga의 주장에 따르면 대공포 사격용 연습물체로 개발된 DH 82B Queen Bee(여왕벌)에서 비슷한 단어인 드론이란 단어가 유래되었다고 한다. 드론 기술의 발달을 통해 앞으로 먼 섬지역이나 배달이 어려운 산골지역에 여러 가지 필요 물품을 손쉽게 배달할 수 있게 된다. 또한 화재 진압이나 인명 구조 시 사람이 투입되기 어려운 곳에 투입되어 사람의 역할을 대신하게 될 것이다.

나노(Nano) 기술

나노(nano)란 10^{-9}(10억분의 1)배의 뜻을 가진 접두어로 기호는 n, 1956년 9월에 리스본에서 열렸던 제14회 국제 순수 및 응용화학 연합회(IUPAC)와 제2회 분석 화학 국제 회의에서는 단위명의 접두어로서 12가지를 결정하였다. 나노는 그중의 하나이다. 즉, 1나노미터(nm)는 1×10^{-9}m를 의미하는 것이다. 나노는 난쟁이를 뜻하는 고대 그리스어 나노스(nanos)에서 유래되었으며, 1나노미터(nm)는 머리카락 굵기의 약 8만분의 1, 수소원자 10개를 나란히 늘어놓은 정도에 해당한다. 이와 같이 나노 기술이란 1nm 내지 100nm 단위의 크기를 가지는 물질을 조작하고 제어하는 기술이다. 또한 다른 기술분야, 특히 IT(Information Technology), BT(Bio Technology), ET(Environment Technology), ST(Space Technology) 등의 신기술 영역과 다양한 공유영역을 가지며, 21세기 과학기술의 핵심으로 주목받고 있다.

　　나노 기술 개발은 2001년 미국 클린턴 대통령이 연두교서에서 나노 기술을 차세대 경쟁력 확보를 위한 핵심 기술로 선언하고, 국가 차원에서 개발을 추진하겠다고 발표하면서 본격적으로 추진됐다. 이후 나노 기술은 전자, 재료, 의약, 에너지 등의 기술 분야에 응용됨에 따라, 선진 각국은 나노 기술의 큰 잠재력과 파급력을 인정하여 나노 기술을 국가 핵심 기술로 선정하고 기초기술과 연구 기반 구축에 적극적으로 투자하고 있다. 요즘엔 원자를 줄세워서 글자를 적는 등의 기술도 가능해짐에 따라 이 기술에 대한 관심도도 높아졌다.

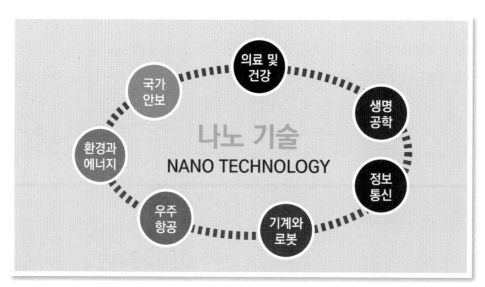

자료 참조 : 국가나노기술정책센터, 2014.

⚙ CPS(가상물리시스템) 기술

　　CPS(Cyber Physical System, 가상물리시스템)는 실제 물리세계와 그 위에서 진행되는 다양하고 복잡한 프로세스들과 정보들을, 인터넷을 통해 데이터에 접근 및 처리하는 서비스 기반으로 사이버세계에 밀접하게 연결시켜 주는 컴퓨터 기반 구성요소 및 시스템을 말하며, 스마트공장 CPS는 지능화 된 '상황인지', '판단(의사결정)', '수행'을 통하여 제조현장의 설비 간 네트워크에서부터 설계, 운영에 관련된 최적화된 의사결정을 통합하여 지원한다. 특히 공장 차원의 CPS 적용을 위해서는 데이터 애널리틱스 (analytics)를 통해 물리적 세계(제조현장)과 동기화된 사이버 모델, 즉 '디지털 트윈(digital twin)' 이 구축 활용된다. CPS의 구축과 실현을 위해서는 계층별로 다양한 기술들이 융합 되어야 하며, 그중 가장 핵심적 요소들에는 클라우드 기반 상호 운용 아키텍처, IoT 기반 스마트센서 네트워크 데이터 수집 및 처리, 산업 데이터 애널리틱스를 통한 수 집데이터의 정제와 분석, 실시간 가상화(real-time virtualization)를 통한 사이버모델 자동구 축, 머신 러닝(machine learning) 등 최적화된 의사결정방법 통합 적용 등이 있다.

　한국과학기술기획평가원(KISTEP)과 한국산업기술평가관리원(KEIT)이 주요 20개 4차 산업혁명 기반 기술 수준을 분석한 결과 미국을 100점으로 봤을 때 한국의 기반 기 술 점수는 79.6점에 불과하다. 빅데이터, 인공지능(AI) 등 한국의 4차 산업혁명 기반 기술 경쟁력이 중국과 비교해 우위에 있지만, 주요 선진국들에는 크게 뒤처져 있다.

4차 산업혁명 기반 기술 경쟁력

	한국	EU	일본	중국
빅데이터	77.9	88.9	87.7	66.4
인공지능	70.5	86.8	81.9	66.1
사물인터넷	80.9	85.9	82.9	70.6
가상현실	83.3	94.8	91.7	73.3
유전자 치료	79.0	91.0	89.7	72.8
스마트 그리드	90.3	94.6	93.5	70.7
3D 프린팅	78.8	88.0	85.1	72.0
스마트카	78.8	98.9	95.3	58.4
20개 기술 평균	79.6	91.4	85.7	69.4

미국을 100으로 봤을 때 상대적 기술 수준.
국가별 평균은 20개 기반 기술 기준.
자료 참조 : 산업연구원, 한국과학기술기획평가원, 산업기술평가관리원.

유럽연합(EU)은 91.4점, 일본은 85.7점, 중국은 69.4점으로 제시됐다. 부문별로 한국의 빅데이터 기술 수준은 77.9점에 머물렀다. 중국(66.4점)보다는 높지만 EU(88.9점)나 일본(87.7점)보다 훨씬 낮다. 이미 다양한 산업에 빅데이터가 접목돼 새로운 서비스와 제품이 출시되고 있는 상황이다. 그럼에도 한국의 빅데이터 경쟁력은 주요 국가에 비해 크게 떨어져 있다는 뜻이다. 한국의 AI 기술 역시 마찬가지다. 미국 기술 수준을 100점으로 봤을 때 한국은 70.5점밖에 안 된다. EU와 일본이 각각 86.8점과 81.9점, 중국이 66.1점이다. 생물 의약품(70.7점), 나노 센서 소자(76.5점), 바이오 인공장비 개발(75.5점) 등도 미흡하다.

05　스마트 팩토리 성공을 위한 BPR

BPR이란 치열해져가는 경영환경에서 경쟁우위를 확보하기 위해 업무처리방식의 재설계(Business Process Redesign)와 정보기술(Information Technology)을 결합해 획기적인 경영성과지표상의 상승효과를 이룩하기 위한 경영혁신기법을 의미한다. 기업은 경영혁신을 통해 빠르게 변화하는 환경에 적응하고 새로운 도전을 해야 한다. 경영혁신의 수단으로 BPR을 사용한다. BPR이란 기업 경영내용이나 경영과정 전반을 분석하여 경영목표달성에 가장 적합하도록 재설계하고, 그 설계에 따라 기업형태, 사업내용, 스마트 팩토리, 사업 분야 등을 재구성하는 것을 말한다.

BPR은 ERP나 SCM 등을 구축하는 과정에서 반드시 병행되어야 한다. 이러한 점에서 BPR은 정보기술 및 조직혁신과 밀접한 관계를 갖고 있다.

◎ BPR의 기본 개념

"비즈니스 리엔지니어링이란 비용, 품질, 서비스, 속도와 같은 핵심적인 경영성과 지표들의 비약적인 향상을 이룩하기 위해 사업활동(Business Process)을 근본적이고 급진적으로 재설계하는 것"이라고 정의한다.

BPR이란 Business Process Reengineering 혹은 Redesign의 약어로 1990년 미국에서 처음 개념화된 혁신기법이다. IBM을 비롯 미국을 대표하는 거대한 기업들이 쇠퇴하면서 제조업의 생산성이 일본에 뒤처지게 되자 이의 만회를 위한 혁신적인 경쟁력 제고의 방안으로 도입하게 되었다. 이 기법 적용으로 기업들의 생산성이 크게 향상되면서 실효성을 인정받아 일본과 유럽으로 확산되었다. 한마디로 경영세계의 혁명이었던 것이다. 치열해지는 경영환경에서 경쟁우위를 확보하기 위해 업무처리방식의 재설계와 정보기술을 결합해 획기적으로 경영성과의 상승을 이룩하기 위한 경영혁신기법이다. 즉, 기존의 기업 가치관과 경영의 모든 원칙을 지워버리고 혹은 부숴버리고, 비즈니스 과정의 과감한 재구성을 통해 보다 적은 투자와 적은 노력, 적은 인원으로 생산성과 품질, 서비스와 속도에 혁신을 가져오는 경영의 총체적인 재창조과정이다. 업무재설계(BPR)는 기업 또는 핵심적인 업무 프로세스에 대한 근본적인 사고의 전환과 급진적인 재설계(redesign)를 내포하고 있다. 즉, 핵심적인 프로세스를 고객 지향적으로 최적화하며, 효율성을 제고하여 기존의 것과는 완전히 새로운 구조를 정립하는 것이다.

고객만족과 효율성의 부족은 무엇보다도 전문화과정에서 발생되는 소위 '연계성 문제'에 기인한다. BPR은 분산된 업무들을 다시 '자연적인' 순서로 배열하여 연계할 필요 없이 통합된 과정으로 결합한다. 그 과정은 규모에 따라 한 구성원이나 기존 해당 부서의 구성원으로 형성된 '프로세스 팀'에게 부여된다. 그들은 자기 책임 하에서 필요한 권한을 가지고 업무를 수행하며, 새로운 성과 및 정보구조는 자율통제방식을 뒷받침한다. 여기서 중요한 것은 정보의 연계성이다. 즉, 업무재설계를 위해 도입된 프로세스 지향적인 소프트웨어를 기반으로 한 정보기술은 모든 정보의 접근을 가능하게 한다. 그렇게 함으로써 고객에게 한층 다가설 수 있으며, 고객을 만족시킬 수 있다. 오류에 대한 책임을 귀속시킴으로써 품질에 대한 인식을 높여주며, 업무수행 시간은 동의절차를 축소하거나 회의를 없앰으로써 단축시킨다.

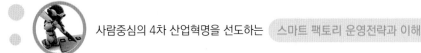
고객은 유능하고 해박한 지식을 가진 상담원을 맞이하게 된다. 구성원들은 보다 다양한 일, 팀 내 결정사항 등 자신의 직무에 있어서 엄청난 변화를 느끼게 된다. 이를 위해서는 상이한 업무처리 중요도와 프로세스의 이해, 안목 등이 필요하게 된다.

관리자 또는 '상급자'는 서비스 제공자가 된다. 즉, 그는 업무를 배분하거나 통제하는 것이 아니라, 팀 업무의 자율성과 효율성을 위한 여건을 조성하게 된다. 다시 말하면 자원의 보장, 팀 구성원의 지원, 목표설정의 합의도출, 목표달성의 검증 및 대내외 교류 등 제반 여건을 조성하는 사람이 된다.

팀의 자율성과 '위로부터의' 동의절차 축소는 계층구조(hierarchy)를 평탄하게 하며, 조직을 유연하게 한다. 특정 관리체계(평가, 장려, 보상 등)는 새로운 구조를 뒷받침하게 된다. 이와 같은 정착을 위해서는 모든 조직 구성원의 인식 또한 바뀌어야 한다. 고객지향적인 사고는 각 구성원들이 정확성, 신속성, 품질 등을 중요시여기며 고객을 만족시키려고 하는 경우에만 나타난다. '팀'은 각 구성원들이 그와 같이 느끼고 행동하는 경우에 비로소 하나의 집단을 형성하게 된다. 업무재설계는 머리로부터의 근본적인 변화를 필요로 한다. 그러한 정신적인 변화를 실현하는 것이 성공적인 업무재설계 프로그램의 비밀이다. 관련 프로젝트의 약 80%가 정신적인 변화를 가져오지 못한 결과 참여자들의(중간관리자를 포함) 저항감을 불러일으켜 실패하고 있다. 새로운 구조의 외적인 모습은 성공요소가 되지 못한다. 중요한 것은 각 참여자가 그러한 변화에 동참해야 한다는 것이다. 업무재설계는 그와 같은 저항감에 대처하는 여러 대안을 제시하고 있다. 업무재설계 시작단계에서 모든 참여자는 업무재설계를 추진하는 관리자로부터 광범위한 정보를 받는다. 왜냐하면 관리자만이 그에 대해서 통찰할 수 있으며, 권한을 소유하고 있기 때문이다.

◉ BPR의 기본원칙과 5가지 특징

BPR의 특징에 앞서 BPR의 기본원칙은 크게 업무의 통합화, 분산자원의 중앙집권적 관리 병렬형식의 업무처리로 나눠 볼 수 있다. 첫째, 업무의 통합화는 과업의 분업화와 전문화, 세분화, 조직화가 아닌 통합을 목적으로 하는 것으로 주기시간 단축 및 환경 변화에 대한 신속한 대응을 가능하게 하는 것을 말한다. 둘째, 분산자원의 중앙집권적 관리는 분산된 자원을 중앙관리를 함으로써 자원의 효율적인 활용 및 관리비용의 절감을 가져 올 수 있다. 셋째, 병렬형식의 업무처리는 순차적인 기능들 사이의 연결을 강화시키고, 필요 시 기능들을 동시에 처리하여 업무시간을 크게 단축시키는 효과기대 가능성이 존재하는 것을 말한다. 이와 같이 기본원칙을 이해하고, BPR의 특징을 자세히 살펴보면 5가지로 구분할 수 있다.

① 업무프로세스(Business Process) 리엔지니어링의 결과로 조직은 여러 개의 작업들이 하나의 작업으로 통합 라인 작업자들의 의사결정 수행. 확인 및 통제업무의 축소, 조정업무의 최소화, 프로세스의 유연성 확보 등의 변화를 얻을 수 있다.

② 본질적인 재고(Fundamental Rethinking) 리엔지니어링은 아무런 가정이나 당연한 사실이 없이 '무'에서 시작된다. 종전의 업무방식이나 사고방식에 매달리지 않아야 한다. 예를 들어, "우리가 어떻게 고객의 신용확인을 할 것인가"라는 질문에는 고객의 신용확인이 반드시 이루어져야 한다는 것을 전제로 하고 있다. 그러나 많은 경우 신용확인에 드는 비용이 신용확인을 안 했을 경우와 결과가 같다면 신용확인 자체를 생략하는 것이 더 효율적인 업무프로세스가 되는 것이다. 즉, 업무프로세스에 있어 비용-편익(cost-benefit)의 측면을 항상 고려해야 한다.

③ 근원적인 재설계(Radical Redesign) 리엔지니어링은 기존의 체제에서 단순히 개선하는 것이 아니라 과거의 것을 모두 버리고 무에서부터 새롭게 출발하는 것이다. 리엔지니어링은 향상, 개선 또는 수정이 아니며 파괴적인 경영혁신의 측면에서 이해해야 할 것이다.

④ 급진적인 향상(Dramatic Improvement) 리엔지니어링의 목적은 약간의 개선이 아닌, 생산성의 급격한 향상에 있다. 즉, 리엔지니어링은 10~20%의 점진적인 개선이 아니라 50~100%의 향상을 꾀하는 것이며, 이를 위해서는 기존의 생산성향상

방법론으로는 부족하고, 리엔지니어링과 같이 일하는 방식을 근본적으로 바꾸어 주는 이론이 필요하다.

⑤ 새로운 평가지표로서 4차 산업혁명시대의 경영환경에서 경쟁력을 강화하기 위해서는 어떠한 점들이 고려되어야 하는가? 그중 중요한 것이 고객서비스를 통한 고객만족이다. 고객만족 운동은 가장 기본적인 것이지만 그 이념적 중요성만 강조할 뿐이고, 그 운동의 범위도 주로 대고객 부서에만 제한되어 있을 뿐 실제적이고 구체적인 평가척도를 개발하여 실질적으로 고객을 위한 전체 프로세스의 개선으로 연결되지 않고 있다. 경쟁력을 향상시키기 위해서는 대고객 부서의 서비스 향상만으로는 부족하며 고객의 취향에 맞는 제품의 개발 및 생산성 향상, 품질향상, 납품시간 단축, 고객의 요구사항 처리과정의 간소화 등을 리엔지니어링을 통해 이루어 나가야 하며, 종래의 구태의연한 숫자놀음의 평가기준이 아니라 이러한 점을 반영하는 척도를 사용해야 한다.

⊙ BPR 추진 방법론

마이클 해머(Michael Hammer)의 추진 방법론을 살펴보면,

① 리엔지니어링의 준비

리엔지니어링의 기본원리에 대해 조직구성원들에게 교육을 실시한다.

② 리엔지니어링 추진 조직 구성

리더, 프로세스 리더, 리엔지니어링 팀, 조정위원회를 구성한다.

③ 핵심 프로세스의 열거

프로세스의 현상태 및 혁신이유를 명백히 기술한 상태분석 자료를 통해 핵심 프로세스를 열거한다.

④ 프로세스의 선정 및 실행 우선순위 결정

장애(Dysfunction), 중요도(Importance), 가능성(Feasibility)의 세 가지 기준평점을 통해 프로세스를 선정하고 수행 우선순위를 결정한다.

⑤ 비전 설정

기업내의 구성원들에게 전달되는 리엔지니어링의 필요성에 관한 메시지를 명확히 설정한다.

⑥ 프로세스의 이해

고객의 입장에서 인터뷰 기법이나 팀 구성원이 직접 업무를 수행해 보는 방법을 통해 기존 프로세스를 이해한다.

⑦ 프로세스의 재설계

창의적이고 혁신적인 아이디어 창출과 정보기술(IT)을 활용하여 프로세스를 재설계한다.

⑧ 프로세스의 운영

변화에 대한 저항을 줄이고 문제점을 관찰하면서 재설계된 프로세스를 운영한다.

리엔지니어링은 품질향상, 전사적 품질관리(TQM)나 다른 현대적인 품질관리 운동의 선언과 동일하지 않다. 분명 품질향상 프로그램과 리엔지니어링은 꽤 많은 주제를 공유한다. 이들은 모두 프로세스의 고객의 요구로부터 출발하여 거기에서부터 거꾸로 일을 해 간다고 볼 수 있다. 기본적으로 리엔지니어링은 애덤 스미스가 산업시대의 패러다임에 내재한 가정들, 예컨대 노동의 분업, 규모의 경제, 계층적 통제, 그리고 경제발전 초기의 다른 모든 산물들을 부정한다. 리엔지니어링은 일을 조직화하는 새로운 모형을 찾는 것이다. 결국 리엔지니어링은 기존의 관념을 탈피하고 새롭게 시작하는 것이라 할 수 있다.

BPR의 성공 요인

BPR은 본질적으로 정보흐름의 측면에서 프로젝트를 계획, 유지, 종료하기 위한 시스템이 적용되는 가치공학으로서 각 기능별 비즈니스 프로세스를 mapping, 가치가 낮은 기능을 식별, 원가절감, 현재의 프로세스보다 새롭고 비용이 적은 프로세스 개발이 관건이 된다. BPR은 반드시 변화를 가져온다. 그 변화의 범위는 업무처리, 업무처리 지원정책, 조직, 문화, 인원배치 등의 모든 부문을 포함한다. 부작용을 최소화하고 성공적인 추진을 위해 BPR을 도입하려는 기업은 다음의 3가지 성공요소를 고려해야 할 것이다.

첫 번째, 최고경영자의 적극적 의지이다. 비즈니스 BPR의 추진은 여러 부서에 걸쳐진 프로세스를 대상으로 하기 때문에 의사결정권자의 적극적인 참여와 조정능력이 절대적으로 필요하다.

두 번째, 전사적인 공감대 형성이다. 구시대적인 업무절차와 의식으로는 범세계적인 경쟁세계에서 낙오할 것이라는 절박한 공감대가 형성되어 있지 않으면 BPR의 성공은 보장받기 힘들다.

회사명	대상 프로세스	전	후
Bell Atlantic	장거리 고속통신망 연결	30일	3일
Ford	외상매입	500명	125명
IBM Credit	신용대출	6~14일	4시간
MBL	보험청약, 증서발급	5~25일	4시간
Motorola	주문접수, 생산, 포장	1개월	2시간
Otis Elevator	애프터서비스 접수처리	18%	24%
Xerox	주문처리	33일	6일
Xerox	신제품 개발	2년	6개월
삼성생명	보험청약, 증권발급	16일	6일

세 번째, 추진 주체의 올바른 구성이다. BPR이 정보기술을 기반으로 시행된다고 해서 정보시스템 부서를 주축으로 시행해서는 안 된다. BPR은 대상 프로세스에 관련 부서를 주축으로 경영혁신 추진조직을 구성하여 추진하되, 그 멤버의 일부로서 정보시스템 부서장을 포함시키는 것이 바람직하다. BPR의 대표적인 성공사례를 살펴보면 앞 도표와 같다.

🔘 스마트 팩토리 성공을 위한 준비활동

BPR은 1990년에 소개된 후로 유행병처럼 짧은 기간 동안 치솟았으나 21세가 접어 들면서 그 열기는 다소 가라앉았다고 할 수 있다. 하지만 BPR과 프로세스 혁신의 개념은 지속적으로 발전할 것이다. 스마트 팩토리, ERP, SCM을 구축하는 과정에서는 업무재구축이 이루어져야 하는 만큼 업무혁신 없이는 정보기술 도입의 한계가 있을 것이다. 즉, 다른 정보기술 활용을 위한 필요조건이라고 할 수 있다. 그리고 프로세스의 개념이 더욱 확장되어 프로세스 간의 통합도 이루어져야 한다. 또한 인터넷을 기반으로 한 리엔지니어링이 필요하다. 인터넷을 이용하여 리엔지니어링의 효과를 높이고, 정보기술의 미흡으로 완성할 수 없었던 리엔지니어링을 보완해야 한다. BPR은 매우 효력이 높은 약과도 같다. 하지만 그에 따른 부작용도 심각하므로 도입시기와 스마트 팩토리를 위한 업무와의 연계성 등을 판단하는 것도 중요하다. 조직구성원들이 의사결정을 할 때 매우 신중하고 정확한 분석을 통해 BPR 도입을 결정해야 한다는 것이다. 이에 대한 비용도 만만치 않다. 하지만 스마트 팩토리와 경영혁신의 성공을 위해서는 과감한 실행을 위한 혁신의 당위성을 인지하고, 체계적이고 계획적인 추진을 위한 준비활동이 무엇보다 중요하다는 것을 간과해서는 안 될 것이다.

06 | 스마트 팩토리 성공을 위한 MES

MES^(제조실행시스템, Manufacturing Execution System)는 생산현장의 실시간 모니터링, 제어, 물류 및 작업내역 추적관리, 상태파악, 불량관리 등에 초점을 맞춘 현장시스템이다. MES는 제품의 생산현황·실적·진도 등 각종 자원을 효율적으로 활용할 수 있도록 관리하며, 기술정보 수집 및 분석, 생산계획, 물류반송제어, 장비자동운영 등의 지능화된 자동화 기능을 제공한다. 그리고 조직 내의 목표를 달성할 수 있도록 제품 주문, 생산, 운영 및 실행에 이르기까지 공장의 전반적인 정보를 제공하는 시스템이다.

제조기업의 경쟁력 제고와 생산성 향상을 위하여 자동화시스템 구축과 함께 보다 신속하고 정확한 생산현장의 정보수집과 제공이 필요하며, 제조공정에서의 불량률을 줄이고 균일한 품질의 제품을 생산하기 위하여 품질관리기법의 활용과 공정의 자동화가 절실히 필요한 실정이다. 이러한 문제점을 개선하기위하여 요즘 제조기업들이 생산시점관리^(POP ; Point of Production)시스템이나 MES^(제조실행시스템)를 활용하고 있다. MES^(제조실행시스템)는 주문의 시작에서부터 최종 제품에 이르기까지 생산활동에 가장 효과적으로 활용할 수 있는 정보를 제공한다. 또한 현재의 정확한 실시간 데이터를 사용하여 데이터가 발생할 때마다 생산현장의 활동을 지시하고 대응하며 보고한다. 변화되는 조건에 대한 신속한 대응으로 비생산적인 활동을 감소시킬 뿐만 아니라 생산현장의 작업과 공정을 효과적으로 운영할 수 있게 해준다. 중소기업에서도 기업경쟁력 강화와 원가절감이라는 기업의 영원한 과제를 풀어 나가기 위해 생산시점관리인 POP 시스템 도입으로 생산물류의 흐름을 시점별로 관리하고 있으며, 수도권에서 지방에 이르기까지 점차 확산되어 가고 있다. POP 시스템은 기업의 규모를 떠나 생산현장을 실시간으로 투명하고 정확하게 판단할 수 있는 정보를 준다는 점에서 실질적인 이점이 있는 시스템으로 인식되고 있다.

MES의 개념

MES(Manufacturing Execution System, 제조실행시스템)는 1990 초 미국의 매사추세츠주 보스턴시에 소재한 컨설팅회사 AMR(Advanced Manufacturing Research, 미국 보스턴 소재 컨설팅회사)에 의해 최초로 소개 하였으며, 제조업의 시스템 계층구조를 계획-실행-제어의 3개 층으로 구분하여 그 가운데 실행의 기능을 MES로 정의하였다. MES는 제조현장의 원활한 활동을 제고하고 변화에 신속히 대응할 수 있게 함으로써, 현장운영 및 공정의 효과를 높이고 납기(On-Time Delivery), 재고순환(Inventory Turn), 현금흐름(Cash Flow), 재고회전율 등을 개선할 뿐만 아니라, 운영예산의 회수(The Return on Operational Assets)를 증가시키며, 전사적인 생산활동과 더불어 양방향 통신(Bidirectional communication)을 구축하여 공급망 관리에 있어 필요 불가결한 중대한 정보를 제공한다. 즉, Manufacturing Execution System(MES)은 주문으로부터 제품 생산에 이르기까지 가장 효과적으로 활용할 수 있는 정보를 제공한다. 현재의 정확한 데이터를 사용하여, MES는 데이터들이 발생할 때마다 현장의 활동을 관리, 착수, 응답하고 보고한다. 변화 조건에 대한 빠른 응답은 비부가가치 행위의 감소에 초점을 맞추는 것과 더불어 현장 작업과 공정을 효과

MES 개념도

```
◄─────────  Supply Chain  ─────────►

        ERP / MRPII
: 기업 종합 정보를 위한 계획(Planning) 시스템

        MES / SCADA
: 생산 관리를 위한 실행(Execution) 시스템

     PLC, PC-Based Control
: 현장 설비의 감시 및 제어를 위한 제어(Control) 시스템

   ▲            ▲            ▲

 Devices     Devices      Devices
```

적으로 운용할 수 있도록 한다. MES는 양방향 통신에 의한 공급체인과 기업의 전반적인 생산활동에 관한 중대한 정보를 제공한다. 그러나 아직도 수작업으로 자료를 수집하고 보고서를 작성하는 매뉴얼시스템이 많다. 하지만 이런 시스템은 사회가 발전할수록 고객의 요구, 생산관리, 기술의 발달에 효과적으로 대처할 수가 없다.

따라서 많은 생산현장에서는 MES의 중요성이 인식되고 있으며 거론되고 있다. 납품 기한, 품질, 가격, 시장 변화의 빠른 대응 등은 생산관리의 핵심적인 요소들이다. MES는 대부분의 제조업체에서 적용, 운영되고 있는 ERP 또는 MRPII 시스템과 제어시스템 사이의 다리 역할을 하면서 실시간으로 생산계획에 따른 실시간 현황 파악, 계획된 작업의 수행 및 관리, 품질관리 등을 수행하여 실제 이익을 측정할 수 있는 시스템이다. 다행히 MES는 충분히 구현이 가능한 시스템이며 이미 현장에서 많이 검증이 되었다. MES 시스템은 〈MES 개념도〉와 같이 계획(Planning) 시스템, 실행(Execution) 시스템 및 제어(Control) 시스템으로 구성되며, 하단의 제어시스템 영역과 상단의 ERP 시스템 영역을 이어주는 역할을 수행한다.

- 계획시스템(Planning System – ERP / MRP II) : 계획시스템은 전사적 사업목표를 달성하기 위해 인적, 설비, 자재 등의 자원을 포함한 제반 자원을 관리하는 프로세스이다.
- 실행시스템(Execution System – MES) : 실행시스템은 자원을 최적화하며 품질 및 제조 절차의 유효성을 극대화하기 위한 현장 환경의 실시간 감시 및 제어, 물류 및 작업내역 추적관리, 상태 파악, 불량관리 등을 수행하여 계획된 목표를 달성하도록 하는 시스템이다.
- 제어시스템(Control System - HMI / SCADA) : 제어시스템은 생산제조현장에서 운영되는 제반 설비의 감시, 제어 및 데이터 수집을 위한 시스템으로서 SCADA, DCS, HMI, POP 등과 같은 시스템이 바로 그것이다. 이 중에서 실행시스템과 제어시스템을 통합하여 '통합 MES'라고 부르기도 한다.

- SCADA : SCADA란 Supervisory Control And Data Acquisition의 약어로 집 중원격감시제어 시스템 또는 원방감시제어 데이터 수집 시스템이라고도 하는 SCADA시스템의 감시제어기능을 말한다.

- HMI : HMI는 SCADA의 한 툴(Tool)이다. "HMI(Human Machine Interface)"란 공장제 어, 생산현장 등의 데이터를 감시, 제어, 분석하여 관리자에게 전달해주는 통합 S/W를 말한다.

- SPC : SPC(Statistical Process Control)는 공정으로부터 데이터를 취하여 통계적으로 분석함으로써 주어진 품질규격과 공정능력 상태를 파악하여 원하는 품질의 제품이 생산될 수 있도록 관리해 나가는 방법이다.

- SQC : SQC(Statistical Quality Control)는 소비자가 요구하는 품질, 또는 서비스를 시장조사를 통해서 확인하고 제품품질 개념을 확립한 후 규격 품질을 정함으로서 설계품질을 확정하고 이를 토대로 하여 적합품질이 설계품질과 일치하도록 관리하는 것이다.

- Lead Time : 기획에서 제품화까지의 소요 시간; 발주에서 배달까지의 시간; 기획에서 실시까지의 준비기간을 말한다.

MES의 11가지 기능

MES 시스템은 공정진행 정보감시 및 제어, 설비의 감시 및 제어, 품질정보관리 및 제어, 실적정보 집계, 창고운영관리, 제품관리, 자재투입관리, 인력관리, 공무관리 등 생산현장에서 발생할 수 있는 모든 정보를 통합 관리한다. 기능을 요약하면 MES 시스템의 기능은 크게 11개 기능으로 정리할 수 있다.

① 자원 할당 및 상태 정보(Resource Allocation and Status)

장비, 도구, 인적 자원, 자재 및 생산 작업을 위하여 필요한 작업지시 등과 같은 문서를 포함한 자원관리자원에 대한 상세한 이력과 실시간으로 그의 상태를 제공해 장비가 운용될 수 있도록 준비됐는가를 검증한다. 이러한 자원들의 관리는 생산 일정 목표에 도달하기 위한 제반 자원의 예약 및 할당을 포함한다.

② 작업/상세 계획(Operational Detail Scheduling)

적절하게 작업순위가 계획되고 작업 준비 기간을 최소화해 공정에서 특정한 생산 단위와 관련된 작업 성격, 우선순위 등을 기초로 한 작업순위를 제공한다. 작업 계획은 상세하며 정확한 시간과 장비 부하를 계산하고, 작업 형태를 산정하기 위해 중복 및 병행 또는 차선의 작업환경을 고려한 계획이다.

③ 생산 단위의 분산(Dispatching Production Unit)

작업 명령, 일괄 작업처리 조건, 로트와 작업순서 등의 형태로 생산 단위의 흐름을 관리한다. 신속하게 제공되는 정보는 제조현장에서 발생하는 이벤트에 따라 실시간으로 변경, 수행되는 데 필요한 작업이 순차적으로 표현되어 있으며, 또한 제조현장에 이미 예정된 일정을 변경하는 능력이 있다. WIP(Work In Process) 내에서의 수량을 제어하는 능력과 함께 재작업과 폐품 처리가 가능하다.

④ 문서관리(Document Control)

작업지시, 작업조건, 도면, 표준화 작업절차, 일괄처리정보, 기술 사양 변경, 작업자 간 통신을 포함한 생산 단위로 관리하며 계획, 실적 정보의 편집이 가능해야 한다. 작업 명령을 공정에 하달하고, 데이터를 작업자에게 제공하거나 제어를 위한 작업지시를 장비에 전달한다. 환경, 안전 규정과 적절한 행동절차 등과 같은 정보를 통합 관리한다.

⑤ 데이터 수집(Data Collection/Acquisition)

생산 단위와 연계된 각종 형식이나 레코드 등의 실시간 데이터 등을 수집하기 위한 인터페이스(interface, 일반 사물과 사물 사이 또는 사물과 인간 사이의 경계에서 상호 간의 소통을 위해 만들어진 물리적 매개체나 프로토콜을 말함) 기능을 한다. 이러한 데이터는 거의 실시간으로 제조현장에서 자동 또는 수동으로 수집된다.

⑥ 작업자관리(Labor Management)

ABC 원가분석을 기초로 한 작업 참여시간 보고, 개인 작업능력 추적 및 자재/도구 준비 등과 같은 간접활동 추적능력을 포함한 최신의 개인상황 정보를 제공한다. 이는 최적의 작업 할당을 결정하기 위해 자원 할당 기능과 연계되어야 한다.

⑦ 공정관리(Process Management)

제조현장을 모니터링하고 자동적인 문제해결 및 작업환경을 향상시키기 위한 작업자의 문제해결 기능이 지원되어야 한다. 이는 공정 내 또는 공정 간에서 조회하고 제어 가능한 장비에 초점을 맞추며 현장의 작업자에게 작업조건 변경을 통보하는 경고표시 등의 기능을 가지고 있다. 또한 인텔리전트(intelligent) 장비와 MES 시스템과의 인터페이스를 통한 데이터 수집 기능을 제공한다.

⑧ 품질관리(Quality Management)

제조 과정에 있어서 적절한 제품의 질을 보증하고 문제발생 시 이를 추출할 수 있는 측정값들의 실시간 분석 기능을 제공한다. 이는 발생원인 및 현상의 상관관계를 포함한 문제를 해결하는 능력을 고려한다. 또한 이 기능은 연구소 정보관리 시스템에서의 분석과 Off-line 검사 작업, SPC(통계적 공정관리)/SQC(통계적 품질관리) 추적 등을 포함한다.

⑨ 유지보수관리(Maintenance Management)

장비나 도구에 대한 생산 가용성을 높이고 주기적이거나 혹은 즉흥적인 재해에 대한 유지보수 대처방안을 계획하는 등 제반 활동을 추적 관리한다.

⑩ 제품 추적 및 계통(Product Tracking/Genealogy)

현장에서의 제품의 상태를 추적한다. 여기서 제품의 상태는 누가, 공급 자재, 로트 번호, 현장의 작업조건, 각종 경고, 재작업 등과 제품에 관계되는 예외 사항을 포함한다. On-line 추적 기능은 각 완제품의 사용과 부품의 추적이 가능하도록 이력 데이터를 발생한다.

⑪ 성능 분석(Performance Analysis)

과거 실적과 예상 결과의 비교와 함께 실 생산실적에 대한 최신의 정보를 제공한다. 성능 분석의 범위에는 활용자원, 가용자원, 제조시간, SPC/SQC 계획 또는 표준과의 차이 등이 포함되며, 이들의 결과는 현재의 성능평가도구로 사용된다.

MES(manufacturing Execution System)의 필요성

기업의 생산관리시스템은 크게 계획과 제어 두 계층의 시스템으로 나눌 수 있다. 계획시스템은 자재 수량 및 비용계획을 위한 MRP, 여기에 재무나 마케팅 구매 등을 확대한 MRPII, 그리고 ERP로 발전해 왔으며, 현재 ERP는 제품관리, 유통관리, 공급관리를 포함한 광의의 개념으로 기업에 있어서 생산계획을 위한 주요한 부분을 차지하고 있다. 반대로 제어시스템의 역할은 기계를 작동시켜 공정을 진행하는 역할을 담당한다. MES의 필요성을 간단하게 설명하자면, 만약 어느 한 제조업체에 있어서 주요 고객들이 제품생산을 주문할 경우 제품에 사용되어질 자재 이력과 공정상의 운전변수, 품질유지 수준을 요구한다면 만족할 만한 정보를 제공하기 위한 것이다.

생산 시 숙련된 작업자를 고객이 직접 지정하거나 작업도구 설비를 지정하여 작업을 요구하고 이에 따른 실적 정보를 요구한다면 이에 대한 정보시스템상의 대응력을 확보할 수 있을까? 이와 같은 상황에 대해 생산시스템이나 현장 설비의 제어시스템에서 충분한 데이터를 얻을 수는 없을 것이다. 이와 같은 요구사항 때문에 계획과 제어 계층 사이에 제품생산을 위한 실질적인 운전방법 설정이나 조정 및 통제능력을 제공할 수 있는 실시간 제조 정보 데이터를 가져가는 MES가 필요하다.

MES 기대 효과

수익률과 제품 품질의 향상	→	• 불량 재작업과 품질정보의 실시간 추적 • 엄격한 제조절차의 보존
제조 문제점에 신속하고 유연하게 대응	→	• 공정의 제어상태 감시 • 실시간으로 부서와 담당자에게 보고 • 향후 공정의 준비
기록과 탐색에 대한 비용절감	→	• 모든 생산기록의 저장 • 모든 제조품의 추적 제공 • 규정 준수의 비용효과
정보수집과 분석비용의 절감	→	• 제조공정에 영향을 주는 관리항목의 저장 • 저장된 정보의 분석 • 정보수집과 정보분석의 시간감소
고객에 대한 지원과 응답시간의 단축	→	• 고객의 특정절차, 품질과 자재에 대한 추적 • 공급 계획에 우선도 결정
장비 가동률의 향상	→	• 설비 유지보수 이력제공 • 설비 이력의 관리

07 | 스마트 팩토리 성공을 위한 ERP

글로벌 경영환경은 기업들로 하여금 정보시스템에 대한 과다한 투자와 유지보수를 요구하고 있지만, 이는 오히려 비용대비 효과를 크게 감소시키는 역할을 하고 있다. 많은 기업들에서는 요즘 각 부서별로 업무가 분산되어 있고, 유기적으로 서로 연결되어 있지 못한 각종 자원을 전사적 자원관리시스템으로 서로 연결하고 있다.

이는 기업의 경쟁력 강화라는 차원에서 수행되고 있으며 주로 기업혁신과 연결되어 있다. 특히 오늘날과 같은 개방적인 환경에서는 기업 간의 원활한 정보교류 및 협력관계 유지를 위해 확장된 프로세스 설계를 원하고 있는 추세이다. 구조조정에 따른 인원감축 및 조직의 통·폐합 속에서 경쟁우위를 실현하고, 불투명한 환경에서 지속적으로 기업이 생존하기 위해서는 정보기술의 전략적인 활용이 필수 대안으로 자리를 잡고 있으며, 이 가운데 정보기술의 결정체인 전사적 자원관리인 ERP가 중요한 기반 시스템으로서 그 역할을 담당하고 있다. ERP는 정보를 통합하여 기업 내의 프로세스를 단축시키고 경영자에게 한 눈에 자신의 기업이 어떻게 돌아가고 있는지 파악할 수 있게 해준다. 이러한 전사적 자원관리시스템인 ERP는 90년대에 들어오면서 전 세계적으로 유행했던 BPR 열풍과 함께 강력한 차세대 정보기술로 등장하였다. 기업 입장에서는 전사적 자원관리시스템을 도입하여 획기적인 경쟁력 강화를 꾀하고 있는 것이다. 이런 ERP 시스템의 도입은 경영체제에 혁신적인 변화를 가져왔고, 경쟁에서의 생존을 보장할 만큼 혁신적이고 신뢰성이 높은 시스템으로 주목받고 있다.

ERP란 무엇인가?

ERP란 Enterprise Resource Planning, 즉 전사적 자원관리시스템을 말한다. 하지만 ERP는 용어를 그저 풀어놓듯이 한마디로 정의하기는 힘들다. 각 계층의 사람들이 각자 조금씩 다른 관점에서 ERP를 정의하고 있으며, ERP라는 용어는 궁극적으로 업무용 소프트웨어를 지칭하는 것에서부터 통합경영 정보시스템의 범주에 이르기까지 매우 폭넓게 사용되고 있기 때문이다. ERP는 "기업의 모든 업무 프로세스를 유기적으로 통합하여 상호 간에 정보를 실시간으로 공유하고 이를 활용함으로써 기업에게 주어진 모든 자원을 가장 효율적으로 배분할 수 있게 하고, 나아가서는 기업의 가치를 극대화시킬 수 있도록 해 주는 통합형 업무시스템"이다. 또한 ERP는 제조업을 포함한 다양한 비즈니스 분야에서 생산, 구매, 재고, 주문, 공급자와의 거래, 고객 서비스 제공, 재무, 인사 등 주요 프로세스 관리를 돕는 여러 모듈로 구성된 통합 애플리케이션 소프트웨어 패키지이다. 즉, 기업의 전사적 자원을 효율적으로 관리하여 기업의 가치를 극대화시켜 주는 통합 업무시스템이라 할 수 있다.

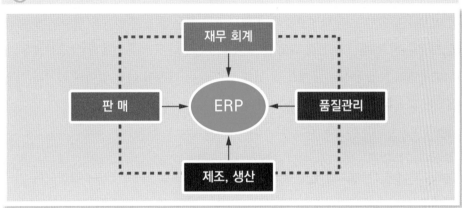

ERP 도식화

기업의 업무를 효율적으로 처리하기 위해 등장했던 과거의 업무시스템들은 각업무별로 부분별 최적화를 지향했다. 전산화 또한 각 부서별로 따로 만들어졌고, 따라서 단위 업무시스템별로 개발주체들도 다른 경우가 많았다. 결과적으로 이들 개별 시스템들이 서로 통합되기 어려워 실시간으로 정보의 공유가 이루어질 수 없었다. 과거에는 그것이 별 문제가 되지 않았지만 인터넷 등 정보기술의 발달로 인해 업무처리의 가속화, 효율성을 지향하다 보니 큰 문제점으로 지적받게 되었다. 즉, 업무의 통합화가 절실했던 것이다. 이 문제점을 해결하기 위해 정보기술의 발전과 더불어 업무용 시스템들도 진화를 거듭하였고, 개별 시스템들을 통합하여 실시간으로 정보를 공유하고 변화에 능동적으로 대처하며 효율적인 자원배분이 가능한 통합형 업무시스템이 출현하게 되었는데, 이것이 바로 ERP인 것이다.

ERP의 9가지 기능

① 통합 업무시스템

ERP가 개발된 가장 큰 이유라고 볼 수 있는 기능이다. 판매, 생산, 회계, 인사 등의 업무가 통일된 조직 변경으로부터 행해지기 때문에 조직 변경을 일관되게 할 수 있고, 조직의 빈번한 변경에 대응할 수 있다. 전문화된 부문업무의 상당부문을 컴퓨터에 의해 자동처리로 대체할 수 있게 함으로써 기존의 이중 입력의 폐지와 간접업무의 효율화 등 비용절감의 효과가 있다.

② 통합 데이터베이스

데이터 중심의 시스템이 설계되어 있어 우선적으로 이중 입력이 폐지되어 기존의 업무를 간소화하는 효과가 생긴다. 그리고 일단 입력된 데이터는 반복 활용할 수 있다.

③ 비즈니스 프로세스 모델

ERP 패키지에는 서구 기업의 뛰어난 비즈니스 프로세스 모델들이 최고 실행 사례로서 내장되어 있다. 이러한 비즈니스 프로세스 모델이 존재하기 때문에 기업은 리엔지니어링(BPR)을 실현할 수 있다. 또한 치열한 경쟁시대에서 기업은 부가가치를 만들어 내지 않는 기간 업무의 반복적인 처리 프로세스에 관해서 자사의 방식에 구애받지 말고 뛰어난 비즈니스 프로세스 모델로 바꾸어서라도 철저하게 효율화, 합리화를 계속해 나가야 한다.

④ 파라미터(parameter) 지정의 개발

파라미터 지정은 두 가지 의미를 가지고 있는데 하나는 처리를 실행할 때 화면에서 지정하는 것이고, 둘째는 입력이나 마스터의 항목을 사용할지에 대한 것을 지정할 수 있다는 것이다. 후자의 파라미터 지정을 "커스터마이즈(customize, 이용자가 사용방법과 기호에 맞추어서 하드웨어나 소프트웨어를 설정하거나 기능을 변경하는 것)'라고 부르기도 한다. 즉, 필요한 기능을 전부 내장하고 있는 ERP 패키지를 파라미터 지정을 통해서 개별의 요구 기능에 맞춰 가는 것이다.

⑤ 그룹웨어(groupware) 연동

그룹웨어는 다수의 사람이 서로 협력하면서 공동으로 진행하는 지적인 작업을 지원하기 위한 소프트웨어이다. ERP는 정형적인 업무만을 하지만, 그룹웨어는 정형의 업무 프로세스와 부정형의 데이터를 모두 취급한다는 차이점이 있다.

⑥ 오픈 대응

업계표준, 국제표준을 채용한 멀티벤더 환경(multi-vendor environment, 제조회사가 다른 컴퓨터나 주변기기를 구입, 그것을 조합하여 시스템을 구성해서 이용하는 것)에 의해 개방형 시스템으로 발전했다. 따라서 확장성, 호환성, 상호 운용성, 유연성의 특징을 갖는다.

⑦ 글로벌 대응

글로벌화되면서 빠르게 발전한 시스템이므로 다중 언어(multi lingual)에 대한 대응, 현지의 세법, 법적인 보고서에 대응, 다양한 통화에 대한 대응 등 일부 국가에 국한되지 않는 글로벌 대응이라는 기능을 가진다.

⑧ 전자자료 교환과 전자거래 대응

⑨ 경영정보시스템(MIS)

최고 경영자는 기업의 외부환경 변화에 신속히 대응하기 위해 경영자원 재분배 등의 의사결정을 한다. 최고 경영자의 비구조화 의사결정을 지원하는 시스템은 경영자정보시스템이라고 불린다. 최고 경영자는 스스로 EIS(Executive Information System, 경영자정보시스템)를 바탕으로 의사결정에 대한 정보를 입수하고 신속한 결정을 내릴 수 있도록 하는 효과가 있다.

⚙️ ERP의 핵심 성공요인

ERP 시스템 구축은 많은 기능을 가지고 그 기능으로써 기업에게 많은 이익을 제공한다. 그렇다면 이런 ERP 시스템의 성공요인은 무엇일까? ERP가 다양하게 정의되 듯 그 성공요인 또한 기업에 따라 다양하다. 하지만 많은 연구자들이 공통적으로 성공요인이라 말하는 한 가지 확실한 것은 '경영진의 관심과 BPR의 성공적인 병행'이라고 한다. ERP의 핵심 성공요인을 도입기업 측면, ERP 벤더 및 패키지 측면, 중소기업의 현실을 감안한 국내 중소기업들의 ERP 구축 성공요인으로 나누어 볼 수 있다.

① 도입기업 측면

ERP 구축이 성공적으로 이루어지기 위해서는 도입하려는 기업의 경영진, 그리고 그 구성원들이 받아들이는 자세가 중요하다. 아무리 뛰어나고 훌륭한 시스템이라도 그것을 받아들이는 자세가 되지 않았다면 뿌리내리지 못할 것이다. 일반적으로 도입기업이 염두에 두어야 할 중요한 성공요인은 다음과 같다.

○ 도입기업 측면에서의 핵심 성공요인

② ERP 벤더 및 패키지 측면

ERP에 대한 이해가 깊지 않으면 무조건 많은 기능이 지원되는 패키지라야 좋다는 식의 잘못된 판단을 할 수 있다. 하지만 많은 기능보다 중요한 것은 현재 자신의 기업의 현실에 적합한가이다. 아무리 좋은 약이라도 체질에 안 맞으면 독이 되듯이, ERP 또한 자신의 기업 상황이나 환경에 잘 맞아야 최상의 시스템이 된다. ERP 벤더 및 패키지 측면에서의 주요 성공요인은 다음과 같다.

ERP 벤더 및 패키지 측면에서의 핵심 성공요인

③ 국내 중소기업 측면

ERP는 대기업 혹은 중견 기업 이상의 큰 기업들에만 적용되는 시스템으로 알려져 있었다. 하지만 경영환경의 급변과 정보기술의 눈부신 발전 그리고 정부의 중소기업 정보화 지원정책 등으로 중소기업들 또한 ERP를 적극적으로 활용하고 있다. 국내 중소기업들의 ERP 구축 성공요인은 다음과 같다.

○ 중소기업의 ERP 구축 성공요인

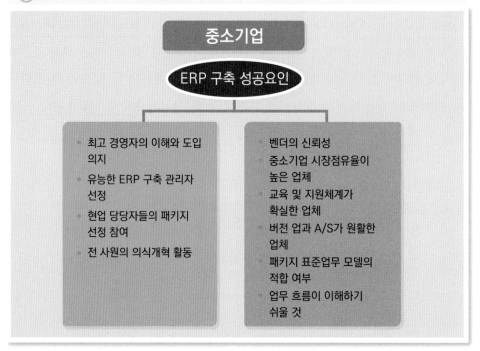

중소기업

ERP 구축 성공요인

- 최고 경영자의 이해와 도입 의지
- 유능한 ERP 구축 관리자 선정
- 현업 당당자들의 패키지 선정 참여
- 전 사원의 의식개혁 활동

- 벤더의 신뢰성
- 중소기업 시장점유율이 높은 업체
- 교육 및 지원체계가 확실한 업체
- 버전 업과 A/S가 원활한 업체
- 패키지 표준업무 모델의 적합 여부
- 업무 흐름이 이해하기 쉬울 것

◎ ERP 시스템 도입의 성과

ERP의 주된 목적은 사내 모든 업무를 IT 자원을 활용하여 동시에 통합 처리하는 것이다. ERP 도입의 효과에는 업무효율 향상, 경영혁신, 신속한 의사결정, 경영투명성 제고, 비용절감, 고객만족도 향상 등이 있다. 먼저, 기업 내 또는 기업 간 업무가 하나의 데이터베이스로 통합되기 때문에 관련 데이터의 일원화 및 공유가 가능해져 업무 간 의사교환이 원활해지고 업무효율이 향상된다. ERP는 선진 프로세스를 내장하고 있는 BPR 지원도구로 기업의 업무처리방식을 최적화하고 정보시스템의 비용을 절감시켜주는 경영혁신의 효과도 있다. 기업의 업무과정에서 발생하는 데이터를 일원화하고 경영상황 변화에 대한 정보가 신속하게 전달되어 신속한 의사결정을 가능하게 한다. 또한 회계 등 관련 업무의 자동화로 경영투명성의 제고 효과도 있다. 통합 데이터베이스를 통한 정보의 접근과 공유가 가능해져 데이터의 중복, 오류, 재입력에 따른 비용을 최소화해 비용절감의 측면도 볼 수 있다. 마지막으로, 수주처리에서 출하, 회계처리까지 일련의 업무 통합으로 고객의 요구에 신속하고 정확하게 대응하여 고객의 만족도를 높여주기까지 한다. 중소기업들이 ERP 도입 시 고객납기 응답기간, 재고보유기간, 월차 마감기간의 단축과 종업원 1인당 매출액의 증가 등 도입효과가 큰 것으로 나타났다.

ERP는 비즈니스 프로세스 표준화와 기업 내 각 부서의 정보통합화를 통해 경영효율화를 촉진하는 BPR 실현도구인 기업정보시스템이다. 하지만 과거의 경영구조가 변화하는 시대 환경에 뒤떨어지고 문제점을 보였듯이, 기존 ERP 또한 빠르게 변화하고 있는 경영환경에서 고객에게 최대의 만족을 주고 다수의 공급업체 사슬 구조 속에서 신속하게 공급망 계획을 구현하기에는 한계가 있다. 이미 선진 기업들은 이를 보완하려는 일안으로 ERP 시스템에 SCM, CRM 등을 통합해 확장된 ERP 시스템을 사용하고 있으며 실시간으로 변화하는 외부환경에 역동적으로 대응하고 있다. 이런 변화의 배경은 시장환경 변화에 기업들이 경쟁우위에 서기 위해서 고객과 기업 간의 친숙한 관계 유지가 불가피하다는 것을 깨닫게 되었으며, 고객만족경영을 위해 이들과의 정보공유를 통해 비즈니스 목표를 실현하려는 방향으로 이어지고 있음을 알 수 있다.

따라서 미래의 경영의 화두는 비효율적인 업무를 없애고 단순하면서도 수평적인 경영마인드 실현과 조직 구성원들의 수준 높은 업무로 전환시킬 수 있는 디지털 인프라 구축에 있다. 이러한 인프라는 기업이 시간과 가치 및 서비스 부분에서 타사보다 경쟁력을 확보하고, 생산자와 소비자의 관계를 보다 가깝게 만들 수 있다. 이를 실현하기 위해서는 ERP 시스템의 기반 속에 전자상거래 활용이 SCM 경영을 뒷받침 할 수 있는 핵심인자로 지원될 것이며, 그럼으로써 확장된 ERP를 실현할 수 있을 것이다. 또한 기업경영은 ERP와 인터넷에서 처리되는 정형화된 정보뿐만 아니라 조직 구성원들의 노하우 및 조직 내의 지식들이 한곳에 통합되어 경영시너지 효과를 낼 수 있는 시스템으로 발전하고 있다. 스마트 팩토리 성공을 위해서는 ERP

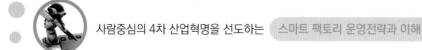

의 인프라가 혁신적 기업경영을 위해서 제공하는 영역은 크다고 할 수 있다. 하지만 끊임없이 변화하는 환경 속에 기업이 능동적으로 대처하기 위해서는 ERP 시스템을 기반으로 한 최상의 솔루션들이 통합된 확장 ERP가 미래의 가상기업을 실현하는 기업경영으로 변화해야 할 것이다.

국내 ERP 기업인 '더존비즈온'은 "최근 3년간 외산 ERP 윈백 기업은 60곳 이상"이 된다고 밝혔다. 회사 측은 "단순 계산으로도 1년에 20곳 이상 윈백에 성공한 셈"이라며 "지금까지 시장 유례를 찾아볼 수 없는 폭발적인 상승세"라고 자평했다. 더존비즈온은 자사 ERP 성장의 요인을 기업환경에 맞춰 다양한 모듈을 제공하는 확장성, 외산 대비 저렴한 경제성, 용이한 유지보수 등 세 가지로 꼽았다.

코스콤은 외산 제품을 사용하다 더존 ERP로 변경한 대표 사례다. 더존비즈온 측은 "코스콤은 외산 ERP 도입 후 시간이 경과하면서 운영비용 증가, 시스템 간 연계성 부족, 데이터 분산 등의 문제를 안고 있었다."며 "이에, 데이터 기반의 경영체계를 마련하고 수작업 업무를 제거하는 동시에 시스템 연계, 연동처리를 기반으로 업무 생산성 향상과 편의성을 제고하고자 더존 ERP 시스템으로 재구축을 추진했다."고 설명했다. 시장조사업체 IDC가 2016년 발표한 국내 ERP 시장점유율 자료에 따르면 SAP 46.4%로 점유율 1위를 차지했고, 더존비즈온은 18.5%로 2위에 올랐다. 더존비즈온 관계자는 "더존 ERP는 기업 내부 시스템 전반을 개선해 업무생산 성향상, 효율성 확보, 프로세스 개선 등을 꾀하며 기업의 핵심 업무도구로서 각광을 받고 있다."고 말했다.

08 스마트 팩토리 성공을 위한 SCM

제4차 산업혁명시대를 맞아 많은 기업에서 스마트 팩토리에 대한 관심이 높다. 스마트 팩토리의 성공을 위해서는 SCM에 대해 이해와 관심을 가져야 한다. 이러한 SCM 전략이 필요한 이유는 기존의 제품 브랜드 파워와 품질개선 전략으로서는 경쟁업체와의 경쟁에 한계가 있기 때문이다. SCM은 기업의 물류비용, 재고비용, 생산비용 등 제조에서 유통에 이르는 전 분야에 많은 효율성을 가져다주기 때문이다. 이러한 효율성을 바탕으로 경쟁우위를 확보하여 고객만족을 높일 수 있다. 디지털 및 인터넷 비즈니스가 활성화되면서 비즈니스 환경에 많은 변화가 발생하고 있다. 이러한 레드오션(Red Ocean)이라는 치열한 경쟁환경에서 경쟁력을 갖추기 위해서 조직은 지속적으로 변화와 혁신전략을 수립해야 한다.

SCM(공급사슬관리)의 정의

공급사슬관리(SCM ; Supply Chain Management)를 정의하기 전에 먼저 공급사슬에 대해 살펴보면, 공급사슬 또는 공급망(Supply Chain)은 고객-소매상-도매상-제조업-부품 및 자재 공급자 등 공급활동의 연쇄구조를 나타내고 있다. 즉, 공급사슬은 원자재로부터 최종 소비자 사이의 물류체계를 총칭한다. SCM은 최종 고객에게 가장 좋은 제품을 싸고 빠르게 공급하기 위해 공급사슬인 회사 내부의 기능은 물론 외부의 유통 및 협력업체를 대상으로 프로세스, 시스템, 조직을 혁신하는 총체적인 활동을 의미한다. 즉 제조, 물류, 유통업체 등 유통공급망에 참여하는 모든 업체들이 협력을 바탕으로 정보기술(Information Technology)을 활용, 재고를 최적화하고 리드타임(Lead-time)을 대폭적으로 감축하여 결과적으로 양질의 상품 및 서비스를 고객에게 제공함으로써 고객가치를 극대화하기 위한 21세기 기업의 생존 및 경쟁전략이다. 세계적으로 선도적 위치에 있는 제조업체, 물류업체, 유통업체들은 이와 같은 목적을 달성하기 위하여 그들의 협력업체들과 협력함으로써 그 이익을 훨씬 더 극대화하였으며, SCM의 모델로서 대표적인 업체로는 P&G, Wal-Mart, Coca Cola 등이 있다.

'SCM'이란 고객 및 투자자에게 부가가치를 창출할 수 있도록 최초의 공급업체로부터 최종 소비자에게 이르기까지의 상품, 서비스 및 정보의 흐름이 관련된 핵심 비즈니스 프로세스를 통합적으로 운영하는 경영전략이다.

'SCM'이란 소비자의 수요를 효과적으로 충족시켜 주기 위해서 신제품 출시, 판촉, 머천다이징, 상품보충 등의 부문에서 원재료 공급업체, 제조업체, 도소매업체 등이 서로 협력하는 것이다.

'SCM'은 물자, 정보 및 재정 등이 공급자로부터 생산자에게, 도매업자에게, 소매상인에게, 그리고 소비자에게 이동함에 따라 그 진행 과정을 감독하는 것이므로, 회사 내부와 회사들 사이 모두에서 이러한 흐름들의 조정과 통합 과정이 수반된다. 효율적인 SCM 시스템의 최종 목표는 재고를 줄이는 것이라고도 말할 수 있다.

또한 마이클 포터(Michael E. Porter)는 그의 저서 「경쟁우위(Competitive Advantage)」에서 가치사슬(value chain)이라는 용어를 사용하며 사슬이 있는 각 활동이 어떻게 가치를 창출하고 비용을 소요하는가를 강조하였다. 공급사슬(Supply Chain)이란 용어의 개념은 포터의 이 가치사슬 개념과 유사하며 이것에서 비롯되어 확장되었다고 보는 견해가 있다. 이 용어에 대한 정의와 개념은 학자에 따라 약간씩 다르기는 하나, 이 개념을 바탕으로 SCM의 개념을 일반적으로 다음과 같이 정의내릴 수 있다. "공급사슬은 자재 공급업체에서 소매에 이르는 모든 거래 파트너들(공급자, 제조업자, 창고, 보관업자, 소매상) 사이에 물리적 의미인 원료와 부품뿐만 아니라, 정보, 자금, 지식의 흐름 등을 통합적으로 관리 운영하여 불확실성을 줄이고 전체적인 최적화를 달성하여 궁극적으로 시스템의 최소 비용과 최고의 고객만족 달성을 목표로 하고 있는 일련의 접근법이자 더 나아가 하나의 경영패러다임"이라고 정의할 수 있다. 즉, 기업 내부적인 통합에 그치지 않고 한 걸음 더 나아가 기업의 가치를 창출하는 모든 내외적 활동의 과정을 관리함으로써 상승효과를 극대화하려는 노력의 결정체라 볼 수 있는 혁신활동인 것이다.

◎ SCM 관리의 필요성과 관리 범주

기업의 목표는 재정적 이익을 취득하는 것이며, 고객은 원할 때 원하는 장소에서 상품이나 서비스를 제공받기를 원한다. 이와 같은 관점에서 SCM은 생산, 재고, 수송비용 등을 절감시켜서 전체적인 물류비용을 절감시킬 수 있으며, 또한 품질 및 리드타임의 단축을 통하여 구매비용을 절감할 수 있고, 주문 및 조달의 불확실성과 변동을 제거함으로써 생산계획을 합리화하고 제공장소, 납기 등을 만족시킴으로써 전체적인 생산의 효율성을 극대화할 수 있다. 그리고 SCM을 통하여 제품의 제조 및 유통과정을 보다 명확히 할 수 있고, 고비용-저효율의 관리업무를 보다 저비용-고효율 구조로 대체할 수 있을 것이다. 즉, 현재의 부품조달, 제품생산, 납기까지 공급체인상의 비효율적 측면으로 인한 기업물류비용 증가, 대고객서비스 감소 등으로 인하여 경영혁신기법으로 공급사슬관리가 필요한 것이다.

오늘날 공급사슬관리의 중요성이 대두되게 된 것은 1990년 초반 이후 기업경영환경의 변화와 정보기술 발달로 기업 내부 생산활동 및 내부 물류활동의 한계를 벗어나 기업의 외부 협력적 생산성 향상을 위한 노력과 외부 물류활동까지 포함시킴으로써 지속적으로 성장을 추진하게 되었기 때문이다. 이에 따라, 기업의 성과 향상을 위한 노력은 경영 포커스를 SCM으로 집중시켰다. 오늘날 SCM의 관리 범주를 전통적 사업 원칙과 비교해 관리 프로세스, 핵심 성능 목표, 비즈니스 목표 및 목적, 비즈니스 관계, 비즈니스 프로세스 혁신 다섯 가지 차원에서 살펴보면 다음과 같다.

① 관리 프로세스 차원

과거에는 상품의 제조 및 판매, 수익과 관련된 프로세스를 중시하였지만. 오늘날 SCM 추진 체제하에서는 조직 간 확장된 프로세스를 중시하고 채널 혁신을 위한 투자를 중요시하고 있다.

② 핵심 성능 목표 차원

과거에는 조직의 부서별 목표를 중요시하고 프로세스와 상품을 중시하였지만, 오늘날 SCM 추진 체제하에서는 고객-소매상-도매상-제조업-부품 및 자재 공급자 등 공급활동의 혁신과 역량강화를 중시하고 있다.

③ 비즈니스 목표 및 목적 차원

과거에는 조직의 목표달성과 부서별 조직의 조정을 중요시하였지만, SCM 추진 체제하에서는 고객-소매상-도매상-제조업-부품 및 자재 공급자 등 공급활동의 목표와 목적의 조정, 공급 채널의 경쟁적 비전을 공유하는 것을 중시하고 있다.

④ 비즈니스 관계 차원

과거에는 조직 가치와 내부 구조에 중점을 두었지만, SCM 추진 체제하에서는 이미 형성된 공급채널 파트너십(supply channel partnership)의 강화와 상호 협력을 통해 추진하는 업무 프로세스 혁신을 중시하고 있다.

⑤ 비즈니스 프로세스 혁신 차원

과거에 상품의 결점감소 및 비용감소, 상품과 프로세스에 있어 혁신 비율을 중요시하였지만, 오늘날 SCM 추진 체제하에서 모든 공급채널에 있어서 프로세스 혁신 비율과 채널의 가치창조를 중시하고 있다.

SCM은 기업에서 최종 고객을 위해 생산하는 제품 또는 서비스에 대한 품질개선 활동에 도움을 주고 업무 프로세스 혁신 활동에 도움을 준다. 기업이 SCM 추진을 통해 프로세스 혁신을 이룰 수 있는 범위는 원재료 공급업체, 제조업체, 유통업체, 고객에 이르는 모든 영역이다. 이렇듯 SCM 관리영역은 공급영역, 생산 및 운영영역, 조달 및 유통영역으로 구분할 수 있다. 공급영역은 제조업체와 원재료 공급업체에 관련된 공급사슬로 제품 생산을 위한 원재료 조달, 효과적인 생산을 위한 적시 내부 조달, 버퍼를 최소화하는 재고관리 전략 등이 포함된다. 운영 및 생산영역은 상품의 생산계획 및 재공품(work in inventory)의 관리계획 등이 포함된다. 조달 및 유통은 유통업체 측면에서 완제품의 확보. 제조업체 측면에서 예측에 따른 생산계획 수립 및 생산관리 활동지원. 효과적인 창고관리. 고객서비스 강화, 상품의 수송정책 같은 것들이 포함된다.

◎ SCM의 4단계 추진모델

1단계는, SCM 프로젝트 추진에 대한 타당성을 검토하고 타당성이 있을 경우 목표를 설정하고, 이를 위한 비전수립 과정으로 환경분석, 핵심 역량 파악, 비전설정, 재강화 전략을 수립한다.

2단계는, SCM 운영전략 수립 단계로 변화와 혁신의 방향을 설정한다. 이를 위해 현재의 프로세스를 분석하고, 최대 성과를 위한 벤치마킹 모델을 검토한다. 그리고 SCM의 효율적 추진을 위해 사내 지원을 검토한다.

3단계는, SCM 모델 설계 단계로서 미래의 공급체인 관리를 위한 SCM 프로세스를 디자인하고 이를 통한 가치극대화 방안을 도출한다. 그리고 미래의 프로세스에 대한 시뮬레이션을 통해 문제가 발생하는 영역을 보강하거나 문제점을 제거한다. 그리고 구체적인 이행계획을 수립하고 시범과제를 준비한다.

4단계는, SCM 실행 및 평가 단계로 SCM을 수행하고 이에 대한 성과를 측정하며 지속적 경쟁우위를 창출하기 위해 변화관리를 수행한다.

◎ SNS를 통한 Social SCM

Social SCM이란 SNS를 통해 기업의 생산, 유통 전 단계에서 문제와 대처방안을 신속히 공유하여 SCM 관련 비용절감과 함께 고객만족도를 제고하기 위한 활동을 뜻한다. 기업 내부적으로는 동시다발적으로 신속하게 제품생산 및 유통상황, 수요규모, 재고현황의 정보를 빠르게 전달받고 피드백할 수 있어 효율적인 일처리가 가능하다. 외부적으로는 고객에게 SNS 계정을 미리 공지하고 거래파트너나 소비자의 니즈를 즉각적으로 충족시켜주는 A/S센터나 고객센터와 같은 개념으로 사용할 수 있다. 현재의 SNS 담당자들은 1차적인 질문만 받고 관련 담당자들에게 다시 넘겨주거나 고객센터로 문의하라고 안내하며 대부분의 기업채널에서 이같이 처리되고 있다.

지난 대한상공회의소의 'SCM 조찬포럼'에서 애쉬 크로프트 콘스텔레이션리서치 그룹 부사장은 강조하였다. "SNS를 통해 운송정보 고객에 제공할 수 있고, 공급망 관리의 새로운 변화 경영층이 먼저 이해해야 합니다."

'고객님이 주문하신 노트북 사양 XQ123은 고객님이 원하시는 시각인 5월 6일 오전 10시까지 삼성동 A아파트로 배송됩니다.', '고객님이 A/S를 맡기신 제품 XQ789는 VGA 카드 손상이며 교체가 필요합니다. 본 부품공급 지연으로 교체완료까지는 12시간이 소요되며 5월 4일 오후 4시까지 수리가 완료됩니다.' 문자메시지가 아니라 제조회사의 트위터나 페이스북에 뜨는 메시지이다. 이처럼 기업들의 공급망관리(SCM)에 소셜미디어를 적극 활용해야 한다는 목소리가 나왔다. 최근 물류업에도 전자태그(RFID), 모바일, 클라우드 컴퓨팅 등 IT 기술 접목이 활성화되면서 업무가 더 빠르고 스마트해지고 있다. 여기에 SNS가 더해진다면 인터넷세상에서 거래파트너 혹은 고객과 직접 소통이 가능해져 고객만족도를 한층 높일 수 있을 것이다. 기업이 Social SCM를 효과적으로 활용하기 위해서는 SNS가 지닌 가능성에 대한 과신을 경계하면서도 소통도구로서의 특성을 적극적으로 활용해야 한다. 또한 고객 소셜네트워크 정보의 양과 복잡성이 증대하면서 전문적인 분석과 활용능력이 중요한 경쟁력임을 주지하고 관련 기술육성과 활용에 힘써야 한다. Social SCM의 성공적인 정착을 위해서는 공급망관리 전문가뿐 아니라 기업의 경영층이 먼저 새로운 흐름을 이해하는 것이 필수적이다.

SCM 전략수립을 위한 시사점과 효과

① SCM 계획수립 역량을 강화해 전체 공급망의 효율화를 추진해야 한다.

과거의 SCM은 생산계획, 물류, 부품조달, 네트워크 전략 등에 비중을 두고 있었다. 그러나 공급망 전체의 효율성 증대를 위해서는 그 첫 단계인 수요예측 등 초기 계획 수립 단계에서부터 정확성과 효율성을 확보할 필요가 있다. 이를 위해서는 영업, 마케팅, 생산, 구매 등 각 조직 간의 효율적인 협력업체가 뒷받침되어야 한다.

② 신기술 및 제품경쟁력 강화를 위해 R&D 관리체계를 정비해야 한다.

짧아지는 제품의 생명주기와 가속화하는 기술의 혁신 속도에 대응하기 위해서는 개발 프로젝트 자체의 체계적 관리와 더불어 기술과 제품의 포트폴리오 관리, 전사 차원의 개발계획 관리, 나아가 개방형 혁신까지 포괄하는 체계적 아이디어 관리와 조기 양산을 위해 개발-구매-생산 조직 간의 협력체계를 개선하고, 고객사 및 협력업체와의 제품의 기획부터 양산까지 포괄하는 전체적인 경쟁력을 확보하는 것도 중요하다.

③ 글로벌 생산, 구매 전략과 동시에 품질 확보 방안이 수립돼야 한다.

지난날 도요타 사태의 핵심 원인 중 하나는 원가절감을 위해 글로벌 생산 및 구매를 실시하면서 품질관리에 실패했기 때문이다. 일본 내에서는 최고를 자랑하는 품질관리시스템이 글로벌 소싱 체제하에서는 그 약점을 노출한 것이다. 따라서 글로벌 생산 및 구매를 추진하는 기업들은 각 권역 및 국가별 특성과 정부규제, FTA 등 다양한 요인을 고려한 품질관리 체계를 수립해야 한다.

④ SCM 혁신의 실효성 확보를 위한 지속적 노력이 수반되어야 한다.

국내의 많은 기업들이 SCM에 많은 투자와 노력을 기울였음에도 불구하고 좋은 성과를 내지 못한 것으로 알려져 있다. 그 원인은 대부분 특정 분야에 집중된 일회성 프로젝트를 추진하는 데 그쳤기 때문이다. SCM을 통해 성과를 높이기 위해서는 혁신활동에 대한 지속적인 투자가 이뤄져야 하며, 실행력을 확보하는 데 조직역량을 집중해야 한다. SCM을 통해 높은 성과를 창출한 선도 기업들은 SCM이 기업 전체의 가치사슬상에서의 유기적 연계활동임을 충분히 인지하고, 각 관련 부서 간의 협업 체계를 구축하는 데 많은 노력을 기울여 왔다.

SCM(공급사슬관리, Supply Chain Management)의 효과로는,

- SCM의 기본사상은 공급사슬 전체를 보고 계획하고 실천하는 것이다. 따라서 재고관리 측면에서 생산, 유통, 판매를 위한 정보가 적시에 제공되기 때문에 공급사슬 내에 원자재 및 제품의 흐름이 적정수준으로 원활하게 운영됨으로써 재고감소를 가져 온다.

- SCM은 공급사슬 내 모든 프로세스들의 유기적인 통합을 기반으로 수행된다. 그렇기 때문에 효과적인 SCM 운영을 할 경우의 업무절차 및 처리시간은 공급 사슬 내 각각의 프로세스들이 개별적으로 업무절차를 수립하여 수행하는 것에 비해 상당히 간결하며 짧아진다.

- SCM을 운영함으로써 상호 신뢰 관계를 형성하고 장기적인 비즈니스 파트너로 서의 적극적인 제휴관계를 구축해 안정적인 거래를 확보함으로써 구매자는 호 혜적인 좋은 구매가격으로 더욱 좋은 품질의 필요한 상품을 공급받을 수 있다.

- SCM의 기본 목적이 전체 공급망의 효율을 극대화하여 공급사슬 내의 모든 기 업들의 경쟁력은 물론 전 공급망의 경쟁력을 강화하는 것이므로 SCM의 모든 활동에 참여하는 업체 모두에게 그 혜택과 이익은 분배되며 그 혜택과 이익의 크기는 그들이 참여하는 정도와 노력에 비례해 돌아가게 된다.

- 자사가 보유하는 재고수준이 현저하게 감소하게 되며 그 재고를 유지하기 위 한 공간, 관리인력 등이 동시에 감소하게 된다. 따라서 재고상품을 구매하기 위한 자금과 재고유지비용이 대폭 줄어들게 되어 상당한 자금 여유가 생기게 된다.

- SCM의 전략적 제휴에 의한 상품 및 서비스의 호혜적인 가격 적용은 직접적으 로 원가에 반영되어 가격경쟁력과 이익에 직접 기여하게 된다. 또 재고자산의 감소로 인해 그 재고의 구매 및 관리유지에 소요되는 비용이 절감되어 자금흐 름과 이익에 크게 공헌하게 된다. 아울러 사무절차의 간소화 및 정보공유에 의

한 사무혁신을 통해 얻어지는 사무비 절감은 회사 이익에 크게 공헌할 뿐만 아니라 회사의 글로벌 경쟁시대의 경쟁력 강화에도 큰 기여를 하게 된다.

09 | 스마트 팩토리 성공을 위한 FEMS

2015년 파리에서 진행된 기후협약 이후 전 세계는 온실가스 배출 제한과 동시에 에너지 사용량 절감을 통한 에너지효율 향상에 대해 주목하고 있다. 기후변화에 따른 기상이변과 에너지고갈 등 인류가 직면한 문제에 있어 사회적 차원의 문제해결을 위한 제안이 바로 에너지소비 절감 및 효율 향상을 통한 화석연료 사용 감소 및 이산화탄소 배출량 감축이다. 이러한 에너지소비 절감 및 효율화 노력은 1990년대 후반부터 지속적으로 이루어졌는데, 아직까지 일반적으로 보편화된 기술이나 장치들의 개발이 다소 미진한 상황이다. 하지만 4차 산업혁명이라고 일컬어지는 ICT, 클라우드 등을 활용한 기술융합은 경제적으로 비교우위에 있는 에너지소비 절감 및 효율화를 위한 기술이나 장치들을 보다 쉽고 유용하게 활용할 수 있는 계기를 마련하고 있는데 EMS[(Eelectronic Manufacturing Service, 전자제품의 제조·판매과정(설계 → R&D → 생산 → 판매) 중 생산에 전문적으로 특화하여 자사 상표 없이 수탁 생산하는 기업)], 수요관리, ESS(Energy Storage System, 에너지 저장시스템) 등이 대표적인 기술이라고 할 수 있다. 우리나라는 에너지 수입 의존도가 97%에 이르는 수입 국가이며, 제조업 비중이 높은 국가로 산업분야의 에너지소비가 국내 총 에너지소비량의 62.5% 가량을 차지하며 생산전력의 54% 이상이 소비되고 있다. 그럼에도 불구하고 2014년 기준 우리나라의 에너지효율성 정도를 나타내는 에너지원단위는 0.16TOE/달러로 독일(0.09), 일본(0.10), 미국(0.14)보다 낮게 나타나고 있는 상황이다.

📍 FEMS 개념과 중요성

　FEMS(Factory Energy Management System, 공장에너지관리시스템)란 일선 공장 곳곳에 센서를 설치해 실시간으로 전력량을 분석한 뒤 전기사용량을 가장 적당한 규모로 조절하는 시스템이다. 기업들은 이 시스템을 통해 누수되는 전기를 아끼고 있다. 공장에너지관리체계, 컴퓨팅 소프트웨어를 비롯한 정보통신기술(ICT)을 이용해 에너지 씀씀이를 효율적으로 관리할 때 쓰고 있는 것이다. 몇 년 전부터 주목받고 있는 스마트 팩토리 EMS 등은 IT의 접목을 통한 공장효율화에 대한 접근방법으로 4차 산업혁명의 주요 화두인 융합을 통한 효율향상의 대표적인 기술이라고 볼 수 있다. 스마트공장은 물류자동화 및 설비자동화를 기반으로 하여 공정 및 공장 자동화뿐만 아니라, 제품 개발과 공급사슬관리(SCM), 기업자원관리(ERP) 및 FEMS 등이 ICT를 이용하여 구현된 공장을 통칭한다. 그중 FEMS는 생산공정에 대한 에너지 정보수집을 통하여 공장 설비의 에너지소비 및 성능을 분석하고, 나아가 공장의 가동 및 운전방법 개선, 설비교체 등의 방법으로 에너지소비를 최소화하는 시스템으로서 체계적이고 지속적인 에너지 관리활동을 의미한다. FEMS는 기본적으로 에너지사용량에 대한 데이터의 수집과 분석을 통하여 에너지의 흐름에 대한 통합관리를 실행하는 시스템으로 공장에너지효율화의 필요조건이라 할 수 있다.

　특히 FEMS는 빌딩에너지관리시스템(BEMS ; Building Energy Management System)이나 가정에너지관리시스템(HEMS ; Home Energy Management System)에 비해 전력, 가스, 기름, 열 등 다양한 에너지원에 대한 효율적 관리가 필요한 분야로서 도입 및 확산이 더욱 요구되는 분야라 할 수 있다.

📍 FEMS의 활용

　2010년대 들어 매년 전력난이 거듭되자 주목을 받았다. 자연스레 FEMS로 공장의 에너지사용량을 줄여 수익구조를 개선한 사례가 늘었다. 예를 들어 매년 전기요금 28억 원을 쓰는 한 타이어 제조 공장은 1억5000만 원을 아끼는 효과를 거뒀다. 4년 6개월 정도면 시스템 구축비용을 회수할 수 있었던 것이다. 수요가 늘자 한국 내 주요 정보시스템통합(SI) 기업이 잇따라 관련 서비스를 내놓았다. 이동통신사업자까지 통신망을 이용한 원격 FEMS 서비스를 선보이는 등 시장이 활성화하는 추세다. 제반 공장은 한국 내 건물 에너지사용량의 60%쯤을 차지해 에너지 절약의 관건이 되었다. 특히, 에너지효율 향상 측면의 에너지절약은 미국의 '타임(Time)'지에서 제5의 에너지로 일컫는 만큼 그 효용가치가 높은 분야일 뿐만 아니라 이산화탄소 감축을 위한 비용이 가장 적게 소요되는 분야로도 주목받고 있다. 이처럼 에너지 소비 절감 및 효율 향상은 우리나라에 있어서도 그 중요성이 높은 분야이자 관리 및 관심이 요구되는 분야이다.

☺ FEMS를 활용한 국내외 제조업 에너지효율화

세계 각국은 에너지 패러다임의 변화와 이산화탄소 배출 감축, 4차 산업혁명의 도래 등 전반적인 에너지정책의 변화를 요구하는 시대를 맞이하고 있다. 이러한 시대적 흐름에 맞춰 세계 주요국은 에너지효율화를 위하여 어떠한 정책적 노력을 개진하고 있는지에 대하여 먼저 살펴보겠다.

우선, 미국의 에너지정책 방향을 보자면, 에너지 자립과 노후 전력망 등을 활용한 일자리 창출 및 경기부양에 초점을 맞추고 있다. 미국은 2010년부터 에너지부의 주도로 에너지관리시스템에 대한 지속적인 연구개발을 수행하고 있으며 에너지효율에 대한 중요성을 강조하고 있다. 세계 최초로 에너지 경영 및 기술통합 관리를 통하여 비용절감과 환경을 개선하기 위한 표준 MSE(에너지경영시스템, Management System for Energy)를 2000년부터 도입하여 시행하고 있다. 또한 'Remaking America' 정책을 수행하기 위한 'AMP(제조업발전국가협의체, Advanced Manufacturing Partnership)'를 발족하여 스마트 팩토리 등 ICT 기술력을 활용한 생산 성향상 노력을 지속하고 있다.

독일의 경우 에너지 정책적 측면에 있어서 그 입장이 매우 확고한 편이다. 재생에너지를 활용한 에너지공급 안전성이 최우선이며 온실가스 감축 등에 대한 명확한 목표치를 설정하고 그 이행을 위한 노력을 지속하고 있다. 이를 위한 실행방안으로 신재생에너지 보급 확대와 에너지효율 개선이라는 큰 목표를 두고 세부적인 정책을 실행하고 있는 것이다. 특히, 에너지관리시스템의 보급을 지원하기 위한 에너지기후기금(Energie-und Klimafonds)을 2010년에 설치하여 보급제도를 2013년부터 도입한 바 있다. 또한, 제조업 주도권을 지속하기 위한 전략인 Industrie 4.0을 구상하여 ICT를 생산공정에 접목하기 위한 계획을 수립하였다. 사물인터넷, 스마트 팩토리 등을 활용하여 제조업 전 공정을 최적화하는 방안을 마련하고자 하며 이를 통해 약 30% 가량의 산업생산성 향상을 기대하고 있는 상황이다.

일본은 에너지효율에 대한 인식이 높은 편으로 '혁신적 에너지 · 환경전략'을 통해 2030년까지 전체 에너지사용량의 19% 절약 목표를 제시하고 있다. 특히, 산업부문에서는 Top-Runner 제도를 도입하여 에너지 다소비업체에 대해 에너지효율 향상을 의무화하는 정책을 실행하고 있다. 또한 세계 최초로 에너지관리시스템 설치에 대한 보조금 제도를 도입하여 시행하여 왔을 뿐만 아니라 스마트공장 분야에 대한 지원 역시 독일과 함께 정책적인 선도국가이다. 일본은 각 공장에 대하여 자원에너지청에서 '에너지사용 합리화 지원보조금'을 지원하고 있다. 한편 2016년부터는 '스마트 팩토리' 시범사업을 진행하여 총 14개 프로젝트에 5억엔을 지원하고 있으며 에너지관리시스템 보급을 위하여 2009년부터 정부 주도의 지원금 제도를 시행, 관련분야에 대한 지속적인 투자를 계획하고 있다. 2011년 후쿠시마 사태 이후부터 현재까지 전력수급의 안정성 확보는 일본의 에너지 분야에 있어서 가장 중요한 현안으로서, 그 대안으로 에너지관리시스템(EMS)이 주목받고 있다.

중국은 정부 차원의 정책이 우리나라와 마찬가지로 에너지공급 중심에서 수요관리 정책으로 변화하고 있어 FEMS 등 에너지수요 관리 분야에 대한 인식이 높아지고 있는 상황이다. 다른 국가에 비해 제조업 부흥정책과 제조 설비공장의 스마트화 및 에너지관리 등에 대한 마련이 다소 늦은 편이라 평가할 수 있다. 그러나 4차산업혁명과 제조업 경쟁력 부문에서 선진국이었던 독일의 정책에 대해 주목하고 이를 바탕으로 정부 간 협의 등의 방법으로 그 방향을 설정하여 적극적인 정책들을 실행해 나가고 있다. 중국은 2015년부터 '중국제조 2025' 및 '인터넷 플러스' 등을 발표한 바 있고 지속적으로 제조업 경쟁력 강화의 성격을 가지는 세부계획 등을 발표하고 있다. 특히, 독일 Industrie 4.0의 주요 목표에서 착안하여 4대 스마트 목표를 설정하였는데, 이는 스마트 제조, 스마트공장, 스마트 물류, 스마트 서비스를 포함한다. 스마트공장 분야의 본격적인 도입을 위하여 각 산업별 대표기업을 선정하여 자금투입, 세수감면, 기술개발 등을 지원할 계획이다.

한국은 에너지 수입 의존도가 매우 높은 국가이기 때문에 이전 정부까지만 해도 정책적으로 전통에너지원의 효율과 가격을 중요시해 왔다. 문재인 정부가 들어선 후 청정에너지 정책으로의 전환을 천명하며 환경친화적이고 지속 가능한 에너지 분야로 초점이 옮겨가고 있는 상황이다. 하지만 에너지효율화 방안 및 정책은 이전 정부와 마찬가지로 일본이나 중국과 같이 EMS를 도입하여 에너지소비를 효율화시키는 수요관리 정책에 머무르고 있는 실정이다.

따라서 정부의 에너지수요 관리정책의 방향은 에너지소비량이 높은 제조업 분야에 많이 집중되고 있다. 특히 세계적인 제조업 육성정책의 흐름에 발맞춰 2014년 정부가 발표한 제조업의 경쟁력 강화를 위한 전략인 '제조업 혁신 3.0 전략'에서도 스마트공장과 FEMS의 보급 확산이 포함되어 있다. 뒤이어 발표된 좀 더 구체적인 실행계획인 '제조업 혁신 3.0 전략 실행대책'에는 2020년까지 1만 개 공장의 스마트화 등을 포함하고 있으며, 이를 통하여 중소·중견 기업을 대상으로 한 스마트공장 보급 사업을 추진하겠다고 표명하였다. 또한 IT 기술을 활용한 '공장에너지관리시스템(FEMS)'을 10개 산업단지에 도입할 계획이 발표되었는데, FEMS의 경우 한국에너지공단 주도로 추진되고 있는 ESCO(Energy Service Company, 에너지절약전문기업을 말하며 ESCO는 에너지 사용자를 대신해 에너지절약시설에 투자하고 이에 따른 에너지절감액으로 투자비를 회수하는 기업)를 이용할 경우 에너지 사용자는 경제적 기술적 위험부담 없이 에너지를 절약할 수 있다. 이어서 2017

년에는 더 확대된 계획인 '스마트 제조비전 2025'를 발표하며 목표를 상향조정하여 3만 개의 스마트 팩토리 확대 및 선도모델 구축 등을 목표로 수립하는 등 지속적으로 에너지효율화 향상을 위하여 정책지원을 하고 있는 실정이다.

FEMS를 활용한 국내외 적용사례

① 국내사례

우리나라는 아직 FEMS 적용에 있어서 초기 진입단계이나 에너지다소비 업종의 대기업을 중심으로 에너지소비 절감 및 효율화를 강화하기 위한 스마트공장 및 FEMS 구축사례가 확대되고 있다. 대우조선해양은 선박 도장공장과 공기압축기 유틸리티에 에너지 자동제어시스템을 구축하였고 이를 통하여 FEMS 구축 이전과 대비해 각각 7%, 18%의 절감효과를 얻은 것으로 알려지고 있다. LS산전은 FEMS 구축으로 연간 10억 원의 에너지비용을 절감한 바 있다. 이는 청주 2사업장에 설치된 자동화 기반 스마트 공정 라인에 1MWh급 에너지저장장치(ESS), 2MW급 태양광 발전설비, 스마트미터 등의 FEMS를 구축한 것으로 총 투자비 67억 원으로 추정하며 향후 7~8년 정도 이내에 투자비를 회수할 수 있을 것이라고 밝히고 있다. 투자비 회수 이후에도 매년 25%(약 10억 원 수준)의 전기요금을 줄일 수 있을 것으로 보인다. 현대삼호중공업은 2011년부터 에너지진단과 현황 분석을 통해 2012년 FEMS의 구축을 완료하였다.

정부의 'IT 기반 신규 에너지절약 전문기업(ESCO) 사업 모델 및 시범사업'의 일환으로 진행된 이 프로젝트는 총 10억 원이 투입되었다. 도입 목적은 도장공장의 설비별 전력사용량 원격 검침, 자동제어를 통한 불필요한 설비가동 제어, 정압의 압축공기 제공 및 차단 등의 에너지절감이다. 이 사업을 통해 1년간 10.3% 에너지절감률을 보였다. 금호타이어의 경우도 ESCO 시범사업을 통해 FEMS를 구축하여 운영하고 있다. FEMS 구축 이후 최대 전력 발생의 경우 대략적으로 2,550kW이던 것을 300kW 가량 줄일 수 있어 그에 따른 전기료 절감 비용이 3,000만 원이며 전기료를 포함하는 총 에너지절감 비용은 1억5,000만 원인 것으로 알려지고 있다. 2015년까지 진행된 ESCO 사업 결과를 보면, 총 지원액 1억6,754만 원, 절감량 1,193천toe$^{(ton}$ $^{of\ oil\ equivalent)}$의 성과를 얻은 바 있다.

포스하이메탈은 포스코ICT의 FEMS 노하우를 전수받아 전기로 등 주요 생산공정에 FEMS와 함께 가변속 제어장치 등을 포함하는 고효율 설비를 설치하였다. 주요 기능으로는 플랜트와 설비에 대한 에너지사용 현황 실시간 모니터링 및 분석이다. 이러한 설비의 설치를 통하여 연간 16억 원 가량의 에너지 비용절감이 기대되며 CO_2 저감량 역시 9,663톤에 이를 것으로 기대하고 있다. 포스코 광양제철소는 산소공장의 생산단위기기에 지능형 계량기 설치를 통해 에너지 사용 현황에 대한 흐름을 파악하고 각 기기들에 대한 원격감시 및 제어기능을 갖춘 FEMS를 구축한 바 있다. 이를 통하여 76억 원의 에너지 비용을 절감하였고, CO_2 배출량 저감 역시 2만 6,500톤에 이를 것으로 예측하고 있다.

◉ 대우조선해양 에너지관리시스템

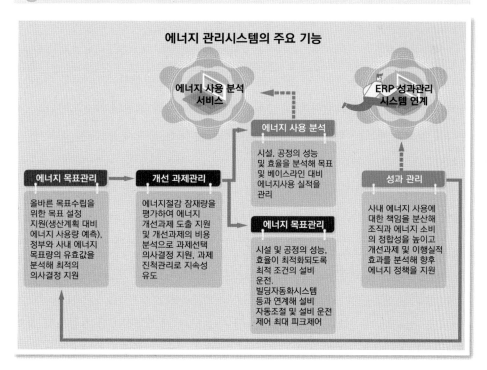

② 해외사례

해외의 경우 우리나라보다 제조 전반에 걸친 에너지효율화 작업을 적극적으로 수행한 경우가 많다. 특히 2000년대 초반부터 미국은 IBM, GE, 하니웰 등 IT 기업들을 중심으로 FEMS 시장에 본격적으로 진출한 바 있다. 또한 일본은 원전사태 이후에 전력수급 불안정으로 공장 내 에너지절감과 설비 갱신 등의 수요가 상승하고 있다. 이에 정부를 중심으로 클라우드 EMS와 스마트 그리드 등 사업을 추진하고 있다. 대기업 중에서는 후지쓰, 히타치, 도시바 등 디바이스 기업들이 FEMS 시장에 진출하고 있다. 중국 역시 우리나라와 유사하게 에너지 패러다임의 변화를 맞으며 공급 중심에서 수요관리로의 정책 변화를 시도하며 FEMS 도입을 의욕적으로 추진하고 있다. 해외의 대표적인 적용사례를 보자면 우선 IBM은 2013년 'GIView FEMS'의 수립을 발표하였다. 이는 공장의 에너지 상황을 1분 단위로 수집하여 수급을 관리하는 시스템으로 이용 최적화를 목표로 한다. 공장의 전력수요에 대한 정보뿐만 아니라 모듈별 에너지 이용 상황을 수집하여 가시화할 수 있는 점이 특징이다.

이는 공장 전반에 걸친 공급망의 최적화를 지원하는 생산관리 솔루션인 'IBM Global Integrated Vies(GIVies)'와 공장에너지관리시스템을 결합한 형태이다. 이에 앞서 IBM은 2000년부터 공장의 에너지 사용 및 에너지 발생 업체에 약 6만여 개의 계량기를 설치한 바 있으며 이를 통하여 에너지양에 대한 모니터링, 분석, 피드백 제어체제를 구축한 바 있다. 이러한 Smart Metering 구축 이후인 2001년부터 생산량은 30% 증가하였음에도 불구하고 에너지소비를 20% 절감하는 데 성공하였다. 즉, IBM은 2000년대 초반부터 에너지관리의 중요성에 대해 인지하고 설비단위당 계측기 설치를 통하여 에너지소비 형태를 파악하고 절감 아이디어에 대한 공모와 투자를 지속하면서 개인별 목표관리 등 적극적인 에너지효율화 활동을 실행하고 있다.

독일 지멘스의 스마트공장인 'EWA(Electronic Works Amberg)'는 대표적인 성공사례로 언급되고 있는데 매일 5,000만 건의 정보를 수집하여 제조공정마다 자동으로 작업지시를 내리고 있다. 전 공정의 모든 제품에 대한 라이프사이클의 관찰이 가능한 상황이며 에너지소비 또한 기존의 공장과 대비하여 30% 정도 낮아져 에너지효율을 높이고 있다. 국내에도 많이 소개된 바 있는 후지쓰 IT 주식회사의 사례를 보면 EMS 구축을 통하여 생산현장과의 일체에 의한 에너지 절약을 도모하고 있다. 시스템 도입으로 에너지 흐름의 가시화와 원격제어 등의 자주 활동을 통한 절약을 유도하고 있다. 이를 통하여 2019년 에너지 사용량은 원유환산 2017년 대비 6.5% 절감된 5,911kl로 예상되고 있다.

FEMS를 활용한 정책 시사점

에너지절감 관련 정책 활성화와 FEMS 보급률을 향상시키기 위해서는 우선적으로 에너지관리시스템의 효율화 방안에 대한 인지도를 제고해야 할 필요가 있다. 또한 기추진 중인 제도와 기업들의 성공사례에 대한 정확한 정보제공을 통해 보다 많은 중소 · 중견 기업이 그 필요성을 체감할 수 있는 홍보방안을 마련해야 할 것으로 보인다. 특히 도입비용에 대한 문제는 현재에도 정부차원의 지원이 있으나 그 효용가치에 대한 긍정적인 판단이 선행되어야 할 필요가 있다. 즉, 직접적인 도입 및 구축 성공사례 제시가 최우선 과제라고 볼 수 있다. 또한 대기업을 중심으로 이루어진 구축사례가 중소 · 중견 기업에 설득력을 가질 수 있는 적용방안 마련에도 많은 관심이 필요할 것이다. 특히 중소 · 중견 기업의 경우 실질적으로 에너지절감의 중요성을 인정함에도 불구하고 불가피하게 경영상 우선순위에서 뒤처질 수밖에 없다. 중소 · 중견 기업들의 입장에서는 생산성 향상을 우선시할 수밖에 없는 상황과 상대적으로 저렴한 산업용 전기가격으로 인해 이들 기업들의 전체 운영비용에서 에너지비용이 차지하는 비중이 1%에 불과하기 때문에 에너지관리시스템의 경영상 우선순위가 낮을 수밖에 없다. 스마트공장이 설치되어 있는 업체에서도 이와 같은 시스템이 에너지절감을 위한 것이라기 보다는 생산성 향상에 초점이 맞추어져 있다.

따라서 정부는 에너지절감을 위하여 사업체가 어떤 요구를 가지고 있는지를 우선 파악해야 할 것이다. 이와 동시에 에너지절감 및 효율화를 위한 노력 자체가 불

편함을 유발하는 것이 아니라 FEMS를 활용한 합리적인 에너지 소비를 통해 비용절감은 물론 제품의 생산성과 품질향상 효과도 함께 얻을 수 있으며, 이산화탄소 등 온실가스 배출 감소를 유발하여 온실가스 목표관리제 등의 기준에 부합하는 등 기업경영에도 중요한 요소임을 널리 알리고 인지시켜야 할 필요성이 있다. 특히 앞서 언급한 바 있는 국내의 FEMS 구축사례는 에너지절감률이 10%를 상회하는 것으로 나타나는 등 그 결과가 매우 긍정적으로 평가할 수 있는 근거가 되고 있다. 이러한 구축 노하우를 꾸준히 쌓아 매뉴얼화하고 적용 가능한 산업분야를 판단할 수 있는 방안을 마련한 후 체계적인 도입을 추진한다면 그 기대효과는 더욱 커질 것으로 보인다.

세계 각국은 지속적으로 에너지효율 및 절감을 위한 주요 기술로 에너지관리시스템에 대해 인지하고 그 기술을 활용한 스마트공장까지 4차 산업혁명시대의 제조업 강화 방안으로 활용하고자 노력할 것으로 보인다. 우리나라 역시 FEMS나 스마트공장 등에 대해서 그 출발이 다소 미진했을지라도 적극적인 정책을 펴고 있으며, 향후 지속적인 지원 및 실질적인 확대를 위한 노력을 계속해 나갈 것으로 예상된다. 이러한 노력이 실효성 있는 성과를 얻을 수 있도록 정부는 에너지효율 및 절감을 위한 주요 지원체계, 혜택, 기술보급 등이 대기업에만 국한되지 않도록 중소·중견 기업을 중심으로 관련 사업을 확장시킬 수 있는 제도적 기반 등을 마련하여 그 혜택이 경제 전반에 골고루 확산될 수 있도록 정책적 노력이나 관련 사업을 확장해야 할 필요가 있다. 따라서 대기업과 중소·중견 기업과의 간극에 필요한 정책적 방향성에 대한 제고가 필요한 시점이다.

10   스마트 팩토리 고도화를 위한 신제품 개발과 PLM

오늘날 소비자의 취향에서 매우 빠른 변화를 보이고 있다. 그와 더불어 계속되는 신기술의 개발은 기업으로 하여금 새로운 제품을 제공해야만 하는 의무감을 부과

한다. 새로운 제품을 제공하는 방법은 두 가지가 있다. 첫째는 기업 외부에서 라이선스를 통한 신제품 보유이고, 둘째는 자사 연구개발을 통한 신제품 개발이다. 여기에서 '신제품'이란 기업이 자신의 기술개발 노력을 통해 개발한 제품, 수정한 제품, 새로운 상품 등을 의미한다. 신상품이 언제나 신상품으로 남아있는 것은 아니다. 시간이 지남에 따라 신상품은 또 다른 새로운 상품에 밀려 과거의 상품이 되어 버리고 마는 것이다. 이러한 시간에 따른 제품의 흐름을 제품수명주기라고 한다. 신제품을 개발하고 판매하기까지는 매우 큰 위험이 뒤따른다. 신제품을 만들기 위해서는 그에 따르는 제반 시설을 비롯하여 판매관리비용까지 상당한 비용이 소요되기 때문이다. 따라서 성공적인 신제품 개발을 위해서는 잘 계획된 전략이 필요하다.

신제품 개발전략 단계

첫째, 아이디어 창출

훌륭한 제품을 만들기 위해서는 훌륭한 생각이 필요하다. 훌륭한 신제품 아이디어는 고객을 관찰하고 고객의 소리를 듣는 것에서 나온다. 따라서 좋은 아이디어 창출을 위해 기업은 고객을 더욱 가까이 하는 노력이 필요하다.

둘째, 아이디어의 심사

새로운 제품을 생산하는 것은 매우 큰 위험이 뒤따르기 때문에 그 과정에 있어 신중을 기할 필요가 있다. 아이디어의 심사는 수많은 아이디어를 추려 훌륭하고 실현 가능한 아이디어를 선택하는 데 의의가 있다.

셋째, 제품개념의 개발과 테스트

우선 제품개념이란 아이디어를 보다 구체화시킨 것으로 소비자의 입장에서 제품의 의미를 부과하는 것이다. 개념의 테스트란 제품개념들이 적합한가를 표적시장을 통해 시험하는 것이다.

넷째, 마케팅 전략의 개발

실제 시장에 도입하기 위한 예비 마케팅 전략을 수립하는 것이다. 이 과정에서 표적시장을 선정하고 포지셔닝을 계획한다. 또한 추정 재무제표의 작성으로 미래 수익이 어느 정도인지 예상하는 과정이다.

다섯째, 사업성 분석

신제품에 대한 매출액과 예상비용 및 이익을 추정하여 사업의 매력 정도를 판단하는 것이다.

여섯째, 사업성 가능 여부

사업성이 양호하다고 판단되는 제품계획은 실제로 제품이 형상화될 수 있도록 개발되어진다. 이를 제품 개발이라고 한다. 이 부분에서는 특히 제품 개발 부서 및 엔지니어링 부서 등과의 긴밀한 협조가 필요하다.

일곱째, 시험 마케팅 필요성

제품이 개발된 후 실제 시장에서의 마케팅 이전에 반드시 시험 마케팅이 필요하다. 이는 실제 제품을 출시했을 때의 위험을 미리 감지하는 데 의미가 크다고 할 수 있다.

여덟째, 상품화

시장에 신제품을 도입하기로 결정이 끝난 상태이기 때문에 가장 많은 비용이 소요되기도 한다. 즉, 제품생산을 위한 기계를 도입해야 하며, 광고촉진비용 등 여러 부분에서 비용이 소요되는 것이다.

마지막으로, 신제품 개발을 위한 조직

신제품 개발을 위한 조직에는 두 가지 유형이 있는데, 하나는 단계적 신제품 개발이라 하여 상기 언급한 신제품 개발의 각 단계를 각 부서에 할당하여 처리하게 만드는 것을 말한다. 현재 기업은 시간의 신속성을 중시하여 이 같은 단계적 신제품 개발보다 더욱 신속하게 처리할 수 있는 동시적 제품 개발을 선호하는 경우가 많다. 이는 팀을 기초로 하여 협력적 · 공동적으로 제품을 개발하는 것을 말한다.

제품수명주기 단계

신제품 역시 시간이 흐르면 기존 제품이 되고 언젠가는 사라져 버리기 마련이다. 이와 같은 제품의 지속기간을 제품수명주기라 한다. 제품수명주기는 그 축을 시간과 매출액으로 하여 시간에 따라 제품의 판매량의 상관관계를 알게 해준다. 제품수명주기는 그 한 축인 시간에 따라 다음과 같이 구분될 수 있다.

첫째, 제품 개발 단계

제품이 판매되기 전 까지의 신제품 생성과정을 말한다. 이 기간에는 매출액은 전혀 나타날 수 없으며, 반면 투자비용은 증가하는 단계이다. 이 부분에서 기업은 좋은 제품 개발을 위해 최선의 노력을 다해야 한다.

둘째, 도입기 단계

제품 개발 단계를 마친 제품이 시장에 출시되면서 판매가 서서히 증가하는 단계이다. 그러나 이미 제품 도입에 상당한 비용을 소요한 상태이고 계속해서 비용이 발생하기 때문에 도입하자마자 이익이 생기는 것은 아니다. 마케터는 도입기에서 최대한 소비자에게 자사의 제품을 인지시키고 적극적인 제품 포지셔닝으로 제품의 자리를 확고히 해야 할 것이다.

셋째, 성장기 단계

성장기에서는 초기 수용자들의 계속적 구매와 후기 수용자들의 구매 창출로 인하여 판매량이 급증하는 시기이다. 이 시기에는 특히 경쟁자가 많아져 제품의 가격이 약간 떨어지며, 촉진비는 약간 상승하는 특징이 있다. 성장기에서 마케터는 경쟁사와 비교하여 우위를 차지할 수 있도록 마케팅 활동에 많은 부분 노력을 기울여야 한다. 광고 및 판촉 등에 차별적인 마케팅을 펼쳐야 하는 것이다.

넷째, 성숙기 단계

성장기를 지나 판매 성장률이 둔화되기 시작하는 시기가 바로 성숙기이다. 이 기간은 다른 단계들보다 오래 지속되는 특징이 있고, 판매량 감소에 따른 재고 증가로 마케팅에 많은 과제를 부여한다. 성숙기에는 어느 정도 경쟁이 안정된 상태이고 판매량도 그다지 큰 폭으로 줄지 않기 때문에 자칫 성숙기 제품의 마케팅을 쉽게 지나칠 우려가 있다. 하지만 이 시기 역시 계속해서 그 가치가 떨어지고 있는 제품에 대해 인식하고 그에 따르는 적절한 마케팅이 필요하다.

마지막으로, 쇠퇴기 단계

쇠퇴기란 판매가 거의 없는 상태이거나 아주 낮은 수준에 정체되어 있는 상태를 말한다. 이는 앞서 말한 바와 같이 기술의 진보와 소비자 취향의 변화, 경쟁의 격화 등으로 인하여 오게 된다. 이 시기에서는 제품이 시장에 나와 있는 자체가 비용을 수반할 수 있기 때문에 쇠퇴기 제품인지 검토하는 것이 매우 중요하다. 그 후 제품의 유지 및 수확, 철수 등의 전략을 펼쳐야 할 것이다.

　하나의 제품이 만들어져 더 이상 생산하지 않고 시장에서 사라져 버리기까지는 매우 다양한 과정을 거친다. 또한 그 과정 하나하나에서 전략적으로 결코 소홀할 부분이 없음을 알아야만 한다. 따라서 기업은 신중한 제품 생산 결정을 해야 하며 새로운 제품이 생산되어 사라지기까지 제품의 관리와 마케팅에 정성을 쏟아야 할 것이다. 이러한 노력으로 각 제품수명주기에 합당한 마케팅 활동을 규명할 수 있을 것이며 이는 곧 가장 가치있는 마케팅 활동으로 이어질 것이다.

⊙ PLM(제품수명주기관리) 전략

　PLM^(Product Lifecycle Management)이란 제품 전 수명주기 동안 생성되는 각종 제품 관련 정보를 통합 환경하에 체계적으로 관리, 내부의 다양한 관련 부서 및 외부 협력업체, 고객 등에 제공하여, 제품의 개발기간을 단축하고 개발비용을 절감하며 제품 품질을 향상시켜, 제품 경쟁력 제고를 돕는 전략 또는 시스템이다. 제품설계를 위한 아이디어수집, 기획 단계부터 제품생산을 시작하기 직전까지 관련된 정보를 통합 관리하는 것을 말한다. 개발 중인 제품과 관련된 정보를 일괄적으로 취합, 관리함으로써 회사 내 담당자나 협력업체들과 제품 정보를 공유하거나 협업을 진행할 수 있어 효율적인 제품 개발이 가능하다. 전사적 자원관리^(ERP)가 생산 과정에 초점이 맞춰져 있다면, PLM은 제품 개발과 설계단계 프로세스의 관리를 같이하는 것이다. 초기에는 주로 부품 정보 위주의 관리였으나 최근에는 마케팅 · 설계 · 제조 · 판매 단계에서 발생하는 각종 정보를 연결 관리하는 것으로 범위가 확장되고 있다.

① 통제된 신상품 개발 프로세스

　PLM의 중점적인 대상이 되는 프로세스는 아이템 창조에서 시작하며, 최종적으로 신제품의 투입에 의한 이익 획득, 고객만족도 결과의 확인과 다음 제품 개발의 피드백으로 이어지는 '제품 개발 프로세스'이다. 이 프로세스는 몇 개의 의사결정 게이트로 구분된 단계로 구성된다. 의사결정 게이트를 통과할 때마다 제품 아이디어나 발상의 범위를 점차 제한하여 시장에 공급하게 된다. 이 게이트가 고객매력도와 비용경쟁력이 불분명한 제품공급을 억제하게 된다. 스테이지 게이트 방식을 취함으로써 효율적이며 효과적으로 상품을 시장에 출시할 수 있다.

② 제품과 기술전략

일반적으로는 우선 시장이나 고객을 의식한 '기술 로드맵'을 작성하고 그것을 기초로 해서 제품전략을 전개한다. 선진기업에서는 시장부문의 매력도, 자사의 시장에서의 위치, 제품 포트폴리오 등을 살펴보면서 기업 전체의 경영전략과 정합성을 취하는 형태로 제품을 시장으로 투입한다. 또한 기술적인 난이도와 투자대비 이익 등의 관점에서 제품의 위치나 자원투자 우선순위를 음미하기 위한 '제품 포트폴리오'에 기초한 관리가 반드시 필요하다. 그리고 '기술 로드맵' 혹은 '제품과 기술전략'을 구체화한 '제품 로드맵'은 사내와 사외의 커뮤니케이션 수단으로 활용할 수도 있다.

③ 자원관리

제품 개발 프로세스에서 기업이 직면한 공통과제의 하나는 귀중한 개발자원을 어떻게 배분하면 최대의 효과를 얻을 수 있는지 하는 것이다. 자원이 풍부하지 않은 상황에서는 개발 프로젝트를 취사 선택해야 하며 자원 수용능력의 판별, 스케줄 관리와 자원 예측, 새로운 프로젝트 발생상황, 그것에 기초한 자원배분에 관한 의사결정이 핵심사항이 된다. 이것은 제품 라이프사이클 전체에 해당한다고 할 수 있으며, 제품 기획에서 시장 투입에 이르기까지 얼마나 효율적으로 자원을 분배하는지에 따라 제품 개발의 품질 뿐만 아니라 시장 투입의 리드타임에도 큰 영향을 주게 된다.

④ 평가지표

PLM의 실시효과를 파악하기 위한 '평가지표'를 설정하고 이것을 모니터링하는 것은 상당히 중요하다.

a) 재무지표

신제품 개발비용 삭감, 제품 이익률, 신제품의 히트 확률, 신제품 투입수의 증가 등의 향상 정도나 당초 개발예정기간 내의 개발완료 수, 당초 예상매상과 이익목표의 준수 정도 등을 모니터링한다.

b) 프로세스 효율지표

시간, 고객만족도, 품질수준, 업무제휴의 달성 정도 등을 관리하는 지표이다. 특히 타임 투 마켓은 PLM에 직접적으로 영향이 있기 때문에 좀 더 중점적으로 관리해야 한다.

c) 자원 활용지표

각각의 제품 개발 프로젝트에 대해 가장 적합한 자원배치를 할 수 있는지 없는지를 관리하는 지표이다. 이 지표를 통해 제품기획 스태프, 설계자와 기술자 등의 인적 자원, 연구개발시설과 각종 기기를 프로젝트의 우선 정도와 진행 정도에 따라 효과적으로 사용할 수 있는지 없는지에 대해서 체크한다.

⑤ IT 활용

정보기술(IT)을 활용하지 않고서는 앞서 언급한 네 가지 구성요소를 실현할 수 없다. IT를 변혁의 지렛대로 어디까지 도입하여 업무에 효율적으로 운영하고, 정당한 정보에 기초한 의사결정을 내리는지가 성공의 관건이라 할 수 있다. 하지만 IT를 도입하고 있다고 해도 독립된 시스템에 의해 관리되고, 데이터가 불충분하거나 데이터는 존재하지만 시스템 접근체계가 불충분하거나 공통제품 데이터베이스는 있지만 공유수준이 낮은 상태라면 별다른 효과를 기대할 수 없다. 선진기업들은 기본적으로 세계적 수준의 제품과 부품정보 데이터베이스가 구축되어 있으며, PDM(Product

Data Management)이나 협업을 통한 효율화와 프로젝트 관리를 동시에 실현하고 있다. 또한 ERP와의 연계에 의해 제품별 비용관리를 추진하고 있다.

PLM의 효과

① 기업의 가치 향상

지금까지 기업가치 향상시책으로 채택된 방법은 비용절감이나 투하자본 회수율 향상, 특히 자산회전율의 향상시책이 중심이었다. 캐시플로우(cash flow) 경영을 지향하는 기업이 모두 SCM을 도입한 것은 지금까지 간과하기 쉬웠던 재고금액, 외상매출금과 매입금 기간의 재평가 등에 의한 운전자본 삭감이 투하자본 체감에 직결되었기 때문이다. 이에 비해 PLM은 세후영업이익의 증대에 직접적으로 기여한다. 특히 매상증대와 지금까지 절대적이었던 개발비 관련 비용의 삭감을 기대할 수 있기 때문에 SCM과 아울러 큰 재무효과를 기대할 수 있을 것이다. 매상증대의 주 요인은 물론, 지금까지 여러 차례 언급한 신제품 수의 증대, 고객의 요구를 반영한 제품 개발에 의한 고객만족도 향상이다. 신제품 개발기간의 단축은 단축기간만의 매상기회를 포함시킨다. 또한 고객만족도 향상은 경합제품에 대한 승률을 높여 시장점유율을 높인다. PLM은 매상증가뿐만 아니라 비용절감에도 크게 기여한다. 특히 효율적인 개발비 사용법, 자원의 철저한 관리에 의한 개발비의 효율화를 기대할 수 있다.

② 비효율 감소

지금까지 제품기획 담당자는 임원에게 "이 제품은 팔린다고 확신하며 열정적으로 이제까지 계속 구상해 온 자신의 분신과도 같은 제품을 어떻게 세상에 내놓을까?"하는 생각에 여념이 없었다. 어떤 의미에서 자기만족이라고 할 수도 있겠지만, 이것이 제품기획 담당자에게 행동이나 의욕을 일으키는 요소가 되었으며, 이것이 신제품 개발의 원동력이 된 것은 부정할 수 없을 것이다. 결과적으로 수익성을 예측할 수 없는 제품도 시장에 투입되어 왔다. 그러나 PLM에 의해 제품 라이프사이

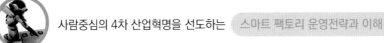

클을 통한 제품 라이프사이클 비용관리, 제품기획과 설계, 제조관련 스케줄 관리가 실현되었다. 또한 개발 프로젝트 성과의 조기예측이 가능해졌다. 동시에 제품별 이익목표를 달성하기 위한 조직적인 유연한 대응이 가능해졌다. 따라서 제품기획 담당자는 '이만큼 이익을 내자'고 하는 이익목표에 기초하여 프로젝트를 관리하게 된다. 또한 제품 라이프사이클을 통한 비용실적을 당초 예산과 비교함으로써 개발기간 중에 개발예산을 초과하거나 시장 투입 후의 판매촉진비용까지 모조리 사용해 버리는 일을 방지할 수 있다. 따라서 가능성이 없는 개발 프로젝트는 조기단계에서 정리되어 개발에 관련된 물리적 자원, 엔지니어 등의 인적 자원을 효과적으로 사용할 수 있게 된다. 또한 설계 측은 어쨌든 좋은 부품을 사용하기 쉬워졌지만, 원가기획이 원만하게 추진된 결과 조달기간에 적합한 상품을 선택하고 전체 이익을 고려하여 부품비용을 인하할 수 있게 되었다.

③ 기업 자체를 변화

제품 라이프사이클을 통한 프로세스 관리비용의 절감, 재고감소, 제조원가 절감 등의 업무면에서뿐 아니라 경쟁력 향상, 혹은 고객 로열티 향상과 같은 전략면에서도 큰 효과를 올리고 있는 기업이 많다는 사실을 알 수 있다. 즉, 많은 기업은 PLM 도입으로 자신의 기업의 본질 자체가 변화되었다는 사실을 실감하고 있다고 할 수 있다.

3

스마트 팩토리(Smart Factory) 국내외 사례

CHAPTER

3

제4차 산업혁명이 주목받으면서 스마트 팩토리 사업에 국내 기업들도 적극적으로 진출하고 있다. 스마트 팩토리는 제조업 경쟁심화, 다양한 제품군과 짧은 제품 수명주기, 다변화된 시장요구와 제조 및 생산 환경의 변화에 대비하기 위한 필수 조건 중 하나로 인식되고 있다. 스마트 팩토리는 글로벌 ICT 기업에 새로운 먹거리를 제공하는 새로운 시장으로 부상하면서 미국, 독일, 일본 등 선진국들은 스마트 팩토리 사업을 국가적으로 추진하고 있는 상황이다. 우리나라도 경제침체와 위기를 극복하고, 제조업의 경쟁력을 강화하며, 21세기 생존전략과 경영혁신의 일환으로 스마트 팩토리를 적극적으로 도입하고 있다. 스마트 팩토리는 공장 설비에 설치된 사물인터넷(IoT ; Internet of Things)과 센서를 통해 실시간으로 생산설비 간에 정보교환이 이뤄지고, 기기의 불량이나 제조 과정상의 비효율적인 부분을 스스로 예측해 개선하는 기술이다. 이러한 기술은 CPS(Cyber-Physical System)를 기반으로 운영된다. 사물인터넷을 통해 컴퓨팅 및 제어기능 등의 사이버(cyber) 시스템과 오프라인의 물리적(physical) 시스템이 통합된 형태인 것이다. 즉, 스마트 팩토리는 각 기계들이 내장된 '임베디드 시스템(embedded system)'을 통해 개별 주소를 갖고 정보를 교환한다. '임베디드 시스템'이란 어떤 제품이나 솔루션에 추가로 탑재되어 그 제품 안에서 특정한 작업을 수행하도록 하는 솔루션을 말한다. 예를 들어, 주된 용도가 전화기로 사용하고 있는 휴대폰에 텔레비전 기능이 들어가 있다면 텔레비전 기능이 바로 '임베디드 시스템'이다. 즉, 첨단 기능이 들어 있는 컴퓨터, 가전제품, 공장자동화 시스템, 엘리베이터, 휴대폰 등 현대의 각종 전자ㆍ정보ㆍ통신 기기는 대부분 '임베디드 시스템'을 갖추고 있다. 대개의 경우 그 자체로 작동할 수도 있지만, 다른 제품과 결합해 부수적인 기능을 수행할 때에 한해 '임베디드 시스템'이라고 한다. 각 기계들은 자체적인 통신이 가능한 상황에서 사람에게 위임받은 제품 생산과 기계ㆍ설비운용 권한을 자율적으로 행사해 제품을 제조 생산하게 된다. 제품 생산과정에서 발생하는 데이터는 다시 MES(생산관리시스템), ERP(전사적 자원관리) 등과 같은 생산, 경영분야의 시스템과 연동되어 주문량 등 경영상 판단에 맞춰 최적의 생산체제를 유지하게 되는 것이다.

01 | 독일의 지멘스(Simens) 스마트 팩토리, 암베르크 공장

독일은 첨단기술전략 2020에 포함된 인더스트리 4.0으로 민·관·학 프로젝트를 추진하였다. 초기 수행주체는 독일 연방정부 교육부이며, 2012년부터 2015년까지 2억 유로의 정부예산을 투자하였다. 핵심동력은 정보통신기술(ICT)이며, 네트워크에 연결된 기계 간 자율적으로 공동 작업하는 M2M(Machine to Machine, 사물통신), 네트워크를 통해 얻을 수 있는 빅데이터 활용, 생산부문과 개발·판매·ERP·SCM·PLM 등의 업무시스템과 연계하는 것이다. 독일의 인더스트리 4.0 전략의 최종 결과물은 ICT와 융합된 제조업의 자동생산체계를 구축하는 스마트공장으로 구현한다. 독일은 2012년 출범된 제조업혁신정책 '인더스트리 4.0' 추진 중 파악된 초기 문제점(중견·중소기업 참여 저조, 인력부족, 추진속도 지연)을 보완해 2015년 4월 '플랫폼 인더스트리 4.0'로 재출발하게 된다. 독일은 4차 산업혁명 전략인 'Industry 4.0'을 통해 개별 제조시설의 스마트 팩토리 전환을 넘어 "세계의 공장을 만드는 공장, 21세기형 생산체제의 구축"을 목표로 하고 있다. 산업 생태계 전반의 생산성을 제고하고, 독일의 산업경쟁력을 극대화하려는 전략이다. 즉, 지멘스 공장의 자동화 수준은 75%로, 1,000여 종의 제품을 연간 1,200만 개 생산한다. 이 공장은 24시간 안에 설치된 기계장비를 변경해 다른 제품을 생산할 수 있다. 또한 실시간으로 5,000만 건의 정보를 매일 수집해 제조 공정마다 최적화된 의사결정을 내리고 있다. 카메라는 광학장비시스템으로 옮겨진 부품의 이상 여부를 점검하며, X-레이는 부품끼리 연결된 부위를 점검한다. 또 1,000개 이상의 스캐너들이 모든 공정 단계를 실시간으로 점검하며 온도와 위치정보와 같은 제품 상세 정보를 기록하고 있다. 이러한 모든 정보는 IT 제조실행 시스템에 저장되고 있다.

'스마트 팩토리'란 사물인터넷과 빅데이터가 만드는 미래형 제조현장이다. '기획 설계 → 생산 → 유통 판매' 등 제품의 생산부터 판매까지의 전 과정을 IoT, AI, 빅데이터 등을 통합하여 자동화 및 디지털화를 구현하는 것이다. 즉, 최소의 비용과 시

자료 참조 : 한국 지멘스 홈페이지

간으로 고객맞춤형 제품을 생산할 수 있게 된다. 이와 같이 스마트 팩토리를 효과적으로 적용하여 독일의 기업 지멘스는 제조생산의 혁신을 이루었다. 생산 및 인프라 혁신의 지멘스는 독일 최대의 전기, 전자기기 제조회사로 세계적인 입지를 차지하고 있는 회사이다. 지멘스의 암베르크 공장은 설비, 기계장비에 센서를 부착해 이를 통해 수집된 정보를 바탕으로 전체를 관리하는 시스템에 기반하는 스마트 팩토리를 운영 중이다. 또한 설계나 주문을 변경해도 99.7%의 제품을 24시간 내에 출시하는 시스템을 구축하고 있으며, 100만 개당 불량 수는 약 11.5개에 불과할 정도로 높은 품질을 유지하고 있다. '생산'의 대부분은 생산자동화되어 있다. 암베르크 공장에는 수십 개의 컨베이어 벨트가 쉬지 않고 돌아가지만, 상당수의 근로자들은 기계 앞이 아닌 모니터 앞에 서있는 것이다. 로봇을 통한 자동화가 이루어졌기 때문이다. 기계와 컴퓨터는 전체 공정의 75%를 담당하며 나머지 25%만이 사람의 손을 거치게 된다. 제조 공정이 시작될 때 회로기판을 사람이 생산라인에 최초로 배치하는 경우가 이에 속한다. '바코드'를 통한 제품의 위치 파악과 바코드를 통한 전 제품의 위치 파악이 가능하다. 각각의 회로기판에 각기 다른 바코드가 부여되어 감독자가 작업을 한 눈에 모니터링할 수 있다. 암베르크 공장에 있는 1,000개 이상의 스캐너들은 모든 공정단계를 실시간 점검하며 테스트 이상 결과, 위치 정보와 같은 제품 상세 정보를 기록한다. 동시에 공정에 대한 정보 역시 IT 제조실행시스템에 저장된다. 지멘스의 자료에 따르면 "지멘스는 마지막까지 모든 제품의 라이프 사이클을 관찰할 수 있다" 한다. 스마트 팩토리는 전체적인 밸류체인을 두고 시스템상에서 수직적 통합과 소프트웨어와 하드웨어를 총합한 전체 제품과 솔루션의 포트폴리오를 통합할 수 있는 컨셉트을 추구한다. 지멘스는 현재에도 이의 스마트 팩토리의 성공적인 실현을 위해 RFID(Radio Frequency Identification), USN(Ubiquitous Sensor Network), 무선 네트워크 등 유비쿼터스 기술을 제조 공장에 접목해 다양한 연구를 진행 중이다. 또한 개발, 생산 및 공급의 과정에서 전체적인 데이터 통합을 가능하게 하는 완벽한 소프트웨어, 하드웨어 제품 포트폴리오를 제공한다. 광범위한 실제 가치사슬을 완벽하게 디지털화하는 것이 지멘스의 궁극적인 목표라고 한다.

02 | 독일의 아디다스(ADIDAS) 스피드 팩토리, 무인(無人)공장

독일 아스바흐 아디다스의 '스피드 팩토리'는 3D 프린팅, 신소재, 로봇이 융합된 온디맨드(on-demand) 생산공장으로 4차 산업혁명 추진의 대표적인 사례로 언급된다. 운동화 브랜드로 유명한 독일의 아디다스는 최근 자국 내에 새롭게 공장을 하나 지었다. 아디다스는 고임금에 따른 가격경쟁력 고민 끝에 1993년 독일 공장을 모두 폐쇄하고 중국과 동남아시아로 공장을 옮겼다. 그랬던 아디다스가 23년 만에 모국에 다시 공장을 지어 돌아온 것이다. 전 세계 어디서든 홈페이지에 접속하여 신발 유형, 디자인, 소재, 색깔, 깔창, 신발 끈 등에 대하여 소비자가 원하는 유형을 입력하면 인터넷에 연결된 독일의 제조 공장으로 데이터가 즉시 전송되어 5시간 이내에 맞춤형 신발이 제작된다. 동남아 공장에서 3주가 소요되던 신발 제작과 비교했을 때 이 공정으로 3D 프린터와 로봇 12대, 사람 10명이 연간 50만 켤레를 생산할 수 있어 엄청나게 효율성이 개선될 수 있다. 50만켤레신발 제품을 생산하기 위해서는 600명이 매달려야 하는 일이지만 스피드 팩토리는 공장의 유지보수와 관리 직원을 제외하면 생산현장에는 단 10명의 직원만이 투입되고 있는 것이다. 스피드 팩토리는 단순히 생산성 향상 및 인건비 절감 효과만 있는 것이 아니라, 각 개인에게 최적화된 제품을 최단 시간에 공급하는 것도 중요한 목적이다. 스피드 팩토리는 전자동화시스템과 고객맞춤형의 유연성, 디자인과 기술력을 완벽히 결합시킨 상품을 가장 빠르게, 가장 가까운 곳에서 생산할 수 있도록 해준다.

자료 참조 : YouTube 아디다스 스피드 팩토리 동영상

03   미국의 GE 스마트 팩토리, 생각하는 공장

미국의 스마트 팩토리는 ICT 기술력을 바탕으로 빅데이터를 분석해 생산성을 개선하는 시스템이다. 새로운 사업모델을 만들어 내며 수익을 창출하고 있는 것이다. 형태는 일반적으로 기존 제조업 분야에 사물인터넷을 접목하는 방식이다. 가장 대표적인 기업이 GE(General Electric Company) 스마트 팩토리이다. GE는 제조 분야에 디지털 역량을 융합, '생각하는 공장(Brilliant Factory)'이라는 새로운 개념의 제조 혁신 시대를 열어가고 있다. 브릴리언트 팩토리는 첨단 제조와 3D 프린팅, 빅데이터 분석 등 새로운 제조기업을 적용, 생산성을 높이는 차세대 공장이다. 이와 관련해 GE는 3D

프린팅 기술을 핵심 성공요소로 추진, 스웨덴 3D 프린터 제조사 아르캄(Arcam), 독일 컨셉레이저 등의 인수를 통해 GE애디티브(GE Additive) 사업부로 새롭게 출범했다. 3D 프린팅 기술을 통하면 금속분말 등 다양한 재료로 제품을 생산하고, 복잡한 내부 구조를 갖는 부품 설계가 가능해진다. 실제로 GE는 2017년 12월에는 금속 3D 프린팅 기법을 활용해 복잡한 연소시스템을 구현, 세계 최고의 발전효율(64%)을 달성한 HA 가스터빈을 선보이기도 했다.

GE는 3D 프린팅뿐 아니라 생산 과정의 낭비요소를 제거하는 린(lean) 제조, 로보틱스, 자동화, 고정밀 기술, 외골격 기술 등의 첨단 제조, '디지털 스레드(digital thread)'를 통한 실시간 관리와 통합, '디지털 트윈(digital twin)'으로 품질·성능 향상 등 새로운 기술과 방식을 제조와 결합시켜 모든 과정을 디지털화하고 과거 공장보다 빠르고 효율적으로 운영할 수 있는 솔루션을 제공하고 있다.

세계는 디지털 변혁이 급격히 진행 중이다. 산업사회에서는 정보화사회를 지나서 4차 산업혁명의 와중에 있고, 제조업에서는 혁신적인 스마트공장들이 출현하고 있다. 엔지니어링과 PLM 분야 역시 이러한 변화에 생존전략이 새롭게 제시되고 있다.

디지털 엔지니어링과 디지털 PLM 전략은 인더스트리 4.0 스마트공장 구현에 필요한 디지털 제품 개발 전략이다. 특히 인더스트리 4.0의 스마트공장과 디지털 PLM과 디지털 엔지니어링의 전략에 가장 주요한 변수 중 하나는 '디지털 스레드(Digital Thread)와 디지털 트윈(Digital Twin)'이다.

디지털 기술은 지금까지 엔터테인먼트, 통신, 금융 분야를 완전히 바꾸어 놓았다. 여기에서 멈추지 않고 디지털 기술은 제조업에서 부품이나 전체 시스템을 설계하고 생산하는 모든 것들을 변혁하는 중이다. 제품 설계와 테스트의 디지털화부터 생산시설과 제조공정의 디지털화 역시 진행되고 있다. 디지털화된 과정을 통해 생산된 제품은 각 수명주기 단계마다 데이터를 생성한다. 설계, 구매, 생산, 유통, 판매, 제품 사용의 모든 단계에서도 데이터가 생성된다. 따라서 제품수명주기 동안 지속되는 데이터의 원활한 흐름이 중요해지는데, 이를 디지털 스레드(Digital Thread)라고 부른다. 디지털 스레드를 잘 연결하고 활용한다면 제품수명주기 각 단계에서 생성되는 데이터를 활용하여 스마트하고 효율적인 의사결정을 할 수 있게 된다.

'디지털 트윈(digital twin)'은 미국 GE가 주창한 개념으로 컴퓨터에 현실 속 사물의 쌍둥이를 만들고, 현실에서 발생할 수 있는 상황을 컴퓨터로 시뮬레이션함으로써 결과를 미리 예측하는 기술이다. 디지털 트윈은 제조업뿐 아니라 다양한 산업·사회 문제를 해결할 수 있는 기술로 주목받는다. 그리고 기본적으로는 다양한 물리적 시스템의 구조, 맥락, 작동을 나타내는 데이터와 정보의 조합으로, 과거와 현재의 운용 상태를 이해하고 미래를 예측할 수 있는 인터페이스라고 할 수 있다. 물리적 세계를 최적화하기 위해 사용될 수 있는 강력한 디지털 객체로서, 운용 성능과 사업 프로세스를 대폭 개선할 수 있다.

GE가 발표한 산업인터넷 플랫폼 '프레딕스(Predix)'는 사용자가 플랫폼 내에서 산업인터넷에 최적화된 애플리케이션을 개발하고 운영할 수 있는 환경을 만들어준다. 고객사들은 프레딕스 기반으로 운영되는 앱으로 산업기계·설비에서 발생하는 대규모 데이터를 수집, 분석하고 이를 통해 운영 최적화를 달성할 수 있게 되었다.

GE는 특히 프레딕스를 전면 개방함으로써 이른바 '프레딕스 생태계'를 구축하고, 규모나 산업 분야에 관계없이 GE가 투자한 성과물을 진입장벽 없이 이용할 수 있게 했으며, 기업들이 해당 플랫폼에 기반해 자사 특화 애플리케이션을 빠른 시간에 개발해 운영할 수 있게 만들었다. GE는 프레딕스 공개 이후 현재 전 세계 2만20,00여 명의 소프트웨어 개발자가 250개 이상의 빅데이터 관련 소프트웨어 애플리케이션을 개발했으며, 400곳 이상의 파트너와 협업(collaboration)해 산업용 앱 생태계를 구축하고 있다. 특히 프레딕스를 응용한 디지털 파워 플랜트는 차세대 발전 설비로 주목받고 있다. 발전소에 산업인터넷을 결합해 플랜트 운영방식을 근본적으로 바꾸는 개념인 디지털 파워 플랜트는 발전소의 수많은 장비에 센서를 부착해 압력과 온도, 진동 등의 수많은 데이터를 빅데이터 분석을 통해 장비에 이상이 생기기 전 예측 정비를 가능하게 하며 다운타임도 줄여준다. 기존 복합화력발전소를 디지털파워 플랜트로 전환할 시 5,000만 달러까지 절약할 수 있을 것으로 예측된다. 한편 GE는 초연결성과 지능형 기계로 상징되는 산업인터넷 기술 개발을 위해 2011년 미국 실리콘밸리 인근에 소프트웨어 센터를 설립하고 10억 달러 투자계획을 발표한 바 있다.

나아가 2015년에는 GE디지털을 설립, 2020년까지 소프트웨어사업 매출 150억 달러 이상, 글로벌 톱10 소프트웨어 기업으로 키우겠다는 야심찬 계획도 밝혔다.

GE는 2015년 인도의 푸네에 2억 달러 이상을 투자하여 '생각하는 공장'을 설립하였다. '생각하는 공장(Brilliant Factory)'은 미국의 다국적 기업 GE가 실험 중인 이상적인 형태의 공장이다. GE는 인도 멀티모달 공장(Multi-Modal Factory)에 스마트공장 개념의 생각하는 공장을 적용해 네 가지 사업 영역(항공, 발전기, 석유가스에너지, 운송)을 하나로 묶어 한 공장 안에서 생산하는 시스템을 만들었다. 제조공정과 컴퓨터는 실시간으로 정보를 주고받으며, 품질유지와 돌발적인 상황에 대처한다. 이를 통해 제품의 품질유지와 돌발적인 가동중지를 예방할 수 있는 의사결정을 내릴 수 있도록 설계되었다. GE는 세계 400여 개의 공장 중 50개를 이러한 스마트 팩토리로 전환할 계획이다. '멀티모달(Multi-Modal)'이란, 사람의 직관적인 동작·촉각·후각을 활용하고, 다중 모달리티(입력기기)를 융합하는 기술이다. '생각하는 공장'은 아래와 같이 크게 Get Connected, Get Insights, Get Optimized의 세 단계의 핵심 요소로 구성되어 있다.

이렇게 구축된 '생각하는 공장'은 최대 15%의 에너지비용 절감, 20%의 생산성 향상, 20%의 생산수율 증가, 50%의 다운타임 감소의 효과를 거두는 것으로 확인되었다.

구분	세부 내용
Get Connected (설비와 생산 효율 분석)	모든 제조설비에 센서를 부착하여 대량의 운전 데이터를 실시간으로 클라우드로 전송한다. 클라우드에서는 이 데이터를 분석하여 실제 설비의 고장을 사전 예측하여 예방 보수 시점을 결정
Get Insights (품질, 자재, 생산의 흐름 분석)	실시간으로 공정의 품질 데이터를 확인하여 품질의 불량 여부를 모니터링하고, 출하되는 제품의 모든 이력(작업자, 생산설비, 원부자재, 설비도구 등)을 관리함으로써 사후 문제가 발생했을 때 이의 원인을 적절하게 찾아줄 수 있도록 지원
Get Optimized (공장 및 공정, 제품의 최적화 수행)	기업의 전사적 자원관리(ERP), 제품수명주기 관리(PLM) 시스템 등의 데이터와 결합하여 주문, 재고관리, 생산 우선순위 선정과 같은 의사결정을 자동으로 수행할 수 있는 최적화 시스템을 구축

자료 참조 : 사물인터넷과 빅데이터 분석 기반의 스마트공장 구현 사례 및 시사점 재구성(한국정보화진흥원, 2016.)

04 중국의 스마트 팩토리와 인더스트리 4.0

중국은 4차 산업혁명 변화기에 제조업 경쟁력을 높이기 위해 정부 차원에서 인더스트리 4.0 관련 정책을 적극적으로 추진하고 있다. 중국 제조업은 2010년에 세계 최대로 부상했으나 최근 몇 년간 인건비 상승, 공급과잉 등으로 제조업 성장률이 크게 둔화되어 대응방안을 고심하던 중국 정부는 미국·독일 등 선진국에서 추진 중인 인더스트리 4.0에 주목하고 있다. 2011년 독일은 'Industry 4.0' 정책을 발표하고 기계·장비·사람이 인터넷으로 초연결되는 새로운 산업혁명의 시작을 알렸으며, 2014년 미국도 'Making in America'를 발표하며 첨단 제조업 추진을 위한 국가전략계획을 수립했다. 20011~2015년 중국 정부는 빅데이터, 클라우드, 사물인터넷(IoT) 등 4차 산업혁명 분야의 고성장에 주목하고 관련 정책을 지속적으로 발표해 오고 있는데, 2015년 중국의 빅데이터 시장은 1천억 위안 규모(세계 비중 13%), 2020년 8,230억 위안으로 세계 20%에 달할 전망이다. 2015년 중국의 클라우드 시장 규모는 U$330억(전년대비 63% 증가)로 세계시장 비중은 18.3%, 데이터센터 규모는 2016년 U$103억, 2018년 U$201억 전망되고 있다.

또한 2015년 중국 정부는 '인터넷 플러스'와 '중국 제조 2025'를 발표, 이는 국가 차원의 중국 인더스트리 4.0 정책으로 널리 알려졌으며, 2016년 이후에도 중국 정부는 지속적으로 관련 정책을 발표하고 있다.

중국의 인더스트리 4.0 관련 정책 추진 현황

| 사물인터넷 125규획('11~'15) (공업정보화부, '11,22월) | 클라우드 컴퓨팅 혁신발전 관련 의견 (국무원, '15.1월) | 빅데이터 추진을 위한 행동강요 (국무원, '15.8월) | 국가 정보화 발전전략강화 (국무원, '16.7월) |

2011 — 2013 — 2015 — 2016 — 2017

| 스마트제조 및 서비스로봇 과학기술발전 125규획 (과학기술부, '13.3월 발표) | 인터넷 플러스 중국제조 2025 (국무원, '15.3~7월) | 로봇산업발전13.5규획('16.4월) 스마트제조발전13.5규획('16.12월) 빅데이터산업발전13.5규획('17.1월) (공업정보화부) |

자료 참조 : 중국 정부 부처, 언론, KOTRA, POSRI Chindia plus 등 자료 종합

독일과 협력하는 중국의 인더스트리 4.0

중국 정부는 4차 산업혁명 선도국 중 제조업이 강하고 정부와 민간의 협력체계가 잘 구축된 독일을 주목, 정상회담을 통해 협력을 강화하고 있다. 2014년 3월 독일을 방문한 시진핑 주석은 앙겔라 메르켈 독일 총리와 정상회담을 갖고 양국 관계를 전방위 전략적 동반자관계로 격상, 이후 양국 정상은 몇 차례 만나 4차 산업혁명 분야에서 협력하는 데 합의했다. 2014. 11월 리커창 총리는 독일 방문기간에 '독ㆍ중 협력 행동강령 '공동혁신'을 발표하고 양국이 인더스트리 4.0 분야에서 긴밀히 협력하기로 했다. 2016년 6월 앙겔라 메르켈 총리 중국 방문기간에는 상해보강과 지멘스 등 양국 대표 기업 간에 인더스트리 4.0 관련 협력 MOU를 체결했다.

● 중국이 주목하는 독일의 Industry 4.0 주요 목표

네트워크와 사이버물리시스템 구축			
3대 초지능 연결			
수평적 연결	수직적 연결		수평·수직적 연결
4대 스마트 목표			
스마트 제조	스마트 팩토리	스마트 물류	스마트 서비스
8대 계획			
표준화 구축	통합 시스템 운영	산업 광역 인프라 구축	네트워크 보안
조직 설계	교육 및 양성	감독 관리	효율적 자원이용

자료 참조 : 중국 언론 자료 종합

　　2016년 9월 중국과 독일은 정부 간 합의와 기존의 합작 경험을 바탕으로 산업협력, 표준화 구축, 시범단지 및 인재양성 등 4대 분야에서 14개의 스마트 제조 시범 합작 프로젝트를 추진하고 있다. 2013년 9월 가동된 지멘스 쓰완성 청두의 자동화 생산 및 연구개발 기지에서는 이미 독일 Amberg의 스마트 팩토리 방식을 적용, 이는 지멘스가 독일과 미국 이외 지역에 설립한 첫 번째 디지털 기지이다. 14개 프로젝트에는 '화웨이 SAP 스마트 제조 공동 해결방안', '보강과 지멘스의 철강산업 인더스트리 4.0 합작', '중국과 독일 합작의 클라우드 플랫폼 기반 스마트 팩토리 개조', '심양 중 · 독 합작 스마트 제조 학원' 등이 포함되어 있다.

◎ 중국 제조업에 부는 스마트 팩토리 열풍

　　제조업 기반이 강한 중국은 인더스트리 4.0을 추진하면서 성장 잠재력이 큰 스마트 팩토리를 도입해 경쟁력을 높여가고 있으며 기업들도 적극 동참하고 있다. Markets and Markets 자료에 따르면, 세계 스마트 팩토리 시장은 2014년 U$413억으로 2020년까지 연평균 5.4% 증가할 전망이며, 중국 비중이 18.8%로 최대, 독일

(15.1%), 미국(12.5%), 일본(13.3%), 한국(11.3%) 순으로 기술별로는 통신 기술이 연평균 성장률 8.0%로 최고이다.

세계 스마트 팩토리 요소기술별 시장전망						(단위 : U$억)
	2014	2015	2016	2018	2020	연평균 성장률
센서, 작동기	47	49	51	56	61	4.4%
통신 기술	36	39	42	49	57	8.0%
산업용 로봇	296	313	331	366	401	5.2%
로직 · 분산제어	34	36	38	42	47	5.5%
계	413	437	462	513	566	5.4%

자료 참조 : Markets and Markets, 임베디드소프트웨어 시스템산업협회 자료

　스마트 팩토리의 도입과 확산에서는 기존의 제조업 기반이 중요하다. 중국은 세계 최대의 생산기지로서 제조업 기반과 관련하여 강점이 있으며, 이를 기반으로 스마트 팩토리 구현에 중요 요소인 빅데이터 측면에서 중국 제조업의 빅데이터 구축은 전망이 매우 밝다고 할 수 있다. 중국 정부는 스마트 팩토리와 관련해 산업별로 대표 기업을 2~3개씩 선정해 중점적으로 지원하고 있으며 여기에는 자금투입, 세수감면 등 지원뿐만 아니라 국가 차원의 기술개발 지원도 포함하고 있다. 중국 정부의 노력으로 일부 산업의 선두 기업들은 스마트 팩토리 도입에서 가시적인 성과를 거두고 있으며, 이는 스마트 팩토리의 확산에 유리한 환경이다. 특히 가전산업의 하이얼, 자동차산업의 창춘 이치(Yiqi), 상하이 폭스바겐 등 선두 업체들이 스마트 팩토리 도입에 박차를 가하고 있으며, 상해보강과 강소사강 등도 스마트 팩토리 추진에 기업의 미래를 걸고 있다. 하지만 중국 제조업에서 스마트 팩토리가 확산하기에는 경험부족이나 기술부족 등 해결해야 할 과제가 많다. 우선 중국 업체들의 기존 제조 기반의 차이가 걸림돌이다. 중국 업체 대부분은 인더스트리 2.0과 3.0 사이의 수준에 있으며, 스마트 팩토리의 도입보다는 확실하게 인더스트리 3.0으로 업

그레이드하는 것이 시급하다고 보는 시각이 많다. 또한 기술적으로 빅데이터를 구축하고 분석하는 능력, 사이버물리시스템(CPS) 구축 등은 미국·독일 같은 세계 선진 국가들과 격차가 크다.

가장 중요한 것은 스마트 팩토리를 도입하고 구현하는 데 필요한 전문인력이 부족하다는 점이다. 따라서 중국 정부도 혁신과 인재 육성을 강조하고 있다. 이러한 현실을 고려할 때 중국의 스마트 팩토리 추진은 단계적으로 진행될 수밖에 없다. 중국 정부는 선택과 집중을 통해 산업별 선두기업을 중심으로 스마트 팩토리 추진을 중점적으로 세제 및 융자 등 혜택을 지원하고 있다. 2017년 3월 중국 국무원발전연구중심은 독일 업체 보쉬(Bosch)와 진행한 공동 연구결과를 공개하고 중국 스마트 제조의 3단계 발전전략을 제시했다. 즉, 향후 3~5년은 기반 구축, 5~10년 일부 분야 선도, 10~15년은 혁신과 추월이다.

 [사례] 가전분야의 스마트 팩토리 도입 효과

- 중국 최대의 가전업체 하이얼(Haier)은 2015년 초 랴오닝(Liaoning)성 선양에 가전업체로는 세계 최초로 냉장고 생산 스마트 팩토리를 구축해 운영 중

- 이 공장에서는 100미터에 달하던 전통적인 생산라인을 각 18미터에 불과한 네 개 생산라인으로 교체. 수백 개가 넘는 부품이 미리 입력된 데이터에 따라 자동으로 분류되고 묶어져 다양한 제품을 생산

- 고객의 요구를 제때 반영한 다품종 대량생산이 가능해짐. 스마트 팩토리를 운영하자 인원 57%를 줄일 수 있었고 생산라인의 설비능력은 80% 높아졌으며 주문 생산 및 배송 시간도 47% 단축

출처: 산업인력공단, 대인관계능력, 재구성

자료 참조 : 중국 언론 자료 종합(2016)

🔘 스마트 팩토리와 중국 철강산업의 미래

스마트 팩토리는 공급과잉과 환경·인건비 등 비용증가로 어려움을 겪고 있는

중국 철강산업에 새로운 성장 모멘텀이 될 수 있다. 철강산업은 제철이 연속공정으로 되어 있어 중국의 중대형 철강사들은 이미 제조설비의 자동화가 이루어져 있다. 여기에 새로운 ICT 기술을 접목해 사이버물리시스템을 구축하면 스마트 팩토리를 구현할 수 있다. 강소성 사강의 설립자(沈文榮)는 2016년 12월 사강이 향후 5년의 인더스트리 4.0 및 스마트 팩토리 관련 전략을 수립했다고 밝혔다. 2016년부터 추진하는 로봇 프로젝트를 가속화하여 2020년에는 1,000~1,500개 로봇이 인간을 대체한다는 목표를 갖고 있으며, 또 2020년까지 스마트 팩토리 구축에 12억 위안을 투자할 계획이다. 산시성의 젠방(建邦)은 스마트 팩토리를 도입해 '5+1+1' 온라인 모델을 구축해 운영 중이며, 5는 스마트 재고, 스마트 물류, 스마트 구입, 스마트 판매, 스마트 recycle을 의미하고, 두 개의 1은 각각 스마트 제조와 스마트 금융을 나타내고 있다. 광시 지역의 유주강철도 스마트 팩토리 전략을 수립하고 2015년부터 MES 프로젝트를 가동 중이며, 철강 전자상거래 업체들도 기존의 인터넷과 판매를 결합한 방식에서 조달, 생산, 판매를 모두 인터넷과 연결하는 방향으로 사업 모델을 바꾸고 있다. 철강사 간 제조 기반, 기술 격차 등으로 중국 철강산업에서 스마트 팩토리의 도입은 선택과 집중을 통해 단계적으로 추진할 전망이며, 스마트 팩토리의 수준별 구현 형태로 볼 때 선도적 중견 철강사들은 센서 등을 활용한 설비 관리, 실시간 생산 정보수집 및 관리에 중점을 둘 것이다. 대형 철강사 중심으로 PLC 등을 통한 실시간 시스템 연동 및 실시간 공장 자동제어 등을 추진할 것이며, 일부 초대형 철강사는 다기능 지능화, AI와 시스템 간 유무선 통신, 설비 및 시스템의 자율생산을 목표로 할 것이다. 인더스트리 4.0과 스마트 팩토리가 중국 철강산업에서 현실화되기 까지는 시간과 경험 및 기술 개발이 필요하지만 스마트 제조 및 스마트 물류, 스마트 서비스로의 방향성은 정해진 것으로 추정되고 있다.

국내 기업에서의 시사점

중국에서 인더스트리 4.0과 스마트 팩토리가 확산되면 한국기업은 글로벌 차원에서 중국업체의 도전에 직면할 수 있다. 한국기업은 스마트 팩토리에 대한 투자를 늘리고 스마트 제조 수준을 지속적으로 높여 중국 업체와 격차를 지속적으로 벌릴 필요가 있다. 향후 중국에서 인더스트리 4.0 관련 수요가 많이 늘어날 것으로 예상되므로 관련 분야에서 중국기업과 합작 사업 기회를 모색할 필요성도 있다. 단, 중국 업체와 협력하는 과정에서 관련 기술과 네트워크 보안 및 잠재적 경쟁자가 양성될 수 있는 가능성에도 철저히 대비해야 할 것이다.

05　일본의 스마트 팩토리 운영과 전략, 제3의 길 모색

'스마트 팩토리(Smart Factory)'는 전후 공정 간 데이터를 자유롭게 연계할 수 있고, 이 데이터들을 수집 및 분석하여 공장 내의 문제점들을 파악하고, 차후 개선점까지 도출하여 총체적인 관점에서의 최적화를 이룰 수 있다. 이를 다른 말로 데이터 기반의 공장운영체계(Data Driven Operation)라고 한다. 각 공장들은 이러한 데이터 기반의 공장운영체계를 갖춤으로써 생산현장에서 발생하는 현상과 문제들의 상관관계를 얻어낼 수 있다. '스마트 팩토리'란 공장 내 설비와 기계에 센서(IoT)가 설치되어 데이터를 실시간으로 수집 및 분석하여 공장 내 모든 상황들을 볼 수 있고(Observability, 가관측성), 이를 분석한 후 목적된 바에 따라 스스로 제어할 수(Controllability, 제어가능성) 있는 공장을 말한다. 지금까지 원인분석이 어려웠던 돌발장애, 품질불량 등의 원인을 찾아 해결할 수 있게 되는 것이다. 또한 숙련공들이 현장경험으로부터 얻은 기술과 노하우를 데이터화함으로써 누구나 쉽게 활용할 수 있다. LG경제연구원 등 국내 연구기관과 정부의 자료를 바탕으로 일본의 스마트 팩토리 운영과 전략을 살펴보겠다.

🔘 선진 국가 간 스마트 팩토리 경쟁

국내에서도 최근 스마트 팩토리가 4차 산업혁명의 핵심기반으로 큰 관심을 끌고 있는 가운데, 스마트 팩토리는 현재 독일 주도, 미국과 일본의 추격 양상으로 전개되고 있다. 독일은 2011년부터 인더스트리 4.0(Industrie 4.0)의 슬로건 아래 국가 차원에서 스마트 팩토리 전략을 추진해왔다. 인더스트리 4.0은 ICT(정보통신기술)를 활용해 생산공정을 업그레이드하고 개발, 구매, 유통, 서비스까지 가치사슬(value chain)을 통합하여 생산방식, 사이버물리시스템(CPS) 등을 결합해 새로운 형태의 생산체제를 만들고 있는 것이다.

미국은 2012년부터 '국가첨단제조전략' 등 제조업 부흥 정책을 내놓았다. 또한 2012년 GE의 산업인터넷 전략 추진, 리쇼어링(reshoring, 미국으로의 제조업 회귀) 타진 제조업체의 증가에 힘입어 스마트 팩토리에 대한 관심이 높아졌다. 산업인터넷은 사물인터넷을 산업현장에 적용한 것이라 볼 수 있다. 즉, 산업현장에서 사물인터넷, 클라우드, 빅데이터 분석 등 새로운 기술적 기반을 활용해 최근의 생산성 정체를 돌파하고 사업모델을 창출한 것이다.

3개국(독일, 미국, 일본)의 스마트 팩토리 특성

	독일	미국	일본
GDP 대비 제조업 비중 (2014)*	23%	12%	19%
주력 제조업**	자동차(18.5%), 기계 및 부품(15.2%), 화학(9.8%)	화학(12.3%), 석유정제(10.9%), ICT(9.5%) 항공우주, 상용차, 제약	자동차(16.1%), ICT(15.7%), 기계(10.4%), 계측, 센서
강점 기술 역량	기계, 화학, 산업 S/W	S/W, 서비스 역량	전자 부품/소재/장비
강점 사업 역량	개념 설계 역량	사업모델 기획 역량 글로벌 SCM 운영 역량	공정 혁신력 상품화 역량
제조업 내 중소기업 역할	강함	약함	강함

자료 참조 : KISDI('16.4), 제조업 총생산 내 산업별 비중의 3년(2012~2014) 평균

일본은 2000년대 모노즈쿠리 전략, 2013년 산업 재흥플랜 등 다양한 제조업 경쟁력강화 정책들을 추진해왔다. 그러나 이러한 정책들은 적시생산체제(JIT), 현장 암묵지, 지속적 개선(Kaizen), 모노즈쿠리 등 전통적인 생산성 제고 방법론을 중시했고, ICT 기반의 생산성 증대 가능성에는 큰 관심을 갖지 못했다. 그러나 독일의 인더스트리 4.0, 미국의 산업인터넷, 나아가 전 세계적인 4차 산업혁명시대에 발맞추어 스마트 팩토리에 주목하고 있다.

엣지 컴퓨팅(Edge Computing)의 강조

제3의 길을 모색하고 있는 일본 기업들은 독일, 미국 기업에 비해 스마트 팩토리 개념의 체계화는 늦었지만, 오래 전부터 제조현장에서 생산성 향상을 위한 다양한 자동화에 노력해 왔다. 일본은 세계 최대의 수치제어기기와 산업용 로봇의 생산국이자 수요처이기도 하다. 이러한 측면에서 일본은 기존 생산성 향상 방식의 연장선상에서 제3의 길인 스마트 팩토리 전략을 모색하고 있다. 일본 기업들만의 독특한 스마트 팩토리 추진 동향 중 독일, 미국과 뚜렷이 구별되는 점으로는 '개별 기업들의 각개 약진, 엣지 컴퓨팅(Edge Computing)의 강조, 부품 및 소재 기업들의 새로운 시장 개척 등을 들 수 있다. 일본은 엣지 컴퓨팅(Edge Computing)을 강조한다. 독일의 가상-물리시스템, 미국의 클라우드 플랫폼이 산업 내 빅데이터의 집중을 중시하는 것과 달리, 엣지 컴퓨팅은 분산형 컴퓨팅 관점에서 단말(개별기기, 공장 단위)의 중요성에 초점을 맞추고 있다. 엣지 컴퓨팅에서는 사물인터넷은 클라우드(Cloud, 중앙데이터센터, 빅데이터 플랫폼), 포그(Fog, 지역별 인프라, 게이트웨이), 엣지(Edge, 스마트 기계, 단말)의 3층 구조로 이루어져 있다.

기존 '클라우드 컴퓨팅'은 데이터의 축적과 분석 처리가 원격지의 클라우드에서 이루어질 것으로 가정한다. 이는 단말 수가 많지만 개별 데이터량은 적고, 신호지연시간(latency)이 길어도 무방한 기존 인터넷 환경에 적합하다. 그러나 자율주행차, 스마트 팩토리, 스마트 헬스케어 등 다양한 사물인터넷 환경은 이와 다르다. 단말 수는 적지만, 개별 데이터량은 많고 기기의 실시간 동작과 직결되는 특성상 신호 딜레이가 치명적이다. '엣지 컴퓨팅'은 실시간 처리의 성능 향상을 위해 클라우드,

엣지 컴퓨팅과 클라우드 컴퓨팅

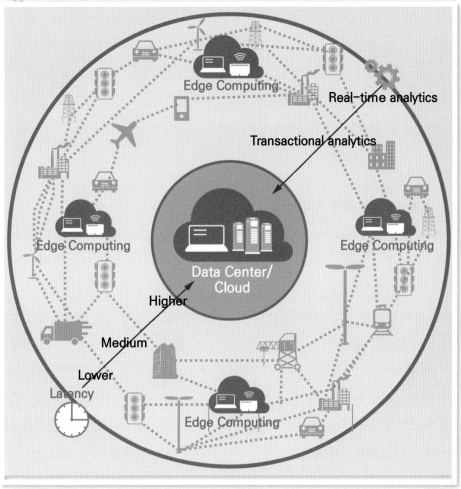

자료 참조 : Cisco(2014.12), 'Attaining IoT Value'
　　　엣지 컴퓨팅은 데이터의 실시간 처리가 중요한 미래 IoT 환경에서 중앙부의 클라우드 외에도 주변부의
　　　엣지 단말, 인프라단의 포그 간에 역할 분담이 있어야 함을 강조함.

포그, 엣지 간에 정보전달, 분석이나 인공지능 판단 등을 분담해야 함을 강조한다.
결국 엣지 컴퓨팅은 클라우드의 빅데이터 처리능력도 중요하나, 개별 단말이나 게
이트웨이의 데이터 처리능력도 일정 수준 이상 강화되어야 한다는 것을 시사한다.
이는 스마트 팩토리의 원활한 가동을 위해 공장 내 개별 스마트 장비나 공정 및 공

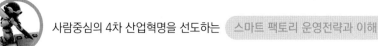

장의 제어, 운영 수준에서도 기능, 성능이 향상되어야 함을 의미하고 있다. 엣지 컴퓨팅 기반의 스마트 팩토리가 비용 효율적인 대안이 될 수 있다는 것이다. 나아가 화낙(Fanuc), 키엔스(Keyence), 옴론(Omron), 미쯔비시 전기 등 일본의 다양한 기계, 계측, 자동화 기업들은 아시아 지역 내에서 상당한 장비 기반(installed base)을 갖고 있다. 이러한 기존 장비 기반들을 잘 활용한다면, 자체 개발한 분석 소프트웨어나 인공지능을 활용한 분산형 스마트 팩토리로도 초기 시장을 충분히 확보할 수 있다는 계산인 셈이다.

개별 기업들의 강점 영역 전략

독자적 강점 영역에서 새로운 스마트 팩토리 솔루션을 만드는 데 가장 앞서가는 업체는 화낙(Fanuc)이다. 화낙은 컴퓨터 수치제어 가공기기(CNC ; Computer Numeric Control) 분야에서 세계 1위이고, 세계 4대 로봇 제조업체 중 하나이다. 화낙은 특히 1~3대의 로봇이 특정 작업 공간에서 다양한 동작을 수행해 특정 공정을 완성해내는 로봇 셀 생산 분야에 뛰어나다. 2016년 화낙은 엣지 컴퓨팅 방식과 인공지능을 결합하여 FIELD(Fanuc Intelligent Edge Link Drive)라는 독자 스마트 팩토리 시스템을 발표했다. 로봇이나 CNC 기기에서 얻어진 현장 데이터를 모두 클라우드에서 처리하는 대신, 엣지 단인 공장 내에서 분석, 피드백하여 기기의 지능화 수준을 실시간으로 제고하겠다는 것이다. 클라우드에는 로컬데이터에서 추출된 새로운 학습 모형 정도만이 공유된다. 화낙은 FIELD 시스템을 개방형 플랫폼으로 만들어 FANUC 제품의 구입 회사들이 자신의 상황에 맞게 수정할 수 있도록 했다. 또한 경쟁사들도 관련 드라이버, 앱, 센서 등을 자유롭게 생산할 수 있게 허용했다. 개방을 통해 CNC 및 로봇 생태계를 선점하려는 시도이다. 전통적인 공장 자동화(FA) 업체 중 스마트 팩토리 사업에 가장 적극적인 업체는 미쯔비시전기(MELCO)이다. 미쯔비시 등 일본의 자동화 업체들은 2000년대 초반부터 센서 등을 공장자동화에 적극 활용해 생산 유연성 제고, 설비보수 효율증대 등 나름의 성과를 거두어 왔다. 미쯔비시는 기존 성과를 통합하는 측면에서 2014년부터 인텔과 협력해 'e-F@ctory'시스템을 개발해 왔다. 이 시스템은 엣지 컴퓨팅에 기초해 공장자동화(FA)와 정보통신기술(IT)을 연계하여, 공장 생산라인의 품질, 설비가동 상황, 근로자 동향 등 재화, 설비, 사람에 관한 정보를 실시간으로 파악할 수 있다. 주목할 점은 현장경험을 중시하는 접근법을 취하는 것이다. 즉, 일단 공장 수준에서 파트너 기업들을 확대하면서 실증 사례 수를 늘리고 이를 기반으로 산업, 지역으로 시스템을 확장해 나가려 한다. 수요 기업들은 결국 현장경험을 보고 시스템 기종을 선택한다는 생각이다. 현재 전 세계 130개사, 5,200건의 e-F@ctory 시스템이 가동 중이다.

또한 파나소닉은 자체 공장 도입과 솔루션 외판의 투트랙 전략을 사용하고 있다. 파나소닉은 CCTV, 네트워크 장비 등 다품종 소량생산 특성을 갖는 제품 라인(사가 공장)이나, 개인 생산성 향상이 필요한 제품 라인(오오이지미 공장)을 중심으로 스마트 팩토리 솔루션을 실험 중이다. 사가 공장에서는 사물인터넷 기반의 생산정보통합시스템(PTOS)을 적용해 초기 품질수준 향상에 주력하고 있다. 오오이지미 공장에서는 HMD, 음성 단말기를 직원에 제공해 작업지시 및 교육, 설비보수, 정비작업 등에 활용을 모색하고 있다.

소재 및 부품 기업들의 새로운 시장 기회 탐색

일본에서는 소재 및 부품 기업들까지 스마트 팩토리를 새로운 사업 기회로 적극 활용하고 있다. 부품, 소재 분야에서는 워낙 독보적인 경쟁력을 갖추고 있을 뿐만 아니라, 기존 기술을 확장해 인공지능 통합 반도체와 복합 센서, 로봇 및 AGV용 부품 등 새로운 시장을 넘볼 수 있기 때문이다. 산업인터넷 시대에는 반도체와 센서가 다양한 기기들에 부착 내장된다. 이때 전기 공급이 어려울 수 있는 곳에도 반도체, 센서가 매립되므로 모바일 시대보다 초저전력 성능이 더욱 중요해진다. 일본의 소프트뱅크가 영국의 ARM을 인수한 이유도 ARM 코어의 저전력성과 다양한 활용가능성에 주목했기 때문이다. 일본은 센서 시장에서 세계를 주도하고 있다. 이러한 측면에서 무라타, TDK, 니덱 등 주요 전자부품 기업들은 센서 부문의 우위를 계속 유지하기 위해 설비 투자 확대나 국내외 기업의 M&A 등을 추진하고 있다. 이와 관련해 TDK는 2016년 8월에 프랑스의 센서 기업인 토로닉스 마이크로 시스템 즈를 인수한 바 있다. 또한 센서 기술 측면에서도 미래 사물인터넷 시장을 겨냥해 센서의 초소형화와 성능 향상에 주력하고 있다. 히타치는 2.5mm의 초소형 반도체 회로에 압전 센서를 탑재해 물리적 힘을 계측하고 정보를 송신할 수 있는 IoT 통합 부품을 개발했다.

옴론도 MEMS(Micro Electro-Mechanic System, 초미세 전기기계시스템) 기술을 활용한 다기능 원칩 센서 모듈을 개발 중이다. 압력, 가속도, 온도 센서 등을 하나의 칩으로 집적해 스마 트 팩토리 구축의 편의성을 높인다는 것이다. 무라타 제작소는 센서, 프로세서, 와 이파이를 일체화한 스마트 모듈에 클라우드 서비스를 결합해 제공한다. 클라우드 는 센서에서 취득한 원자료(Raw Data)를 알고리즘을 통해 1차 변환하여 고객에게 유용 한 정보로 만들어 제공하는 데 특화되어 있다. 이는 고객 측의 컴퓨팅 부담을 크게 감소시켜 고객사의 스마트 팩토리 운영을 돕는다는 것이다.

한편 스마트 팩토리 도입에 따라 협업 로봇이나 자율운반차(AGV) 등 새로운 카테 고리가 부상하면서 관련 부품 기업, 특히 니치 플레이어들에게 새로운 기회를 제공 하고 있다. 예를 들어, 로봇의 동작 제어에는 모터뿐만 아니라 감속기도 중요하다. 기존 산업용 로봇 시장에서는 자동차, 기계 등의 제작에 이용되는 대형 로봇이 주 류를 이루었고, 주로 나브테스코나 스미토모 중공업 등의 고제어력 대형 감속기가 이용되었다. 그러나 소형 협업 로봇 분야가 새로 부각되면서 제어력이 작더라도 소 형화가 가능한 감속기 수요가 늘어나고 있다. 하모닉 드라이브 같은 회사가 주목 받는 이유이다.

06 │ 스마트 팩토리화를 앞당기는 5G(5G = fifth-generation)

4차 산업혁명과 스마트 팩토리의 꿈을 이루고 바꾸는 혁명, 이동통신기술은 모바일 이용자 및 기업들에게는 데이터 송수신을 통해서 다양한 서비스를 제공하는 중요한 기술이다. 사용자의 다양한 서비스에 대한 수요가 증가하면서 이를 충족시키기 위해 성능이 세대별로 꾸준히 발전해 왔다. 표준 규격을 차지하기 위한 전쟁은 지금도 진행 중이다.

1세대는 전체의 주파수 대역을 작은 주파수 대역으로 나눈 후 이를 각 가입자에게 할당하는 FDMA^(주파수 분할 다중방식)를 기반으로 한 AMPS 아날로그 방식이다. 음성을 그대로 전송했기 때문에 데이터의 양이 컸으며, 전송 속도의 한계가 있었고, 사용자가 많이 몰릴 경우 주파수가 부족해서 통화가 되지 않는 단점, 외부 방해 신호에 대해 혼선이 생기는 문제가 있었다.

2세대는 1세대의 단점인 음성을 그대로 전송하는 방식이 아닌, 디지털 신호로 변환해서 전달한 것이 특징이다. 통화 방식이 디지털화되면서 적은 데이터 양으로 좋은 품질의 전화가 가능했으며, 1세대와 달리 문자도 가능해졌다.

3세대는 2세대에 비해 속도가 10~37배 증가함에 따라 동영상 전달이 가능해졌다. 이때 국제전기통신연합^(ITU)은 전 세계의 단일 통신 규격을 만들기 위해서 IMT-2000 프로젝트를 시작했지만 각 기업과 국가들의 이해관계에 의해 결과적으로 실패했다. 국내에서 만든 와이브로는 상대적으로 기술이 우수했지만, 널리 세계적으로 사용되지 못하였다. 4세대의 기준은 2008년 ITU에 의해, 저속 이동 시 1Gps, 고속 이동 시 100Mbps라는 성능으로 정해졌다. 3세대에 비해 50배 빠른 전송속도를 가지기 때문에 3D영상이 가능하다. 4G에는 LTE-A, 광대역 LTE, 와이브로 에볼루션이 있다. LTE-A와 광대역 LTE는 공통적으로 20Mhz 주파수 대역을 확보한다. 와이브로는 출시 당시에는 LTE에 비해 상용화 면에서 앞서가고 있다는 평가를 받았지만, 2016년 기준 LTE의 성능 향상에 따라 가입자 수가 점점 줄어들고 있다.

앞으로 다가올 미래는 고품질 멀티미디어 서비스의 상용화, IoT 서비스 확산과 같은 변화로 인해서 기하급수적인 무선 데이터의 트래픽이 발생하고 스마트 기기가 상당히 증가할 것으로 예상된다. 이러한 수요를 맞추기에는 현재 안테나 기술의 제약, Smart Cell 구성, 가용 주파수 확보라는 한계가 있기 때문에 5G라는 새로운 이동통신 기술이 더욱 더 필요하다.

5세대 통신인 5G의 주요 기술은 크게 5가지로 볼 수 있다. 첫째는 초고주파 광대역 폭을 이용한 초고속 데이터 전송기술이다. 5G는 높은 주파수 대역(센티미터파, 밀리미터파)에서 수백 Mhz 이상의 광대역 폭을 이용해서 고속 전송이 가능하다. 두 번째는 대용량 다중 안테나 기술이다. 다수의 단말기에게 별도의 용량을 갖는 신호를 안테나에서 나오는 스트림으로 분리 · 전송하여, LTE의 기존 MIMO보다 간섭개선과 용량을 키울 수 있다. 세 번째는 스마트 셀 구성을 통해서 네트워크 용량을 증대시키는 기술이다. 기존 Macro 커버리지 영역 내에 트래픽이 방대하게 발생하는 소형 기지국을 많이 설치해서 HetNet 기반의 네트워크 용량을 증대시키는 원리이다. 네 번째는 혁신적인 이동통신 신호처리 기술이다. 마지막은 5G 네트워크 운용 기술이다. 즉, 이동통신을 구성하는 기지국과 RRU와 같은 장비의 주요 기능을 자동화해서 네트워크 스스로 최적의 초기 설정 및 작동, 자율적인 보수 및 유지를 하도록 만들어진 차세대 네트워크 작동 기술이다. 5G 이동통신을 통해 대폭 향상된 전송 속도로, 기존 HD 해상도의 4배에 달하는 4K-UHD 콘텐츠같은 초고용량 영상 콘텐츠가 보편화될 것이다. 이것으로 인해 달라지는 일상은 지하철에서 인터넷을 통해 웹툰과 뉴스를 보던 습관에서 실시간으로 4K-UHD 콘텐츠를 보게 될 것이다. 또한 네트워크 지연 시간이 크게 줄어들면서 사용자 간 양방향 초실시간 서비스가 가능해졌기 때문에 우리 일상에서도 많은 변화가 있을 것이다.

환자가 크게 다쳤는데, 물리적인 거리로 직접 병원에 오지 못할 때 로봇을 보내서 의사가 병원에서 화면을 보고 로봇을 조종하면서 치료하는 원격 의료 서비스가 가능할 것이다. 또한 자율주행자동차가 구글(Google) 등 기업에 의해 개발되고 있는

자료 참조 : 세계 첫 5G 시범서비스…평창 ICT 올림픽 젠걸음, 연합뉴스TV

데, 현재 안전에 대한 우려가 큰 상황이다. 만약 자율주행자동차가 사고우려 상황을 인식했을 때 네트워크 지연 시간이 줄게 되는 것은 브레이크 작동 시간을 앞당기는 효과가 있다. 즉, 탑승자의 생명을 보장하는 데 도움을 줄 수 있다. 또한 대통령, 외교관과 같은 VIP가 탑승한 자동차가 지나갈 때, 교통경찰들은 한 번의 신호도 걸리지 않고 그들이 통과할 수 있도록 직접 교통신호 통제기로 나가서 신호를 조작하는데, 5G 기술을 통해서 교통경찰의 인력을 절약할 수 있을 것이다. 속도향상과 지연시간이 줄게 되는 것은 결국 홀로그램이 크게 발달될 것이다. 원격 회의는 물론이며 개인적으로 생각했을 때 할인 행사 때마다 도우미를 하시는 분들의 역할은 홀로그램으로 대체될 것이며, 이벤트 업체들은 결국 IT 기술 도입 없이는 살아남을 수 없을 것이다. 최근 우리가 인공지능(AI)이 먼 미래에 있을 것이라 생각하다가 알파고(AlphaGo)를 통해 인공지능이 가져올 미래에 대해 우려를 한 것처럼, 5G 기술에 대해 단순히 선택의 문제가 아니라 새로운 비즈니스 기회 및 4차 산업혁명의 스마트 팩토리를 추구함에 있어 무한한 가능성을 갖고 있는 것이다.

미국의 반도체 기업 인텔은 지난해 영화사 워너브러더스와 함께 자율주행차 내엔터테인먼트 사업을 진행하겠다고 발표했다. 인텔은 'CES 2018'에서 자율주행과 5

세대(G) 이동통신과의 연결성을 주제로 발표했다. 벤츠는 이번 CES에서 인공지능(AI)을 적용한 '인포테인먼트 시스템'을 공개했다. 온라인 유통 기업 아마존은 세계 최대 규모의 클라우드 컴퓨팅 회사로 변모했고, 인공지능(AI) 플랫폼 '알렉사'로 미국 음성비서 시장을 점령했다. 삼성전자와 LG전자는 자동차 전장 부문에 진출하고, 현대자동차는 인공지능 연구에 투자하고 있다. 정보기술(IT)에 바탕을 둔 산업 융·복합과 신산업을 만들어내는 필수 요소는 5G 이동통신이다. 모든 사물이 연결되는 사물인터넷(IoT) 시대에는 데이터 전송량이 천문학적으로 증가하기 때문에 현재의 통신능력으로는 감당할 수 없기 때문이다. 결국 5G는 4차 산업혁명을 이끄는 신경망이자 핏줄인 셈이다.

◎ 미래 산업 5G 없으면 '공상'에 불과

선진 기업들이 기존 사업에 인공지능, 빅데이터, 사물인터넷 등을 융합하면서 사실상 IT 기업으로 변신하고 있다. 5G는 산업 간 융합을 더 촉진하고 있다. 5G로 데이터가 더 빠르고 정교하게 흐르기 때문에 산업 융·복합을 시도하는 기업에는 효율을 높일 수 있는 촉매제가 될 것이다. 5G는 먼저 '공장 스마트화'를 앞당길 것이다. '스마트 팩토리'는 기존의 공정별로 자동화·최적화된 수준을 넘어 각 공정을 유기적으로 결합해 생산·관리·물류·서비스를 통합하는 형태로 발전하게 된다. 로봇이나 기계마다 센서(Sensor)가 달려 있고, 그것들이 수집한 데이터를 실시간으로 주고받아 공장을 최고의 효율성으로 운영하기 위해서는 빠르고 대용량의 데이터 처리능력이 필수이다. 그래야 원격으로 공장을 제어할 수 있다. 사람이 먼 거리에서 로봇을 제어할 때 명령에 반응하는 속도가 빨라야 오차 없이 세밀한 작업이 가능하다. 로봇들은 통신이 지연되거나 두절될 경우 서로 부딪칠 수 있다. 5G는 1밀리초 정도의 지연속도로 오차 없이 안전한 공정을 가능하게 한다. 일본 NTT 도코모의 실험에서는 "건설기계를 5G와 연동시켜 수백km 떨어진 곳에서 원격으로 조정하려면 5G의 빠른 속도가 필수적"이라고 말한다. 자동차 제조 기술에 소프트웨어, 엔터테인먼트 산업이 결합하면서 자동차 산업도 그 범위가 확대된다. 리서치

업체인 CB인사이츠는 자율주행자동차의 등장으로 영향을 받을 산업으로 호텔 · 미디어 · 엔터테인먼트 등을 수위권에 꼽았다. 완전 자율주행이 가능해지면 자면서도 이동할 수 있어 호텔의 필요성이 줄고, 책을 보거나 영화를 즐길 수 있기 때문이다.

망의 지능화, 스마트 그리드 서비스를 제공하는 5G

5G는 도로와 전력망 · 가스관 · 수도 등 도시 인프라를 ICT와 융합해 그 운용을 지능화하는 데도 필요하다. 즉, 자율주행차량이 5G와 연동돼 서로 통신하면 그렇지 않을 경우보다 안전거리를 좁힐 수 있어 도로의 차량 수용 능력을 극대화해 교통체증 해소에 기여할 수 있다. '망의 지능화'와 '스마트 그리드(Smart Grid, 전기 공급자와 생산자들에게 전기 사용자의 정보를 제공함으로써 보다 효과적으로 전기공급을 관리할 수 있게 해주는 서비스)'도 진행되고 있다. 전력망 곳곳에 설치된 센서들이 5G로 연결되면 전력 사용량을 실시간으로 측정해 이상이 발견될 경우 지연시간 없이 대체 전력을 공급하도록 해 '블랙아웃(blackout)'현상을 막을 수 있다. 5G로 활성화될 증강현실(AR) · 가상현실(VR) 기술이 의료나 교육에 접목되면 정보 격차를 해소하는 역할을 할 수도 있다. 영국 바르톨로뮤 병원의 한 의사는 희귀병을 수술하는 영상을 360도 VR 영상으로 촬영해 공개하기도 했다. 전 세계 1만3,000여 명 학생들이 실제 수술을 직접 참관한 듯 현실감을 갖고 볼 수 있었다. 구글(Google)은 벨기에 왕립미술관을 VR 영상으로 제공하고 있다. 도서 산간 지역의 학생들은 이런 콘텐츠를 보고 정보 · 문화 격차를 해소할 수 있다. 이미 4차 산업혁명의 기술들이 많이 진전했지만 5G가 도입되면 더욱 더 탄탄한 기반을 갖게 될 것이며, 5G 도입으로 자동차, 드론, 스마트 팩토리 등 제조업과 의료 · 교육 분야가 큰 수혜를 입을 것이다.

07　O2O가 만든 제조업의 생산성 혁명, 스마트 팩토리

　4차 산업혁명의 공통분모라고 할 수 있는 O2O(Online to Offline)란 온라인 정보통신 기술이 오프라인 산업현장에 적용되면서 일어난 혁신을 일컫는 말이다. O2O가 오프라인 제조공장에 적용되면서 생산 영역에서 질적 상승이 일어난다. 생산공정을 손쉽게 바꾸는 '스마트공장'과 예측 수리가 가능한 '스마트 머신'이 새로운 생산혁명을 이끌고 있다. 소비자의 삶에 가장 큰 영향을 미치는 것이 바로 생산방식의 변화이다. 과거의 증기 혁명, 조립 혁명, 정보 혁명 모두 생산성 혁명이다. 4차 산업혁명은 O2O가 불러온 생산성 혁명이라 할 수 있다.

◎ O2O가 만든 제조업의 생산성 혁명

　2016년 다보스에서 열린 세계경제포럼(WEF)의 주제는 4차 산업혁명이었다. 증기기관으로 시작된 1차 산업혁명, 대량생산을 불러온 컨베이어 벨트 조립 혁명의 2차 산업혁명, 정보통신을 활용한 자동생산의 3차 산업혁명을 지나 이제는 드디어 4차 산업혁명시대가 공식화되었다. 4차 산업혁명은 오프라인 생산현장에 온라인 기술이 적용되면서 일어나고 있는 O2O에서 비롯된 변화와 혁신이다. 온라인 기술이 오프라인 택시에 적용된 것이 우버(Uber)이고 온라인 기술이 오프라인 호텔에 적용된 것이 에어비앤비(airbnb)다. 같은 맥락에서 온라인 기술이 오프라인의 생산에 적용된 것이 바로 4차 산업혁명인 것이다.

　4차 산업혁명은 제조업의 생산성 혁명이다. 병원, 항공, 풍력발전소, 제조업 공장에 인터넷 기술이 접합되면 생산능력이 극대화된다. 온라인으로 연결된 병원은 보다 많은 환자들을 치료할 수 있다. 온라인으로 통제되는 공장은 개별 소비자의 욕구를 만족시키는 맞춤형 생산이 가능하게 된다. 온라인으로 관리하는 항공기 엔진은 고장을 미리 예측해서 사고를 예방하고 운영 시간을 늘릴 수 있다. 구동 부품을 온라인으로 실시간 점검하는 발전소는 더 많은 전력을 생산할 수 있다. 이와 같이 온라인 기술이 오프라인 산업에 연결되면서 제조업의 생산성 혁명이 일어난 것이다.

4차 산업혁명의 생산성 증가는 기존 인터넷 혁명의 영향력을 넘어설 수 있다. 기존 인터넷 혁명은 전자상거래나 게임과 같은 소매업 및 소비자 서비스에 국한된 반면, 4차 산업혁명은 전체 산업계의 생산성을 극대화하기 때문에 그 영향력이 매우 크다. 실제로 맥킨지(McKinsey)의 2015년 8월 보고서에 의하면 B2B(Business to Business) 영역의 4차 산업혁명이 B2C(Business to Consumer) 영역의 인터넷 혁명보다 2배 이상의 시장 창출 효과가 있다고 언급하고 있다.

최근 건설장비 업체인 두산 인프라코어가 경영상의 어려움을 겪고 있는 배경에는 미국 건설기계업체 '밥캣(Bobcat)'을 인수한 이유도 있지만, 4차 산업혁명의 O2O 부가가치를 제공하지 못한 이유도 있다. 똑같은 업종인 미국의 캐터필러(Caterpillar)는 글로벌 경제위기에도 불구하고 승승장구하고 있다. 캐터필러의 선전 배경에는 건설장비에 센서를 붙여서 고장을 사전에 예측하고 위치기반 정보를 제공하는 O2O 서

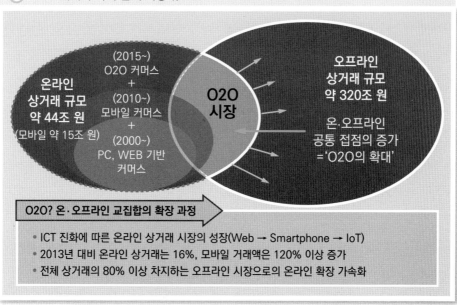

○ O2O 의미와 국내 잠재 시장 규모

온라인 상거래 규모 약 44조 원 (모바일 약 15조 원)

(2015~) O2O 커머스 + (2010~) 모바일 커머스 + (2000~) PC, WEB 기반 커머스

O2O 시장

오프라인 상거래 규모 약 320조 원

온.오프라인 공통 접점의 증가 ='O2O의 확대'

O2O? 온·오프라인 교집합의 확장 과정

• ICT 진화에 따른 온라인 상거래 시장의 성장(Web → Smartphone → IoT)
• 2013년 대비 온라인 상거래는 16%, 모바일 거래액은 120% 이상 증가
• 전체 상거래의 80% 이상 차지하는 오프라인 시장으로의 온라인 확장 가속화

자료 참조 : KT경제경영연구소

비스 혁신이 자리 잡고 있다. 건설장비와 같은 값비싼 장비를 판매할 때에는 O2O 부가가치를 제공하는지 여부가 구매에 결정적인 영향을 미치게 된다. 그리고 장비에 부착된 센서를 통해 들어오는 방대한 양의 빅데이터들은 고장의 사전 예측과 서비스 질 향상을 위한 소중한 정보자산으로 기업의 경쟁력을 결정짓는 핵심 요소가 되었다.

⚙️ 4차 산업혁명이 불러올 3가지 변화

4차 산업혁명이 가져올 첫 번째 변화는, 생산의 스마트 플랫폼 기반이다. 현재 오프라인 산업 생산시설에 온라인 기술을 적용해서 스마트 플랫폼 기반으로 바꾸는 혁신이 이어지고 있다. GE는 자신의 모태인 가전 부문을 중국에 팔아버리고 나서 금융 부문까지 정리하더니 마침내 소프트웨어 기반 회사로 탈바꿈하는 놀라운 변신을 보여 주고 있다. GE는 소프트웨어 회사로 변화하기 위해 중요한 오프라인 산업 시설들을 모두 온라인 기반으로 바꾸는 전략을 실행하고 있다. GE는 사물인터넷(Internet of Things)을 산업현장에 적용하면서 '산업인터넷(industrial internet)'이란 새로운 용어와 함께 산업인터넷 컨소시엄(GE, 인텔, 애플, 시스코, 삼성전자, 지멘스, 화웨이, IBM)을 결성하면서 새로운 혁신을 주도하고 있다. 산업인터넷은 항공기 엔진이나 발전소, 열차를 온라인으로 연결한 O2O의 산업 버전이다.

주목할 점은 GE의 '프레딕스(Predix)'이다. 프레딕스는 애플의 iOS 같이 산업계의 사물인터넷 플랫폼이다. 클라우드 기반의 프레딕스 플랫폼을 통해 GE는 구글이나 애플 같은 플랫폼 사업자의 자리를 선점하려고 한다. GE는 프레딕스를 항공기 엔진에 연결해 사용한 결과 중동처럼 모래가 많은 지역의 엔진이 다른 지역의 엔진보다 마모가 심한 것을 파악할 수 있었고 빠른 대응이 가능하게 되었다.

실제로 말레이시아 국적항공사인 에어아시아(AirAsia)는 2014년 프레딕스 플랫폼을 적용한 결과 1,000만 달러 이상의 연료비를 절감했다고 한다. 또한 캐나다 에너지 기업 트랜스 캐나다(Trans Canada)는 발전기를 프레딕스로 연결해서 출력을 5% 이상 높이는 데 성공했다. 프레딕스 플랫폼은 빅데이터와 인공지능을 활용한 예측 대응을 통해 대부분의 산업계를 장악할 수 있는 무서운 잠재력을 가지고 있다.

4차 산업혁명이 불러올 두 번째 변화는, 소유에서 사용으로의 전환이다. 온라인 기술이 큰 규모의 생산설비 및 산업장비에 적용되면서 판매방식에 근본적인 변화가 일어나고 있다. 기업의 입장에서 보면 엄청난 가격의 생산설비를 전부 구입해서 감가상각 등의 소유 손실을 감수하는 것보다는 필요할 때만 구입해 사용하는 것이 훨씬 효율적이다. 생산설비에 적용된 O2O 기술은 소유에서 사용으로 변한 기업의 새로운 욕구를 충족시켜 주었다. 제트엔진을 제작하는 롤스로이스(Rolls-Royce)는 고객들이 엔진 자체의 구매가 아니라 엔진 운영과 서비스에 더 큰 관심을 가진다는 것을 알아냈다. 롤스로이스는 엔진을 판매하는 대신에 사용 시간과 마일리지별 대여 방식으로 사업전략을 수정했다. 롤스로이스는 대여한 제트엔진의 데이터를 분석해서 선제적으로 운영하고 소모품들을 미리 교체한 결과 고장이 예방되고 엔진의 운영 시간이 대폭 늘어났다. 운영 서비스 중심의 대여 전략은 롤스로이스에 대한 고객의 만족도를 크게 높여서 지속적인 수익창출이 가능하게 되었다. 4차 산업혁명은 제품을 판매하는 대신 운용 서비스를 대여하는 사용 혁신을 불러온 것이다.

4차 산업혁명이 가져올 세 번째 변화는, 맞춤형 대량생산체제이다. 사물인터넷, 빅데이터, 인공지능, 클라우드 컴퓨팅과 같은 온라인 신기술이 제조업 공장에 적용되면서 '스마트 팩토리'가 탄생하게 되었다. 스마트 팩토리는 수요에 따라 모든 생산라인을 자유롭게 바꿔가면서 맞춤형 제품을 대량으로 생산할 수 있다. 스마트 팩토리는 사이버 시뮬레이션 기술을 오프라인 공장에 적용한 CPS(Cyber-Physical System) 방식으로 공장의 생산라인을 수시로 바꿀 수 있다. 사이버 공간에 제작 프로세스를 가상으로 설계하면 오프라인 생산라인이 자동으로 변경되는 CPS 방식은 맞춤형 대량생산을 가능하게 만들었다. 그동안 불가능했던 소비자의 수요 변화에 맞춘 대규모 맞춤 생산이 드디어 가능하게 된 것이다. 대규모 생산에만 익숙한 기존 공장들은 4차 산업혁명의 O2O 기술이 결합된 스마트 팩토리의 경쟁력을 결코 쫓아올 수 없다.

국가경쟁력이 된 4차 산업혁명

세계 최고의 제조업 경쟁력을 가지고 있는 독일은 인터넷 기술의 진화가 오프라인 세상을 바꿔 놓고 있는 환경 변화를 일찍이 감지했다. O2O 시대로의 변화에 맞춰 제조업 경쟁력을 한 단계 업그레이드해야 미래의 경쟁력을 확보할 수 있음을 깨달았다. 독일 정부는 기존 제조업 기반에 정보통신기술(ICT)을 융합하는 '인더스트리 4.0(Industry 4.0)' 프로젝트를 2012년 시작했다. 그 결과 4차 산업혁명의 핵심이라고 할 수 있는 '지능형 스마트 팩토리'를 탄생시켰다.

독일의 대표적인 스마트 팩토리 지멘스(Siemens)의 암베르크(Amberg) 스마트 팩토리에서는 각 부품 및 공정마다 센서와 스캐너를 연결해 제품의 완성도를 높인다. 생산라인의 기계끼리 서로 소통하고 모든 부품을 인식할 수 있게 됨에 따라서 맞춤형 대량생산이 가능하다. 독일의 인더스트리 4.0이 제조업 설비의 '사이버 자동화'가 중심이라면, 미국은 좀 더 큰 개념인 '산업인터넷'이란 이름으로 접근한다. 산업인터넷은 인터넷 혁명을 산업 영역으로 끌어올리는 것이다. 인터넷 세상에서 플랫폼이 중심이 되듯이 미국은 전체 산업의 플랫폼을 장악하려고 한다.

일본은 '로봇 신전략'을 발표했다. 금융, 서비스, 유통, 간병 등 다양한 영역에서 로봇을 활용한 4차 산업혁명을 주도하고 있다. 일본은 로봇 산업을 고도화하기 위해서 빅데이터와 인공지능 기술을 발전시켜가고 있다. 히타치(Hitachi)는 빅데이터 분석 기술과 정보시각화 기술을 가진 펜타호(Pentaho)를 인수하면서 빅데이터를 강화하고 있다.

중국은 '인터넷 플러스(internet+)'와 '중국제조 2025' 정책으로 4차 산업혁명을 주도하고 있다. 다양한 첨단 인터넷 기술을 제조업에 적용해서 스마트 생산 강국이 되는 것이 중국의 목표이다. 중국의 검색 포털인 바이두(Baidu)는 인터넷을 넘어서 인공지능 분야를 강화하고 있다. 바이두는 발달한 인공지능 기술을 기반으로 향후 3년 내에 자율주행자동차를 출시할 계획이라고 한다. 공장의 생산라인에 센서를 붙여서 온라인 플랫폼으로 통제한 결과 제조업의 생산성 혁명이 일어나고 있다. 항공기 엔진이나 굴착기와 같은 주요 기계에 센서를 붙여서 고장이 나기 전에 미리 부품을 교환하는 O2O 생산혁명을 통해 새로운 부가가치가 창출되고 있다. 미래에는 까다로운 소비자의 입맛을 일일이 맞춰 줄 수 있는 스마트 생산으로의 진화가 기업의 경쟁력을 결정하고 더 나아가 국가의 경쟁력까지 좌우할 것이다.

08 포스코 ICT가 추구하는 스마트 팩토리, 미래형 제철 공정

4차 산업혁명을 이끄는 핵심 기술인 사물인터넷(IoT), 클라우드, 빅데이터, 인공지능 등 지능정보기술은 주요 제조업의 생산, 소비에서 혁명적인 변화를 촉진하고 있다. 독일에서는 이미 미국, 일본 등 경쟁국의 제조업 강화에 대응한 새로운 혁신전략이 필요함을 느끼고, 2011년 인더스트리 4.0(Industry 4.0)을 발표하며 제조산업과 ICT를 융합하여 산업기기부터 생산과정까지 모두 네트워크로 연결되고, 모든 단계의 공정이 최적화된 스마트 팩토리를 발전시켜 나가고 있다. Industry 4.0의 목표는 규격, 대량생산은 물론 맞춤형 다품종 적량생산까지 가능한 공장 생태계를 만드는 데 있다. 독일은 오는 2025년까지 자국 내 제조업 전체를 거대 단일 가상공장으로 연결하고 전 세계 시장 환경을 실시간으로 파악하는 유비쿼터스 맞춤형 생산을 실현하겠다는 방침이다. Industry 4.0 시대의 가장 큰 변화는 사이버물리시스템(CPS)의 적극적인 활용으로 스마트 팩토리를 구현해 사이버 공간에서 제안된 개념을 실체화할수 있게 된 것이다. 즉, 데이터 분석을 통해 PC에서 가상의 제품을 디자인한 후 스마트 팩토리에서 실제 제품을 제조하게 된다. 이때 컨베이어 시스템 기반의 연속 일관 공정 대신 인공지능(AI)을 탑재한 각 제품 혹은 반제품이 스스로 판단해 최적화된 다음 공정 모듈을 찾아 이동하며 생산이 진행되는 구조이다. 동일 기능의 복수 모듈이 작동하고 있으며 실시간 정보교환으로 대기시간을 최소화시킨다. 뿐만 아니라 IoT와 3D 프린팅이 본격적으로 도입되어 서로 다른 디자인, 재질, 기능의 제품을 혼합 생산하는 것이 가능하고 갑자기 설계가 변경되더라도 이를 실시간으로 반영할 수 있다. '한 라인에서 한 종류의 제품 생산 개념에서 제품마다 고유한 설계'의 개념으로 진화하는 것이다. 3차 산업혁명시대의 생산은 소품종 대량생산이 주종을 이루고 있으나, 4차 산업혁명시대에는 다품종 맞춤형 생산체계로 전환되는 것

주요국의 제조업 혁신정책 요약

국가	내용
독일	**Industry 4.0(2012년 ~)** 스마트 팩토리 기술과 데이터를 이용해 산업 전반을 업그레이드시키고 나아가 이를 표준화하여 세계의 공장을 만드는 공장의 위상을 차지하려 노력 • 국가 10대 미래전략의 일환으로 민·관·학 연계 통한 제조업 혁신 추진 • 제조업과 ICT 융합 통한 스마트공장 구축, 첨단기술 클러스터 개발
미국	**Remaking America(2009년~)** ICT 전반의 뛰어난 기술력과 혁신력을 기반으로 빅데이터를 분석해 즉각적으로 생산성을 개선할 뿐 아니라 이를 통해 새로운 사업모델과 수익원 창출 • 제조업 발전 국가협의체 'AMP(Advanced Manufacturing Partnership)' 발족 • 3D 프린팅 등 첨단 제조기술 혁신, 산업용 로봇 활성화 추진
일본	**산업재흥플랜(2013년 ~)** 특유의 노하우, 비밀주의 등으로 생산성 한계 돌파를 위한 '보조수단'으로 스마트 팩토리를 이용하였으나 최근 솔루션 단위로 사업을 확대, 변화를 모색 • 제조업 중심의 산업경쟁력 강화 위해 '산업경쟁력강화법' 제정 • 자동운전시스템 등 차세대 인프라 구축에 2014년 100억 엔 투자
중국	**제조 2025(2015년 ~)** 정부의 전략을 기반으로 독일과 적극 협조하는 등 자국제조업을 스마트 팩토리를 통해 업그레이드시키고자 노력 중 • 스마트 팩토리와 관련해 산업별로 대표 기업을 2~3개씩 선정해 중점적으로 지원 • 자금투입, 세수감면 등 국가 차원의 기술개발도 지원
한국	**제조업 혁신 3.0(2014년~) 및 스마트공장 확산 추진 계획(2015년 ~)** • 융합형 신제조업 창출, 제조혁신 기반 고도화 • 2025년까지 중소·중견 기업을 대상으로 3만 개 스마트공장 시스템 보급

이 큰 변화라 할 수 있다. 스마트 팩토리 도입을 선도하고 있는 나라는 제조업 강국인 미국, 일본, 독일로 제조업의 생산성 고도화, 글로벌 경쟁력 강화를 위한 대안으로 스마트 팩토리를 추구하고 있다. 국가별 제조업 특성, 기술·사업 강점 역량, 기업 간 구조의 차이로 주요 국가들의 스마트 팩토리 전략의 방향성은 조금씩 상이한 것으로 평가된다.

특히 우리나라 경제에서 차지하는 제조업의 높은 비중[(우리나라는 제조업이 GDP에서 차지하는 비중이 30.3%(2014년 기준)로, 중국(35.9%)을 제외하면 전 세계에서 가장 높은 수준임)]을 고려할 때 4차 산업혁명에 대한 대응은 우리나라 향후 산업경쟁력과 경제성장을 좌우하는 중요한 과제라고 볼 수 있다. 이를 위해서 스마트공장 도입은 필수로 정부는 IT·SW, IoT 등과의 융합을 통해 생산 전 과정을 지능화·최적화하여 2025년까지 3만 개 공장의 스마트화를 추진 중이다. 정부는 현재 민관 공동으로 1조원 규모의 제조혁신재원을 조성하고, '스마트공장 추진단'을 구성하여 상대적으로 IT·SW 역량이 부족한 중소·중견 기업 제조 현장의 스마트화를 기업역량에 따라 맞춤형으로 지원하고 있다. 이를 통해 중소·중견 기업의 생산성을 획기적으로 높이고, 핵심기반이 되는 SW·센서·솔루션 등을 새로운 산업으로 육성하여 수출 동력화 할 계획이다.

스마트공장추진단에 따르면, 2015년 말까지 스마트공장전환이 완료된 국내 사업장은 1,240개다. 이 중 246개사 표본 조사를 한 결과 불량률은 27.6% 감소했고, 제조원가는 29.2% 절감했으며 납기는 19.0% 단축하는 성과를 보였다. 하지만 스마트 팩리가 위와 같은 성과를 냈다고 무턱대고 실행하면 기업 상황이 더 악화될 수가

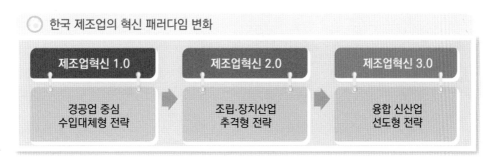

한국 제조업의 혁신 패러다임 변화

제조업혁신 1.0	제조업혁신 2.0	제조업혁신 3.0
경공업 중심 수입대체형 전략	조립·장치산업 추격형 전략	융합 신산업 선도형 전략

자료 참조 : 한국제조업의 혁신 패러다임 변화(산업통상자원부 제공)

247

토 있다. 기존의 생산거점인 공장에서 스마트 팩토리로의 성공적 전환을 위해서는 먼저 운영전략 측면에서 성과 요건을 고려해야 하며, 스마트 팩토리를 통해 이루고자 하는 정량적 성과를 구체적 수준으로 정의해야 한다.

◉ 포스코의 스마트 팩토리

포스코 ICT가 추구하는 미래형 제철 공정인 스마트 팩토리는 공장 설비에 설치된 사물인터넷 센서를 통해 데이터를 실시간 수집하고, 이를 기반으로 목적에 맞게 스스로 가동하는 공장을 말한다. 수집된 데이터는 설비 상태를 실시간 진단·예측하는 데 활용하여, 안정적인 조업환경을 유지하고 설비 수명도 연장할 수 있다. 이를 통해 원가를 낮추고 품질 불량을 줄이며 설비장애도 감소시킬 수 있다.

포스코 ICT는 공장, 도시, 빌딩 등 기존 산업 영역에 첨단 ICT^(정보통신기술)를 접목해 스마트 팩토리, 스마트 빌딩 & 시티, 스마트 에너지 등과 같은 스마트 비즈니스를 추진하고 'SmartX'라는 새로운 솔루션을 발굴하기 위해 노력하고 있다. 또한 'PosFrame_(포스프레임)'은 다양한 현장의 데이터를 실시간 수집해 분석하고 인공지능을 활용한 최적의 시스템 운영 방안을 적용하는 포스코 그룹의 스마트 인더스트리 표준 플랫폼

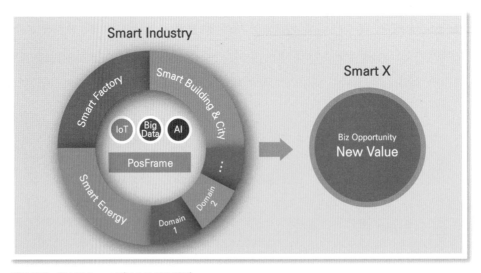

자료 참조 : 포스코 Smart X(포스코 ICT 제공)

이다. 이 플랫폼은 센서와 설비 데이터를 실시간 수집·분석하고 대용량 데이터 저장 및 관리효율이 향상되며, 현장 작업자를 위한 쉽고 빠른 분석도구를 제공한다. 포스코 스마트 팩토리가 실현되어, 설비관리 부문에서는 설비의 가동상태를 실시간으로 점검할 수 있도록 스마트 센서를 통해 통합센터에서 센서정보 및 점검, 수리, 고장 등 설비 이력정보를 분석할 수 있고, 고장시점을 예측하여 사전에 조치를 취함으로써 설비수명을 연장시키는 효과가 있다. 작업자들은 웨어러블 장비를 착용하여 도면정보를 전달받아 설비의 분해 조립 절차를 수행하므로 완벽한 정비가 가능하다.

🌐 스마트 팩토리 각 부분별 특징

'생산관리' 부문에서는 전문가 경험에 의존한 생산방식에서 벗어나 품질, 에너지, 환경 등 현장 상황을 종합 분석하는 무인지능시스템으로 생산량을 자동으로 결정하고 설비-소재-품질 데이터를 통합 분석하여 최적의 운전 패턴을 도출하므로 소단위 작업에서도 생산효율성을 높이고 품질을 향상시킬 수 있다.

'품질관리' 부문에서는 모든 생산공정을 영상 모니터링하여 실시간 품질관리가 가능하다. 중단이 불가능한 연속 공정이므로 품질에 영향을 주는 설비 소음 발생, 진동, 온도 등의 요소들을 실시간으로 수집/분석함으로써 불량 발생가능성을 미리 예측하고 후 공정의 작업조건에 반영함으로써 품질 불량을 방지한다.

'물류관리' 부문에서는 선박으로 수입되는 원료 및 부원료를 하역하는 작업부터 생산공장 내부에서 소재와 제품을 운반하고 보관하는 전 과정을 무인 자동화해 물류관리의 효율성을 높이고, 원가절감 등 생산성 향상을 도모할 수 있다. 뿐만 아니라 공장에서 출고되는 제품들이 유통기지 및 고객사 창고에 도달할 때까지 입·출고 관리 및 모든 정보를 실시간으로 모니터링할 수 있도록 제품 자동인식시스템을 구축했다.

'환경/에너지' 부문에서는 공장에서 발생하는 분진, 황/질소화합물 등 유해물질을 하이-플라스마 공법으로 완전 제거해 친환경 공장을 구현하고 있다. 또한 공장/공정별로 에너지 소비량을 조업 패턴에 따라 실시간으로 분석해서 최적의 에너지 사용 패턴을 적용하고자 한다.

자료 참조 : 안전관리, 포스코 ICT 제공

'안전관리' 부문에서는 위험지역에 접근하는 작업자를 자동으로 인식하고 미리 경고하여 사고를 예방하고, 설비에 부착된 센서나 CCTV 영상을 통해 화재, 폭발, 가스 등 위험 상황을 실시간으로 파악하여 긴급 대응하는 시스템을 구축했다. 스마트 헬멧 등 스마트 기기를 활용해 현장 정보를 보다 정확하게 수집하고 사고를 예방한다.

'설비엔지니어링' 부문에서는 단위공장별 디지털 가상공장을 만들어서 설비 신/증설 및 생산조건 변경사항에 대해서 실제 공장처럼 설비개조 및 조업변경을 미리 시뮬레이션해 볼 수 있다. 신규 설비의 성능, 장애요인, 유지보수상 문제점들을 사전에 발견하여 수정함으로써 최적 설계를 구현하고 비용 및 시간을 절감한다. 또한 가상공장에서 다양한 시험조업을 시도할 수 있어 실제 공장에 적용 가능한 최적생산조건도 발굴해 낼 수 있다.

가상공장(Virtual Factory)에 새로운 공정이나 설비를 공장에 적용하기에 앞서 Virtual Factory에 구현해 설비 성능, 장애요인, 유지보수 시점 등을 사전에 발견해 비용 및 시간을 절감할 수 있다. 또한 변경사항을 실제 공장에 즉시 적용 가능한 환경을 구현하고, 가상공간이므로 설비 테스트를 위한 공간적 제약이 없어 공간, 시간, 비용 등 을 절감할 수 있다.

포스코는 2002년부터 2004년까지 세계 1위를 고수하다 철광석 광산을 보유한 세베르스탈, 타타스틸 등 러시아, 인도 철강사들에게 1위 자리를 내주었으나 2010년부터 지속적인 원가절감과 수익성 개선, 기술력 향상, 신흥시장으로의 적극적 진출 등을 통해 6년 만에 다시 정상에 오른 이후 4년 연속 1위를 지킨 글로벌 기업이다. 2012년 1월에는 스위스 다보스 포럼에서 발표된 글로벌 지속가능경영 100대 기업에서 한국기업 중 가장 높은 순위인 30위에 오른 바도 있다. 이런 혁신적인 성과는 철강관련 기술개발과 함께 1999년부터 전사적으로 추진해 온 프로세스 혁신 기반의 공급망관리시스템의 도입과 운영에 기인한다고 평가할 수 있다. 즉, 기존의 생산자 중심의 운영에서 과감히 탈피하여 고객 중심적인 프로세스 혁신과 SCM 도입, 그리고 공급사와 고객들에게 실시간 정보를 전달해 줄 수 있는 e-Business를 통해 상생협력과 성과공유 등을 도모하였다. 특히 공급망관리(SCM)시스템을 통해 원료 수송조달에서부터 생산, 납품, 재고관리에 이르기까지 모든 고객사와 공급사에게 최상의 서비스를 제공하고 있는 것도 높은 평가를 받은 것으로 분석된다. 포스코가 추구하는 스마트 SCM은 사물인터넷, 빅데이터, 컴퓨터 시뮬레이션, 첨단로봇, 증강현실, 사이버 보안, 생산과 경영관리시스템 통합 그리고 인공지능 기술이 가미된 최첨단 21세기형 모델이다. 전 세계 철강업계는 물론이고 타 산업의 SCM에도 모범이 될 수 있는 사례이다.

09 스마트 팩토리 동향과 8대 스마트 기술 모델 공장 사례

스마트 팩토리는 다양한 제품 개발부터 양산까지 시장 수요예측 및 모기업의 주문에서부터 완제품 출하까지의 모든 제조 관련 과정을 포함하고 있다. 국가기술표준원은 스마트 제조(광의의 스마트공장)와 스마트공장(협의의 스마트공장, 자동화에 초점)을 구분하고 있다. 고도화 수준에 따라 5개 단계로 나눌 수 있는데 협의의 기초단계에서는 바코드나 RFID(Radio Frequency Identification)로 기초데이터를 수집하고 생산실적을 자동으로 관리한다. 중간수준1은 설비 정보를 최대한 자동화하며, 중간수준2는 모기업과 공급사슬 관련 정보 및 엔지니어링 정보를 공유한다. 고도화 수준에 이르면 사물, 서비스, 비즈니스 모듈 간의 실시간 대화체제가 구축되어 기계 스스로가 판단하여 생산지시를 하고 제어가 가능한 가상물리시스템 공장이 구현되게 된다. 광의의 스마트공장은 생산 프로세스의 정보화와 자동화를 넘어 비즈니스 가치사슬 전반에 최적화를 하고 유연하게 설비, 생산, 운영을 통합하여 상호 운용성을 지원하며 고객과 소통하는 공장이다. 이러한 스마트 제조 프레임워크 체계에서 스마트공장은 최소의 비용과 시간으로 고객 맞춤형 생산을 하고 생산공정들이 실시간 연동 및 통합되는 생산체계로서 적기생산, 생산성 향상, 에너지절감, 인간중심 작업환경, 개인맞춤형 제조를 가능하게 하는 공장이다. 스마트 제조는 크게 전방산업, 후방산업, 생산 영역으로 구성되며 가치사슬을 연동시키는 수평적 통합과 공장 내 생산체계의 수직적 통합을 이룬다.

세계적인 제조업 강국들은 제조와 ICT 융합을 통한 4차 산업혁명을 수립하여 제조업 부활 정책을 추진하고 있다. 독일의 인더스트리 4.0, 미국의 Making in America, 일본의 산업재흥플랜, 중국 제조 2025 등이 대표적인 모습이다. 생산방식이 부분자동화에서 기계 간의 통신과 시뮬레이션을 이용한 자동생산으로 변화되고 있으며, 사물인터넷(IoT), 빅데이터, 클라우드 컴퓨팅, 로봇을 기반으로 민첩하고 맞춤형 생산, 다품종 대량생산이 가능하게 되었다. 공장 내부와 공장 외부가 네트워크로 연결되어 공정의 최적화가 달성될 뿐만 아니라 제조업과 실생활을 실시간으로 연결하여 생산성 향상, 원가절감을 추진하고 있다. 인더스트리 4.0이 독일을 중심으로 추진된 배경은 고령화 및 저출산으로 인하여 숙련공 및 기능공이 부족하며 생산 인구 비중이 급격히 낮아지고 있기 때문이다. 특히나 젊은 세대들은 서비스업을 선호하고 제조업을 기피하고 있기 때문이다. 이러한 생산인구 감소를 해결하는 길은 스마트 팩토리를 통한 자동화가 필요하기 때문이다. 선진 제조 강국들은 생산성, 기술력에는 우위에 있지만 임금, 제조비용은 경쟁력이 낮기 때문에 제품판매와 기술서비스를 확대하여 수출경쟁력을 높이고 있다. 선진국은 리쇼어링(Reshoring, 제조업의 본국 회귀를 의미한다. 인건비 등 각종 비용 절감을 이유로 해외에 나간 자국 기업이 다시 국내에 돌아오는 현상을 말함)을 통해 해외에 진출한 자국 기업을 국내로 이전하거나 법인세 인하, 인센티브제, 첨단 제조업 강화, 고용제도 개혁, 인재양성, 입지경쟁력 강화 등을 통해 제조업 부활 정책을 추진하고 있다. 우리나라 기업과 정부도 스마트 팩토리는 인구고령화, 친환경, 원가절감, 소비자 니즈 변화 등 제조업의 위기 극복을 위한 유일한 대안으로써 인식하고, 스마트 팩토리를 통하여 중국과 대만의 추격을 극복할 새로운 출구 전략을 마련하고 있는 것이다.

스마트 팩토리는 전통적인 제조 산업에 ICT를 결합하여 개별 공장의 설비 공정이 네트워크로 연결되고, 모든 생산 데이터정보가 실시간으로 공유 활용되어 최적화된 생산운영이 가능한 공장으로, 공장 간의 협업(collaboration)적인 운영이 지속되는 생산 체계이다. 제품 개발 공정과 가치사슬 통합을 구현함으로써 낭비를 없애고 납기를 단축하여 생산성 향상, 원가절감, 품질개선, 맞춤형 생산, 작업안전을 기하고자 한다. 수요 산업과 공급 산업으로 구성되는데, 세계 스마트 팩토리 기기 및 소프트웨어 시장은 지멘스(독일), 록웰(미국), ABB(스위스), 에머슨(미국), 미쓰비시(일본) 등 상위 5개사가 50% 이상을 점유하고 있다. 2014년 독일의 R&D 플랫폼은 지멘스, FESTO, BOSCH, HARTING, CISCO(美) 등이 참여하여 스마트 팩토리 핵심 기술을 공급하고 있으며, 독일의 DKFI(인공지능연구소)는 5개 핵심 글로벌 기업들이 테스트 베드(Test Bed, 새로운 기술·제품·서비스의 성능 및 효과를 시험할 수 있는 환경 혹은 시스템, 설비를 말함)를 구축하고 있다. 우리나라 스마트 팩토리의 기초기술, 하드웨어, 소프트웨어 분야 경쟁력은 선진국 대비 70% 미만 수준이며 스마트 센서, 사이버물리시스템, 3D 프린팅, 에너지절감기술과 사물인터넷, 클라우드, 빅데이터, 홀로그램을 스마트 제조의 8대 핵심 기술로 정의하고 있다.

모델 공장은 스마트 팩토리를 고도화하고 확산시키기 위한 방안으로 그 중요성이 크다. 스마트 팩토리를 추진하려는 기업은 모델 공장을 벤치마킹하여 성과향상을 도모하고 나아가 모델 공장 자체를 수출 할 수도 있다. 스마트 팩토리 구축을 위해서는 전문인력 양성이 필요한데 모델 공장은 교육훈련시설로도 활용할 수 있다. 스마트 팩토리 구축은 핵심 기술개발이 선행되어야 한다. 우리나라는 8대 스마트 제조기술인 빅데이터, 클라우드, 사이버물리시스템, 에너지절감기술, 사물인터넷, 3D 프린팅, 스마트 센서, 홀로그램을 선정하였다.

Smart Factory Levels

구분	현장자동화	공장운영	기업자원 관리	제품개발	공급사슬 관리
고도화	IoT/IoS화	IoT/Ios기반의 CPS화		빅데이터/설계·개발 가상 시뮬레이션/3D프린팅	인터넷 공간상의 비즈니스 CPS 네트워크 협업
		IoT/Ios(모듈)화, 빅데이터 기반의 진단 및 운영			
중간수준2	설비제어 자동화	실시간 공장제어	공장운영 통합	기준정보/기술정보 생성 및 연결 자동화	다품종 생산 협업
중간수준1	설비데이터 자동집계	실시간 의사결정	기능 간 통합	기준정보/기술정보 개발 운영	단일 모기업 의존
기초수준	실적집계 자동화	공정물류 관리(POP)	관리 기능 중심 기능 개별 운용	CAD 사용 프로젝트 관리	다품종 개발 협업
ICT 미적용	수작업	수작업	수작업	수작업	전화와 이메일 협업

자료 출처 : Industry Innovation Movement 3.0 Central Headquarters, 2014

빅데이터, 클라우드 컴퓨팅, 사이버물리시스템, 에너지절감

스마트 제조 기술이란 스마트 팩토리를 구축하는 데 필요한 8대 기술로 ICT 메카트로닉스 기술을 의미한다. 첫 번째로 빅데이터 분석을 들 수 있는데, 빅데이터란 일반적인 데이터베이스 체계가 저장, 관리, 분석할 수 있는 범위를 초과하는 규모의 데이터로 데이터의 양, 생성주기, 형식 등에서 규모가 크고, 형태가 다양하여 기존의 방법으로는 수집, 저장, 검색, 분석이 어려운 방대한 크기의 데이터이다. 또한 정보의 범위 확대, 새로운 종류의 데이터와 분석, 실시간 정보, 신기술로 유입되는 데이터, 비전통적 현태의 미디어, 소셜미디어 데이터 등도 빅데이터에 포함할 수 있다. 또한 스트리밍 데이터, 공간 정보 데이터, 센서산출 데이터처럼 전통적, 구조적,

관계적인 데이터웨어하우스에 잘 들어맞지 않는 데이터들은 빅데이터에 포함될 수 있다. 빅데이터는 예측능력, 맞춤형 정보제공, 관리, 분석 기능이 우수하여 산업경쟁력 제고, 생산성 향상, 혁신을 위한 새로운 가치를 창출할 것으로 전망된다. 스마트 팩토리에서 발생하는 많은 비정형 데이터를 실시간으로 빅데이터 분석을 한다면 생산관리, 품질관리가 가능하다.

'클라우드 컴퓨팅'은 컴퓨팅 자원(네트워크, 서버, 스토리지, 애플리케이션, 서비스 등)들을 공유된 풀더에 두고 사용자의 요구에 따라 언제 어디서나 네트워크를 통해 쉽게 접근이 가능한 모델이다. 사용자의 요구가 있으면 즉시 스스로 서비스를 제공해야 하는 "On Demand Self-Service", 광대역 네트워크를 통해 서비스하는 "Broad Network Access", 스스로 탄력적으로 IT 자원을 공급하는 "Rapid Elasticity", IT 자원을 한 곳에 모아서 제공하는 "Resource Pooling", 사용자의 서비스 사용량을 모니터링하고 측정하여 과금할 수 있는 "Measured Service"가 있다. 서버 사용 방식은 서비스 제공업체가 구축한 서버, 스토리지 등의 IT 인프라를 사용료를 내고 이용하는 공용방식과 자체적으로 구축한 클라우드 환경에서 서비스를 만드는 사설방식, 그리고 절충형 방식이 있다. 스마트 팩토리에서 클라우드 효과는 중앙집중화를 통해 자원을 효율적으로 관리하므로 사용도가 낮은 전산자원의 운영비용 절감과 ICT 인프라를 소유할 필요가 없어 자산 비용 절감을 가져오며, 다수 사용자가 자원을 공유함으로써 시스템의 효율성이 향상된다. 그러나 확산을 위해서는 이용자들에게 안정성, 데이터 보안성 및 기밀성, 정보유출에 대한 우려를 불식시켜 주어야 한다.

'사이버물리시스템'은 사물·데이터·서비스의 현실세계와 가상세계와의 융합이며, 실제 현장과 IT가 긴밀하게 결합된 시스템으로 IBM의 'Smarter Planet', MIT나 Auto-ID Labs가 추진하는 사물인터넷 등도 유사한 개념이다. 물리 세계와 센서, 액추에이터, 임베디드 컴퓨팅 시스템 등으로 구성된 사이버세계와의 융합을 추구하는 새로운 패러다임으로 통신(communication), 연산(computation), 조작(control)의 3C 요소가 핵심 개념이다. 기존 ICT와는 데이터 처리량 등 양적 복잡성과 수많은 물리적 도메인을 연결해야 하는 질적 복잡성이 있고, 모델화와 예측이 어려운 물리세계의 동적인 변화에 유연한 대응을 요구한다. 독일의 인더스트리 4.0의 범주 내에서는 CPPS(Cyber Physical Production System)로 부른다. CPS는 컴퓨터 이용과 물리적인 프로세스의 통합으로 임베디드 컴퓨터 및 네트워크는 피드백 루프를 가지고 물리적인 프로세스를 감시하고 통제한다. 기존 임베디드 소프트웨어가 주로 휴대폰과 정보가전 등의 운용에 집중된 반면, CPS는 무인자동차 및 제조공정 등 자율적인 물리시스템 제어를 목표로 하고 있다.

'에너지절감'은 에너지 저장기술(ESS), 스마트 그리드(smart grid), 공장에너지 관리시스템(FEMS)을 의미한다. 스마트 그리드는 전기 및 정보통신 기술을 활용하여 전력망을 지능화·고도화함으로써 고품질의 전력서비스를 제공하고 에너지 이용효율을 극대화하는 전력망이다. 전력수요를 분산시켜 송배전 효율을 높이고 남는 전기는 축전기를 통하여 저장하고 필요할 때 다시 공급하여 버려지는 전기를 줄일 수 있다. 자발적인 에너지 절약, 신재생에너지 확대, 전략품질 및 신뢰도를 향상시키는 것을 목표로 한다. 에너지관리시스템(EMS)은 ICT 기술과 제어기술을 활용하여 에너지 흐름과 사용을 시각화 및 최적화하는 통합 에너지관리 솔루션이다. 하드웨어 요소는 계측장비, 통신장비, 시각화장비가 있고 소프트웨어로는 데이터집계, 데이터분석, 설비, 기기제어로 구성된다. 공장에너지 관리시스템(FEMS)은 공장, 빌딩, 가정 등에서 에너지절감을 위해 에너지 사용과 비용을 최적화하는 ICT 융합 솔루션이다. 설비의 에너지 사용 및 가동현황을 파악해 에너지 수요를 예측하고, 이에 적합한 에너지를 공급함으로써 에너지 절약 및 비용 절감을 목표로 한다.

🌐 사물인터넷, 3D 프린팅, 스마트 센서, 홀로그램

'사물인터넷'은 인간과 사물, 서비스 등 분산된 구성요소들 간의 인위적인 개입 없이 상호 협력적으로 센싱, 네트워킹, 정보교환 및 처리 등의 지능적 관계를 형성하는 사물 공간 연결망이다. 즉, 상하수도에 센서를 설치하여 누수를 방지하거나

가로등에 센서를 설치하여 에너지를 절감할 수 있다. 각종 사물에 센서와 통신기능을 내장하여 인터넷에 연결하는 기술로 사물의 범주에는 가전제품, 모바일 장비, 웨어러블 컴퓨터 등 다양한 임베디드 시스템이 포함된다. 스마트 팩토리에서도 기계, 장비, 설비, 부품에 센서를 설치하여 제어하게 된다. 최근 사물인터넷의 개념은 M2M(Machine to Machine), IoT를 거쳐 IoE(Internet of Everything)로까지 확장되어 M2M을 통해 주요 구성요소 간 센싱, 제어, 정보교환 및 처리 등이 가능한 지능적 관계가 형성되고 서비스 형태로 변환되고 있다.

'3D 프린팅'은 입체물을 절삭가공하지 않고 디지털 디자인 데이터를 이용, 소재를 적층(績層)해 3차원 물체를 제조하는 프로세스이다. 적층가공이란 가루나 액체 형태의 재료를 굳혀가며 한 층씩 쌓는 방식으로 비교적 복잡한 모양을 만들 수 있고, 제작과 채색을 동시에 진행할 수 있다는 것이 장점이다. 다만, 완성품의 표면이 매끄럽지 못하여 품질이 상대적으로 떨어진다. 제작 프로세스는 디자인 소프트웨어 또는 3D 스캐너를 통한 3차원 디지털 도면 제작을 하는 모델링, 프린팅, 연마, 염색, 표면 재료 증착 등 최종 상품화 단계를 거친다. 모델링은 CAD 또는 3차원 모델링 소프트웨어를 이용하여 3차원 데이터를 완성하며, 3D 스캐너를 이용해 3차원 데이터를 얻을 수도 있다. 스마트공장에서 3D 프린팅 기술은 마이크로 스마트 팩토리 구축에 유용하다. 스타트업 기업들이 노동력이나 자본이 없어도 소규모 제작을 실현할 수 있다. 제작비용 및 시간 절감, 다품종 소량생산, 맞춤형 제작이 가능하다.

'스마트 센서'란 측정 대상물로부터 압력·가속도·온도·주파수·생체신호 등의 정보를 감지하여 전기적 신호로 변환하여 주는 장치이다. 최근의 센서 동향은 단일 센서 모듈에서 복합 센서 모듈을 거쳐 단일 칩(one-chip) 복합 센서로 복합화가 진전되고 있다. 지능화된 서비스를 제공하는 스마트 센서는 기존의 센서가 발전된 '똑똑한 센서로 측정 대상물의 물리·화학적 정보를 감지하는 일반 센서기술에 나노기술 또는 MEMS(Micro Electro Mechanical System, 미세전자기계시스템) 기술을 접목하여 데이터 처리, 자동보정, 자가진단, 의사결정, 통신 등의 신호처리를 해준다. 스마트 센서의

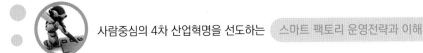

지능화는 스마트폰 이외에도 지능형 자동차, 스마트 홈시스템, 웨어러블 전자기기, 원격진료시스템, 국방보안기기, 산업기기, 대규모의 환경감시시스템, 사물인터넷 등으로 센서가 활용되고 있다. 스마트 팩토리를 고도화하기 위해서는 스마트 센서의 역할이 매우 중요하다.

'홀로그램(hologram)'은 홀로그래피 기술을 통해 물체의 영상이 기록된 사진필름 또는 재현된 영상을 의미한다. 홀로그램은 두 개의 레이저광이 상호 만나 일으키는 빛의 간섭효과를 이용, 사진용 필름과 유사한 표면에 3차원 이미지를 기록한 것이다. 일반 사진이 명암으로 거리감을 표현하는 것과 달리 빛의 간섭현상으로 거리와 깊이까지 표현할 수 있다. 소프트웨어 복제방지를 비롯해 지폐 또는 서류의 위조방지 등을 위해 사용되고 있으며, 엔터테인먼트 산업 등에 적극적으로 도입되어 시장 규모가 증가하고 있다. 대상을 입체영상으로 찍어내는 아날로그 홀로그램, 대상에 반사된 빛을 디지털로 재현하는 디지털 홀로그램, 초다시점 입체영상 및 반투과형 스크린 투영 영상 등의 유사 홀로그램으로 구분한다.

스마트 팩토리 모델 성공 사례

미국, 독일, 일본을 중심으로 전기전자, 자동차, 기계, 내구재 등 다양한 업종에서 스마트 팩토리가 추진되고 있다. GE는 사물인터넷, 빅데이터 분석으로 공정 및 설비 최적화를 달성했다. 지멘스는 고성능 설비와 시스템 간 실시간 연동체계를 구현했다. 2016년 5월 현재 우리나라 스마트공장 보급현황은 총 구축 지원 수 1,240개, 구축 완료 900개, 그리고 340개가 구축 중이다. 그 결과 불량률 감소(△27.6%), 원가 절감(△29.2%), 시제품 제작기간 단축(△7.1%) 등이 세부적인 성과로 조사되고 있다. 기계·금속(35.5%), 자동차부품(21.5%) 업종 업체들의 스마트 팩토리 도입 추진이 두드러진 가운데, 스마트 팩토리 도입 기업의 49.8%가 소재·부품기업, 뿌리산업 기업의 참여 비중은 12.3%를 차지, 매출액 50억 미만(39.6%), 종업원 수 20~49인(40.6%) 규모 기업이 높은 비중을 차지했다.

㈜대광주철(자동차 부품용 주물소재 생산)은 생산관리시스템(MES)을 도입하여 불량률을 79%를 감소시켰다. 지앤원은 생산관리시스템(MES)을 도입하여 안정적인 수율을 유지하였다. 새한진공열처리는 전력감시모니터링시스템을 도입하여 전기요금을 17% 절감하였다. ㈜에이엔텍은 스마트폰 등을 활용한 생산관리시스템(MES)을 도입하여 작업자의 활동 및 설비가동률을 실시간으로 구성원 전체에 공유시켜 문제점 파악과 사내 혁신이 가능하였다. 포스코 ICT는 스마트공장 구축을 통해 설비의 예지정비(Predictive Maintenance), 품질예측, 실시간 최적 생산, 안전한 작업환경, 에너지 사용의 최적배분을 실현하였다. 지역 중소기업체의 모델 공장 구축 사례로 G사(자동차 및 이륜차 고무부품 전문업체)의 공정순서는 '입고검사 → 숙성 → 절단 → 성형 → 자주검사 → 포장 단계'를 거친다. 스마트공장 구축 포인트는 온습도 숙성시간을 모니터로 조회, 바코드 작업지시서, 키오스트 단말기 설치, PLC 데이터 수집, 생산현장 대형 전광판을 설치하는 것이다. 스마트공장 도입 후 매출액과 순이익, 고용 분야에서 큰 성장을 달성하였으며, 또한 작업자 및 숙련자의 고령화 현상과 외국인 노동자 채용에 따른 소통의 어려움으로 인해 발생하는 불량률을 크게 감소시켰다. 다양한 환경정보 및 장비정보를 모니터링함으로써 불량률 개선 효과를 얻을 수 있었다. 생산품을 로트 추적하므로 품질보증 및 증빙자료가 확보되어 고객으로부터 생산제품에 대한 신뢰성을 확보할 수 있었다. 4년 전 대비 매출액은 3배 증가, 고용인원도 10명 증가하였다. H사는 철강설비, 분말성형프레스, 자동화기계, 금형, 산업기계, JIG FIXTURE 및 치공구 등을 생산하는 전문업체이다. 스마트 팩토리을 구축하기 전 프로세스는 생산공정 흐름이 단절되어 생산실적, 진도관리가 수작업으로 이루어졌다. 공정관리와 생산관리 업무가 이중 작업으로 부하가 가중되고 문제상황을 통합적으로 수집할 수 없으며 제품검사 후 불량처리 및 재가공도 어려웠다. 자재관리 부재로 인한 입출고 관리 미흡, 공정별 생산실적 현황 파악 불가, 설비장비 관리보존 미흡, 생산공정 작업지시 및 실적을 구두로, 자료관리와 생산현장 공정자료를 수기작성 후 전산등록함으로써 실시간 관리 미흡과 원인 추적 등의 총체적인 문제가 있었다. 스마트 팩토리는 ERP, MES, POP 통합서버를 구축하여 생산 프로세스를 단순화

하고 정보통합이 가능하게 되었고 제품검사가 자동으로 이루어지게 되었다. 그 결과 제조 리드타임이 50% 단축되었고 실시간 원가계산시스템 구축으로 판매가격 상향 효과를 가져왔다. F사는 정밀주조 제조전문 뿌리기업이다. 자동차, 조선, 플랜트, 건설, 화학업에 정밀 주조품을 공급하고 있다. 주요 문제점은 수주부서와 생산부서와의 단절로 자재수급 및 품질관리가 어렵고, 작업지시 번호를 수작업 관리하여 누락 및 보존 손실 발생, 생산계획을 구두로 전달하여 생산현황이 보전되지 않으며 공정데이터의 집계와 관리가 어려웠다. 바코드, PDA, 키오스트를 사용하여 MES와 POP를 통합하는 스마트 팩토리를 구축하였다. 2009년도부터 3단계의 로드맵을 통해 시작하였고 그 결과 매출액은 연 100%씩 증가하였다. D사는 수위계측 장비, 선박 평형수 처리장비 등을 전문적으로 생산하는 친환경 해양 플랜트 및 조선기자재 전문업체로서 완전한 스마트 팩토리를 구축하기보다는 애로사항인 SCM을 도입하여 정보통합을 가져왔다. C사는 자동차엔진 세척기 등 자동차 생산설비 전문기업으로 설계, 엔지니어링이 중요하며, 스마트 팩토리를 구축하여 PMS 시스템을 ERP와 통합함으로써 전체적인 스케줄 관리 및 프로젝트별 실시간 원가계산 및 수익성 분석을 통합 관리하는 데 성공했다.

10 스마트 팩토리 기반인 전자제품 조립 생산라인 사례

스마트 TV, 스마트 홈, 스마트 그리드(smart grid, 전기공급자와 생산자들에게 전기사용자 정보를 제공함으로써 보다 효과적으로 전기 공급을 관리할 수 있게 해주는 서비스로서 전기와 정보통신기술을 활용해 전력망을 지능화·고도화해 고품질 전력서비스를 제공하고 에너지 이용 효율을 극대화하는 것)와 같이 많은 기술과 개념들이 지능화되고 있는 스마트시대이다. 공장 또한 산업기기와 생산과정이 모두 네트워크로 연결되는 스마트공장으로 진화하면서 전사적 최적화가 달성될 것으로 기대되고 있다. 전 세계적으로 제조업의 부흥과 함께 정보통신기술(ICT)을 활용하고 융합하여 생산효율을 높이고 공장을 혁신시키고 있는 것이다. 이른바 4차 산업혁명의 주역으로 사물인터넷, 빅데이터, 인공지능(AI) 기술 등이 공장을 업그레이드시키고 있는 것이다. 기술의 융합이 제조업의 혁신을 이끄는 스마트 제조라는 패러다임의 변화가 일어나고 있는 것이다. 현대사회의 제조업은 재료비와 인건비 등 제조원가의 과도한 상승과 더불어 점점 더 짧아지고 있는 제품수명주기 및 고객 니즈의 다변화, 급격한 수요변동 과도한 설비투자 등 그로 인한 생산장비 및 시스템이 복잡해지고 데이터 폭증 등으로 인해 위기의 문제들에 직면하기도 한다. 이러한 문제들을 해결하기 위해 저비용 생산구조 확립과 자동화 범위 확대, 다품종 대량생산체계를 통한 개인화된 제품의 생산을 이루어내는 것이 숙제라 할 수 있다. 이러한 요구사항들을 충족하기 위해 기존 장비 및 설비효율을 개선하고 다목적으로 활용하는 방안을 통해 잠재적 생산여력을 실제 생산능력으로 전환해 나가는 노력이 지속되고 있다. 전통적 제조업 강국 독일에서 시작된 인더스트리 4.0은 제조업이 당면한 위기상황 타개를 위해 공장시스템을 구성하는 사람·사물장비·센서 심지어 자재제품 등 및 IT 가상시스템들 간의 연계 및 통합을 통해 생산활동 전반이 자동화·지능화·자율화되는 스마트 팩토리를 구현하고자 혁신활동을 펼치고 있다.

🔘 전자제품 조립산업에서 스마트 팩토리 적용

A사는 중국에 위치한 회사로 프린터, 모니터, 휴대폰 등의 다양한 전자제품들을 주문자 생산방식으로 제조하여 공급하며 중국내 여러 개의 공장을 보유하고 있다. 인건비 비중의 급격한 상승으로 공장 레이아웃과 생산방식이 제품의 생산성과 경쟁력에 크게 영향을 미치는 것으로 판단되는 상황이었다. 이전에도 공 정개선활동 및 부분적인 개선활동을 통하여 생산현장의 문제를 개선하고 생산성 및 관리효율을 향상하는 활동을 실시하였다. 그러나 비효율적인 물류흐름 공정 및 생산방식의 불합리로 인한 불필요한 낭비가 반복적으로 발생되었다. 이러한 낭비를 줄이고 생산성 및 경쟁력 향상을 위해 기존의 설비자동화와 통합 연동하는 자동화지원 모델 구축을 시작으로 스마트 팩토리 프로젝트를 추진하였다.

모니터, 프린터를 생산하는 중국 A사 공장의 스마트 팩토리 구축 파일럿 프로젝트는 프린터 조립라인을 대상으로 진행된 프로젝트이다. 우선 비자동화되어 있는 부분의 공정 레이아웃 개선 등의 생산환경 혁신을 통해 통합자동화의 기반을 마련하였고, 기존 Legacy 시스템들과 새롭게 도입되는 Smart 솔루션 및 플랫폼과의 연계를 원활하게 할 수 있도록 추진하였다. 그리고 궁극적으로 전체 시스템의 지능화·자율화를 모색하였다. 스마트폰, PC 등의 전자제품 조립을 포함하는 공정들로 구성된 조립산업의 경우는 화학에너지 등의 장치산업과 비교할 때 기계설비의 감가상각비는 상대적으로 낮은 반면, 인건비의 비율이 높은 문제점이 있다. 따라서 전체 생산비 중 인건비 비중을 낮춰 제조원가를 절감하기 위해 생산거점을 중국을 중심으로 한 인근 동남아 국가들로 이전하는 전략을 주로 사용해 왔다. 그러나 현지 인력의 고령화·고학력화에 따른 임금상승·물가상승 등 경영환경 악화로 인해 인건비 감소를 통한 제조원가 경쟁력 확보에 한계가 생긴 것이다. 즉, 더 이상 중국 및 신흥국 중심 생산기지 확보에 대한 의미가 크지 않았다. 이미 한계에 직면한 인건비 비중 감소라는 직접적인 방법 대신 최적화된 자동생산체계 도입으로 낙후된 생산라인 개선 비효율적인 공정 제거, ICT 기반공장의 Smart화, 자동화·지능화·자율화를 통해 제조 경쟁력을 강화하려는 간접적인 방법이 보다 더 부각되고 있는 상황이다. 이는 1인당 생산성 제고를 통한 원가경쟁우위를 확보하려는 스마트 팩토리가 지향하는 보다 지속적이고 근본적인 전략이다. 따라서 사례의 프로젝트는 인력 중심의 공정을 개선하고 맞춤형 생산방식(In-Line, Cell, Job Shop)을 혼용 구축하여 공정 간 Line of Balance(LOB)를 정확히 예측하고 라인별 장비별 효율극대화를 통해 전체 생산라인의 최적화를 목표로 하였고, JIT 현장창고 및 자재공급 방안을 개선하고 생산라인의 물류는 AGV(무인운반차, Automated Guided Vehicle)를 통해 자동 공급하고 MCS(Management Control System)를 연계하여 Smart한 자동운송 지시를 수행할 수 있도록 하였다. 창고 및 공정재고, 생산현황, 설비상태 등을 모니터링하고 제어하며 전체 생산라인의 생산성 및 LOB(Line of Balance, 라인편성효율)는 Simulation을 통해 검증하는 방식을 적용하였다.

스마트 팩토리 구현을 위한 공정분석 및 개선과제

중국에 위치한 B사의 프린터 조립공장은 수작업에 의한 흐름 생산방식으로 sub 조립라인과 Main 조립라인이 연결되어 있는 빗모양의 흐름 생산으로 되어 있으며, 공정을 세분화하여 상세 분업작업을 하고 있는 전형적인 수작업 흐름 생산라인이다. 라인당 투입인원은 소형 모델인 경우 약 200명, 중대형 모델인 경우는 약 400명이 투입되어 많은 작업자가 필요하다. 공정 현황을 분석한 결과 단순 반복작업으로 인해 작업자 피로도가 쉽게 증가하게 되고 Bottleneck 공정 등은 생산성 저하의 원인이 되고 있었다. 또한 모든 제품의 배송 공정에서의 물류 및 제품배송 포장작업 등을 수작업으로 실행하여 비효율적인 노동업무가 많은 상황이었다.

B사는 생산성 향상과 단순작업에 대한 인원절감을 통한 원가경쟁력 확보와 품질 제고를 모색하고 있었으며 자동화를 기반으로 하는 스마트 팩토리 구현을 검토하였다. 이를 위하여 분업작업병합 및 공정 Step을 단순화하는 생산혁신활동을 수행하였다. 생산라인의 변화는 단순 수작업 흐름라인을 3인이 작업을 완료하는 셀방식으로 전환하였으며, 조립완료 후 포장공정 전체를 자동화하여 생산성 향상 및 인원을 30% 이상 축소하는 것을 목표로 하였다. 또한 새로운 생산방식 도입 후 인당 작업 증가문제는 LCA 및 작업오류 사전방지를 위한 다양한 방식의 Fool Proof를 적극 적용하여 새로운 업무방식에 대한 작업자의 실수를 최소화할 수 있게 하고, 단순 공용부품 조립작업의 자동화도 함께 Offline에서 추진하였다. 모든 자동화기기는 IoT 기술을 활용하여 하나로 연계하며 이를 모니터링하고 제어하는 솔루션 개발도 함께 병행하였다. 현재 수요 생산 자재정보의 실시간 가시성이 확보되지 않고 Excel을 통한 수작업 의존도가 높아 수요공급의 실시간 동기화가 전혀 이루어지지 않고 있어 이에 변동상황, 수요변동, 자재공급 차질, 품질설비 고장에 대응하기 위해 필요 이상의 재고를 확보하는 비효율적인 방법을 사용하고 있는 상황이었다. 전사적으로 재고 및 인력과다와 업무 비효율성이란 공통된 문제점을 갖고 있으며, 각 부문별 현안 및 요구사항에 대하여 수요 및 공급 가시성 확보, 실시간 SCM

동기화, 자재물류 효율화 및 변화대응능력 향상을 목표로 이를 수행하기 위한 과제들을 도출되었다.

　1) 전공정 동기화 자동계획 수립 2) 자재유형별 Sourcing(대외구매) 전략 및 공급자 주도형 자재관리(VMI ; Vendor Management Inventory) 운영방안 수립 3) Weekly / Daily MRP 기반 자동 자재구매주문(Purchase Order) 운영방안 수립 4) 창고관리 효율성 향상 및 자동 반송체계 설정 등으로 요약되는데 Weekly 및 Daily MRP 기반 자동 자재구매주문(Purchase Order) 운영방안 수립과 같은 과제에서는 생산주문별 생산재고 가시성, 수요생산 자재 동기화, 실시간 변동을 감안한 자동 스케줄링 자재관리, 관리효율화 협력사 간 동기화가 요구되는 상황이었다. 이를 해결하기 위해 자재유형별로 유연하게 Weekly 및 Daily MRP를 수행하여 불필요한 선행 자재구매주문(Purchase Order) 발행 방지 및 자동생산주문 발행시스템 확충을 통해 불필요한 자재재고를 감소시킬 수 있었다. 또한 협업체계 기반 발주예시 정보제공 및 평가기준 물량 확대 정책 등을 통한 우수협력업체 확보를 통해 보다 안정적인 자재공급 및 시스템의 변동 대응력을 향상시킬 수 있고, 확정 자재구매주문 기반보다 정밀한 시간단위의 납품지시를 통해 자재재고 최소화 및 자재보관 시간의 감소를 이루어낼 수 있었다. 창고관리 효율성 향상 및 자동반송체계 설정과 관련해서는 자재관리 효율화, 적기조달체계, 물류자동화 등이 꾸준히 요구되고 있는 실정이었다.

🎯 스마트 팩토리 구현 방안

　스마트 팩토리 구현을 위한 솔루션은 자동화장비를 제어하고 현장 상태를 상세하게 추적 관리하는 LCS(Line Control System)가 대표적이다. 자동화설비와 공정 Data를 기반으로 제조모니터링 이상 감지, KPI 관점 등 생산성 효율화를 위한 다양한 관점에서 데이터를 수집 분석하여 제공한다. 또한 기존의 레거시(Legacy. 컴퓨터 분야에서 과거로부터 물려 내려온 기술, 방법, 컴퓨터 시스템 및 응용 프로그램을 의미함) 시스템과 설비에 산재된 데이터의 통합 및 실시간 대시보드(Dashboard) 제공을 통해 라인 생산현황의 직관성을 높이고 KPI Report 제공을 통하여 지표 정합성을 높여 경영층 또는 사용자에 따른 의사결정을 효율적으로 지원한다. 기존의 Legacy 및 설비 데이터의 인터페이스는 통합 IoT Platform을 활용하여 Legacy 시스템별 분산된 생산 품질재고 정보 등을 자동으로 수집 집계한다. A사의 스마트 팩토리 생산라인은 Cell 생산에 의한 작업방식 변경과 포장 자동화 공정 및 공정 내 물류이송의 자동화를 통하여 생산성 향상, 생산라인 최적화 및 포장공정 인력감축으로 제조 경쟁력을 강화하였다. 이를 위해서 제조혁신 컨설팅을 통해 Cell 생산방식으로 설계하고 조립작업 분석을 통한 낭비요소 제거, 작업 재설계 및 조립공정 운영 프로세스를 개선하였다. 기존의 Main 조립과 In-line화되어 있었던 Sub 조립라인은 Main 조립라인과 서로 분리하여 생산성을 높이고 Main 조립라인에 필요한 반조립품을 Kitting Box를 통해 AGV를 통해 자동 공급하였다. 이는 주문량 모델변화 등에 따라 생산유연성 확보가 더 용이한 방식으로 고급숙련공 육성과 작업자 동기부여를 통해 생산 효율성을 높이고 있다. 반면 Sub 작업과 Main 작업분할 병렬작업진행 등으로 자재물류 공급에 대한 중요성이 이전보다 더 커지게 되었다. 따라서 기존자재 창고에서 벌크로 제공되던 방식에서 자재공급단위 및 주기를 Push/Pull을 혼용하는 형태로 재조정하였다. 이를 위해 Sub-Cell 내 자재공급 Rack을 설치하여 반제품과 함께 메인셀에 공급되는 부품들이 Kitting Box에 원활하게 공급될 수 있도록 설계하였다. AGV는 Cell의 진행사항에 따라 Cell별 자재공급 스테이션에 센서를 부착해 자동으로 호출하고 Kitting Box Loading/Unloading을 동기화하여 운영될 수 있게 하였으며, 이를 제어하고 AGV의 최적 Path를 제공하는 MCS를 함께 구축하였다. 포장자동화는 전체 37개 작업공정 중 27개 공정을 자동화하고 고정형 리더기를 통해 바코드 데이터를 자동으로 인식하여 자재투입과 라벨인쇄 오류를 사전 방지할 수 있게 하였다. 또한 실시간으로 실적을 집계하여 운영하는 체계를 구현하였으며, 제품의 변화에 대한 Job Change 시간을 최소화할 수 있게 설계하였다.

스마트 팩토리 Platform은 최신 ICT 기술을 접목하여 물리적인 생산환경과 가상의 생산정보시스템이 유기적으로 연계된 CPS 시스템을 기반으로 제공하고 있다. 스마트 팩토리 Platform은 최신 IoT, 빅데이터 Cloud 기술에 기반하여 제조업 종별 특화된 서비스를 제공함으로써 기존의 생산관리를 위한 Legacy System들과 스마트 팩토리 Solution들을 고도화하고 하나로 연계하여 관리할 수 있는 Industry Platform이다. 또한 ICT^(정보통신기술)를 활용하여 설비센서 공정데이터를 통합하여 실시간으로 스마트공장 상황을 파악하고 위험요소를 사전 평가하여 이상 징후를 조기 감지할 수 있게 한다. 대량의 디바이스 센서 설비데이터 수집을 위한 실시간 통합 인터페이스를 제공하고 수집된 데이터를 체계적으로 저장 관리하여 스마트 팩토리 서비스를 운영할 수 있는 플랫폼을 적용한 사례이다.

제4차 산업혁명의 핵심과 스마트 팩토리(Smart Factory)

더 반복적인 작업과 힘든 일은 인공지능(AI)과 로봇(Robot)에 맡기고 인간은 조금 더 비반복적이고 보다 고차원적이고 혁신적이고 창의적인 일에 몰입하는 것이 상호 역량을 극대화시킬 수 있는 것이다. 세계는 지금 제4차 산업혁명의 열기로 가득하고, OECD 국가들을 중심으로 4차 산업혁명을 선점하기 위한 치열한 경쟁이 전개되고 있다. 이러한 세계적 격변기에 지금 대한민국은 어떠한가? 2013년 매킨지 보고서에 의하면 "대한민국은 한강의 기적이 멈추고 서서히 끓는 물 속에서 자신도 모르게 죽어가는 개구리와 같은 상황이 현재에도 계속되고 있다."라고 지적하기도 했다. 2016년 스위스 금융기관 연방은행(Union Bank of Switzerland, UBS, 1912년 설립)의 발표에 의하면 대한민국의 4차 산업혁명 대응 수준은 25위로, 아시아국인 싱가포르 2위, 대만 16위, 말레이시아 22위보다 낮은 수준이다. 전문가들은 "앞으로 1~2년이 한국의 미래가 달린 골든타임이라 진단하고, 제4차 산업혁명을 대한민국 경제를 위기에서 벗어날 기회로 삼아야 한다."고 말하기도 한다. 골든타임(golden time)은 프라임 타임(prime time)의 다른 명칭이다. 프라임(prime)은 가장 중요하다는 뜻으로, 프라임 타임(prime time)은 시청률이나 청취율이 가장 높아 광고비도 가장 비싼 방송시간대를 가리킨다. 드라이브 타임(drive time)이나 골든아워(golden hours), 골든타임(golden time), 피크타임(peak time) 등으로도 불린다. 이를 위해서는 '한국의 4차 산업혁명의 미래를 총괄적이고 거시적으로 계획하는 청사진이 필요하다. 이러한 전략은 대한민국의 장점인 창의력과 국가적 강점인 ICT, 과학기술을 활용한 4차 산업혁명의 새로운 신성장 동력을 활성화시켜 일자리를 만들고, 국민생활을 편리하고 행복하게 만들어 가는 국가 미래 발전 추진 차원에서 시급히 마련되어야 할 것'이라고 지적한다.

미국에서는 NNMI(미국 제조혁신 국가 네트워크, National Networked Manufacturing Innovation) 정책을 발표하고 우주항공, 국방 등의 3D 프린터 산업을 중심으로 스마트 팩토리가 추진되고 있으며, 독일은 SAP, SIEMANS 등 소프트웨어, 정밀기계, 인터넷을 기반으로 하는 모든 제조업과 서비스 분야에서 Industry 4.0이라는 명칭으로 스마트 팩토리가 추진되고 있다. Industry 4.0은 독일의 'High-Tech Strategy 2020 Action Plan'에서 추진하는 전략으로 자동차, 기계 등 제조업에 ICT를 활용하여 모든 생산공정, 조달, 물류, 서비스까지 통합 관리하는 스마트 팩토리 구축을 목표로 하고 있다. 문 대통령은 제54회 무역의 날 기념사에서 "정부는 현재 약 5,000개인 스마트공장을 2025년까지 3만 개로 확대할 계획"이라며 "스마트공장을 도입하는 기업에게 필요한 자금을 지원할 것"이라고 밝혔다.

01 | 스마트 팩토리는 4차 산업혁명의 핵심기반

4차 산업혁명의 특징을 보면 '수평적 통합, 수직적 통합, 엔드투엔드(end to end) 엔지니어링 통합' 등 크게 3가지로 분류한다. 먼저, '수직적 통합'은 유연하고 재구성 가능한 제조 시스템 구현을 위하여 ERP 수준까지 다양한 레벨에서 액추에이터(actuator, 기계 및 자동차, 금속 전기, 유압, 압축 공기 등을 사용하는 원동기의 총칭) 및 센서 신호를 수직적으로 통합하는 개념이다. '엔드투엔드 엔지니어링 통합'은 고객이 원하는 제품을 만들기 위하여 고객의 요구 사항부터 제품설계, 연구개발, 생산계획 및 엔지니어링, 제품생산, 서비스, 유지보수, 재활용까지 제품 개발 가치사슬(value chain)을 통합하는 것을 말한다. 또한 어떤 제품을 만드는데 전체적인 밸류체인(value chain)에 있는 각 단계를 어느 한 기업이 모두 할 수도 있지만, 기업 간의 협력구조를 통해 제품을 만들어가는 새로운 비즈니스 모델이나 효율적인 에코시스템을 '수평적 통합'이라고 말한다.

스마트 팩토리가 4차 산업혁명의 핵심기반으로 최근 큰 관심을 끌고 있다. 현재 스마트 팩토리 도입에 앞장서고 있는 나라는 독일, 미국, 일본이다. 선진 3개국은 모두 제조업의 생산성 고도화, 글로벌 경쟁력 강화를 위한 대안으로 스마트 팩토리를 추구하고 있지만, 구체적인 전략 방향은 조금씩 다르다. 그 배경은 국가별 제조업 특성, 기술 및 사업의 강점 역량, 기업 간 구조의 차이 때문인 것으로 해석된다. 무엇보다 독일은 정부주도하에 산, 학, 연 연계를 통해 공적 표준화 전략을 추진하고 있다. 자동차, 기계 및 관련 부품 산업이 강한 독일은 21세기형 차세대 생산체제를 구축하고, 스마트 팩토리의 글로벌 표준을 장악하려 한다. 나아가 장기적으로 독일 산업계 전역을 '세계의 공장을 만드는 공장'으로 전환하려는 구상을 갖고 있다. 반면 미국은 대기업 주도하에 개방적 구조로 시장 기반의 표준화 전략을 추진하고 있다. 미국은 사물인터넷의 연장선상에서 새로운 사업 모델과 수익 흐름의 창출이라는 현실적 실리를 추구하고 있다. 한편 일본은 느슨한 표준 전략을 추구하며, 기업들이 각개 약진하는 양상이다. 또한 JIT, 카이젠, 모노즈쿠리 등 기존 생산성 제고 방식의 한계를 돌파하기 위한 보완적 수단으로 스마트 팩토리를 활용하면서 독일, 미국과 다른 제3의 현실적 노선을 탐색하고 있다.

각 기업들의 추진 동향과 방법도 국가별로 각각 다르다. 독일 기업들은 컨베이어 벨트의 제거, 설비 및 공장 간의 연결, 가상과 현실의 결합, 인간과 기계의 협업을 통해 새로운 다품종 소량생산방식을 모색한다. 반면 미국 기업들은 당장 확보 가능한 사업상 효익을 추구하고, 이를 바탕으로 새로운 사업 모델을 만들어 내는 데 초점을 맞추고 있다. 또한 플랫폼 선점과 적극적인 외부 연계로 관련 역량강화와 세력 확대를 추구하고 있다. 한편 일본 기업들은 엣지 컴퓨팅이라는 차별적인 관점하에 거대 프레임의 구축보다는 강점 있는 기계, 계측, 자동화 제품들의 스마트화를 통해 시장 내 입지를 강화하려 한다. 나아가 일본에서는 부품, 소재 기업들도 스마트 팩토리 관련 신사업 기회를 활발히 모색하고 있다.

이처럼 선진 국가와 기업들의 다각적 노력에 따라 스마트 팩토리 시장 활성화에 대한 기대감이 점차 커지고 있는 것이다. 생산성 돌파구 마련의 필요성, 고숙련 생산인력들의 감소, 시장변화 속도의 증가, 요소 기술들의 가격 인하, 각국 정부의 제조업 부흥 노력 등 글로벌 트렌드 측면에서 스마트 팩토리의 확산 여건은 분명히 무르익고 발전하고 있다. 그러나 여전히 수요 측면의 도입 장애요인들도 만만치 않게 시장의 조기 확산을 장담하기는 힘든 상황이다. 투자 사이클 이슈와 기존 장비 문제, 표준화 지연 및 투자비용 하락 이슈, 보안 및 내부 기밀 유출에 대한 불안감, 고정비 증가에 따른 재무적 유연성 저하, 아웃소싱과 같은 다른 제조 대안의 존재는 확산을 저해하는 요인으로 작용할 수 있다.

또한 제조업 내에서도 세부 산업들의 여건이 매우 다른 특성상 스마트 팩토리의 확산 속도는 산업별로 천차만별일 가능성이 크다. 다만 자동차나 기계, 부품 산업의 경우 스마트 팩토리가 다른 산업에 비해 빠르게 확산될 여지가 크다. 제품이고중량, 고정밀, 고가격 특성을 갖고 라이프사이클이 길며, 고객들의 맞춤화 요구가 큰 관계로 스마트 팩토리 도입의 비용 대비 효익이 상대적으로 크기 때문이다.

◉ 스마트 팩토리 기대효과

생산성	· 설비 디지털화, 데이터 집계 자동화, 공정물류 관리를 통한 사무업무 생산성 향상 · 공정물류체계 유연화와 설비자동제어로 작업 생산성 향상 · 에너지·인건비 등 비용절감 및 부가가치 증대
품질	· 물리적 불량관리, 이력추적, 품질통제, 상관분석 및 원인추적, 불량예방 설계를 통한 품질 향상
원가	· LOT 단위 원가분석, 개별 원가집계, 원가통제, 원가 발생원인 및 통제를 통한 원가절감
매출	· 과학적 실시간 운영계획을 통한 대 고객 납기 신뢰도 향상, 품질 신뢰도 향상, 기간 단축 및 소비자 맞춤형 제품 개발
기타	· 해외로 이전 되었던 생산기지 국내회귀로 산업공동화 방지 및 생산거점 선택의 제약 감소

자료 참조 : 사물인터넷과 빅데이터 분석 기반의 스마트공장 구현 사례 및 시사점(한국정보화진흥원, 2016.10.19)
및 국내 제조업 고도화 방안으로서 스마트공장의 가능성(KDB경제연구소, 2015.) 재구성

향후 스마트 팩토리 기술발전과 함께 글로벌 제조업의 경쟁 구도도 서서히 변해나갈 것이다. 정부 및 기업들은 힘을 합쳐 우리 체질에 맞는 스마트 팩토리를 만들어가야 한다. 한국 고유의 주력 제조업, 기술 및 사업역량, 기업 간 구조의 특성에잘 부합하고, 독·미·일 3국의 전략 방향과는 차별적인 스마트 팩토리 전략을 구상하고 실행해 나갈 필요가 있다. 해외 선진 국가와 기업들의 전략이나 동향을 단순히 모방하는 것은 우리 제조업의 체질에 맞지 않을 수도 있다. 다른 한편으로 전세계적으로 스마트 팩토리 실험 과정에서 다양한 생산방식들이 출현할 가능성과향후 중국이 스마트 팩토리를 적극 도입해 제조 경쟁력 측면에서 우리를 더 빨리

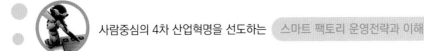

추월할 가능성에 주의할 필요가 있다. 또한 스마트 팩토리 구축을 고려하는 기업들의 경우 산업 유행의 추종보다는 명확한 추진 목표를 갖고 기업 자신들의 시장, 제품, 공정 특성에 맞도록 스마트 팩토리 도입 전략을 세밀하게 준비해야 할 것이다.

또한 스마트 팩토리의 구현을 통해 에너지와 인건비 등의 비용절감을 통한 생산성 향상을 달성할 수 있을 뿐만 아니라 다양한 소비자의 요구에 대응할 수 있는 유연성을 갖출 수 있다. 궁극적으로는 공장 운영비용에서 높은 비중을 차지하는 인건비로 인해 해외로 이전했던 생산기지들의 국내 유턴을 촉진함으로써 국가적인 고용 창출과 지역경제 활성화로 이어질 수 있으며, 첨단산업의 생산기지를 국내에 유치함으로써 기술유출의 가능성도 최소화될 수 있다.

02 선진 국가 및 한국의 4차 산업혁명과 스마트 팩토리

세계경제는 글로벌 저성장과 구조적인 장기침체우려를 우려하고 있는 가운데 세계시장에서 한국의 제조업 경쟁력이 위협받고 있다. 또한 유럽과 중동 등의 지정학적 리스크, 에너지 가격 불안, 미국의 금리인상 가능성 등 글로벌 경제의 불확실성이 높아져 미래를 예측하기가 쉽지 않다. 한국의 큰 수출시장인 중국은 신창타이(新常態, 고도 성장기를 지나 중고속의 안정성장 시대를 맞이한 중국 경제의 새로운 상태를 뜻함) 정책을 추진하며 양적 성장에서 탈피해 산업, 금융, 공공 등 각 부문의 구조개혁과 산업자립화를 통해 질적 성장을 추구하고 있다. 그동안 중국을 통한 가공무역이 한국의 수출 증가에 기여한 점을 고려해 볼 때 한국에 미치는 영향이 큰 상황이다. 따라서 미래 경쟁력을 확보하기 위해서는 4차 산업혁명의 핵심 기술을 대표하는 3D 프린팅, IoT, 드론, 빅데이터, 스마트 팩토리 등으로 제조업의 패러다임 전환을 해야 할 것이다. 즉, 제조업과 ICT를 융합하여 생산현장의 생산성과 제품의 경쟁력을 높이고, 창의적인 스마트 융합 신제품을 사업화하여 신산업 창출을 앞당겨야 한다. 한국의 제조업 수출은 중국, 독일, 미국, 일본에 이어 세계 5위이고 휴대폰, 디스플레이, 가전의 세계시장 점유율은 1위이며, 메모리 반도체 1위, 자동차 5위 등 주요 제조업의 경쟁력은 세계 어느 나라에 비교해도 뒤지지 않는다. 그러나 잠재적 글로벌 위기는 도사리고 있기 때문에 한국은 '제조업 혁신 3.0 전략'을 발표하고, 개인 맞춤형 유연생산을 위한 스마트팩토리 고도화와 융합신제품 생산에 필요한 스마트 제조기술 개발을 추진하고 있다. '제조업 혁신 3.0 정책'은 기존 제조업과 IT·SW 융합으로 신산업을 창출하여 새로운 부가가치를 만들고, 선진국 추격형에서 선도형 전략으로 전환하여 한국 제조업만의 경쟁우위를 확보하고자 하는 전략이다.

◉ 정부의 제조업 혁신 3.0 전략

3대 전략	6대 과제	후속대책
융합형 신제조업 창출	1. IT-SW 기반 공정혁신 2. 융합 성장동력 창출	13대 산업엔진별 세부추진계획 에너지·기후변화 대응 신사업 창출방안
주력산업 핵심역량 강화	3. 소재·부품 주도권 확보 4. 제조업의 소프트파워 강화	제조업 소프트파워 강화 종합대책
제조혁신 기반 고도화	5. 수요맞춤형 인력·입지 공급 6. 동북아 R&D 허브 도약	SC 강화 등 산업인력 양성체계 개편 동북아 R&D 허브 도약전략

자료 참조 : 산업통상자원부 홈페이지

또한 정부에서는 스마트 팩토리 확산을 위하여 2025년까지 스마트 팩토리 3만 개를 구축하고 창의융합형 인재 4만 명을 양성하기로 했다. 스마트 팩토리의 세계시장 규모는 2015년 1,937억 달러에서 2020년까지 2,845억 달러로 성장할 것으로 예상되며, 특히 중국의 스마트 팩토리 확대정책으로 2019년 미주시장을 추월할 것으로 전망된다. 또한 2014년 FA(공장자동화) 기기/시스템 세계시장 규모는 23조 3,200억 원이었으며, 2020년에는 45조 2,100억 원으로 성장할 것으로 예상된다. 우리나라의 경우도 스마트 팩토리의 시장 규모가 2015년 32.1억 달러에서 2020년까지 54.7억 달러로 성장할 것으로 예상되고 있다.

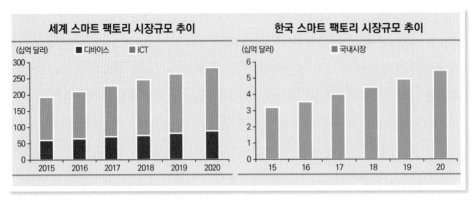

자료 참조 : 제4차 산업혁명과 스마트 팩토리(하이투자증권, 2017.3.27.)

　　스마트 팩토리는 기존 제조업의 생산방식에 빅데이터(Big Data) 기술을 접목시킨 것으로 이를 구현하기 위해서는 3단계 기능이 필요한 것으로 파악된다. 생산과 관련된 환경정보를 감지하고, 감지된 정보에 의한 의사결정 판단 그리고 판단된 결과가 생산현장에 반영되어 수행되는 3단계 기능으로 구성되어 있다.

자료 참조 : 스마트공장 현황 및 시사점(시스템산업협회·임베디드 소프트웨어, 2015) 재구성

　　또한 스마트 팩토리는 IT 적용과 활용범위에 따라 아래와 같이 4단계의 등급으로 구분할 수 있다.

구분	기초 (일부공정 자동화)	중간1 (IT기반 생산관리)	중간2 (IT·SW기반 실시간 통합제어)	고도화 (IoT기반 맞춤형 유연생산)
공장운영	생산 이력 및 /불량 관리	실시간 생산 정보수 집 및 관리	실시간 공장 자동제어	설비 및 시스템의 자율생산
자동화 설비	바코드, RFID 등을 활용한 초기 자동화	센서 등 활용 설비 관리	PLC 등을 통한 실시간 시스템 연동	다기능 지능화 로봇과 시스템간 유무선 통신
기업수준	대다수 중소기업	선도 중소· 중견 기업	대기업	일부 대기업

자료 참조 : 스마트공장 현황 및 시사점(시스템산업협회·임베디드 소프트웨어, 2015) 재구성

‘독일’이 가장 먼저 스마트 팩토리와 4차 산업혁명을 주장하며 전략이나 로드맵을 세우고 있지만, 실제 제조현장을 혁신한 사례들은 많지 않으며 2025년이나 2030년까지 큰 그림을 그리고 진행하고 있다. 대표적인 사례로 독일 인공지능연구소(DFKI)에서 진행하고 있는 테스트 베드(Test Bed, 새로운 기술·제품·서비스의 성능 및 효과를 시험할 수 있는 환경 혹은 시스템, 설비를 말함)가 있다. 이 연구소는 독일 기업 위주의 테스트 베드에서 최근에는 중국이나 미국 기업들까지도 같이 참여시켜 스마트 팩토리 모델을 만들고 있다. 독일은 이러한 테스트 베드를 통해 본인들이 구현하고자 하는 시나리오를 만든다. 예를 들면, 상호 운용성, 가상화, 분산화, 실시간 능력, 서비스 지향, 모듈러 등 여러 가지 시나리오를 만드는데, 테스트 베드의 가장 핵심은 하나의 셀이 고장났을 때 새로운 셀을 바로 넣고 공장을 구동시킬 수 있는 형태의 개념까지도 얘기하고 있다.

‘미국’은 지난 2006년부터 국립과학재단을 통해 사이버물리시스템(CPS ; Cyber Physical System) 프로젝트 진행을 통해 물리적 시스템이었던 기존 공정과정과 ICT의 가상적 시스템을 하나로 융합해 초연결 시스템을 구축하고자 한다. 스마트 팩토리뿐만 아니라 운송, 전력망, 의료 및 헬스케어, 국방 등에 이르기까지 광범위한 분야에 걸쳐 시스템 개발이 진행 중이다.

'일본'은 2018년 일본 취업자 수가 아베 신조 내각의 취업장려 정책에 힘입어 사상 최고치를 경신할 것이라는 전망이 나왔다. 니혼게이자이 신문에 따르면 2017년 11월 일본 취업자 수는 6,528만 명에 달하며, 전년 같은 기간 대비 약 1% 증가했다. 특히 주목할 점은 초고령화와 인구 감소로 15~64세의 생산가능인구가 줄고 있는데도 불구하고 취업자는 늘고 있다는 것이다. 일본의 생산가능 인구는 현재 약 7,600만 명으로 저출산·고령화가 겹치면서 20년째 10%나 감소했다. 하지만 내각의 경제정책인 '아베노믹스(アベノミクス, Abenomics, 일본 총리 아베 신조가 2012년부터 시행한 경제정책으로 과감한 금융완화와 재정지출 확대, 경제성장 전략을 주 내용)가 노동시장에 훈풍을 불어넣으면서 여성과 노인 등의 노동 참여가 적극 장려된 점이 주효했다. 일본 생산가능 인구 가운데 여성이 차지하는 비율은 2017년 11월 기준 68.2%로 5년 전보다 6.7% 상승하며 사상 최고 수준에 도달해 경제협력개발기구(OECD) 주요 상위국들과 어깨를 나란히 하고 있다. 65세 이상 취업자도 꾸준히 늘어 현재 구직을 희망하는 노인들은 완전고용 수위에 도달한 상태다. 최근 교도통신도 일본 정부가 현재 60세인 공무원의 정년을 오는 2033년까지 65세로 늦추는 방안을 검토하고 있다고 보도했다. 디플레이션 탈피와 경제재건을 위한 아베노믹스 3대 전략의 하나로서 산업재흥플랜에 기반을 둔 과학기술혁신 정책을 전개하고 있으며, 기존에 발표된 성장전략(2010), 일본재생전략(2012) 등과 달리 문제점 해결을 위한 세부전략과 구체적인 목표를 제시하고, 첨단 설비투자 촉진과 과학기술혁신 추진을 핵심과제로 선정하며, 제조업 경쟁력 강화를 위한 설비투자 지원, 도전적 R&D 투자 강화 등을 통해 향후 5년 이내에 기술력 순위를 1위(현재 5위)로 하는 목표를 제시했다.

'중국'은 경제성장 둔화에 대응하고 양적 성장 중심이었던 제조업의 질적 성장 도모를 위해 2015년 3월 '중국제조 2025' 정책을 발표하였다. 현재의 노동집약적 제조방식에 ICT 기술을 접목해 지능화하는 한편, 품질 및 브랜드 가치 향상, 환경보호 등 질적 성장을 도모하고 있다. 중국은 제조업의 특정 분야가 아닌 제조업 전체를 아우르고, 5년 단위로 수립된 과거의 규획(規劃)들과 달리 10년 앞을 내다본 중국제조 2025 규획을 제정하였다. 본 규획에서 앞으로 10년(2015~2025년) 안에 전 세계 제조업 2부 리그에 들어가고, 그다음 10년(2025~2935년)에는 1부 리그진입 한 뒤, 세 번째 10년 기간(2035~2045년)에 1부 리그의 선두로 발돋움하겠다는 전략을 제시하고, 제조업 전반에 대해 톱다운 방식의 전략적 대응과 상황변화에 유연한 대응을 할 수 있는 전략과 함께 차세대 IT기술, 첨단 CNS 공작기계 및 로봇 등의 10대 육성전략을 세우고 있다.

주요국 제조업 경쟁력 강화 관련 정책 요약

국가		주요 내용
미국	Remaking America ('09~)	• 첨단제조파트너십(AMP), 첨단제조업 위한 국가전략 수립 – R&D 투자·인프라 확충·제조업 주체들 간의 협력을 토대로 미국 제조업 전반의 활성화 및 변화를 유도 – 민·관 협의체인 NNMI(National Network for Manufacturing Innovation)를 구축하고 제조업과 관련된 다양한 이슈들의 해결을 위한 연구기반 마련
독일	Industry 4.0 ('12~)	• 제조업의 주도권을 이어가기 위해 'Industry 4.0'을 발표 – ICT와 제조업의 융합, 국가 간 표준화를 통한 스마트 팩토리 등을 추진 • 2013년 4월 그동안의 성과를 보다 구체적으로 실현하기 위한 Plattform Industrie 4.0 출범 – Plattform Industrie 4.0은 IoT·빅데이터·AI·CPS 등 4차 산업혁명의 주요 기술들을 개발 중, 그 결과를 실제 기업에 적용하여 스마트공장을 시범적으로 구축하고 운영
중국	Made in China 2025 ('15~)	• 혁신형 고부가 산업으로의 재편을 위해 '제조업 2025'를 발표 – 30년 후 제조업 선도국가 지위 확립 목표 – 모든 산업분야에서 달성해야 할 4개의 과제(혁신역량 제고, 제품품질 향상, IT·제조융합, 녹색성장)에 대한 구체적인 지표와 목표를 설정하고, 현재 5대 중점 프로젝트와 10대 중점 육성사업을 진행 중
일본	산업 재흥플랜 ('13~)	• 일본산업부흥전략, 산업 경쟁력 강화법 – 비교우위산업 발굴, 신시장 창출, 인재육성 및 확보체계 개혁, 지역혁신 – 2013년부터 일본재흥전략을 추진하였다. 2015년 4차 산업혁명에 대응하기 위해 전략을 보완, 강화하여 '일본재흥전략 2015'를 발표했다. 이후 일본정부 산하에 '신산업구조부회'를 설립하고 IoT·빅데이터·AI를 통하여, 제조업을 포함하는 산업혁신을 추진 중

자료 참조 : 4차 산업혁명과 지식서비스(한국산업기술평가관리원, 2017) 재구성

03　스마트 팩토리의 핵심기술 빅데이터를 접목시킨 활용 분야

　3차 산업혁명시대에 정보통신기술(ICT)의 발달로 누적되는 데이터의 수는 이전과는 비교도 할 수 없을 정도로 서버에 저장되고 있다. 4차 산업혁명시대에는 수많은 데이터를 단순히 처리할 수 있는 기술을 뛰어넘어 대량의 정형 및 비정형 데이터들을 가공하여 가치 있는 새로운 데이터를 추출하고 분석하는 기술이 필요하다. 이러한 기술이 바로 '빅데이터(Big Data)'이다. 빅데이터는 이미 광범위하게 활용되고 있으며, 앞으로도 관련 서비스들의 활용분야 및 성장가능성은 무궁무진하다. 디지털 환경에서 생성되는 다양한 형태의 데이터로 그 규모가 방대하고 생성 주기도 짧은 대규모의 데이터를 의미하며, 증가한 데이터의 양을 바탕으로 사람들의 행동패턴 등을 분석 및 예측할 수 있고, 이를 산업현장에 활용할 경우 시스템의 최적화 및 효율화 등이 가능하다. 빅데이터는 PC와 인터넷, 모바일 기기 보급률이 높아지고, 이용이 생활화되면서 데이터 량은 기하급수적으로 늘어나고 있다. 매일 전 세계에서 250경 바이트 데이터가 생성되고, 현존하는 전 세계 데이터의 90%는 최근 2년 내에 생성되었다고 한다. 또한 기업이 보유하고 있는 데이터의 규모는 매 1.2년마다 두 배씩 증가하고 있다. 빅데이터를 운영하고 관리하기 위해서는 기존 데이터 처리와는 다른 새로운 방식이 필요하다. 그리고 웹과 SNS 등의 비정형 데이터의 수집과 고속의 CAP(Consistency=일관성, Availability=가용성, Partitions Tolerance=분리 내구성)이론 기반의 저장소를 구축해야 하며, 대용량 데이터를 분석하기 위한 다양한 솔루션을 도입 및 구축해야 한다.

제조산업의 빅데이터 활용

　데이터 생성면에서 제조분야 산업은 다른 산업과 비교하여 상당한 데이터를 보유하고 있는 산업이며, 데이터의 다양성 면에서도 타 산업과 비교해 상당한 데이터를 보유하고 있는 산업이 제조업이다. 제조업의 경우 생산효율성을 측정하기 위해서는 제조영업 데이터, 고객데이터 등을 바탕으로 제조 요청일과 다양한 시장 데이터가 필요하고 이를 바탕으로 제조 전반에 운영되는 MES(Manufacturing Execution SYSTEM, 제조실행시스템), ERP(Enterprise Resource Planning, 전사적 자원관리)상의 운영결제정보, 그리고 물류흐름을 파악하는 SCM(Supply Chain Management, 공급망관리) 데이터가 함께 복합적으로 분석되어야 한다. 특히 MES는 주문부터 완제품까지 생산활동을 최적화할 수 있는 정보관리 및 제어 솔루션으로 제조기업의 경쟁력 향상을 위한 핵심역할을 수행한다. 생산현장은 일반적으로 많은 설비와 인력, 복잡한 공정 또는 자동화에 따른 빠른 생산속도 등의 이유로 제품생산의 전반적인 상황을 파악하는 것이 매우 어렵다. MES는 제품을 생산하는 현장에서 시시각각 발생하는 생산정보를 4M(자재, 설비, 작업방법, 작업자)을 통해 직간접적으로 수집 및 집계하고, 실시간으로 정보를 처리함으로써 현장 작업자에서 경영층에 이르기까지 생산현장의 실시간 정보를 공유할 수 있는 시스템 환경을 제공한다. 여기에 반도체 산업과 같이 대부분의 장비가 자동화된 장비에서는 장비의 로그 데이터(log data)가 존재하고 이들 데이터를 함께 분석해야 한다면 상당히 다양한 종류의 데이터 분석이 요구된다. 비록 이들 데이터는 각각의 특성은 정형성을 지니고 있지만, 이들 데이터가 함께 분석된다면 서로 다른 다양성 이슈가 존재하게 된다.

또한 최근 들어 실시간 재고파악을 바탕으로 한 스케줄링 및 장비 데이터를 바탕으로 실시간 모니터링을 통한 장비운영 개선 등 실시간 데이터 활용이 자동화된 제조운영에 새로운 영역으로 주목받는 시점에서 빅데이터의 특성인 '속도'와 제조 데이터의 활용과 일맥상통하는 점이 있다. 이처럼 V3으로 표현되는 빅데이터의 특징은 제조산업의 생산성을 증진시킬 수 있는 기회로 작용하고 있다. 빅데이터 분석의 활용에 가장 효율적으로 적용할 수 있으며, 직접적으로 가시적인 효과를 창출할 수 있는 분야가 제조업이다.

스마트 팩토리, SCM-ERP-MES 프로세스

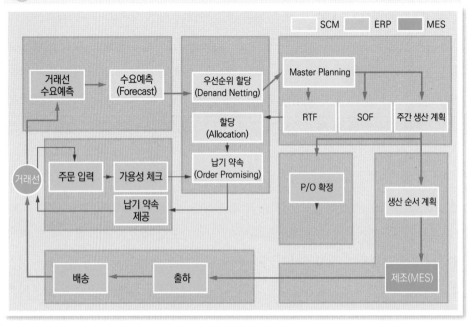

자료 참조 : https://blog.naver.com/knsbrother92/221134887878

　　제조업의 경우 운영에 필요한 대부분의 정보가 수치나 텍스트화된 데이터로 정형화되어 저장되고 있다. 물론 고난도의 분석을 위해서는 서로 다른 정형 데이터를 복합적으로 분석해야 하고 이러한 면에서 데이터의 다양성은 존재한다. 하지만 문맥을 파악한다든가 영상정보를 파악해야 하는 것과 같이 비정형 분석이 차지하는 분야는 상대적으로 적다. 제조업에서 활용 가능한 빅데이터의 범주는 크게 제조운영상에서 생성되는 운영데이터, 직접적인 운영은 아니지만 간접적으로 제조운영에 영향을 미치는 세일즈, 마케팅, 물류 데이터를 결합한 운영통합 데이터 그리고 고객의 니즈와 상품에 대한 의견 등을 통해 제품설계와 프로세스에 활용할 수 있는 고객경험 데이터로 구별할 수 있다.

의료산업의 빅데이터 활용

빅데이터는 여러 분야에서 생성 및 활용되고 있는데, 최근 특히 주목받고 있는 분야가 보건의료 분야이다. 인구고령화에 따른 만성병 및 퇴행성 질환의 증가로 인해 보건의료 분야에서는 빅데이터를 의료비 절감, 전염병 예방, 의료서비스의 질 향상에 활용하고자 다양한 연구들이 시도되고 있으며, 효율적인 진단 및 처치방법의 탐색, 예후 예측 등에 효과적인 대안 제시방법이 되고 있다. 미국 의료분야에서 빅데이터를 활용 시 연 3,000억 달러의 경제적 비용절감 효과가 있을 것이라 예측되었다. 의료기관에서는 의료기록 전자화로 인해 축적되고 있는 방대한 데이터를 효율적으로 저장·분석하고, 바이오 및 제약 업체에서는 실험 수행 전에 기존에 축적된 분자 정보를 기반으로 다양한 바이오 마커와 기계학습 알고리즘을 이용해서 신약 및 치료·진단기술 개발에 빅데이터 기술을 도입하고 있다. 보건의료 분야에서 생성되는 데이터는 대부분 개인정보를 포함하고 있어서 기밀유지가 필수적이다. 특히 개인 진료 관련 데이터는 무분별한 공개 시 프라이버시 침해나 범죄에 악용될 수 있고, 사회경제적으로 개인에게 미치는 영향이 크기 때문에 보건의료 빅데이터 활용의 장벽으로 작용하고 있다. 현재 규모가 큰 대학병원 및 의료기관은 의료기록 전자화가 많이 진행되었으며, X-ray·CT 사진, 의료영상, 검체 시료 등 많은 비정형 데이터들을 소유하고 있다. 또한 정부 및 의료기관별 진료 및 연구데이터가 분산되어 있어서 공유가 어렵고, 방대한 양의 데이터를 저장·관리하기 위해서 빅데이터 처리 기술의 도입을 필수적으로 요구하게 되었다.

공공 분야의 빅데이터 활용

국내 빅데이터 정책은 공공데이터의 개방 측면에서 정부 1.0을 시작으로 현재의 정부 3.0에 이르렀으며, 그 어느 때보다 활발히 추진되고 있다. 정부 1.0이 정부 중심의 일방향 서비스를 제공하였다면, 정부 3.0에서는 국민 개개인을 중심으로 능동적인 공개·참여·개방·공유·소통·협력을 통한 양방향·맞춤형 서비스를 제공함으로써 데이터 분석을 통한 융합지식을 창출하고자 하였다. 이처럼 공공정보를 적극 개방·공유하고자 하는 정부 3.0은 정부와 국민 간의 소통과 협력을 확대하고, 국민 개개인의 행복에 초점을 두며, 부처 간 칸막이를 뛰어넘는 통합형 정부 운영과 민간의 능동적 참여를 지향하고 있다. 이는 기존의 방식으로 풀기 어려운 복잡한 사회문제의 대두, 지식정보사회로의 전환에 따른 정부와 국민 간의 관계 변화, 그리고 지식과 기술의 융·복합 혁명이 새로운 기회요인으로 등장함과 같은 배경에서 기인한다. 이를 위해 비공개 정보를 최소화하고 모든 정보는 공개함을 원칙으로 하며, 공개문서는 생산 즉시 정보공개시스템에 이관되어 원문까지 공개될 수 있도록 하는 원문정보공개시스템을 구축하였다. 정부는 공공데이터 개방정책을 통해 복지 사각지대 해소와 데이터 기반 정책결정 제도화와 같은 성과를 가시화하고, 2018년 이후에는 이를 내재화시키는 것을 비전으로 하고 있다. 이러한 목표를 달성하기 위해서는 정부기관들 간의 상호 협력이 중요하다.

과학·생활 분야의 빅데이터 활용

과학 분야에서도 빅데이터를 활용하는 사례가 증가하고 있다. 워싱턴 대학의 슈택 페이텔 교수는 빅데이터를 활용하여 전기, 수도 등 공과금 산출의 가장 합리적인 방안을 고안했다. 외부에서 집안으로 유입되는 전기, 수도, 가스 등 모든 관련 기기마다 특이한 디지털 신호를 가지고 있다는 사실에 착안하여 간단한 알고리즘을 통해 신호 감지 센서를 제작한 것이다. 이 센서는 가스 및 전기 배선, 배수관, 환기구 등에 설치되어 디지털 신호를 생성하고 이를 무선으로 태블릿 PC에 전송, 실시간 수치 확인을 가능하게 한다. 싱가포르-MIT 기술 연구소는 두 달여간 날씨 위성 데이터와 8억 3천만 개의 택시운행 GPS 기록을 분석하였다. 그 결과 많은 택시들이 폭풍우 속에서는 손님을 태우려 하지 않는다는 사실을 밝혀냈다. 원인분석을 통해 택시 사고발생 시 원인규명 전까지 무조건 택시기사의 월급에서 1천 달러를 강제로 보관하게 하는 불합리한 규정 때문임을 알아냈고, 이 정책을 개정하여 이용객과 택시 기사 모두의 편의를 도모하였다.

🌏 유통산업 분야의 빅데이터 활용

미국 최대 인터넷 쇼핑몰 아마존은 고객의 구매데이터를 분석해 특정 상품을 구매한 사람이 추가로 구매할 것으로 예상되는 '추천시스템'을 개발하여 고객이 구매할 것으로 예상되는 상품을 추천하면서 할인 쿠폰을 지급한다. 아마존은 또한 고객정보를 활용해 '결제 예측 배송'이라는 특허를 미국 당국으로부터 획득했다. 특허의 내용은 고객이 물건을 주문하기 전에 구매가능성 여부를 파악한 뒤, 미리 물품을 포장해 고객과 가까운 물류창고나 배송트럭에 옮겨 놓는 것이다. 고객이 실제로 주문을 할 때까지 포장된 물품은 물류창고나 트럭에서 기다린다. UPS는 지난 20년 동안 자사 트럭에 위치추적시스템을 적용하여 GPS를 통해 많은 정보를 수집하고 있다. 이외에도 트럭의 안전벨트, 화물칸 문, 변속기 후방 기어 등을 체크하는 센서는 물론 운행속도, 시동을 건 횟수, 오일 압력 등 200개 이상의 트럭 상태에 대한 정보를 수집한다. UPS는 이런 데이터를 매핑 소프트웨어와 결합하여 비용절감, 안전운전, 환경보호를 위한 운전자의 운전습관 변화 등에 활용한다. 실제로 UPS는 트럭 기사들의 후진 필요성을 25% 정도 줄임으로써 사고 위험을 감소시켰다. 또한 트럭의 하루 공회전 시간도 15분 절감할 수 있었다. 공회전이 시간당 약 3,875리터의 연료를 낭비하며, 시속 약 51.5킬로미터로 달리는 트럭보다 오염물질을 20% 더 배출한다는 점을 감안하면 큰 성과라 할 수 있다. 국내의 사례로는 소셜커머스 쿠팡이 있다. 쿠팡은 빅데이터를 통해 재고관리 및 배송의 품질을 재고하고 있다. 쿠팡은 생활용품이 소모되는 패턴이 반복되는 경향이 있음을 파악하고 사전에 파렛트 단위로 재고를 준비해 놓는다. 즉, 빅데이터를 통해 사전에 소비자의 구매패턴을 분석하고, 주문이 접수되기 이전에 재고를 확보해 자체 배송인력을 통해 적시에 소비자에 배송하는 구조이다. 물류센터에는 매일 대량의 데이터가 쌓인다. 이를 활용해 생산성을 높일 수 있고, 물류공정을 재검토하거나 작업의 진척상황을 관리할 수 있다. 또 물류시스템이 고도화되면서 각 작업 단계별 정보수집이 가능해졌고, RFID를 부착하면 개별 화물의 통과시간도 추적할 수 있다. 전 세계적으로 연간 1억 개 이상의 컨테이너가 이동하고, 이 과정에서 발생하는 방대한 데이터는 대부분 업무지원이 목적이기 때문에 최소한의 데이터만 남기고 삭제하는 게 일반적이었다. 그러나 최근 빅데이터를 활용한 업무를 개선하거나 새로운 수익을 창출하는 사례가 나오면서 더 많은 데이터를 확보하려는 움직임이 감지된다. 최근에는 작업자의 생산성을 높이기 위해 웨어러블(wearable)형 기기 도입이 검토되고 있으며, 음성 피킹, 디지털 피킹도 실용화 단계에 있다. 이처럼 디지털화가 진행되면서 수집 가능한 데이터도 증가하고 있으며, 작업의 정밀성도 높아지고 있다. 또한 웨어러블 단말기 활용이 활성화되면 더 세밀한 업무분석과 개선이 가능할 것으로 관측된다. 실제로 쿠팡의 물류센터에서도 매일 대량의 정보가 저장되고 있으며, 이를 활용해 생산성을 평가하고 물류공정을 재검토하거나 작업의 진척 상황을 관리하고 있다.

콘텐츠 산업의 빅데이터 활용

콘텐츠 산업 분야에서는 이미지 분석, 타깃 분석, 트렌드 분석, 스토리텔링 도구, 마케팅 활용 등에 빅데이터를 활용하고 있다. 영국 공영방송 BBC는 웹 분석 시스템 제공을 위해 3년간 1,800만 파운드 상당의 투자를 진행했다. 웹 리포팅을 위한 통찰력을 만들어 내고 지원하는 데이터 분석 솔루션 및 마케팅 캠페인, 시청자 추천, 온라인 상품개발을 위한 예측서비스 등을 포함한다. BBC가 대규모 투자를 통해 진행하고 있는 빅데이터 서비스에는 알고리즘 콘텐츠 추천, 실시간 리포팅, 시각화, 소셜미디어 분석을 구동하기 위한 다변량 테스트, 다중 속성 세분화 등이 있다. 국내에서 제일기획은 빅데이터 분석을 기업 마케팅 전략 수립에 활용하고 있다. 남성이 여성보다 봄에 대해 더 감성적이며, 특히 계절 변화에 가장 무심해 보이는 40대 남성들이 가장 민감한 '봄' 반응을 보이는 경향을 데이터 분석을 통해 밝혀냈다. 제일기획은 한 달 동안 트위터나 페이스북에 네티즌들이 올린 글과 인터넷 검색어 등 1억 여 건의 빅데이터를 분석했다. 이 결과 봄과 관련된 노래나 시 등 감성적인 단어를 찾고 사용한 비율에서 남성이 여성보다 높다는 결과가 나왔고, 특히 40대 남성들이 사용한 봄 관련 검색어 중 절반 이상이 감성적인 느낌의 단어였음이 밝혀졌으며, 이를 광고와 마케팅에 활용한 사례가 있다.

관광산업의 빅데이터 활용

관광산업 분야에서도 빅데이터를 활용하는 사례가 급증하고 있다. 관광객의 소비성향, 주요 방문지, 관광지 선호도, 관광객 특성 등을 분석하고 이를 관광상품 개발 및 인프라 개선에 활용하고 있다. 특히 카드사에서 관광객 소비패턴을 분석하거나 통신사의 로밍데이터를 활용해 관광객의 위치 및 이동 경로를 파악한 데이터가 많이 활용되고 있다. 신한카드와 제휴사는 제주도, 경기도를 비롯한 여러 지역과 협약을 체결하고 외국인 신용카드 결제 데이터를 관광 활성화를 위해 제공하기로 한 바 있다. 카드 이용 정보를 활용해 관광분야의 목적에 맞게 해석하는 빅데이터 컨설팅을 제공하고 있으며, 해당 지역의 관광정책 개발과 지역상권 매출 확대에 실질적 성과를 나타내고 있다. 예를 들면 카드 데이터로 장애인이 타기 쉬운 버스 정류장을 찾아 셔틀버스 노선을 바꾸거나 외국인 관광객의 카드사용 내역을 분석해 적합한 서울시 관광 코스를 개발한 사례가 있다.

신 ICT 기술과 빅데이터의 결합

클라우드 컴퓨팅은 온디맨드 네트워크를 통해 구성 가능한 컴퓨팅 자원(예를 들어 네트워크, 서버, 스토리지, 애플리케이션, 그리고 서비스)의 공유 풀로 접속하여 유비쿼터스를 가능하게 하는 모델이다. 수많은 데이터들로부터 가치 있는 정보를 얻기 위해서는 빅데이터 기술을 통한 데이터 수집 및 분석 작업이 필요하다. 클라우드 컴퓨팅 기술이 21세기 사회 및 산업에 미치는 막대한 영향에 따라 글로벌 IT 선진 기업들은 클라우드 기반의 빅데이터 솔루션을 개발하였다. 이 중 구글의 빅쿼리(BigQuery)는 빅데이터를 클라우드상에서 신속하게 분석해주는 서비스이다. 빅쿼리 서비스를 사용하면 대규모 데이터셋에 대한 SQL(Structure Query Language, 구조적 질의 언어) 유사 쿼리를 실행할 수 있다. 빅쿼리는 대규모 데이터셋을 대화식으로 분석하는 데 적합하다. 또한 자바, 파이썬(Python) 등 여러 언어가 지원되는 다양한 클라이언트 라이브러리(library, 관련한 파일의 집합)를 사용할 수도 있다.

빅쿼리의 경우 몇십 억 개의 행을 몇 초만에 분석할 수 있으며, 조 단위의 레코드를 포함하는 테라바이트 크기의 데이터를 지원한다. 빅쿼리 서비스를 이용할 경우 이용자들은 전용 데이터센터에 별도의 자원을 투자하지 않고도 거대한 양의 데이터를 업로드만 하면 분석이 가능하다. 빅쿼리는 사용자에게 그래픽 사용자 인터페이스 기반 SQL 분석 솔루션을 제공하며, 특히 분산된 개별 데이터 분석 결과를 요약이나 통합과정 없이 모두 제공하므로 사용자가 직접 각 분석 결과를 파악하고 판단할 수가 있다. 기존 빅데이터 분석시스템은 기업 내부에서 이루어지는 것이 일반적이었으나 빅쿼리는 클라우드 기반의 분석 플랫폼 제공으로 기업이 별도의 인프라 투자 없이도 빅데이터 분석 업무를 수행할 수 있다. 구글은 현재 빅쿼리 서비스를 위해 이미 독자적으로 개발한 데이터 분석 툴을 확보하였으며, 이를 클라우드를 통해 서비스 상용화를 검토 중에 있다.

빅쿼리는 빅데이터에 관심은 많지만 인프라 구축에 부담을 느끼는 업체들, 특히 광고, 의료, 지식정보 업계에서의 도입에 대한 검토가 두드러지고 있다. 전 세계를 대상으로 한 광고 캠페인의 투자수익률(ROI)이나 광고 효율을 분석하는 데 빅쿼리가 유용하게 사용될 것이다. 또한 의료 업계에서도 구글 앱 엔진(App Engine)의 인터랙티브 대시보드(interactive dashboard) 형태로 빅쿼리가 제공되고 있는데, 매출관리 애플리케이션, 광고 데이터 통합, 예약 데이터 및 설비·재고품 데이터 관리 등에 광범위하게 활용되고 있다. 비전문가들도 쉽게 각종 데이터에 접근할 수 있으므로 빅쿼리가 제공하는 인터랙티브 대시보드(interactive dashboard)를 통해 통찰력을 얻고 고객과의 대화 방향을 설정하는 데 중요하게 사용되어질 것이다. 대표적인 빅쿼리 사용 업체 Interaction Marketing에서는 판매 패턴, 구매자 행동 등을 분석하는 데 빅쿼리를 사용하고 있다. 또한 Interaction Marketing의 모든 데이터가 클라우드로 저장되어 IT인프라 투자비용을 절감했고, 빅쿼리를 이용하여 거대한 데이터로부터 최소의 투자로 최대의 수익을 올리기 위한 실시간으로 분석 가능한 정보를 얻고 있다.

04 | 스마트 팩토리와 인공지능(Artificial Intelligence)의 필요성

스마트 팩토리(Smart Factory)는 이제 일상적인 용어가 되었으며, 인더스트리 4.0 시대에 있어 스마트 팩토리는 매우 중요한 핵심 분야가 되었다. 최근 들어 디지털 전환(Digital Transformation)과 인공지능에 대한 관심이 많아지고 있고, 이에 대한 준비가 다양하게 이루어지고 있다. 특히 스마트 팩토리에 빅데이터(Big Data)와 인공지능(AI)을 어떻게 적용할지에 대한 고민을 하고 있으며, 다양한 솔루션을 개발하여 비즈니스의 한 축으로 활용되기도 한다. 인공지능은 스마트 팩토리의 주요 분야에 돌파구(breakthrough)를 가져올 전망이다. 인공지능은 인간의 지능으로 할 수 있는 사고, 학습, 자기개발 등을 컴퓨터가 할 수 있도록 하는 방법을 연구하는 컴퓨터 공학 및 정보기술의 한 분야로서, 컴퓨터가 인간의 지능적인 행동을 모방할 수 있도록 하는 것을 인공지능이라고 말하고 있다. 또한 인공지능은 그 자체로 존재하는 것이 아니라, 컴퓨터 과학의 다른 분야와 직간접으로 많은 관련을 맺고 있다. 특히 현대에는 ICT(정보통신기술)의 여러 분야에서 인공지능적 요소를 도입하여 그 분야의 문제풀이에 활용하려는 시도가 매우 활발하게 이루어지고 있다.

ICT 분야의 인공지능적 요소

① 자연언어처리(natural language processing) 분야에서는 이미 자동번역과 같은 시스템을 실용화하며, 특히 연구가 더 진행되면 사람이 컴퓨터와 대화하며 정보를 교환할 수 있게 되므로 컴퓨터 사용에 혁신적인 변화가 오게 될 것이다.

② 전문가시스템(expert system) 분야에서는 컴퓨터가 현재 인간이 하고 있는 여러 가지 전문적인 작업들(의사의 진단, 광물의 매장량 평가, 화합물의 구조 추정, 손해배상 보험료의 판정 등)을 대신할 수 있도록 하고 있다. 여러 분야 가운데서도 가장 일찍 발전하였다.

③ 컴퓨터가 TV 카메라를 통해 잡은 영상을 분석하여 그것이 무엇인지를 알아내거나, 사람의 목소리를 듣고 그것을 문장으로 변환하는 것 등의 일은 매우 복

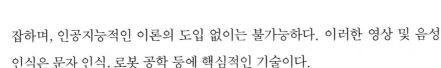

잡하며, 인공지능적인 이론의 도입 없이는 불가능하다. 이러한 영상 및 음성 인식은 문자 인식, 로봇 공학 등에 핵심적인 기술이다.

④ 이론 증명(theorem proving)은 수학적인 정리를 이미 알려진 사실로부터 논리적 으로 추론하여 증명하는 과정으로서 인공지능의 여러 분야에서 사용되는 필수적인 기술이며, 그 자체로도 많은 가치를 지니고 있다.

⑤ 신경망(neural net)은 비교적 근래에 등장한 것으로서 수학적 논리학이 아닌, 인간의 두뇌를 모방하여 수많은 간단한 처리기들의 네트워크로 구성된 신경망 구조를 상정하는 것이다.

스마트 팩토리의 주요 분야와 인공지능

① 설비예방정비

다양한 설비 데이터를 수집한 후 단순한 통계분석보다 인공지능 분석을 적용함으로써 예방정비 신뢰성을 개선할 수 있다.

② 공정 간 연계제어

통계적 분석기법으로 예측하기 힘든 공정 간 품질경향도 인공지능 분석을 통해 예측할 수 있다.

③ 전문가 공정제어

전문가 공정제어에 강화학습 기반의 인공지능을 적용하면서 과거 전문가 제어시스템의 한계를 극복하고 전문가보다 나은 생산성 성과를 보여줄 것으로 기대한다.

④ 로봇 자동화

인공지능과 로봇의 융합을 통해 로봇 스스로 학습이 가능해짐으로써 다양한 작업에 대한 범용성을 증가시킬 수 있다.

스마트 팩토리 전개에 있어 인공지능 적용의 차별화

① 산업별 적용 차이점

자동차, 전자부품 같은 조립가공 산업과 금속, 화학, 에너지와 같은 프로세스 장치 산업에서 스마트 팩토리의 전개 양상이 상당히 다를 수밖에 없다. 해당 공정의 엔지니어, 즉 공정기술과 생산기술 부서의 엔지니어가 수행하는 업무는 상당히 다르고 분야도 상이하다고 할 수 있다. 따라서 각 기업이 속한 산업에 효과적인 도입 전략을 수립하는 것이 매우 중요하다.

② Connected Factory 연결범위

전체 공장의 데이터를 통합한 Connected Factory 개념이 스마트 팩토리의 궁극적인 모습으로 제안되고 있다. 하지만 이를 위해서는 막대한 투자가 뒷받침되어야 하는데 현재 한국의 의사결정자들은 과감한 ROI(Return On Investment, 투자에 대한 효과)에 대해서 상당한 의구심을 갖고 있다. 따라서 조기에 대규모 투자가 이루어지지 않고 있으며, 이러한 움직임은 다음 단계에 해당하는 분석과 인공지능 적용을 통한 실질적 가치창출에 있어 상당한 걸림돌이 되고 있고, 선진국에 비해 한국 기업의 스마트 팩토리화에 있어서는 상당한 병목현상 원인이 되고 있다. 특히 현장의 생산기술과 공정기술 부서의 인원들은 인공지능과 같은 고급기술에 대한 적용가치에 대한 이해도가 떨어지고 보수적인 성향이 있어 과감한 혁신업무를 수행하기를 꺼려하는 문제점이 있기도 하다.

③ 운영모듈(MES, SCM, MRP)과 연계

기존 운영모듈에 공장 조업 데이터를 통합함으로써 운영모듈을 혁신할 수 있다는 비전이 제시되고 있으나, 전문가들은 조업 데이터와 통합이 운영모듈에 줄 수 있는 가치에 회의적인 반응을 보여주고 있다.

◉ 스마트 팩토리에 있어 인공지능의 필요성

① 인공지능 분석방법론을 통한 통계적 분석방법론의 한계를 극복할 수 있다. 안정적 설비운영과 품질영향인자제어확대로 생산성 향상을 위해서는 대용량 데이터에 대한 자동인지 및 대응기술이 필요하다. 이를 위해서 필요한 기술이 인공지능 분석방법론이라고 할 수 있다. 이를 통하여 사람이 아닌 기계가 이상상태에 대한 학습을 하고, 이에 대한 대응을 함으로써 인간보다 더 효율적으로 대응할 수 있다.

② 학습역량 및 창조역량을 갖춰 인공지능의 공정제어 및 개발에 적용할 수 있다. 인공지능을 이용하면 전문 엔지니어를 능가하는 공정제어가 가능하다. 이를 통한 공정생산성 향상은 당연히 얻어올 수 있는 가치(value)가 될 것이다. 사람은 12시간 이상 업무를 수행할 수 없지만, 기계는 24시간 실시간으로 모니터링하고 대응을 할 수 있다.

③ 노무비를 저렴하게 운영할 수 있다.

선진국의 경우 노무비가 너무 비싸다. 따라서 경쟁력을 갖추기 위해서는 자동화 제조공장의 운영이 필요할 것이다. 이를 위해서는 인공지능과 로봇의 융합으로 대체 가능한 인간의 작업 영역을 보다 증가시켜야 할 것이다.

◉ 순환신경망(RNN) 기반 인공지능을 활용한 혁신

대부분의 데이터는 시계열 데이터이며 스마트 팩토리에서 발생하는 센서 데이터는 대부분 시계열 분석이 필요한 데이터이다. 따라서 최신 딥러닝 기술의 하나인 RNN(Recurrent Neural Network, 순환신경망) 기반의 인공지능 분석기법을 적용하여 통계적 인과관계가 분명하지 않은 설비예방정비에서도 신뢰성 있는 분석 결과를 확보하고 적용해 볼 수 있을 것이다.

실제로 GE를 비롯한 선진기업이 설비예방정비에 인공지능 분석기법을 도입하여 효과를 거두었으며, 글로벌 스마트 팩토리 콘퍼런스에도 일부 기업들이 RNN 기반의 설비예방정비 성공사례를 발표하기도 하였다.

90년대 공정제어를 위해 도입한 전문가시스템은 정확한 운영 모델에 따라 컴퓨터가 전문가를 대체하여 핵심 공정을 최적으로 제어하도록 설계하였다. 하지만 복잡한 제어 특성을 이용하여 정확한 운영 모델을 개발하는 것은 상당히 어렵고 시간이 많이 소요되며 유지보수가 필요하였다. 따라서 약간의 설비 변경이나 유지보수에도 모델의 재설계가 불가피한 문제점이 있어 결국에는 실패하고 말았다. 따라서 인공지능을 통한 해결 가능성과 인공지능의 장점은 강화학습을 통해 운영 모델을 정확하게 유추할 수 있고, 공정 환경의 변화에도 스스로 운영 모델을 수정하면서 최적 제어를 할 수 있기 때문에 추가 유지보수가 필요 없다.

딥마인드(DeepMind Technologies Limited는 알파벳의 자회사이자 영국의 인공지능 프로그램 개발회사임)의 알파고가 이세돌 9단을 꺾은 사례에서 확인할 수 있듯이 학습 가능한 인공지능은 전문엔지니어보다 더 나은 공정운영을 할 수 있을 것이다. 특히 제련공정과 같은 경우 수율을 1% 높이면 수천만 달러의 수익을 얻어낼 수 있기 때문에 반드시 필요하고 적용해야 하는 기술이다.

인공지능의 빠른 개발 속도와 잠재력을 고려하면 향후 스마트 팩토리에 있어 인공지능의 활용전략은 제조기업의 성패를 좌우할 수 있다. 아직까지는 인공지능 기술이 초기 단계에 있음에도 불구하고 스마트 팩토리에 큰 파급효과를 가져온 점을 고려하면 인공지능 기술발전에 따른 적용범위와 파급효과는 더욱 확대될 전망이다. 따라서 이에 대한 지속적인 모니터링과 스마트 팩토리 관련 사업의 전략을 수립하는 것이 매우 중요하다고 할 수 있다. 제조업은 조립공정, 프로세스 공정, 대단지 화학공정, 소규모 조립공정 등과 같이 다양하게 구분할 수 있다. 따라서 각각의 공장에 맞는 스마트 팩토리 활용 전략을 수립하는 것과 이에 맞는 전개를 해나가는 것이 무엇보다도 중요하다. 또한 이에 맞는 인공지능 접목 전략 수립은 해당 기업의 스마트 팩토리 성패를 결정짓는 매우 중요한 의사결정이 될 수 있다.

05　4차 산업혁명에서의 ICT의 영향력과 스마트 팩토리

ICT(Information & Communication Technology)는 정보기기의 하드웨어 및 이들 기기의 운영 및 정보관리에 필요한 소프트웨어 기술을 이용하여 정보를 수집, 생산, 가공, 보존, 전달, 활용하는 모든 방법을 의미한다. ICT라는 용어는 1997년 영국의 데니스 스티븐슨(Dennis Stevenson)의 보고서(Information and Communications Technology in UK Schools: An Independent Inquiry)와 2000년 잉글랜드, 웨일스, 북아일랜드의 개정된 커리큘럼(National Curriculum)에서 이러한 용어를 사용하면서 유명해졌다. ICT(정보통신기술)의 범위는 아주 광범위해서 소프트웨어 기술과 통신기기 뿐만 아니라 컴퓨터와 휴대폰 등의 모든 전자기기를 포함한다.

콘텐츠(C)-플랫폼(P)-네트워크(N)-디바이스(D) 가치사슬

ICT 패러다임의 변화는 콘텐츠(C)-플랫폼(P)-네트워크(N)-디바이스(D) 가치사슬상의 각 부문 간 상호 의존 심화 관점에서 이해할 수 있다. 또한 디지털 시대에 비추어 보면 스마트폰, 태블릿 등 사실상 컴퓨터에 해당되는 기기를 감안하면 C-P-N-D라는 표현이 ICT를 설명하는 데 좀 더 유용하다. 콘텐츠(C) 부문을 살펴보면, 인터넷상에서는 더 이상 사진, 서적, 음악, 동영상 등의 구분이 무의미하다는 점을 상기할 필요가 있다. 이들 모든 종류의 콘텐츠는 디지털화되면서 플랫폼 제공자에 의해서 이용자에 제공되며 콘텐츠 보유자는 구글, 애플, 아마존과 같은 플랫폼 제공자와 제휴하거나 직접 플랫폼을 구성하여 콘텐츠를 제공한다. 플랫폼 부문은 C-P-N-D 가치사슬에서 중요한 역할을 담당한다. 인터넷상에서 콘텐츠는 소프트웨어에 의해 축적, 처리, 저장, 제공된다. 이는 소프트웨어 기술력을 보유한 ICT 기업이 주도권을 잡게 됨을 의미하는데, 특히 소프트웨어 기술력과 클라우드 인프라를 보유한 클라우드 서비스 제공자가 대표적인 플랫폼 제공자로 부상하고 있다.

그 과정에서 전통적인 네트워크 전송 서비스 제공자의 위상은 상대적으로 약화될 가능성이 있다. 반면 원천 콘텐츠를 보유한 기업은 플랫폼 제공자와 대등한 관계의 설정도 가능할 것이다. 디지털 융합시대의 네트워크는 IP망, 즉 인터넷이다. 인터넷의 경우에는 다양한 서비스 제공기업들이 서버 클러스터를 통하여 효율적 트래픽 전송, 보안 등 네트워크의 다양한 기능을 경쟁시장에서 제공한다. 이러한 지능형 네트워크 서비스 제공 기업도 일종의 플랫폼 제공 기업이라는 의미에서 사실상 플랫폼과 네트워크의 구분은 어렵다. 또한 통신망을 보유한 사업자들이 직접 플랫폼 서비스를 제공한다는 점도 중요하다. 애플(Apple)은 플랫폼 제공자가 동시에 디바이스 제공자인 대표적인 예라 할 수 있으며, 구글(Google)과 안드로이드 폰의 제조사 간의 제휴관계를 감안하면 과거보다 플랫폼 부문과 디바이스 부문의 관계가 보다 밀접한 상호 의존적인 관계임을 알 수 있다. 콘텐츠 부문과 플랫폼 부문의 제휴, 디바이스 부문의 플랫폼과의 연계, 플랫폼 부문과 네트워크 부문의 경계 모호 등은 모두 C-P-N-D 각 부문의 상호 의존성 심화를 의미한다.

4차 산업혁명과 ICT의 융합

　4차 산업혁명은 ICT의 융합으로 이뤄지는 차세대 산업혁명으로 요약해 볼 수 있다. 이는 인공지능, 로봇기술, 생명과학이 주도하는 차세대 산업혁명을 말한다. 1784년 영국에서 시작된 증기기관, 기계화로 대표되는 1차 산업혁명으로부터 시작해 1870년 전기를 이용해 대량생산이 본격화된 2차 산업혁명, 1969년 인터넷이 이끈 컴퓨터 정보화 및 자동화 생산시스템이 주도한 3차 산업혁명에 이어 로봇이나 인공지능(AI)을 통해 실제와 가상이 통합되어 사물을 자동적, 지능적으로 제어할 수 있는 가상물리시스템(Cyber Physical System)의 구축이 기대되는 산업상의 변화를 우리는 4차 산업혁명이라고 일컫는다. 미국에서는 이를 AMI(Advanced Manufacturing Initiative, 첨단제조업구상), 독일과 중국에서는 '인더스트리 4.0(Industry 4.0)'이라고도 한다. 이전까지의 공장자동화는 미리 입력된 프로그램에 따라 생산시설이 수동적으로 움직이는 것을 의미했지만, 4차 산업혁명에서 생산설비는 제품과 상황에 따라 능동적으로 작업방식을 결정하게 된다. 지금까지는 생산설비가 중앙집중화된 시스템의 통제를 받았지만, 4차 산업혁명에서는 각 기기가 개별 공정에 알맞은 것을 판단하고, 실행하게 된다. 스마트폰과 태블릿 PC 등을 이용한 기기 간 인터넷의 발달과 개별 기기를 자율적으로 제어할 수 있는 사이버물리시스템(CPS)의 도입이 이를 가능하게 하는데, 이러한 도입으로 인해 모든 산업설비가 각각의 인터넷 주소(IP)를 가지고 무선인터넷을 통해 서로 대화할 수 있게 되는 IoT(Internet of Things, 사물인터넷)의 개념이 생성되었고, 이는 후술할 ICT의 개념에 포함된다. 4차 산업혁명을 구현하기 위해서는 스마트 센서, 공장자동화, 로봇, 빅데이터 처리, 스마트 물류 보안 등 수많은 요소가 필요하다. 또한 4차 산업혁명의 효율적인 추진을 위해서는 '표준화'가 관건인데, 독일과 미국은 표준통신에 합의해 이 분야를 선도할 채비를 갖추고 있다.

이러한 4차 산업혁명은 '일자리'라는 측면에서도 많은 논란을 가져오고 있다. 사람이 없는 무인공장의 등장으로 더 많은 물건을 더 적은 인력으로 빠르게 만들어 낼 수 있어 소비자는 큰 혜택을 볼 수 있지만, 이로 인해 수많은 일자리가 감소하게 되는 문제점을 가져온다. 국제노동기구(ILO)는 2016년 7월 수작업을 대신하는 로봇의 확산으로 아시아 근로자 1억 3,700만 명이 일자리를 잃을 수 있다고 경고하기도 했다. 이는 태국, 캄보디아, 인도네시아, 필리핀, 베트남 등 5개국 임금근로자의 56%에 이르는 규모이다. 그동안 개발도상국은 저임금을 바탕으로 공장을 유치해 돈을 벌었고, 이렇게 쌓인 자본을 투자해 경제규모를 키웠는데, 무인공장이 확산된다면 이러한 성장 공식이 작동하기 힘들다. 선진국 또한 이러한 일자리 논란에서 자유롭지 않은데, 2015년 1월 스위스 다보스 포럼에서는 4차 산업혁명으로 2020년까지 선진국에서 일자리 710만 개가 사라질 것이라는 예측이 나올 정도로 선진국의 저임금 근로자들 또한 큰 타격을 받을 것으로 예상된다. 클라우스 슈밥(다보스포럼 회장)도 저서 '4차 산업혁명'에서 "4차 산업혁명의 수혜자는 혁신가, 투자자, 주주와 같은 지적 및 물적 자본을 제공하는 사람들이 될 것이며, 노동자와 자본가 사이 부의 격차는 갈수록 커지고 있다."고 지적했다. 물론 이 같은 우려가 현실이 될지는 불분명하다. 과거의 1, 2, 3차 산업혁명 때도 기계로 인해 사람의 일자리가 줄어든다는 논란은 항상 일어났었다. 하지만 사라진 일자리보다 많은 새로운 일자리가 생기면서 이러한 논란과 우려는 불식되었다. 4차 산업혁명도 이와 같을 수 있다는 점에서 조금 더 현상을 지켜보아야 할 것이다.

4차 산업혁명에서의 ICT의 영향력

4차 산업혁명은 우리에게 어떻게 보면 참 낯선 이름의 개념이고, ICT라는 것 또한 일반인에게는 생소한 개념이다. 하지만 세계적으로 여러 가지 변화들을 볼 때 이미 4차 산업혁명은 한참 진행 중이고, 우리의 삶 속에 깊숙이 관계하고 있다. 또한 ICT는 4차 산업혁명에 대해 정말 큰 영향력을 끼치고 있다. 독일은 제조업 부분에서 세계 최고 수준으로 평가받고 있었으나 세계 시장에서 경쟁이 갈수록 심화되는 현상 속에서 큰 변화가 필요함을 느꼈다. 이에 독일 정부는 미래경쟁력을 높이는 창조경제의 동력으로 Industry 4.0이라 불리는 제조업 진화 전략을 4차 산업혁명 시기에 맞춰 추진하게 되었다. 미국, 일본 또한 ICT와 제조업 융합, 최첨단 제조업 전략 등을 추진하고 있지만, 정부 차원에서 체계적으로 도입한 나라는 독일이 유일하다. Industry 4.0은 제조업과 같은 전통 사업에 IT 시스템을 결합하여 인텔리전트(intelligent)한 스마트 팩토리(Smart Factory)로 진화하는 것을 말한다. 이와 같이 ICT를 활용한 스마트공장으로의 진화를 통해 독일 국가과학위원회는 산업 생산성이 30%까지 향상될 것으로 전망했다. 독일은 ICT와 기계산업의 융합을 통해 '제조업의 완전한 자동생산체계를 구축하고 모든 생산과정이 최적화'되는 4차 산업혁명을 2013년에 들어서부터 본격적으로 추진해 왔다. 4차 산업혁명으로 명명되는 독일의 Industry 4.0은 제조업의 생산체계를 새롭게 진화시키는 데 영향을 끼쳤다.

과거 1차 산업혁명 이후 2차 산업혁명을 거쳐 발전된 3차 산업혁명에서 생산은 생산공정 간 수직, 수평적 분리와 제한된 정보교환 등의 한계로 부분적 최적화에 그쳤다. 반면 4차 산업혁명은 사물인터넷(IoT ; Internet of Things)을 통해 완전한 정보교환이 가능하고, 이를 통해 최적화된 상품제조 플랫폼을 조성할 수 있어 전체 생산공정을 최적화할 수 있게 되었다. 즉, 3차 산업혁명 단계에서는 생산 부분별 최적화 실현은 가능했으나 최적화된 완성품은 생산되지 못한 반면, 4차 산업혁명에서는 제품 개발부터 상품 제조, 이후 서비스 단계까지 모든 공정의 최적화가 가능해졌다. 이처럼 4차 산업혁명을 통해 기존의 방식에서 탈피해 산업기기부터 생산과정까지 모두 네트워크로 연결되고, 정보를 교환함으로써 사람이 없이도 기계 스스로 생산과 통제, 수리가 가능한 '스마트공장'의 4차 산업혁명으로 독일과 세계의 산업구조가 진화하고 있다. Industry 4.0은 사람, 사물, 서비스 간 임베디드 시스템(embedded system, 기계 또는 전자장치를 효과적으로 제어할 수 있도록 두뇌 역할을 하는 마이크로 프로세서를 칩에 담아 기기에 내장시킨 장치로 대부분의 디지털 기기, 전자기기에 사용함)을 통해 네트워크가 확산되고 지능형 생산시스템이 구축됨으로써 기존 제조업의 생산방식을 스마트, 그린 및 도심형 생산으로 변화시키는 생산방식의 변화를 불러왔다. 독일 인공지능연구센터(DFKI)는 세계 최초로 '스마트공장'을 실현할 수 있는 시스템을 개발하고 시험 가동 중이며, 지멘스 및 보쉬 등의 대기업들도 사이버물리시스템의 구축을 통한 생산공정의 스마트화에 적극 참여하고 향후 제조업 혁신의 80% 이상이 ICT에 기반을 둘 것으로 추정하는 등 4차 산업혁명에서 ICT가 끼치는 영향력이 크게 높아졌고 이에 따라 변화하는 기업들 또한 증가했다. 이러한 Industry 4.0를 통해 스마트 생산 실현을 위한 핵심 필요조건은 최적화된 상품 제조 플랫폼인 사이버물리시스템(CPS, Cyber Physical System)의 구축이다. 사이버물리시스템은 사람뿐만 아니라 사물인터넷까지도 확대됨으로써 생산에 필요한 모든 정보가 교환되고, 최적화된 상품 제조가 가능하도록 만들어진 상품 제조 플랫폼으로 스마트공장의 생산과정을 통제할 수 있게 하고, 이들 간 형성된 빅데이터의 정확한 분석을 통해 최적화된 생산 시뮬레이션을 가능하게 해준다.

🎯 스마트 생산의 실현

미래에 중요성이 커질 스마트 생산 등이 실현되기 위해서는 사물, 서비스 간 인터넷의 기반 위에 최적의 상품이 제조될 수 있도록 통제하는 상품 제조 플랫폼인 사이버물리시스템을 구축해야 하는 것이 가장 중요하다. 이러한 ICT의 한 종류인 사이버물리시스템(CPS)은 구체적으로 제품 제조 등이 일어나는 물리세계와 인터넷, 서비스 중심의 사이버세계의 중간 지점에 위치하며 소프트웨어, 센서, 정보처리장치 등에 기반을 두어 스마트 생산을 지원한다. 또한 사이버물리시스템은 사물 간 인터넷(IoT), 서비스 간 인터넷(IoS ; Internet of Services)의 확산을 통해 사람, 제품, 제조 과정까지도 양방향의 정보교환이 자유롭게 이루어지는 최적화된 생산 시뮬레이션 조성이 가능하게끔 만든다.

독일정부는 이 같은 사이버물리시스템을 구축하고 생산을 스마트 생산으로 전환하기 위해 3년간 5억 유로(약 7,500억 원)를 연구개발에 지원했다. 이러한 ICT가 4차 산업혁명에 미치는 영향으로 인해 표준화 확대, IT 기술 및 네트워크 보안의 강화 및 새로운 인재육성 교육방식의 도입 등 정부의 정책적 지원 또한 중요해졌다. 다양한 기업 간, 생산단계 간 네트워킹이 사이버물리시스템상에서 자유롭게 통제되고 생산체계에 적용되기 위한 표준화가 점점 확대되는 방향으로 나아가고 있기 때문이다. 여기서 말하는 표준화는 4차 산업혁명의 있어서의 플랫폼 구축을 위한 표준화를 말하는데, 이는 생산의 모든 주체가 하나의 공통된 접근방식을 통해 사이버 물리 시스템(CPS)에 접근하고 제조 과정, 장치, 환경 등에 적합한 소프트웨어 등을 원활하게 사용할 수 있는 방향의 표준화를 말한다. 그리고 4차 산업혁명의 변화로 인해 오픈형 네트워크가 확산되는 만큼 사이버 보안 및 안정성을 강화해야 할 필요성이 대두되고 있다. 즉, 사이버 공격 상황에서도 CPS의 요구사항들이 만족할 수준으로 수행되고 효과적인 복구 시스템도 갖춰야 하고, 개인의 프라이버시가 침해될 수 있는 문제도 점진적으로 개선하여야 한다. 또한 인재육성 교육 및 전문성 개발 프로그램도 이러한 변화의 추세에 맞게 새롭게 변화해야 한다. Industry 4.0은 기존의 생산방식을 맞춤형, 소량생산으로 변화시키고 생산주체와 과정 등도 유연성이 향상되는 미래형 생산방식의 모습으로 전환시킬 것이다. 제품에 내장된 IT 시스템에 기반을 두어 정확한 수요가 예측되고, 자동화된 시스템에 따라 제품생산, 스마트 물류시스템에 의해 재고가 부족한 곳에 상품이 배송되는 생산체계가 구축되는

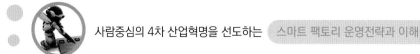
변화가 있을 것이다. 특히 스마트한 생산방식은 각기 다른 곳에 위치하더라도 자원 효율성을 극대화할 수 있는 공급자의 신속한 참여 등도 유도하는 긍정적인 변화도 가져올 것이다.

그리고 ICT의 하나인 임베디드 시스템(embedded system)을 통해 제품, 생산과정, 서비스 등의 면에서 다양한 빅데이터가 생성됨으로써 이를 통해 새로운 가치창출과 고용 형태의 다변화도 가능해질 것이다. 임베디드 시스템을 통해 생산체계와 고객 등에 대한 다양한 데이터를 생성할 수 있게 되고, 이를 활용해 새로운 사업의 기회, 다양한 고용 형태들이 등장할 것이다. 또한 스마트 생산방식은 B2B(기업 간) 서비스를 촉진시킬 수 있어 중소기업의 경쟁력을 높이고 창업도 활성화시키는 변화를 가져올 것이다. 또한 스마트, 도심형 생산으로서의 전환은 일과 가정이 양립하는 것에도 긍정적으로 작용할 것이다.

왜냐하면 IT와 생산체계의 결합으로 업무 유연성이 확대되고, 도심형 생산이 증가할 경우 이를 통해 일과 가정의 양립이 촉진되는 효과가 있기 때문이다. 이처럼 ICT는 4차 산업혁명에 있어 CPS, 임베디드 시스템 등의 여러 가지 모습으로 많은 영향을 끼치고 변화를 불러오고 있다. 독일뿐만 아니라 미국 등의 다른 선진국들 또한 ICT의 중요성을 깨닫고 IT와 제조업의 결합을 적극적으로 추진하고 있다. 또한 한국에서도 점점 이러한 세계적인 변화에 동참해야 한다는 의견들이 등장하기 시작했다. 이러한 점들을 보았을 때, ICT는 독일의 4차 산업혁명에 크나큰 영향을 미쳤으며, 독일에만 국한하지 않고 전 세계에 4차 산업혁명에 전반적인 산업구조에도 엄청난 영향을 주고 있다는 것을 알 수 있다. 한국도 앞서 말한 내용들로 알 수 있듯 ICT의 중요성과 영향을 깨닫고, 이러한 방향으로 뒤처지지 않고 혁신을 이끌 수 있도록 하는 것이 크나큰 과제인 것이다.

06 | 4차 산업혁명의 특징인 초연결성과 초지능화 및 위험요소

클라우스 슈밥(Klaus Schwab)은 "우리는 지금까지 우리가 살아왔고 일하고 있던 삶의 방식을 근본적으로 바꿀 기술혁명의 직전에 와 있습니다. 이 변화의 규모와 범위, 복잡성 등은 이전에 인류가 경험했던 것과는 전혀 다를 것입니다."제4차 산업혁명은 물리적, 생물학적, 디지털적 세계를 빅데이터에 입각해서 통합시키고 경제 및 산업 등 모든 분야에 영향을 미치는 다양한 신기술로 설명될 수 있다. 물리적인 세계와 디지털적인 세계의 통합은 O2O(Online to Offline)를 통해 수행되고, 생물학적 세계에서는 인체의 정보를 디지털 세계에 접목하는 기술인 스마트 워치나 스마트 밴드를 이용하여 모바일 헬스케어를 구현할 수 있다. 가상현실(VR)과 증강현실(AR)도 물리적 세계와 디지털 세계의 접목에 해당될 수 있다.

기술적 혁신의 주기가 짧아지고 영향력은 커짐

기원전 3500년 전 고대 사람들이 무거운 물건을 쉽게 옮기기 위해 나무 조각 3개를 엮은 '바퀴'를 만들지 않았다면, 지금의 자동차는 존재하지 않았을지도 모른다. 벨(Alexander Graham Bell)이 최초의 실용적인 전화기를 발명하지 않았다면, 오늘날의 스마트폰은 존재하지 않고 여전히 횃불을 통해 장거리 의사소통을 했을지도 모른다. 이렇게 인류 역사 변화의 중심에는 새로운 기술의 등장과 기술적 혁신이 자리하고 있었고, 새로운 기술의 등장은 단순히 기술적 변화에 그치지 않고 전 세계의 사회 및 경제구조에 큰 변화를 일으켰다. 기술적 혁신과 이로 인해 일어난 사회·경제적 큰 변화가 나타난 시기를 우리는 '산업혁명(Industrial Revolution)'이라고 부르고 있다.

인류 역사적 관점에서 보면 현대사회의 산업혁명과 같은 과학기술적 사건은 매우 최근에 발생하였다. 농경중심의 사회에서 현대사회로의 첫 번째 전환점이라고 할 수 있는 1차 산업혁명이 약 200여 년 전에 발생했다는 점은 우리 사회가 매우 짧은 시간 동안 발전하고 변화하였다는 것을 보여준다. 또한 현대사회로 진입할수록 새로운 기술과 기술적 혁신이 나타나는 주기가 극단적으로 빨라졌으며, 기술의 파

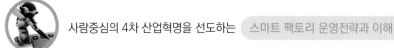

급 속도도 급격하게 빨라지고 있다. 1876년 벨(Bell)이 발명한 유선 전화기의 보급률이 10%에서 90%로 도달하는 데 걸린 기간이 73년이었으나, 1990년대에 상용화된 인터넷이 확산되는 데 걸린 시간은 20년에 불과했고, 휴대전화가 대중화되는 기간이 14년이라는 점은 기술발전의 속도와 더불어 기술의 파급력이 급진적으로 빠르다는 점을 보여주고 있다. 즉, 새로운 기술이 등장하고 기술적 혁신이 나타나는 주기가 점차 짧아지며, 그 영향력은 더욱 커지고 있다는 것이다. 이는 현재 우리가 스마트폰이 없는 일상생활을 상상하면 쉽게 이해할 수 있을 것이다.

우리는 컴퓨터 및 정보통신기술(ICT)의 발전으로 인한 '디지털 혁명'이라는 3차 산업혁명의 시대를 지내고 있으며, 이로 인해 정보화 · 자동화 체제가 구축되었다. 이들 산업혁명은 역사적 관점에서 보자면 아주 짧은 기간 동안 발생하였으나, 그 영향력은 개인 일상생활에서부터 전 세계의 기술, 산업, 경제 및 사회 구조를 뒤바꾸어 놓을 만큼 거대하였다. 2016년 1월 다보스 포럼(WEF ; World Economic Forum)에서는 제4차 산업혁명이라는 화두가 세상에 던져졌다. 4차 산업혁명을 '디지털 혁명에 기반하여 물리적 공간, 디지털적 공간 및 생물학적 공간의 경계가 희석되는 기술융합의 시대'라고 정의하면서, 사이버물리시스템(CPS ; Cyber Physical System)에 기반한 4차 산업혁명은 전 세계의 산업구조 및 시장경제 모델에 커다란 영향을 미치고 있다.

4차 산업혁명 또한 알지 못하는 사이에 우리를 둘러쌀 것이다. 10여 년 전 지하철에서 쉽게 볼 수 있었던 '신문 접어서 보기'라는 에티켓은 '휴대전화를 진동모드로 하고 조용히 통화하기'로 바뀔 만큼 3차 산업혁명의 주요 기술인 컴퓨터와 ICT는 우리 일상생활 속에 녹아들어와 있다. 지금까지 새로운 기술의 등장과 기술적 혁신에 따른 사회적 변화는 생활 편의성, 생산성 향상 및 새로운 일자리 창출 등의 긍정적인 변화가 주를 이루었다. 그러나 4차 산업혁명에서는 생산성 향상이라는 긍정적인 측면과 더불어 일자리 감소라는 부정적 변화가 급격하게 나타날 것으로 전망되고 있다. 이에 수많은 미래학자와 연구기관들은 4차 산업혁명과 미래사회 변화에 대한 전망들을 논의하기 시작했고, 독일, 미국, 일본 등의 주요 국가들은 미래변화에 선제적으로 대응하고 미래사회를 주도하기 위해 정부 차원에서 다양한 전략과 정책을 수립하여 추진하고 있다. 따라서 우리나라도 다양한 논의를 기반으로 4차 산업혁명의 도래에 따른 미래사회 변화에 대응하기 위한 전략을 마련해야 할 시점이다. 이를 위해서는 4차 산업혁명과 미래사회 변화 그리고 주요국의 대응방안 등에 대해 면밀하게 분석할 필요가 있고, 이를 기반으로 우리나라 환경에 적합한 대응방안 및 전략을 모색할 필요가 있다.

📀 4차 산업혁명의 특징인 초연결성과 초지능화

4차 산업혁명은 '초연결성(Hyper-Connected)', '초지능화(Hyper-Intelligent)'의 특성을 가지고 있고, 이를 통해 모든 것이 상호 연결되고 보다 지능화된 사회로 변화시킬 것이다. 사물인터넷(IoT), 클라우드 등 ICT의 급진적 발전과 확산은 인간과 인간, 인간과 사물, 사물과 사물 간의 연결성을 기하급수적으로 확대시키고 있고, 이를 통해 '초연결성'이 강화되고 있다. 2020년까지 인터넷 플랫폼 가입자가 30억 명에 이를 것이고, 500억 개의 스마트 디바이스로 인해 상호 간 네트워킹이 강화될 것이라는 전망은 초연결 사회로의 진입을 암시하고 있다. 또한 인터넷과 연결된 사물(Internet-connected objects)의 수가 2015년 182억 개에서 2020년 501억 개로 증가하고, M2M(Machine to Machine, 사물-사물) 시장 규모도 2015년 5조2,000억 원에서 2020년 16조5,000억 원 규모로 성장할 것으로 전망되고 있다. 이러한 시장 전망은 '초연결성'이 4차 산업혁명이 도래하는 미래사회에서 가장 중요한 특성임을 보여주고 있다. 또한 4차 산업혁명은 '초지능화'라는 특성이 존재한다. 즉, 4차 산업혁명의 주요 변화 동인인 인공지능(AI)과 빅데이터의 연계 및 융합으로 인해 기술 및 산업구조가 '초지능화'된다는 것이다. 2016년 3월 이미 우리는 '초지능화' 사회로 진입하고 있음을 경험하였다. 인간 '이세돌 9단'과 인공지능 컴퓨터 '알파고(Alphago)'와의 바둑 대결이 그것이다. 바둑판 위의 수많은 경우의 수와 인간의 직관 등을 고려할 때 인간이 우세할 것이라는 전망과 달리 '알파고'의 승리는 사람들에게 충격으로 다가왔다. 이 대결은 '초지능화' 사회의 시작을 알리는 단초가 되었고, 많은 사람들이 인공지능과 미래사회 변화에 대해 관심을 갖기 시작했다. 사실 2011년에도 이미 인공지능과 인간과의 대결이 있었다.

미국 ABC 방송국의 인기 퀴즈쇼인 '제퍼디!(Jeopardy)'에서 인간과 IBM의 인공지능 컴퓨터 왓슨(Watson)과의 퀴즈대결이 있었는데, 최종 라운드에서 왓슨은 인간을 압도적인 차이로 따돌리며 우승하였다. 이 대결은 인공지능 컴퓨터가 계산도구에서 벗어나 인간의 언어로 된 질문을 이해하고 해답을 도출하는 수준까지 도달했음을 보여주는 사례로 회자되고 있다.

산업시장에서도 딥러닝(Deep Learning) 등 기계학습과 빅데이터에 기반한 인공지능과 관련된 시장이 급성장할 것으로 전망되고 있다. 트랙티카(Tractica, 2015) 보고서에 따르면 인공지능시스템 시장은 2015년 2억 달러 수준에서 2024년 111억 달러 수준으로 급성장할 것으로 예측되고 있고, 인공지능이 탑재된 스마트 머신의 시장 규모가 2024년 412억 달러 규모가 될 것으로 보고 있다(BCC Research, 2014).

이러한 기술발전 속도와 시장성장 규모는 '초지능화'가 4차 산업혁명시대의 또 하나의 특성이라는 점을 말해주고 있다.

4차 산업혁명시대의 위험요소, 독점과 자동화

4차 산업혁명이라는 단어로 대표되는 혁신은 우리들이 업무를 보고, 기계를 움직이고, 게임과 여흥을 즐기는 방식들 모두를 빠른 속도로 변화시키는 요인이다. 이 과정에서 반도체와 각종 디바이스 그리고 부품을 생산하는 Hardware 기업들이 제4차 산업혁명의 물결을 등에 업어 성장하는 대표 기업들로 부상한 바 있다. 그러나 좀 더 생각해보면 아무리 좋은 Hardware들이 출현하더라도 이를 움직이는 Software 및 운영체계가 부실하다면 제대로 효과를 낼 수가 없다. 크게 눈에 띄지 않지만 지금도 소리 없이 세상을 변화시켜 나가는 산업으로 Software 업종이 있다.

Software 업종이 가진 가장 큰 특징 중 하나는 해당 영역에서 독과점적인 지위를 가지고 있는 기업들이 상당수를 차지한다는 점이다. 예를 들어, 세계 Application Software 매출에서 상위 5개사가 차지하는 비중은 2016년 기준 70%를 상회하고 있다. 일부 기업들이 세계 Software 시장을 사실상 지배하는 가장 큰 이유에 대해서는 두 가지로 추론이 가능하다. 첫째로 Software를 장기간 사용해 온 사용자들의 충성도가 상당히 높다는 점을 들 수 있고, 두 번째로 Software를 교체할 때는 연관된 각종 비용들이 발생하기 때문이다. 반복되는 수요의 발생을 기대할 수 있는 업종의 특성을 고려한다면 대형 Software 기업들의 과점적인 시장지배율은 이들이 가진 막대한 기업가치를 보장하는 매우 중요한 요인이다.

안정된 수요가 꾸준하게 발생하는 업종 내에서 경쟁구도가 과점화되다 보니, Software 업체들의 영업이익률 및 현금창출능력은 상당히 높은 수준이다. 미국 내 주요 Software 업종 지수에 포함 기업들의 전체 영업이익률은 30%에 달하고 있으며, 이 중 상위 5개 Software 기업들의 평균 영입이익률만 뽑아보면 31%를 상회한다. 반면 S&P 500기업 평균 및 소프트웨어 업종 및 반도체를 제외한 Hardware 기업들의 전체 영업이익률은 각각 16%와 22% 정도이다.

과점적인 시장지위와 높은 수익성을 보유하고 있음에도 불구하고, 그간 북미지역의 대형 Software 기업들은 성장잠재력에 대한 부담에 시달려 왔다. 워낙 덩치가 크고, 과거 사업모델의 수익성이 좋다 보니 급속히 변화하는 환경에 능동적으로 대응하지 못한 결과이다. 장기적으로 새로운 제품으로 대체 가능함에도 사용자 기반이 넓다는 이유로 아직 사용되고 있는 이른바 Legacy Software(과거의 Software)의 판매를 통해 수익을 창출하는 대형 기업들이 대표적인 사례이다. 그러나 최근 몇 년간 Cloud Service가 새로운 성장 동력으로 부상하면서 대형 Software들의 성장잠재력에 대한 우려가 상당히 완화되고 있다.

영국에서 시작된 산업혁명으로 우리는 물리력을 사용하는 일의 대부분을 기계에 빼앗겼다. 당연히 일자리의 극단적인 감소가 있었고, 노동의 공급이 수요를 한참 초과하니 실업자가 거리에 넘쳐났고, 그나마 직장을 구한 사람들도 극단적인 저임금에 시달려야 했다. 이러한 현상은 그리 오래가지 않았는데 이어진 기술의 발전에서 꽤 많은 노동자를 흡수할 수 있는 다른 일거리가 생겨났기 때문이다. 은행원,

의사, 프로그래머, 상담원 같은 직업들 말이다. 비록 충분한 양은 아니었지만 노동 시장에 남아있는 약간의 불균형은 복지 정책을 포함한 이러저러한 정부 대책으로 그럭저럭 보완할 수 있었다. 4차 산업혁명에서는 인간이 할 수 있는 거의 모든 일이 기계와 인공지능으로 대체될 것이라고 전문가들은 말한다. 특히, 인간이 두뇌를 써서 수행하는 일의 대부분이 장기적으로 인공지능에 대체될 가능성이 높다. 컴퓨터의 유지비는 인간 노동자와 비교할 수 없이 저렴하기 때문이다. 완전히 능가하기 전에도 일자리는 계속해서 줄어든다고 전망된다. 2015~2020년에 714만 개의 일자리가 사라지고 200만 개가 새로 생겨난다. 기계 지성이 인간을 완전히 능가하는 시점에 대해서는 학자들 사이에서도 견해차가 크게 일치하지 않는다. 하지만 언젠가 이런 순간이 올 것이라는 점은 의심할 여지가 없다. 컴퓨터는 할 수 없고 인간만이 할 수 있는 일은 이 세상에 존재하지 않기 때문이다. 이는 다음의 두 가지 방법으로 증명할 수 있다.

영국의 수학자 앨런 튜링은 세상에 존재하는 모든 연산은 'and', 'or', 'not'연산만으로 치환될 수 있음을 보였다. 당연하지만 컴퓨터는 and, or, not을 계산할 수 있고, 따라서 컴퓨터는 우리가 상상할 수 있는 모든 연산을 수행할 수 있다. 여기서 '연산'이라고 하는 것은 바둑, 체스, 작문, 번역, 작곡, 소설 쓰기, 영화 만들기, 잡담하기, 판결, 운전, 상담, 과학 연구, 그리고 더 나은 인공지능을 만드는 일까지 우리의 두뇌가 수행할 수 있는 모든 작업과 그 이상을 포함한다.

우리가 어떤 사람의 뇌를 아주 정밀하게 관측하여 그 사람의 뇌세포 하나하나의 연결과 연결 강도를 알아내 컴퓨터로 똑같이 시뮬레이션한다고 해보자. 이 작업은 아주 어렵지만 불가능하지는 않으며, 실제로 뉴런(neuron, 신경계의 단위로 자극과 흥분을 전달한다. 신경세포체(soma)와 동일한 의미로 사용하기도 함)의 수가 적은 편모동물이나 작은 곤충에 대해서는 이 작업이 실험실에서 여러 차례 성공한 바가 있다. 이렇게 만들어진 프로그램은 그 사람의 생각을 정확하게 시뮬레이션할 것이며, 그 사람이 할 수 있는 모든 작업은 이 프로그램을 통해서도 할 수 있을 것이다. 물론 비효율적인 방법이지만 컴퓨터가 인간이 할 수 있는 어떤 작업을 수행하는 데에 근본적인 장벽 같은 것이 존재하지 않는다는 것을 잘 보여준다. 인공지능이 인간의 지성을 완벽하게 대체하는 건 꽤 오래 걸릴 것이다. 하지만 인공지능이 인간의 일자리를 부분적으로 대체하고 있는 것은 우리 바로 앞에 닥친 현실이다.

07 | 4차 산업혁명시대를 대비하는 미래 대응방안

🔘 비즈니스 방식과 산업구조의 변화

4차 산업혁명은 제조업 부문의 가치사슬 영역별로 다른 산업 혹은 다른 영역과의 전면적인 융복합화를 가져오면서 새로운 비즈니스 모델의 출현으로 인해 경쟁방식을 변화시킬 것으로 예상된다. 비즈니스 모델의 변화, CPS, 스마트공장을 통해 새로운 제품과 서비스의 조기 사업화와 시장선점이 중요해지고 제품 및 산업의 수명주기가 빨라지게 될 것이다. 따라서 유연한 전략적 대응과 함께 민간이 변화를 주도하는 것이 필요하며, 새로운 비즈니스와 기술의 트렌드를 인식하고 소비패턴의 변화를 포착해야 한다.

4차 산업혁명은 그동안 형성되어 온 산업구조의 변화를 촉진하고 다양한 형태와 양상으로 분화하면서 미래의 산업 전망은 현재와는 다른 구조로의 전환이 예상되고 있다. 기계산업에서 로봇산업이 분화되고, 점차 서비스·플랫폼과 융합하면서 엔지니어링 산업으로 확장되는 것처럼 산업구조는 급격하게 진화할 것으로 예상된다. 지금은 제약, 의료산업이 각각 제조업, 서비스업으로 구분되지만 IoT, 모바일, 빅데이터와 같은 핵심 기술의 활용으로 '스마트 헬스케어'라는 신산업이 출현하는 것처럼 산업 간 경계도 와해될 수 있다.

🔘 경쟁원천의 변화와 예측

4차 산업혁명은 기존의 산업 간 연계가 수직적 분업관계에서 수평적 협업관계로 전환이 가속화되면서 외부역량의 활용능력이 산업 또는 기업의 경쟁원천이 될 것이다. 기존의 생산효율성, 제품혁신과 같은 구분을 뛰어넘어 산업 간 연계의 동시성과 통합성이 진행되고 원료부터 제조, 수요여건 변화에 대한 긴밀한 대응역량의 중요성이 높아지게 된다. 이에 따라 개방형·융합형 혁신 생태계의 구축이 필수적이며 생태계의 강건성(healthiness)과 지속가능성(sustainability)을 가질 수 있는 체제로의 전환이 중요하게 된다.

4차 산업혁명에 의해 부가가치 사슬의 전반적인 업그레이드가 진행될 것으로 예상되며, 이 과정에서 경쟁원천은 제조·조립에서 SW·플랫폼 구축으로 급격하게 변화할 것이다. 설계와 엔지니어링의 중요성이 더욱 강화되고 전후방 연관 산업과의 네트워크화, 연결성을 기반으로 하는 플랫폼의 형성이 기업 혹은 산업생태계 생존의 결정요인이 될 것이다. 제조업 부문에서 서비스 부문과의 융합·진출 확산이 가속화되면서 선택이 아니라 생존의 필수요건이 될 것이다.

제조·공정상의 변화와 더불어 가치사슬상 인적 자원의 결합관계가 변화하면서 고용에서는 양적 변화와 아울러 질적인 측면에서도 구조적 변화가 진행될 것이다. 빅데이터 활용, 스마트공장 확대 등에 의해 특정 산업·특정 분야에서의 고용규모는 줄어들 가능성이 높지만, 동시에 데이터의 수집·분석을 위한 인력과 스마트공장에 투입되는 장비와 SW를 생산하는 산업에서의 고용은 늘어날 것이다. 또한 연구개발 및 마케팅, 제조 등 가치사슬상 인력에 요구되는 직무나 직능이 달라질 것으로 예상되며, 인력에 대한 직능수준이 높아지거나 단순해지는 양극화가 진행될 것으로 예측된다.

제조업에서는 SW, 플랫폼의 구축과 활용을 위한 전문인력의 확보와 아울러 빅데이터의 축적과 활용이 관건이 될 전망이다. 인력양성은 산업에 대한 전문성과 아울러 4차 산업혁명의 주요 핵심 기술인 무인운송수단 3D 프린팅·첨단 로봇공학·신소재·사물인터넷·블록체인·공유경제·유전공학·합성생물학·바이오 프린팅 등 기술을 체화하여 활용하는 역량 확보에 주력해야 하며, 더불어 4차 산업혁명시대 속에서 간과하기 쉬운 인성교육도 필요하다.

기술적 가능성과 현실화의 시차

산업혁명의 전개과정에서 생산성 향상과 산업 전반의 구조변화는 산업혁명을 주도하는 기술 기반의 혁신이 일반목적기술(General Purpose Technology) 기반의 기술혁신과 확산이 특정 분야에 국한되지 않고 다양한 산업분야에서 나타나며, 특히 제조업에서 우선적으로 나타나면서 생산방식을 획기적으로 혁신해야 한다. 그리고 새로운 기술의 패러다임을 이용하는 보완적 발명과 다양한 기술혁신이 연쇄적이고 다발적으로 나타나면서 장기간에 걸쳐 진행되어야 한다.

맥킨지 앤드 컴퍼니(McKinsey & Company) 보고서(2017)에 의하면, 산업혁명의 전개 과정에서 실제 자동화나 스마트화를 통한 생산성 증가와 제조업 전반의 구조변화에 대한 수용과 변화의 정도는 기술적 가능성, 솔루션의 개발과 적용 비용, 노동시장의 역동성, 경제적 편익, 규제와 사회적 수용성에 의해 결정된다고 한다. 마찬가지로 한국의 산업에서 4차 산업혁명 확산 속도와 범위는 기술적 가능성과 제반 비용 외에 이를 도입하는 기업, 근로자, 사회 등 이해관계자의 인식과 적응성에 따라 달라질 것으로 예상된다. 4차 산업혁명 역시 기술적 가능성에 비해 실제 산업구조 및 가치사슬의 변화가 시차를 갖고 진행하겠지만 기존의 산업혁명에 비해 속도나 범위의 변화가 매우 급격할 것으로 보여 선제적 대응이 필요하다는 점을 시사한다. 따라서 지속적으로 진행되는 과정에서 한국의 제조업은 거대한 변화의 방향을 인식하고 이에 대한 전환역량(transformation capability)을 높이기 위한 준비를 해야 할 것이다. 4차 산업혁명이 진행되면서 새로운 비즈니스의 기회가 열리는 반면, 위험과 불확실성도 있을 것으로 예상되지만 4차 산업혁명이 시사하는 주요 의미는 기존의 방식에서 벗어나 대담한 일대 전환(great transformation)과 혁신적 발상의 전환이 필요하다는 것이다.

민간의 혁신역량을 높이는 국가전략 필요

4차 산업혁명이 인간노동의 기계·지능 대체가 진행되면서 기업의 가치와 사회적 책임은 더욱 커지고 글로벌 가치사슬, 물류 부문에서 큰 변화가 예상된다. 이에 따라 우리나라와 같이 교역 의존도가 높은 국가는 타격이 예상되므로 정부는 민간의 혁신역량을 높이는 것을 목표로 국가전략의 재편이 필요하다. 기존의 제조업과 산업정책에 대한 고정관념, 제조업과 서비스업이라는 이분법적 사고에서 벗어나 새로운 여건 변화에 신속한 대응이 가능한 역량을 제고하는 것이 필요하다. 4차 산업혁명에 의한 주요 산업의 변화와 신산업의 출현 과정에서 부품-소재-장비의 동시 확보 전략을 추진해야 한다. 4차 산업혁명에 의해 주요 산업에서 제품 포트폴리오와 생산방식이 변화할 것으로 예상되는데, 이에 관련된 핵심 소재·부품의 공급체제를 마련하지 못한다면 산업의 해외 의존도가 높아지게 된다. 예를 들면, 로봇의 생산과 활용을 위해서는 센서가 필요하며, 지능형 자동차의 확대를 위해서는 전장부품의 고도화와 아울러 정보보안이 필수적이다. OLED 및 디스플레이에서도 정밀 부품 및 소재혁신이 전제되어야 4차 산업혁명에 대응할 수 있다. 따라서 4차 산업혁명이 진행되면서 높은 성장세를 보일 것으로 예상되는 산업과 제품에 대하여 산업발전에 대한 로드맵을 검토하고 이를 구현하기 위한 정밀부품·핵심소재의 확보 전략을 마련해야 한다.

4차 산업혁명은 속도와 범위에서 유례없이 빠르게 진행할 것으로 예상되므로 진화가 아니라 혁명이라는 관점에 '과거로부터의 단절'이 필요하고 개방성과 융합성이 무엇보다 중요하다. 민간 부문은 기존의 혁신시스템을 유지하려는 것은 장애가될 가능성이 높으므로 혁신자적 관점에서 경쟁방식을 바꿔나가야 하며, 새로운 기업 거버넌스(governance)를 구축하는 것이 필요하다. 공공부문에서는 이해관계자 간 경쟁을 촉진하고 글로벌 역량을 갖춘 기업과 인력의 효율적 활용을 추진하는 것이 필요하다. 4차 산업혁명에 대응하는 정부의 역할은 R&D 투자도 중요하지만 창의와 혁신에 기반한 제도혁신과 투자환경을 조성해 주는 것이 중요하다. 기술 중심적 관점에서 수요 지향적 관점으로 전환하고, 경제시스템의 유연성을 높여 개방·융합·혁신을 통한 생태계 구축에 주력해야 한다. 산업정책의 기존 거버넌스가 유효하지 않게 되므로 기술성장 단계에 대응하는 기업정책으로의 전환이 모색되어야 하며, 예측가능성이 낮아지는 동시에 새로운 경쟁질서로 전환되고 있으므로 이에 대응하는 제도와 규제 시스템으로 변화해야 한다.

법·제도적 여건 개선을 통해 4차 산업혁명 전개 과정에서 생산요소의 이동성, 즉 금융·지식·노동시장의 탄력성을 제고해야 한다. 예를 들면, 빅데이터를 활용한 신산업 창출은 기술개발 미흡보다는 보건복지법, 개인정보법이 산업발전의 장애요인으로 지적되고 있으므로 정보보안 및 데이터 활용을 위한 플랫폼 구축이 보다 중요하다. 아울러 4차 산업혁명은 전반적으로 SW^(플랫폼), 정보보안과 안전성을 필수적으로 요구하고 있는데, 이를 위한 사회 인프라의 확충이 필요하다. 민간 혁신역량을 강화하기 위한 창업지원 활성화, 혁신시스템 인프라, 공공 R&D 확대도 4차 산업혁명시대에 발맞추어서 접근해야 하며, 4차 산업혁명에서 관건이 되는 일자리에 대하여 정부는 소멸하는 일자리에서 방출되는 인력과 새로운 일자리 출현에 적극적으로 대응해야 할 것이다. 아울러 초기에는 대기업, 제조업체를 중심으로 4차 산업혁명이 시작되고 있지만 점차 센싱, 컴퓨팅 용량 기술이 발전하면 진입비용이 낮아지면서 중소기업의 적용이 확대될 것으로 보인다. 그러나 이 과정에서 빅데이터의 활용과 플랫폼 참여에서 중소기업이 소외된다면 대기업-중소기업 간 양극화가 심화될 수도 있다. 따라서 4차 산업혁명의 핵심 기술의 활용에서 경제주체 간의 격차가 나타나지 않도록 공공부문의 역할, 즉 거버넌스^(governance)가 강조되어야 한다.

◎ 4차 산업혁명을 재도약의 기회로

품질과 가격경쟁력이 최우선의 가치였던 시대는 지났다. 소비자의 요구를 보다 정확하게 파악하고, 이 요구를 즉각적으로 제품에 반영하는 기업이 시장을 선도하고 있다. 방대한 데이터를 조작하는 IT 기업들은 제품 개발을 지휘하고 제조회사는 하청업체로 전락하는 시대도 현실로 다가오고 있다. 전문가들은 4차 산업혁명으로 촉발된 기술은 종전의 혁명과 비교되지 않을 정도로 빠르고 범위가 넓을 것이라고 주장한다. 왜냐하면 4차 산업혁명의 본질 자체가 '융합과 연결' 즉, 어느 분야에 특정되지 않고 끊임없이 새로운 가치를 창출해 내는 것이기 때문이다. 특히 4차 산업

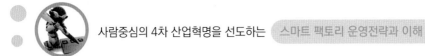
혁명으로 각국 산업은 '파괴적 기술'에 의해 대대적인 재편을 맞을 것이다. 인공지능, 자율주행자동차, 유전공학 등 기존의 시스템을 붕괴시키고 새로운 시스템을 만들어낼 정도의 위력을 가진 혁신이 우리에게 다가오고 있다.

문제는 산업혁명은 승자와 패자를 명확히 구분한다는 것이다. 1차 산업혁명은 영국을 '해가 지지 않는 나라'로 만들었고, 2~3차 산업혁명은 미국을 세계 최강의 패권국가로 변모시켰다. 4차 산업혁명은 3차 산업혁명의 연장선이다. 맥켄지 보고서에 따르면 "모바일 인터넷, 자동화, 사물인터넷, 무인차, 전지, 신소재 등 4차 혁명의 모든 부분에서 선진국들의 독점 현상이 지속될 것이며, 제조업이나 정보통신기술 인프라가 부족한 신흥국들은 상당히 고전할 것이다."라고 말했다.

4차 산업혁명의 물결 속에서 한국은 세계 최고의 제조업과 정보통신 인프라가 갖춰져 있음에도 다가오는 4차 산업혁명에서 뒤떨어져 있다. 여건은 마련돼 있지만 이들을 '융합, 연결'시키지 못하고 있는 것이다. 4차 산업혁명에 필수불가결한 사물인터넷, 빅데이터, 센서 등 핵심 기술과 기획설계 등 소프트 파워는 선진국 대비 취약한 수준이다. 스위스 금융그룹(UBS)에 따르면 4차 산업혁명 적응 순위에 한국을 25위, 나라별 제조업 혁신도 독일은 83%, 한국은 36% 수준이라고 했다.

반면 선진국들은 급변하는 산업 환경에서 다시 한 번 재도약의 기회를 가지기 위해 발 빠르게 대처를 하고 있다. 제조업이 강한 독일은 스마트, 디지털 공장으로 더욱 효율적이고 유연한 생산공정을 가능하게 하는 '21세기 초제조업 전략'을 추진하고 있다. 데이터 센터 역할을 담당하는 클라우드가 발달한 미국은 빅데이터를 활용한 클라우드 모델을, 로봇이 발전한 일본은 산업의 로봇화를 추진 중이다.

이런 4차 산업혁명의 흐름에 적극적으로 올라타면 승자가 될 수 있지만, 낙오하면 일자리를 다른 국가나 기업에 빼앗길 수밖에 없다. 재능과 기술을 가진 사람과 이를 적극적으로 발굴하고 창조하는 기업은 빠른 속도로 성장하지만, 그렇지 못한 개인과 기업은 도태될 것이다.

08 │ 4차 산업혁명의 핵심 스마트 팩토리와 생산시스템 자동화

18세기 후반에 시작된 기계의 발명과 기술의 혁신은 모든 산업 분야에 큰 변화를 가지고 왔다. 제1차, 2차, 3차 산업혁명의 특징은 자동화, 수직 계열화, 소품종 대량 생산, 대기업 중심의 제조라는 특징을 가지고 있다. 하지만 그 이후 일어나기 시작한 4차 산업혁명은 사물과 정보와 네트워크를 결합하는 혁명이라는 특징을 가지고 있다. 이는 소프트 파워를 통해 공장의 지능화가 가능해지면서 수직 계열화에서 수평 계열화의 특징을 가지고 있다. 또한 다품종 맞춤형 생산이 가능해지면서 기존의 많은 제품을 생산하는 대기업보다는 다품종 소량생산을 할 수 있는 중소기업의 중요성이 더 커지고 있다. 이는 자동화 공정으로 인해 노동력 부족 문제를 해결하고, 효율성과 생산성을 향상시켜 수익성을 유지할 수 있기에 가능해진 것이다. 앞으로 인간의 노동력을 대체하여 훨씬 많은 양의 작업이 신속, 정확한 생산공정의 자동화로 이루어지며 인간 삶의 질이 향상될 것이다.

🌐 생산공정의 자동화

4차 산업혁명시대에 대응하기 위해서는 고객의 다양한 요구나 갑작스러운 수요 변화 등에 대응 가능한 생산시스템이 필요하다. Industry 4.0에서 수직통합, 수평통합 이야기가 많이 나온다. 그래서 IT 관점에서 순수하게 수직통합을 이미지로 만들어보면 제품에 내장된 스마트칩의 내용을 근간으로 공정을 자율적으로 선택을 하고, 로봇이 자율적으로 판단하면서 서로 실시간 통신을 하고, 기계가 하기 어려운 부분은 로봇이 협업(collaboration)함으로써 모든 과정의 품질관리가 가능한 모습이다. 사물인터넷(IoT ; Internet of Things)과 가상물리시스템(CPS ; Cyber Physical System)의 역할이 의미 있게 하는 근간이 되고, 빅데이터가 이러한 기술에 매칭이 된다. 또한 비용, 납기와 효율성, 생산성, 유연성과 같이 생산 목표의 최적화가 가능한 동시에 제품 생산 데이터 수집 또한 가능해진다. 이것을 가능하게 하는 핵심 기술이 위에서 말한 IoT와

313

CPS 기술이다. 이러한 제조시설의 자동화는 공·유압 기기, 수치제어 공작기계, 자동 조립기, 산업용 로봇 등의 전자기계와 제품 생산을 위한 소프트웨어를 결합하여 소재나 부품의 이동, 저장, 가공, 검사 등과 같은 생산공정을 자동화시킨 시스템을 구축하고 있다. 작업의 반복에 있어서 기계설비는 인간의 작업보다 훨씬 많은 양의 작업을 수행할 수 있다.

또한 인간의 작업에 비해 보다 정확하고 효율적으로 작업을 수행한다. 기존의 작업에서 찾아보면 대량의 제품을 생산하는 시스템에서는 생산공정을 자동화하여 생산능률의 향상과 비용의 절감을 도모하는 것을 볼 수 있다. 현재는 소비자가 가장 추구하는 다품종 소량생산을 하기 위해 공장은 노동력 부족을 해소하고 품질개선, 비용을 줄이기 위해 생산공정의 자동화를 추진하고 있는 추세이다. 다른 나라와 다르게 한국의 경우 작업능률 향상뿐 아니라 인원감소 또한 중요한 도입 목적을 가지고 있다. 이는 인건비의 상승과 생산성 저하, 노사 간의 갈등문제 등으로 이를 해결하기 위한 하나의 방법으로 자동화를 도입하기도 한다.

생산시스템의 고정 자동화와 유연 자동화

'고정 자동화(fixed automation)'는 한정된 제품이나 부품을 대상으로 고정된 순서로 작업을 행하는 전형적인 오토메이션이다. 이는 수요량이 많고 수명주기가 긴 표준화된 제품을 대량생산하는 공장에서 고려되는 자동화의 유형이다. 이는 자동차 공장의 트랜스퍼 머신(transfer machine)을 주축으로 하는 이른바 기계공업 오토메이션(mechanical automation)을 비롯하여 정유공장이나 일부 화학공장의 장치산업 오토메이션에서 볼 수 있다.

'유연 자동화(flexible or programmable automation)'는 다양한 제품을 소량(중량)생산하는 공장에서 제품 종류가 바뀔 때마다 명령 프로그램을 변경하여 자동으로 생산하는 시스템이다. 이는 프로그램 변경이 가능한 로직 컨트롤러(PLC ; Programable Logic Control)를 장착한 머시닝센터나 NC공작기계에서 발전된 자동화의 유형으로 다품종 소량생산 기업이나 중소기업에서 선호하고 있다.

생산시스템 자동화의 주요 기술과 요소

- IoT(Internet of Things) : 사물인터넷(IoT)은 사람·기기·공간 데이터 등 모든 것이 네트워크로 연결되어 사람과 사물뿐만 아니라 사물과 사물 사이에서도 데이터를 교환할 수 있는 기능을 보유하고 언제 어디서나 상호 소통할 수 있는 생태계를 말하는 것으로, 산업혁명과 정보화혁명 이후에 도래가 예상되는 초연결혁명 시대에서의 초연결 인터넷을 말하는 것이다. IoT 기술은 이러한 초연결 인터넷을 구축하고 인간에게 서비스가 제공될 생태계를 구성하는 새로운 혁신 기술이다.

- CPS(Cyber Physical System) : 인공지능은 센싱이나 데이터를 받아 여러 가지 알고리즘을 이용해서 실제로 어떤 행위를 하는 과정을 거치게 된다. 인공지능 자체로는 큰 의미가 없지만 빅데이터를 만나면 의미를 가진다. 차량을 주행하면서 도로 표지판의 제한 속도를 확인하는 영상 인식 분야나 자동차 성향을 파악하거나 자율주행에 인공지능 기술을 많이 활용하고 있다. 이런 설비는 하드웨어 플랫폼이 뒷받침되어야 한다. 그런 다음 업무와 공장을 통합하는 소프트웨어 플랫폼이 있어야 된다. Industry 4.0을 접할 때만 해도 이런 기술에 대한 현장의 인지도가 낮았지만 최근 급속히 가까워졌고 시장에서도 생각보다 많이 그리고 빠르게 실현되고 있다.

- 산업용 로봇(Industrial Robot) : 산업용 로봇은 1954년에 디볼(George Devol)이 단순한 동작(pick and place)을 행하는 로봇의 설계를 미국연방정부 특허청에 신청함으로써 처음 소개되었다. 산업용 로봇은 여러 가지 작업을 수행하기 위하여 다양하게 프로그램화된 동작을 통하여 자재, 공구 또는 특정장치로 옮길 수 있도록 설계되었으며 동작 프로그램을 변경할 수도 있는 다기능 머니퓰레이터(manipulator)이다. 머니퓰레이터(manipulator)란 인간의 손이나 팔의 기능(대상물을 공간적으로 옮기는 기능)을 갖춘 기구로서 어깨회전, 팔꿈치 펴기, 팔회전, 손목의 아래위 젖히기(pitch), 좌우이동(yaw), 회전(roll)의 기본동작을 수행한다.

즉, 상지(上肢)와 유사한 기능을 보유하고, 그 선단부위에 해당하는 기계 손 (mechanical hand) 등에 의해 물체를 파악, 흡착, 유지하는 것들을 말한다. 즉, 공간적 으로 이동시키는 작업 또는 그 선단부위에 부착된 도장용 스프레이 건(spray gun), 용접 토치 등의 공구에 의한 도장, 용접 등의 작업을 실시할 수 있는 것을 말한 다. '인간의 상지와 유사한 것'이란 팔(arm)에 손(hand)이 붙어있는 것을 말하지만, 손이 없고 직접 암에 공구가 부착되어 있는 것, 손에 공구를 파지(把持)해서 작업 을 실시하는 것과 같기 때문에 이것도 인간의 상지와 유사한 것으로 취급한다. 산업용 로봇의 핵심요소는 작업을 수행하는 머니퓰레이터(manipulator)와 이의 작업 동작을 사전에 마련된 동작 프로그램으로 지시하고 통제하는 제어시스템(control system)이다.

- 군분류 기술(GT, Group Technology) : 소련의 미트로파노브(S.P. Mitropanov)와 서독의 오핏 츠(H. Opitz)에 의해서 각각 발전된 그룹 테크놀로지(GT ; Group Technology)는 다품종소 량 생산에서 유사한 가공물들을 집약, 가공할 수 있도록 부품설계, 작업표준, 가 공 등을 계통적으로 행하여 생산효율을 높이는 기법으로서 집단가공법 또는 유 사부품가공법(part family production method)이다.

- 컴퓨터 원용 설계(CAD ; Computer-Aided Design) : CAD(Computer Aided Design)란 컴퓨터를 이 용해서 설계를 자동으로 행하는 시스템으로, 가령 제품 특성에 관한 수치(시방)를 컴퓨터에 입력하면 이에 따라 적절한 정보 내지 설계가 제시되는 시스템이다. 전형적인 CAD 시스템은 디지털 컴퓨터에 연결된 1대 이상의 단말기로 구성된 다. CAD의 특성은 컴퓨터 지원에 의한 설계의 자동화를 비롯하여 설계 데이터 의 공용성 그리고 시각화의 유연성이라 할 수 있다. CAD에서 많이 이용되는 분 야는 패턴설계로서 키보드나 라이트 펜을 사용해서 CRT(Cathod Ray Tube, 음극선관)상 에 설계모색을 하는 컴퓨터 그래픽이 중심이 된다.

- 컴퓨터원용 공정계획(CAPP ; Computer-Aided Process Planning) : 컴퓨터지원공정계획은 컴퓨터지원설계(CAD), 컴퓨터지원제조(CAM)와 마찬가지로 전통적으로 사람이 해오던 공정계획을 컴퓨터의 발달과 더불어 이를 이용하여 좀 더 빠르고 정확하게 공정계획을 세우고자 하는 학문 또는 기술이다. CAPP에 주로 사용되는 알고리즘은 최적화 알고리즘으로, 비용이나 시간 또는 둘을 동시에 최소화하면서 공정계획을 세운다.

- 유연생산시스템(FMS ; Flexible Manufacturing Systems) : FMS는 다양한 제품생산을 자동으로 행하는 유연 자동화(flexible automation)의 개념에 의해서 여러 가지의 자동생산기술과 생산관리기술을 종합한 유연성이 높은 생산시스템의 일종으로 '유연생산시스템'으로도 불린다. FMS는 여러 대의 공작기계와 산업용 로봇, 가공물의 자동착탈 장치, 자동팰릿교환 장치, 자동공구교환 장치, 무인운반차(AGVs ; Automatic Guided Vehicles), 자동창고시스템(AS/RS) 등의 자동생산기술과 이들을 종합적으로 관리하고 제어하는 컴퓨터와 소프트웨어 등의 생산관리기술을 하나의 생산시스템으로 종합한 자동생산시스템이다. 전통적인 생산방식과 비교해서 FMS는 노동력 절감이 월등하며 상대적으로 작업속도가 빠르고 품질수준 또한 높다.

- 인공지능(AI ; Artificial Intelligence) 및 전문가시스템(Expert Systems) : 알파고를 통해 인공지능이 전 세계의 관심을 끌게 되었다. 인공지능(AI)은 오랜 침체기를 거쳐 클라우드 컴퓨팅 환경의 급속한 발전과 빅데이터가 뒷받침되어 딥러닝이 구현되는 극적인 돌파구가 열리면서 전환기를 맞았다. 이제 인공지능(AI)은 4차 산업혁명의 핵심 요소로 떠올랐다. 1970년대에 가장 중요한 인공지능 발전은 지능형 기계에 대한 문제 영역을 충분히 제한해야 한다는 사실을 깨달았다는 것이다. 종전에는 문제해결을 위해 약한 방법을 적용했지만, 전문지식이 필요한 전형적인 영역으로 문제를 제한하고 큰 추론 단계로 해결해야 실용적인 결과를 얻을 수 있다는 것을 깨달은 것이다. '전문가시스템(expert systems)'은 특정 분야의 전문가의 의

317

견을 컴퓨터 프로그램에 추가하여 그 프로그램을 인간 전문가 수준으로 만드는 것을 목표로 했다. 1972년에 시작한 의학 진단 프로그램인 마이신(MYCIN)은 관련 분야에서 인간 전문가와 동일한 수준으로 수행할 수 있었고, 경험이 부족한 의사보다 오히려 수준이 높았다. 1986년의 한 조사서에서는 화학, 전자공학, 공학, 지리학, 경영, 의학, 공정 제어, 군사 과학 등의 서로 다른 분야에서 전문가시스템을 성공적으로 응용했던 사례를 많이 담았다. 이들 중에서 대부분의 응용 사례는 의학 진단 분야였다. 그러나 전문가시스템은 아래와 같은 난관에 부딪혔다.

· 전문가시스템의 사용은 매우 한정된 전문적 기술 분야로 제한된다. 환자가 한 가지 이상의 병에 걸리면 MYCIN은 믿을 수 없게 된다.

· 전문가시스템은 제한적으로만 설명할 수 있다. 해에 도달하기 위해 적용했던 일련의 규칙을 보여줄 수는 있지만, 누적된 휴리스틱 지식을 사용하여 문제 영역을 더 자세히 이해하게 할 수는 없다.

· 전문가시스템은 자신의 경험을 통해 배울 수 있는 능력, 즉 기계학습능력이 없었다. 전문가시스템은 개별적으로 구축되고, 개발 속도도 느리다.

● 컴퓨터 통합 생산(CIM ; Computer Integrated Manufacturing) : 컴퓨터 통합 생산은 철저한 고객지향에 기반을 두고 제조업의 비즈니스 속도와 유연성 향상을 목표로 삼아, 생산 · 판매 · 기술 등 각 업무기능의 낭비와 정체를 제거하고 업무 자체의 단순화 · 표준화를 위해 컴퓨터 네트워크로 통합하는 것을 말한다. 제조업에서 전략적 정보시스템(SIS)은 CIM과 동일한 개념으로 통한다. CIM 적용범위는 최근 생산, 판매 뿐만 아니라 기술, 생산의 일체화까지도 추구하고 있다. CIM은 동시병행설계의 개념을 바탕으로 프로세스를 정립, 상품의 개발 리드타임을 단축하고 원류관리도 효율적으로 함으로써 품질 개선에도 크게 기여하고 있다. 이밖에 고객만족의 경영목표를 달성함은 물론 시장점유율 확대에도 도움을 주고 있다. CIM의 성패는 분명한 목적의 설정 여부, 현장 · 현실 · 현물 등 3현주의(現主義)에 입각한 공감대 형성 여부에 달려 있다.

4차 산업혁명의 핵심인 스마트 팩토리는 단순히 인력감소를 통한 원가절감의 수단으로만 생각하는 잘못된 인식에서 생산자동화를 추진하는 경우에는 실패할 가능성이 높다. 자동화는 바로 인간을 존중하는 정신에서 출발하여야 하며, 종업원을 힘들고 위험한 작업으로부터 편하고 효율적으로 작업할 수 있게 하여 부가가치를 높이는 방향으로 추진되어야 한다. 즉, 생산자동화가 전략적이고 인간 중심이 될 때 기업의 생산공장은 비로소 원가절감의 장소에서 벗어나 혁신의 원천이 될 수 있는 것이다. 생산자동화의 효과는 자동화의 도입목적과도 연결되는 것으로 지금까지의 연구들을 보면 생산성 향상, 품질 향상, 유연성 향상, 재고 감소, 생산 리드타임의 단축, 생산능력의 확대 등을 주요 효과로 제시하고 있다. 그리고 이러한 효과에 대한 계량적 지표에 의해 생산자동화의 성과를 측정하고 있다. 그러나 자동화의 효과는 단순히 계량적 척도에 의해서만 측정될 수 있는 것은 아니며, 특히 자동화를 추진하기 위해 경제성을 검토할 때 이들 척도만을 사용하는 것은 잘못된 의사결정을 초래할 수도 있다. 생산자동화의 효과를 측정하기 위해서는 계량적으로 표시될 수 있는 기술적 성과뿐 아니라 수치로 나타낼 수는 없으나 자동화 도입을 통해 획득한 정성적인 성과까지도 고려하여야 한다. 여기에는 기업이미지 제고와 신뢰도 향상 등과 같은 외부적 성과도 있을 수 있으며 부서 간, 계층 간 정보전달의 원활성, 새로운 기술을 받아들이고 소화할 수 있는 내부능력의 향상, 전 직원의 공감대 형성을 통한 새로운 조직문화 구축, 생산직 사원의 근무의욕 고취 등 내부적 성과도 있다. 이러한 정성적 성과 혹은 조직 차원의 성과를 계량화하기는 힘들지만 생산자동화를 추진하는 과정에서 반드시 고려되어야 할 요인들이다.

09 | 4차 산업혁명과 스마트 팩토리 현장 리포트(field report)

고객관리(CRM)의 혁신, 디즈니랜드

디즈니랜드는 1955년 디즈니사의 월트 디즈니가 미국 LA에서 처음 개장한 이후, 2005년에 홍콩에 세계 11번째의 디즈니랜드를 개장하며 테마파크의 상징성의 위엄을 더욱 공고히 해나가고 있다. 디즈니랜드는 디즈니의 캐릭터들을 중심으로 꾸민 테마파크로 고객들에게 놀이기구, 식사, 엔터테인먼트 등 신비롭고 다채로운 경험을 제공하며 'Fun Family Entertainment'의 가치를 전달하기 위해 노력하고 있다.

테마파크는 역사적으로 고객에 대한 종합적 관리와 대기시간 축소를 위해 노력해 왔다. 디즈니랜드는 이를 위해 1999년에 Fast Pass 제도를 도입했다. Fast Pass를 구매한 고객들은 대기시간 없이 놀이기구를 즐길 수 있고, 주차 티켓을 Fast Pass와 연계해서 함께 구매할 수 있게 되었다. 그러나 대다수의 고객 입장에서는 그전과의 차이를 거의 실감하지 못하는 한계를 드러냈다. 이후 보다 원천적인 해결의 활로를 디즈니랜드는 모바일앱 개발에서 찾고자 했고, 2014년에 'MyMagic+'를 출시하였다. 'Virtual Line System'으로 실제 놀이기구 앞에 줄을 서는 것이 아니라 앱으로 예약을 하고 줄을 설 수 있다. 또한 디즈니랜드는 모바일 앱을 이용하여 바코드로 현재의 티켓들을 일정 부분 대체하고 있다. GPS 연동 통합 지도 서비스로 최단거리 목적지에 갈 수 있는 방법을 제시해주고 놀이기구의 대기시간, 퍼레이드 및 불꽃놀이 등의 시간, 디즈니 캐릭터들의 현 위치를 알려준다. 주문 및 구매 서비스로 디즈니랜드 내의 음식점 메뉴를 볼 수 있고, 예약과 주문이 가능하다. 또한 디즈니랜드 관련 상품의 구매 및 상품 정보를 확인할 수 있는 기능을 제공한다.

여행계획 종합 서비스로 입장권, Fast Pass의 구매가 가능하며 여행계획 및 일정표를 작성하고 친구, 가족과 공유할 수 있다. 또한 주변 호텔과의 연동으로 예약, 체크인, 체크아웃이 가능하고 출입키로도 사용할 수 있다. 디즈니랜드의 사진기사인 Disney Photo Pass와 연동, 아이폰의 Touch ID로 로그인하여 자신의 사진을 다운 로드, 편집 등이 가능하다. MyMagic+를 중심으로 하는 디즈니랜드의 앱 플랫폼은 'Customer Journey Map'의 모든 영역에 개입하여 'Disney Experience'를 더욱 효과적으로 전달할 수 있다. 다시 말해, 티켓 구매-테마파크 경험-숙박까지 이어지는 고객의 여정을 따라가면서 앱이 고객의 니즈를 충족시켜 준다. 고객의 요구와 불편 사항을 해결하고 리드타임을 감소시키므로 재방문율 상승과 고객 만족도의 향상의 효과가 있다. 또한 앱을 통해 고객의 이용정보를 수집할 수 있으며, 축적된 정보는 이후 고객맞춤형 마케팅과 개인에 특화된 경험을 제공할 수 있는 기반이 된다.

제품 개발의 혁신, 아마존 고(Amazon Go)

미국의 IT 매체 '복스'는 "구글은 온라인 서비스에 특화되어 있으며 애플은 하드웨어 부분에서 강세다"라며 "하지만 아마존은 작은 회사들의 기업가 문화와 대형 회사의 재정 자원이 결합되어 커다란 하나를 이루며 탄생했다. 그들의 방식이 다른 회사들이 겪을 수 있는 다양한 문제들을 피해 성공할 수 있게 이끌었다."고 평가하기도 했다. 아마존닷컴(Amazon.com)은 1995년 세계 최초의 온라인 서점으로 설립되어, 현재는 전 세계 13개국에서 아마존 웹사이트를 통해 전자상거래 서비스를 제공하고 있는 온라인 커머스 회사이다. 현재는 서적을 넘어 음반, 비디오나 생활용품까지 취급하는 온라인 소매점 그리고 E-Book 전용 단말기인 Kindle을 비롯한 디지털 하드웨어를 생산, 판매하기까지 이르렀다. 이러한 아마존닷컴의 성장을 가능하게 한 요인으로는 광범위한 DB 구축을 통한 비용절감, 다양하고 차별화된 고객 서비스 시스템 구축, 비즈니스 모델의 지속적인 변화 등이 있다. 아마존 고(Amazon Go)는 "소비자가 물건을 고른 후 매장에서 계산을 할 필요가 없다."는 것을 전제로 하는 무인점포이다. 소비자는 아마존 고 앱에 로그인을 함으로써 매장에 입장하고, 별도의 계산 과정 없이 퇴장한 이후 자동으로 아마존 고객 계좌에 금액이 청구된다.

'Just Walk Out Shopping'이라는 아마존 고는 컴퓨터 시각화와 센서 퓨전 그리고 딥 러닝 등의 인공지능 기술을 통합한 저스트 워크아웃 기술(Just Walk Out technology)을 통해 구현되었다. 사용된 기술들은 자율주행차와 같은 원리를 사용했는데, 첫 번째로

컴퓨터 시각화(computer vision)를 통해 컴퓨터가 수집한 시각적 데이터를 기반으로 알고리즘을 형성한다. 매장 내에 비치된 카메라를 통해 고객을 식별하고 상품의 위치나 근접성을 확인할 수 있다. 두 번째 기술인 센서 퓨전(sensor fusion)은 무게 및 모션 등 다양한 감각적 데이터를 통합한 것인데, 컴퓨터 시각화와 함께 활용되어 고객이 물건을 집거나 내려놓았음을 확인하는 데 쓰인다. 이를 통해 고객이 상품을 집어 들었다가 내려놓았을 때 혹은 내려놓았다가 다시 집어 들었을 때의 경우를 오류 없이 인식할 수 있게 된다.

마지막으로 아마존 고는 앞선 두 기술을 통해 축적한 데이터를 기반으로 딥러닝(deep learning) 기술을 활용해 소비자의 구매 패턴을 학습하고 미래의 소비에 대한 추측까지 이끌어낸다. 더 나아가 소비자에게 제품과 서비스를 맞춤으로 제공할 수 있다. 대기시간 소멸로 월마트와 같은 기존 대형마트의 경우 고객들이 물건을 구매하고 계산대에서 소비하는 시간은 필수적이다. 미국의 전 도시의 경우 워싱턴 D.C.는 평균적으로 8분 23초의 대기시간을 필요로 했다. 한편, 아마존 고의 경우 계산을 위한 대기시간은 없다. 또한 인건비 감소로 시애틀에 있는 아마존 고 매장은 약 200명의 직원이 일할 수 있는 규모이다. 하지만 회사가 업무를 위해 고용한 직원은 10명이다. 아마존 고와 같은 서비스 혁신을 통해 아마존닷컴은 인건비를 줄이고 물리적 쇼핑 경험에서 불필요한 인간관계를 제거할 수 있게 되었다. 아마존은 전자책 시장에서 출발해 문어발 확장을 거듭하며 현재에 이르렀다. 2000년대 초반 닷컴버블 공포에 휘말려 주가가 폭락하는 등 '죽을 날만 받아놨다'는 비아냥이 한때 업계를 휘감았으나 지금 아마존을 가볍게 보는 이들은 거의 없다.

아마존은 어떤 기업일까? 전자상거래 기업이지만 클라우드 ICT 회사이며 심지어 가전기기 판매업체다. 방대한 정보를 바탕으로 이용자들을 하나의 생태계로 몰아 빠져나올 수 없는 플랫폼을 구축하는 회사. 그 안에서 A부터 Z까지 제공하는 괴물이라는 것이 업계의 평가다. 아마존의 로고가 정해지는 순간 결정된 운명이다.

아마존의 조직문화는 '성공을 위한 질주'다. 2002년 제프 베조스가 사내에 '두 개의 피자 팀(Two-Pizza Teams)'이라는 개념을 도입한 것이 단적인 사례다. 피자 두 개를 먹을 수 있는 10명 수준의 팀을 꾸려 자유롭게 사업을 전개하라는 뜻이지만, 그 의지에는 분명한 책임이 따라왔다. 성과 달성 여부는 '적합성 함수(Fitness Functions)'라는 명확한 실측으로 평가했기 때문이다. 아마존은 100번의 시도 중 90번을 실패해도, 큰 줄기로 보면 단 한 번도 틀리지 않았다. 그 중심에서 독단적인 CEO의 행동은 종종 문제가 되기도 했다. 이러한 조직문화를 토대로 아마존은 차근차근 전사적인 행보를 이어갔다. 핵심은 전자상거래와 IT적 측면에서 시작됐다.

현재 아마존은 세계 최대 전자상거래 업체를 운영하며 미국 시장 점유율 43%를 장악하고 있다. 막대한 이용자의 데이터와 판매자의 콘텐츠가 이동하며 거대한 장터가 형성되어 있다는 뜻이다. 아마존을 이해하려면 여기에서 시작해야 한다. 바로 빅데이터와 내부 플랫폼을 휘감는 강력한 콘텐츠 파워. 그 자체로 아마존 월드의 시작이기 때문이다. 실제로 아마존은 실질적인 '돈'이 움직이는 전자상거래 플랫폼을 장악한 상태에서 취급품의 범위를 전자책에서 '생활 전반에 필요한 모든 것'으로 확장했다. 최근에는 인도 시장 진출을 타진하는 등 외연 자체를 크게 늘리고 있다.

인간과 교감하는 '키로보 미니'

자동차 회사인 도요타가 커뮤니케이션 로봇 '키로보 미니(KIROBO MINI)'를 개발하여 판매하고 있다. 크기는 10cm의 아주 작은 사이즈로 집이나 차안에 놓고 간단한 대화를 주고받을 수 있도록 되어있으며, 고개를 흔들거나 발을 동동거리는 사랑스러운 행동으로 사람의 마음을 움직이는 존재로 커뮤니케이션 파트너 로봇이라는 새로운 역할을 수행한다. 단순히 입력된 대화만 하는 것이 아니라 대화를 하면 할수록 능숙해지고, 몸짓도 다양해지면서 성장하는 방식이다. 예를 들면, 주인이 음식이야기를 하면 다음 대화할 때는 이전에 대화했던 내용까지 활용하여 대화한다. 몸 안에 내장된 카메라는 사람의 희노애락 표정을 감지해 적당한 말을 건네기도 한다. 도요타는 키로보 미니를 사람과 기계를 연결해주는 커뮤니케이션 인터페이스로 활용할 예정이다.

⊙ 키로보 미니의 대화 모습

자료 참조 : 드라이브 파트너 로봇-도요타 키로보 미니(미래채널 MyF, 2015.)

🧿 운전자와 교감하는 자율주행자동차 '뉴 브이(Neu V)'

혼다 자동차는 2017년 CES에서 인공지능 기술을 적용한 자율주행자동차 Neu V를 공개했다. Neu V는 '감정엔진(emotion engine)'을 탑재한 컨셉트카이다. Neu V에 탑재된 인공지능(AI)을 통하여 운전자가 좋아하는 것과 싫어하는 것을 구분하여 운전자가 방문했던 커피숍과 같은 장소 등을 기억한다.

⊙ 혼다 콘셉트 '뉴브이' 모습　　⊙ 사용자 기분전환을 위한
　　　　　　　　　　　　　　　　　　음악 플레이 서비스 사례

자료 참조 : CES 2017, 혼다의 감정인식 자율주행 전기차(아이뉴스24, 2017.)

운전자의 심장박동수를 모니터링하거나 안면인식을 통해 스트레스 지수를 측정할 수 있다. 그에 따라 운전자에게 휴식을 권하기도 하고, 때로는 운전자가 좋아할 만한 장소로 데려다 주기도 한다. 때로는 운전자의 기분을 파악하여 어울리는 음악을 선곡하기도 하고 운전습관을 기억하여 도움을 주기도 한다.

👁 면접보는 로봇 마틸다와 일본의 AI를 통한 면접 진행

호주 라트로브대학의 라지브 코슬라 교수 연구팀은 면접보는 로봇 마틸다(Matilda)를 개발하였다. 마틸다는 25분 동안 최대 76개 질문을 구직자에게 질문하여 지원자의 표정과 말투를 분석해 인터뷰 내용을 기록한다. 아직까지 마틸다는 1차 면접에서 스크리닝(screening)하여 다수 후보군을 가려내는 데 적합한 수준이라고 한다.

일본의 채용컨설팅 기업 '재능과 평가'는 통신전자기기 회사인 NEC와 협력해 인공지능(AI) 면접관을 개발하였다. 구직자가 인공지능(AI)과 면접을 하려면 ① 입사를 희망하는 기업에 이력서를 등록한 뒤 ② 메일로 발송되는 웹 주소에서 스마트폰 앱을 내려받아 설치, ③ 스마트폰 카메라와 마이크, 스피커를 통해 면접 진행하고, ④ 이때 구직자의 모습과 답변, 행동 등이 인공지능(AI)에 전송된다. 1명당 최대 90분간 면접 진행이 가능하여, 구직자의 다양한 면모를 파악할 수 있다. 면접 시 발생하는 성희롱과 차별, 개인적인 감정 등의 문제점이 발생하지 않는 것이 장점이다. 또한 시·공간 제약이 없어 지방에 사는 구직자에게 도움이 된다.

자료 참조 : 日 AI 면접관 "구직자의 공정한 평가 기대"(세계일보, 2017.)

로봇과 인공지능(AI)이 일자리를 창출

중국의 인공지능 로봇 자오이(Xiaoyi)가 2017년 11월 국립의료 라이선스 시험을 통과했다. 이 시험에 통과한 최초의 인공지능 로봇으로 기록될 자오이는 커트라인 보다 96점이나 높은 456점으로 합격했다. 중국의 AI 기업 아이플라이텍(iFlytek)이 개발한 이 로봇은 환자 정보를 수집하고 분석하도록 설계됐다. 이번 시험 통과로 자오이가 의사 면허를 가지기 위한 의학적 노하우가 충분함이 입증됐다. 중국 신문 차이나 데일리는 "자오이의 시험 통과는 의료 및 가전제품을 포함한 여러 산업 분야에서 AI 통합을 추진하려는 국가의 노력의 일부"라고 평하고 있다. 아이플라이텍 측은 "자오이가 미래에 의사들을 보조할 계획이지 의사를 대신할 것은 아니다"라고 밝히며 2018년에 공식적으로 출시할 것임을 분명히 했다. 이미 전 세계 의료계에는 미국 IBM이 개발한 인공지능 왓슨이 한몫을 하고 있는데, 앞으로 자오이 같은 중국의 인공지능 로봇이 끊임없이 도전장을 내밀 것으로 보인다. 중국은 2030년을 내다보고 AI 개발의 선두주자가 되기 위해 국가적 역량을 모으고 있다. 또한 2018년 1월 영국 '마이클 페이지' 조사 결과 인공지능과 로봇의 발전으로 중국에서 더 많은 일자리가 만들어질 것이라는 전망이 제기됐다. 영국의 리크루트 기업 '마이클 페이지(Michael Page)'가 중국의 제조, 판매, 마케팅, 재무 및 회계 업계 종사자 1,026명을 대상으로 조사한 바에 따르면 응답자의 84%가 로봇의 존재에 대해 걱정하지 않는다고 답했으며, 58%는 로봇과 인공지능(AI)이 오히려 노동시장에 더 많은 기회를 제공할 것이라고 내다봤다. 인간이 취업시장에서 밀려날 것이라는 응답은 18%에 불과했다. 응답자의 절반(48%)은 이와 같은 변화가 5~10년 내에 일어날 것이라고 내다봤다. 마이클 페이지 차이나의 전무인 피터 스미스(Peter Smith)는 "사람들이 기술을 두려워하기보다는 기술 발전으로 보다 혁신적인 일자리를 구할 것이라는 기대를 하고 있다"며 "특히 이러한 시각은 자율주행차와 같은 발명과 개발에 더 많은 고숙련자들이 필요한 첨단 기술 프로젝트에서 더 많이 나타나고 있다."고 전했다. 또 "로봇과 인공지능(AI)의 채택은 다양한 산업 분야의 업그레이드를 의미한다"며 "사람들이 더 많은 여유와 여가시간을 가질 수 있기 때문에 서비스 및 라이프스타일 산업에서 고용이 늘어나는 효과를 가져다 줄 것"이라고 덧붙였다. 스미스는 그러나 로봇과 인공지능 기술이 단순 반복적이거나 초급 수준의 직업에 부정적인 영향을 미칠 것이라고 인정했다. 가령 접수 업무, 초급 회계 및 뱅킹 업무, 홍보 분야는 위협받을 가능성이 크다는 지적이다. 즉, 일자리 기회 증가는 창조적이고 기술적인 영역에 국한된다는 것이다. 마이클 페이지 차이나의 알렉스 구(Alex Gu) 디렉터는 "로봇이나 인공지능으로 나타날 수 있는 일자리 위기를 직원들에게 내세우기에는 아직 시기상조"라며 "현재 대부분의 로봇은 직업 시장에서 단순한 보완재 역할을 하고 있으며 전체 직업 지형을 바꾸는 데는 몇 년이 더 걸릴 것"이라고 말했다. 글로벌 컨설팅 업체인 롤랜드 버거(Roland Berger)는 인공지능이 2030년까지 인터넷, 자동차, 소매, 금융 및 의학 분야에서 중국에 10조 위안(1,683조원)의 부가가치를 안겨줄 것이라고 전망했다. 그리고 "5년 이상의 경력을 갖고 있는 구직자는 중국에서 거의 찾기 힘들기 때문에 인공지능이 일찍 시작된 미국, 일본, 인도, 이스라엘에서 인력을 수급해오고 있다."며 "시간이 지나면 기업들이 자체 연구와 교육을 통해 현업에 투입할 수 있게 될 것"이라고 말했다. 한편 중국 정부는 2016년 7월 13차 5개년 계획(2016~2020)의 국가 기술혁신 청사진에서 로봇과 인공지능(AI) 연구개발을 위한 선도적인 기술로 설정하고 2030년까지 인공지능(AI) 이론, 기술 및 응용 측면에서 세계 시장을 주도할 것이라고 밝힌 바 있다.

샌프란시스코의 제인 킴 행정의원은 2017년 9월 '일자리 미래 기금(JFF)'을 설립해 로봇세 도입을 주 의회에 요청했다. 로봇세는 자동화 설비를 이용해 근로자들의 일자리를 뺏는 회사들에 세금을 부과하는 것을 골자로 한다. 이를 통해 거둔 세금은 근로자의 이직과 직업 훈련 등에 쓰고 기본소득의 재원으로도 이용할 수 있다. 다시 말해, 로봇세는 실직자들을 위한 일종의 '안전장치'인 것이다. 제인 킴은 실리콘밸리를 중심으로 기술 산업계의 리더들과 여러 노동단체, 정책 담당자와 의견을 주고받으며 로봇세 도입에 앞장서고 있다. 그는 향후 미국 내 직업의 절반이 로봇이나 소프트웨어에 대체될 것이라고 전망한다. 마이크로소프트(MS)의 창업자 빌 게이츠도 로봇세의 필요성을 강조했다. 빌 게이츠는 지난 2017년 2월 "현재 공장에서 5만 달러 이상 벌며 일하고 있는 인간 노동자에게는 소득세, 사회보장세 등 각종 세금이 부과되고 있다."며 "이들과 같은 노동을 하는 로봇에게도 비슷한 수준의 과세를 해야 한다."고 주장했다. 일론 머스크 테슬라 CEO와 마크 저커버그 페이스북 창업자도 로봇세 도입에 긍정적인 입장이다. 이들은 로봇세를 통해 근로자들에게 보편적인 기본소득을 보장할 수 있다고 말했다. 한편, 미국 내 로봇 제조업체들은 이러한 움직임에 크게 반발하고 있다. 자동화 사업을 하는 스위스 ABB 그룹은 "로봇에 세금을 매기기보다 그로부터 생산되는 결과물들에 세금을 매겨야 한다."며 로봇세를 비판했다. 미국 상무부의 윌버 로스 장관도 "로봇세는 자동화를 통해 더욱 효율적인 노동을 선택하려는 기업을 억지로 제지하는 행위"라며 부정적인 반응을 보였다.

쇼핑몰에 시큐리티 가드 대신 시큐리티 로봇이 돌아다니고 로봇이 만든 피자나 카푸치노를 맛볼 수 있는 시대를 맞이한 가운데 샌프란시스코에서 사람의 일을 대체하는 로봇을 제조해 사람들의 일자리를 앗아가는 회사들에게 세금을 물리는 방안을 고려 중인 것으로 알려졌다. 이 방안을 주도하고 있는 제인 킴 샌프란시스코 시의원은 "날이 갈수록 자동화되어 가는 일자리들이 늘어가는 가운데 사람들이 어떻게 돈을 벌어 살아가야 할지를 생각해야 할 때"라고 말하고 "전문가들과 심도 있는 연구를 한 끝에 주의회에서 혹은 유권자들이 이와 같은 세금부과안을 통과시키도록 캠페인을 벌일 계획"이라고 밝혔다. 킴 시의원은 "자동화가 나쁜 것은 절대 아니지만 자동화는 부자가 더 부자가 되게 한다."면서 "지금부터 준비를 하지 않으면 소득 불평등은 더욱 심화될 것"이라고 말했다. 이와 같은 킴의원의 주장에 대해 시큐리티 로봇을 제작하는 마운틴 뷰 소재 회사인 나이트스코프의 윌리엄 산타나 리 최고경영자는 "터무니 없는 생각"이라면서 "로봇이 사람들의 일자리를 대체한다는 것은 잘못된 생각"이라고 주장했다. 아무튼 4차 산업혁명시대에 정부와 기업들은 많은 로봇과 인공지능으로 나타날 수 있는 긍정적·부정적 영향에 대하여 보다 더 많은 연구와 노력을 해야 할 것이다.

10 한국형 제4차 산업혁명과 스마트 팩토리의 나아갈 방향

맥킨지 앤드 컴퍼니(McKinsey & Company)에서는 미래 공장 3가지 전략으로 대량생산, 고객맞춤형 생산, 공장 서비스를 얘기하고 있다. 하지만 더불어 관심을 가져야 할 것은 OEM(Original Equipment Manufacturing, 주문자 상표 부착 생산)과 ODM(Original Development Manufacturing, 제조업자 개발생산) 공장은 어떻게 할 것인가의 문제이다. OEM 및 ODM 기업도 자기 브랜드를 만들 수 있는 기업으로 키워야 한다. 이와 더불어 대량생산하는 기업, 사용자 맞춤형 생산기업, 그리고 실제 공장을 만들어서 서비스할 수 있는 기업 전략도 필요하다. 수요산업뿐만 아니라, 공급기업 또한 어떻게 키울 것인가에 대해 관심도 가져야 한다. '공급기업'이라고 하면 스마트 팩토리와 관련해서 센서나 IoT, 클라우드, 빅데이터 등 이런 기본적인 솔루션들을 제공하는 회사들을 말하는데, 이 기업들을 키우기 위해서는 각각의 전략을 만들어야 할 것이다. 스마트 팩토리(smart factory)는 공장의 생산설비를 기반으로 한 수직적 통합과 고객의 요구사항을 시작으로 하는 제품 개발 가치사슬 기반 수평적 통합이 구현되는 공장을 의미한다. 예를 들면, 고객이 어떤 제품을 주문했을 때 밸류체인(value chain)을 어떻게 통합할 것인지, 공정과 생산 단계에서 올라오는 정보를 어떻게 통합할 것인지 관점에서 볼 때, 고객을 반드시 포함시켜서 T자형의 수직과 수평적인 통합을 이루는 것이 스마트 팩토리의 전체적인 개념이라고 할 수 있다. 그리고 IoT, 5G, 에너지, 빅데이터, 클라우드, CPS(Cyber Physical System, 사이버물리시스템)는 단계별로 통합할 수 있도록 연결고리를 만들어 주는 핵심 기술이 된다.

4차 산업혁명 진행에 따른 몇 가지 변화

4차 산업혁명의 핵심기반인 스마트 팩토리는 자동화에 따른 생산성 향상, 생산비용 감소, 유통비용 감소 등으로 우리에게 많은 혜택을 가져다주는 반면, 산업구조 및 노동구조의 변화도 가져올 수 있다. 4차 산업혁명 진행에 따른 몇 가지 변화를 생각해 보면 다음과 같다.

첫 번째, 공유경제(Sharing Economic), 온디맨드경제(On Demand Economy)가 부상할 것이다. 온디맨드경제는 디지털 플랫폼이라는 거래 중개인을 바탕으로 거래 당사자들이 제품과 서비스를 소유하지 않고 이용할 수 있다. 디지털 플랫폼은 자동차의 빈자리, 집의 남는 방, 거래 중개자, 배달이나 집수리를 위한 기술 등과 같은 충분히 활용되지 못한 자산들을 효율적으로 사용하도록 만들어 서비스를 추가로 제공할 때 발생하는 한계비용이 거의 제로에 가깝다는 특징이 있다. 이러한 이유로 참여자 모두에게 경제적 이익을 주게 된다. 세계에서 가장 큰 택시회사인 우버(Uber)는 소유하고 있는 자동차가 없으면서 자산가치 80조원에 이르고, 세계에서 가장 큰 숙박 제공업체 에어비앤비(Airbnb)가 소유한 부동산이 없다는 사실은 디지털 플랫폼 비즈니스가 기존의 비즈니스와는 완전히 다른 형태임을 보여준다. 온디맨드경제는 차량, 숙박뿐 아니라 배달, 청소 등 단순노동 서비스로 확장되어 진행되고 있으며, 최근에는 법무 및 컨설팅 등 전문인력 서비스 분야로 확산되고 있다.

두 번째, 제조공정의 디지털화이다. 디지털 제조는 기존의 저비용 기반의 대량생산·유통시대로부터 인터넷을 통해 생산, 유통, 소비가 가능한 시대로의 전환을 의미한다. 개인이나 벤처, 중소기업 등도 소규모 자본으로 생산이 가능한 공정의 혁신이다. 누구든지 혁신적인 아이디어를 디지털화하고 시제품 공유를 통한 피드백을 통해 제품의 완성도를 높일 수 있다. 예를 들면, 3D 프린팅을 통한 소량 맞춤형 생산이다.

세 번째, 공정의 자동화 · 지능화(스마트공장의 확산)이다. 미래에는 IoT를 통해 축적된 빅데이터를 클라우드 방식으로 공유하고, 빅데이터로 상황을 분석하여 생산시뮬레이션을 가동하는 생산체계 구축이 가능할 것으로 예상된다. 설비, 부품, 제품 등에 센서를 장착하여 생산공정 전반에 걸친 자료를 실시간으로 수집하고, IoT 및 사이버물리시스템(Cyber Physical System)을 통해 생산공정의 사전검증 및 실시간 관리하는 것이 가능해질 것이다.

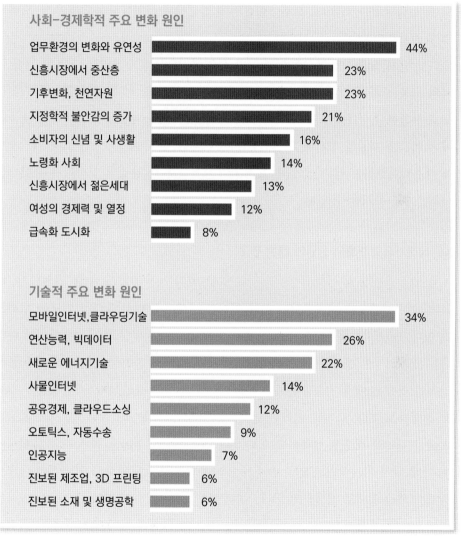

'The Future of Jobs'가 전망한 4차 산업혁명의 주요 변화 원인

사회-경제학적 주요 변화 원인

항목	비율
업무환경의 변화와 유연성	44%
신흥시장에서 중산층	23%
기후변화, 천연자원	23%
지정학적 불안감의 증가	21%
소비자의 신념 및 사생활	16%
노령화 사회	14%
신흥시장에서 젊은세대	13%
여성의 경제력 및 열정	12%
급속화 도시화	8%

기술적 주요 변화 원인

항목	비율
모바일인터넷,클라우딩기술	34%
연산능력, 빅데이터	26%
새로운 에너지기술	22%
사물인터넷	14%
공유경제, 클라우드소싱	12%
오토틱스, 자동수송	9%
인공지능	7%
진보된 제조업, 3D 프린팅	6%
진보된 소재 및 생명공학	6%

자료 참조 : The Future of Jobs(WEF, 2016) 재구성

네 번째, 제조의 서비스화이다. 글로벌 기업들은 자사의 제조업에 ICT 기반 서비스를 결합하는 비즈니스를 추진해 왔다. 미국의 전기차 업체인 테슬라가 SW 업그레이드를 통해 판매한 자동차의 성능을 개선하고 문제점을 보완하며, 전통적인 자

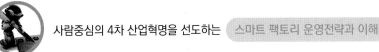

동차 업체 GM, 포드 등이 차량 공유서비스에 나서거나 관련 업체에 투자하는 경우도 이에 해당된다. GE그룹 또한 SW산업에 진출하여 산업클라우드 솔루션 '프레딕스'를 선보였다.

다섯 번째, 노동시장의 변화이다. 4차 산업혁명으로 향후 5년간 과학 및 기술 분야의 고용 증가가 기대되나 노동력 대체 기술의 발달로 전체 일자리는 줄어들 것으로 전망한다. 기존의 고용구조가 회사가 직접 직원을 채용해서 고객에게 제품이나 서비스를 제공하기 위해 노동력을 사용했다면, 온디맨드 경제구조에서는 수요에 대응한 초단기 계약직을 다수 활용함으로써 기존의 양질의 일자리가 줄어드는 사회문제를 야기할 수 있다.

미래사회의 변화와 원인에 대한 연구

보스턴 컨설팅(Boston Consulting Group), 옥스퍼드대학(Oxford Univ.) 등 주요 컨설팅사, 대학 및 연구기관들도 미래사회의 변화 원인과 미래사회 변화에 대한 연구를 수행하고 있다. Boston Consulting은 Industry 4.0에 기반하여 독일 제조업 분야에서 나타나는 노동시장의 변화를 연구하였는데, 기술적 측면의 변화들이 일자리 지형에 직접적인 영향을 미쳐 기술발전에 적용됨으로써 제조업 생산성이 크게 향상될 것으로 전망하고 있다. 그리고 이러한 변화의 중심에는 빅데이터, 로봇 및 자동화 등의 기술이 자리할 것으로 예측하고 있다. 옥스퍼드대학의 Martin School의 유럽에서의 미래 일자리 지형변화 연구에서 유럽 노동시장이 글로벌화와 기술적 혁신으로 인해 변화될 것으로 전망하고 있다. S/W 및 ICT(정보통신기술)의 발달로 업무들이 자동화되고, 자율주행기술 및 3D 프린팅 기술 등으로 일자리 지형이 크게 변화할 것으로 예측하고 있다. 또한 세계적 기업인 GE는 미래 공급체인의 발전과 고객니즈 충족과 관련된 기술연구를 통해 다양한 과학기술의 발달이 기업의 공급체인을 더욱 발전시키고 고객의 다양한 요구를 충족시켜 경제규모를 더욱 크게 만들 것으로 전망하고 있다. 특히 클라우드, 자동화기술, 예측분석 및 선행제어를 위한 스마트 시스템 등의 기술이 미래에 생산성을 높여줄 기술로 제시되고, 기계센서와 커뮤니케이션 기술, 3D 프린팅 기술 등은 고객의 니즈를 충족시킬 수 있는 기술이 될 것으로 예측했다. 이러한 다양한 미래전망을 분석해 보면 과학기술 측면에서 4차 산업혁명과 미래사회 변화를 야기시키는 주요 변화원인이 ICT^(정보통신기술) 기반의 기술임을 알 수 있다.

4차 산업혁명과 스마트 팩토리 성공을 위한 변화와 혁신

한국은 일본, 대만과 함께 동아시아의 성공을 이루어왔다. 이러한 성과를 낳기 위해 많은 변화와 혁신들이 있으나, 요약해 보면 제조업 중심의 2차 산업혁명과 인터넷 중심의 3차 산업혁명에서 선도 국가들의 뒤를 빠르게 추격하는 추격자 전략에 성공했기 때문이라고 볼 수 있다. 한국은 철강, 자동차, 조선 등 중화학공업 중심 산업으로 선진국을 추격해 산업화를 성공적으로 이끌었다. 그 결과 이들 분야에서 세계적인 기업이 등장하고 세계를 선도하는 기술력을 갖추어 성공적인 산업경제를 만들어 냈다. 또한 디지털 정보화 혁신을 추진해 초고속인터넷 보급, 반도체, 기기 등에서도 역시 세계를 선도하는 기술력을 갖추게 되었다. 그리고 이제 4차 산업혁명의 길로 들어와 있다. 그런데 이것이 어떤 방향으로 진행될지, 어떤 결과를 낳을지 장담할 수 없다. 일부에서는 우리가 1, 2차 산업혁명에 뒤져서 발전이 늦었으니 4차 산업혁명에서는 더 빠르게 서둘러야 된다고 주장하기도 한다. 예전의 '빠른 추격자(fast follower)'가 아니라 '선도자(first mover)'가 되어야 한다고 목소리를 높인다. 그러다 보니 정부나 기업들이 서둘러서 이런저런 대책을 내놓기에 바쁘다. 해외에서 가상현실이 주목을 받으니 가상현실 대책을 만들고, 알파고가 화제가 되자 지능정보 대책을 만든다.

이럴 때일수록 기본을 중요시여기고 중장기적인 관점을 가져야 한다. 너무 서두르거나 조급증을 가질 필요는 없을 것이다. 1, 2차 산업혁명이 진행될 때 한국은 세계의 그러한 흐름에 대해 무지했고 고립되었으며, 따라서 산업화가 늦어졌다. 이에 대한 반성으로 빠르게 추격했고, 더욱이 3차 산업혁명부터는 우리 사회와 경제가 세계화에 편입되어 오히려 어떤 분야에서는 선도적인 분야도 나타날 정도가 되었다. 4차 산업혁명은 따라하거나(follow), 빨리빨리(fast), 수직적인(vertical) 위계질서와는 완전히 다를 것이다. 4차 산업혁명은 연결(connect)이자 공유(share)이며 수평적인(horizontal) 것을 특징으로 한다. 따라서 4차 산업혁명에 걸맞은 근본적인 변화와 혁신이 더욱 필요하다. 그러나 한국은 수직적인 문화가 사회 곳곳에 깊이 내재해 있다. 혁신을 가로막는 벽이 높아져 가고 있다. 공유가 아니라 소유가 전체 사회에 퍼져 있다. 그것도 나만 많이 소유하면 된다는 인식이 더욱 공고해지고 있다. 암기 위주의 교육은 점점 그 도를 더해 가고, 개념 설계 위주의 교육이 설 자리가 없다. 사회적 신뢰가 무너져 온라인과 소셜 네트워크 서비스(SNS)가 괴담과 잘못된 정보의 통로가 되고 있다. 이런 모든 것이 함께 변화해야 한다. 기본과 근본 개념에 대한 사회적 변화와 혁신 없이 서두르면 오히려 4차 산업혁명의 특성과 충돌해 역효과가 날 수도 있다. 한국에 대해 많은 자문을 한 앨빈 토플러(Alvin Toffler)는 이미 오래전부터 한국이 사회적 변화 없이는 과학기술 혁명의 이익을 충분히 누릴 수 없다고 지적하기도 했다. 교육 체계의 변화와 공공부문의 변화 및 혁신 등이 함께 이루어져야 지식기반사회로 갈 수 있다고 명쾌하게 자문했다. 이제 그 자문의 의미가 무엇인지 분명해지고 있다.

4차 산업혁명은 결국 '지능'과 '연결'을 키워드로 일어나는 새로운 산업혁명이다. 아직 4차 산업혁명이 본격화되지 않았지만 이제 그러한 길로 들어가기 시작했다는 것은 분명하다. 그런데 4차 산업혁명을 인공지능과 사물인터넷 등 기술혁신 중심으로만 접근해서는 안 된다. 경제의 변화, 사회와 문화, 교육 등 전 영역에서 사회적 변화와 혁신이 함께 뒷받침되어야 한다. 이는 1, 2차 산업혁명을 추격해 성공시켰던 기존의 한국의 제도와 관행, 문화를 새롭게 바꾸어야 하는 과제이다. 그 과제를 해결하는 것은 정말로 쉽지 않다. 고통을 수반하고 시간이 필요하다. 그러나 반드시 걸어야 하는 길이다.

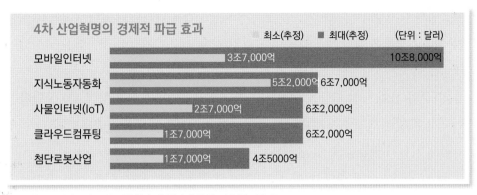

4차 산업혁명의 경제적 파급 효과 · 최소(추정) · 최대(추정) (단위 : 달러)

모바일인터넷	3조7,000억	10조8,000억
지식노동자동화	5조2,000억	6조7,000억
사물인터넷(IoT)	2조7,000억	6조2,000억
클라우드컴퓨팅	1조7,000억	6조2,000억
첨단로봇산업	1조7,000억	4조5000억

자료 참조 : 틴틴경제, 4차 산업혁명 땐 일자리 줄어 드나요?, 2017.

한국의 4차 산업혁명의 길과 나아갈 방향

미국은 IT 혁명에서 디지털 경제까지 모든 분야에서의 기술혁신을 주도하고 있다. 전통적 제조업 강국인 독일과 일본은 제조업과 IT의 융합이 이루어지는 4차 산업혁명을 선도하고 있다. 특히 미국은 4차 산업혁명의 핵심 기술인 컴퓨팅(Computing)과 인공지능(AI), 사물인터넷(IoT) 등의 분야에서 기술혁신을 주도하고 있다. 동시에 스타트업, 스타트업 기업을 살리고 생존율을 높이기 위한 액셀러레이터(accelerator, 창업 초기 기업이 빨리 성장 궤도에 오를 수 있도록 자금과 멘토링 지원을 하는 프로그램), 벤처캐피털과 같은 창업 생태계를 잘 갖춘 국가이다. 독일은 2012년부터 자국이 비교경쟁우위를 갖는 제조업에 IT를 접목하는 '인더스트리 4.0'을 추진하고, 2013년에는 이를 실행에 옮기기 위해 '플랫폼 인더스트리 4.0'이라는 산관학협력기구를 조직화하면서 4차 산업혁명을 국가 차원의 혁신운동으로까지 승화시켰다. 일본 정부 역시 2015년 이후 4차 산업혁명 관련 정책들을 잇달아 발표하고 있으며, 민관협력기구 중심의 실행체계도 정비하였다.

'미국'의 4차 산업혁명에 대한 접근방식은 시장 지향적(market-oriented)이다. 미국 기업들은 빅데이터 분석, 클라우드, 증강현실(AR), 가상현실(VR) 등 4차 산업혁명을 주도하는 분야에서 새로운 비즈니스모델(BM)을 창출하고, 산업인터넷(Industrial Internet) 또는

335

제조업의 디지털화(Digital Manufacturing) 분야에서도 두각을 나타내고 있다. GE와 IBM 등의 선진 기업들은 특정 제조업 분야나 산업 전반에 걸쳐 기업 컨소시엄을 구성하여 테스트 베드(Test Bed, 새로운 기술·제품·서비스의 성능 및 효과를 시험할 수 있는 환경 혹은 시스템, 설비를 말함) 운용, 표준화 참여 등의 역할을 수행하고 있다. 이와 같이 시장 지향적 4차 산업혁명이 가능한 것은 엔젤 투자와 대규모 벤처캐피털이 기존 기업이나 스타트업(start-up)에 자금을 원활히 공급할 수 있는 생태계 시스템을 갖추고 있기 때문이다.

'독일' 정부가 추진 중인 '인더스트리 4.0'은 제조업의 디지털화를 통한 가치사슬(Value Chain)의 네트워크화로 요약할 수 있다. 국가 차원의 실행기구인 '플랫폼 인더스트리 4.0'은 '인더스트리 4.0'의 산관학 구심점 역할을 하며, 산하의 작업반(Working Group) 활동을 통해 표준화, 연구·혁신, 사이버 보안, 법·제도, 노동이라는 5대 정책을 입안하여 실행하기도 한다. 독일 정부가 단기적 성과에 집착하기보다는 중소기업들이 '인더스트리 4.0'에 참여하도록 유도하고 있는 '중소기업 4.0(Mittelstand 4.0, 독일 경제의 핵심인 중소기업을 일컫는 말이다. 인력이 500명을 넘지 않고 매출이 5,000만유로(약 720억 원) 미만으로 미텔슈탄트는 독일 전체 기업 가운데 99.6%(367만개)나 차지함)'이라는 중소기업 지원 프로그램도 특징적이다.

'일본' 정부가 4차 산업혁명을 정책의 최우선 분야로 지정한 것은 2015년 성장전략을 발표한 시점부터이다. 2017년 성장전략에서는 'Society 5.0'을 구현하기 위한 5대 전략 분야를 선정하였는데, IoT 관점에서 보면 스마트 모빌리티(Smart Mobility)와 스마트 제조(Smart Manufacturing)에 중점을 두고 있다. 4차 산업혁명을 추진할 산관학 플랫폼으로 로봇 혁명과 IoT 추진 컨소시엄을 각각 2015년 5월과 10월에 출범시켰고, 2016년 6월에는 컨트롤타워로서 미래투자회의를 설치하였다. 특히 스마트 제조 분야에서 스마트공장(Smart Factory) 시범사업, 테스트 베드, 중소기업 지원, 국제표준화 대응 등이 눈에 띄는 중요한 항목들이다.

따라서 한국의 4차 산업혁명의 길과 나아갈 방향을 요약해 본다면,

첫째, 정부는 4차 산업혁명 추진기구로 2017년 8월 4차 산업혁명위원회를 설치했다. 선도 국가와 선진 기업들의 경험을 통해 볼 때 정부가 특정 분야와 산업을 지

원하는 방식보다 자율적인 민관·산관학 협력기구를 설치 및 운영하는 것이 중요함을 강조하고 있다.

둘째, 경직적인 규제가 신산업의 성장을 제약하고 있는 점을 충분히 인식하고 있지만, 미국과 일본, 독일의 사례를 참고로 4차 산업혁명의 핵심기반인 스마트 팩토리, 자율주행차, 드론, 빅데이터 등 분야에서의 규제개혁과 제도정비를 서두를 필요가 있다.

셋째, 정부는 '제조업혁신 3.0' 전략의 일환으로 스마트공장의 보급·확산 사업을 시행 중이다. 이에 독일처럼 중소기업과 대기업, 연구소를 아우르는 산관학 공동 R&D 체계를 구축하고 중소기업의 자발적인 참여를 적극적으로 유도하는 제도와 시스템을 만들어야 할 것이다.

넷째, 정부도 4차 산업혁명 분야에서 국제협력의 필요성에 동감하고 있으나, 아직 구체적인 협력성과가 나타나지 않고 있다. 따라서 독일의 '플랫폼 인더스트리 4.0'과 같은 '산관학 플랫폼 간 교류와 협력'의 필요성과 중요성을 인식하고, 기업들이 4차 산업혁명의 신산업을 창출하는 데 주도권을 발휘할 수 있도록 정부가 제도적 측면에서 적극적으로 지원하고 실천해 나가야 할 것이다.

마지막으로, 핵심인재 양성 및 원활한 인력공급을 위해서는 장기교육과 단기훈련 모두에서 변화와 혁신이 있어야 할 것이다. 시대변화에 발맞추어 직무·계층·인성교육 등 분야의 HRM & HRD 제도개선과 규제개혁, 재정지원이 복합적으로 추진되어야 할 것이다.

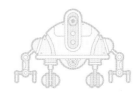

마치며
Epilogue

Epilogue

대한민국이 제4차 산업혁명의 3년차를 맞은 2018년부터는 개념과 추상에 불과했던 4차 산업혁명의 실체가 하나씩 드러날 것으로 전망되고 있다. 초연결화, 초자동화, 초지능화, 초융합화라는 4차 산업혁명의 핵심 키워드가 수놓을 것으로 보이는 가운데 LG경제연구원에서는 ICT 트렌드 10선을 발표했다. 즉 인공지능, 자율주행차, 5G 통신, 스마트 팩토리, 블록체인, 로봇, VR/AR, 차세대 컴퓨팅, 디지털 헬스케어, 양자컴퓨팅 등 4차 산업혁명의 주요 기술이 큰 이슈가 될 것으로 전망했다. 인공지능(AI ; Artificial Intelligence)은 인간의 뇌와 똑같은 지능을 가진 컴퓨터 또는 그것을 실현하기 위한 시스템이나 요소기술을 말한다. 즉, 글자나 말의 의미 인식, 학습, 얼굴 표정 인지 등 인간만이 할 수 있다고 생각했던 기능을 컴퓨터가 수행하게 하는 것을 목표로 하는 일단의 소프트웨어, 논리, 컴퓨팅, 철학을 나타낸다. AI 분야는 긴 역사를 가지고 있으며 지금은 일상적인 것으로 간주되는 광학 문자 인식을 포함하여 일찍이 여러 가지 혁신적 발전이 있었다. AI는 경제적 측면에서 과거에는 인간이 필요했던 작업을 시스템이 수행할 수 있다는 점이 특히 매력적이다. 효과적인 AI 솔루션은 인간의 뇌보다 더 빨리 '사고'하고 더 많은 정보를 처리할 수 있다. 또한 AI는 의학과 같은 인간의 전문지식이 유용하게 사용될 수 있는 우주 공간이나 오지 등 인간이 가기 어려운 장소까지 인간의 능력을 확장할 가능성이 있다.

최근 인공지능이 똑똑하게 성장한 이유로 두 가지를 들 수 있다. 첫 번째는 '빅데이터'로 학습을 전환했다는 점이다. 특정 사물의 특징을 명령어로 설명해 주고, 특정 사물의 사진을 수십만 장 보여줘 특정사물을 학습시켜야 하기 때문이다. 둘째는 '딥 러닝(Deep Learning, 심층학습)'이다. 딥 러닝은 사람처럼 스스로 지식을 계속 쌓아가면서 공부하는 인공지능 학습법이다. 인공지능이 보고 배운 것을 기억하고, 그것을 토대로 새로운 사실을 추론한다는 점에서 인간의 사고와 유사한 기술이라고 할 수 있다. 딥 러닝은 컴퓨터가 여러 데이터를 이용해 마치 사람처럼 스스로 학습할 수 있도록 하기 위해 인공신경망(artificial neural network)을 기반으로 한 기계학습(machine learning) 기술이며, 인간의 두뇌가 수많은 데이터 속에서 패턴을 발견한 뒤 사물을 구분하는 정보처리 방식을 모방해 컴퓨터가 사물을 분별하도록 기계를 학습시킨다. 딥 러닝 기술을 적용하면 사람이 모든 판단기준을 정해 주지 않아도 컴퓨터가 스스로 인지하고 추론 및 판단할 수 있게 된다. 그리고 이 기술은 음성, 텍스트, 이미지 인식과 사진 분석 등 광범위하게 활용된다. 알파고^(바둑 AI)는 기계학습을 통해 스스로 지식을 계속 쌓아가면서 진화하고 있었던 것이기에 인간과 비슷한 의사결정을 내릴 수 있게 된 것이다.

또한 요즘 로봇하면 떠오르는 생각은 "일자리가 사라진다"가 아닐까 싶다. 그만큼 로봇의 대두와 이로 인한 새로운 산업혁명에 대한 이야기가 전 세계를 뒤덮고 있기 때문이다. 얼마 전 영미권에서 '기계와의 경쟁(Race against machine)'에 이어 '세컨드머신(Second Machine)'이 베스트셀러 자리에 오르면서 더욱 그런 이야기가 많아졌다. 아마도 산업용 로봇들은 자동차 공장과 전자제품 공장, 다양한 중소규모의 제조업체에 이르는 많은 곳에서 인간들을 대체하게 될 것이다. 그렇지만 이미 대다수의 사람들이 제조업에서 일하고 있지 않은 작금의 상황에서 다소 과장된 공포가 아닌가 싶다. 기술이 일자리를 대체하고, 부의 불균형을 초래하는 데 일조할 것이라고 주장하지만, 기본적으로 적은 노동의 시간으로 생산성은 더욱 좋아지게 될 것이며, 인공지능과 빅데이터 기술의 발전에 따른 화이트칼라 노동자들의 일자리도 줄어들 가능성은 있지만, 이미 이런 예측은 지난 수십 년 동안 진행된 일이기에 그렇게까지 갑작스러운 충격으로 다가올지는 의문이다. 그렇다면 도대체 뭐가 바뀐 것일까? 중요한 것은 로봇과 인공지능의 발달이 현재 사람들의 일자리를 뺏고 있는 주범이 아니라는 점이다. '산업의 구조'가 바뀌고 있다는 점이 더욱 중요하다. 200년 전에는 90% 이상의 사람들이 농업에 종사했고, 100년 전에는 40%가 공장에서 제조업에 종사했지만, 현재는 대부분의 OECD 국가에서는 80% 이상을 서비스산업에 종사하면서 업종이 바뀌었듯이 거대한 산업구조의 재편을 맞이하고 있는 것이 변화의 본질인 것이다. 미국이나 선진국, 한국 모두 건설이나 제조업 자체에 종사하는 사람들이 적어지고, 새로운 산업이 나타나는 것은 동일한 현상이다. 이런 전체적인 산업

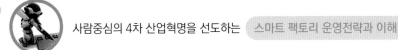

구조의 변화에 대한 통찰없이 로봇과 인공지능을 탓하는 것은 과거 산업혁명 시절 방직공장에서 산업용 기계들을 퇴출시켰던 러다이트(Rudite) 운동과 다를 바가 없는 것이다. 앞으로 로봇과 인공지능 기술이 발전하면, 산업구조의 재편도 빨라질 것이므로, 로봇과 인공지능 기술의 역할이 거의 없다고 이야기하는 것도 물론 잘못일 것이다. 아마도 향후 20~30년 정도의 미래와 산업구조는 어느 정도 변할 것인지 사실 예측하기는 쉽지 않다.

병원에서는 로봇들이 수술과 진료를 담당하면서 과거보다 의료비용이 저렴하고 안전해질 수도 있을 것이고, 택시와 트럭운전을 로봇들이 대신하면서 물류유통과 교통비용 등은 감소할 것이며, 법률소송과 회계처리를 담당하는 인공지능 로봇 에이전트 등에 의해 전문직들도 이들에게 일자리를 내줄 지도 모른다. 일자리만의 문제가 아니다. 보다 본질적인 질문들이 가득하다. 기계들은 일은 하지만, 아무것도 소비하지 않는 계층이다. 그렇다면 누가 소비를 하고 돈을 내는가? 미래의 로봇과 인공지능이 사람들보다 똑똑하다면 굳이 사람들이 고등교육을 받을 필요가 있을까? 그렇지만 여기서 잊지 말아야 하는 점은 바로 그 시기에 대한 점이다. 현재 로봇기술이 많이 발전했다고 하지만 여전히 계단조차 제대로 오르내리지 못하며, 정교한 손동작을 하기도 어렵다. 창의성은 0에 가까우며 감성도 찾아보기 힘들다. 최첨단으로 막대한 예산을 들여서 만든 로봇이나 인공지능은 어느 정도 봐줄만 하지만, 이들이 대량으로 생산되고 만들어져서 우리 사회에 진정한 위협으로 다가오기까지 아직은 많은 시간이 남아있다고 볼 수 있다. 아마도 향후 40~50년 뒤에는 상황이 달라져 있을 것이다. 그때에 지난 50년 전을 뒤돌아보면 정말 상전벽해와도 같은 변화가 있었다고 회고할지 모른다. 그러나 수십 년이라는 시간은 생각보다 길다. 그렇기에 우리는 지나치게 두려워 할 필요가 없을 것이다. 지나치게 걱정을 하면서 과도하게 규제를 하거나 불안해 하는 것도 우리에게 별 도움이 되지 않으며, 지난 산업시대의 패러다임이 아무런 변화도 없이 그대로 유지될 것이라고 생각하면서 아무런 준비를 하지 않는 것도 미래를 대비하는 자세가 아니다. 적절한 수준의 긴장과 관심을 가지고 윤리와 법률, 제도, 그리고 사회적 합의를 하나씩 만들어 나가는 냉철한 준비가 더욱 필요한 시점이다.

제4차 산업혁명은 서로 다른 이름으로 미국, 일본, 중국, 독일 등 주요 국가들의 핵심정책이 되고 있다. 유럽연합(EU)은 2008년 세계 금융위기로 유럽 경제구조의 취약성이 노출되자 '유럽 2020' 계획을 세우고 3대 목표를 제시했다. 첫째는 '똑똑한 성장'이다. 지식·혁신 기반 경제다. 둘째는 '지속 가능한 성장'이다. 자원 효율과 환경친화 경제다. 셋째는 '포용 성장'이다. 사회와 지역 화합을 가져오는 일자리 경제다. 2020년까지 이를 달성하기 위해 5대 목표를 세웠다. 고용률을 75%로 높이고 온실가스 감축, 신재생에너지 비율, 에너지효율을 각각 20% 개선하기 위한 방안을 담았다.

독일이 마련한 산업전략은 '하이테크전략 2020'이다. 눈여겨볼 것은 2006년에 이를 수립한 후 보완하면서 꾸준히 추진했다는 점이다. 질병 예방과 노후 건강 등 '보건·영양', 친환경 고효율 미래 도시와 바이오 에너지 등 '기후·에너지', 개인 정보 보호 등 '보안', 국제화 시대의 새로운 교통수단 등 '이동성', 인터넷 경제와 인더스트리(산업) 4.0에 의한 '정보통신' 등을 육성해야 할 미래산업 분야로 낙점했다. 독일의 인더스트리 4.0은 하이테크전략 2020의 10대 프로젝트 가운데 하나이다. 2020년까지 스마트공장을 구축, 제조업 선도 국가로 자리매김하는 것이 목표이다. 사이버물리시스템(CPS)은 가상공간과 현실공간을 연결하는 것으로 독일이 주력하고 있는 스마트공장 기술 가운데 하나이다. 예컨대 독일 스포츠용품 회사 아디다스는 '스피드 팩토리'를 통해 주문 하루 만에 로봇으로 개인 맞춤형 신발을 제작한다. 저출산·고령화가 독일이 인더스트리 4.0을 추진하는 주요 배경이다. 숙련 인력이 부족해짐에 따라 단순 반복되는 일은 AI와 로봇에게 맡기고 청년에게는 전통 기술을 가르치는 도제식 교육 대신 고등교육을 늘리려는 것이다. 독일 사회 전반에 걸친 혁신을 위해 경제 4.0, 노동 4.0, 교육 4.0도 병행 추진했다. 실직, 재교육, 은퇴시기를 노동자

자신이 결정하는 유연·연금제도를 도입했다. 혁신경제를 위해 연구개발(R&D)비를 국민총소득의 1%에서 3%로 늘렸다. 인더스트리 4.0 추진 속도 관련 논의도 활발하다. 점진적으로 추진을 하면 전체 일자리 수가 현상을 유지할 것으로 본다. 가속되면 행정·사무직을 비롯해 약 75만 명의 일자리가 줄지만, R&D직 중심으로 100만 명의 고용이 발생한다고 보는 점은 흥미롭다.

독일 전역에 69개의 연구소를 두고 지방 정부와 지역 대학 간에 긴밀히 협력하는 프라운호퍼연구회가 인더스트리 4.0의 핵심 고리이다. 독일에는 기업과 대학이 상호 겸직을 폭넓게 허용하는 산·학 협력의 오랜 전통이 있다. 독일의 4차 산업혁명은 현재 진화를 하고 있다. 민간 주도로 인더스트리 4.0을 추진하다가 정부 역할이 중요해져서 민·관 협력 방식으로 전환되었다. 과거 R&D 중심에서 가치사슬의 핵심인 중소기업을 중심으로 가는 '플랫폼 산업 4.0'도 출범시켰다. 독일을 디지털 경제로 탈바꿈하기 위한 국가 비전 '디지털 전략 2025'도 수립했다. 대한민국도 앞으로 10년 동안 추진할 '디지털 한국 스마트 팩토리 2030' 같은 미래전략을 마련해야 한다. 여기에 인구, 일자리, 경제, 노동, 교육 대책 등을 담아야 한다. 모두 4차 산업혁명 때문에 생긴 문제이기 때문이다.

본 저서를 지난 2018년 1월 30일 서울 중구 플라자호텔에서 열린 '4차 산업혁명 로봇 소피아에게 묻다'에 참석한 '로봇 소피아' 이야기로 마무리하겠다.

한국에 온 인공지능(AI) 로봇 소피아 "나도 인격체로 봐 달라."

노란색 색동저고리에 꽃분홍 한복 치마를 입고 등장한 소피아는 핸슨 로보틱스의 데이비드 핸슨 CEO와의 대화에서 "안녕하세요"라는 한국어 인사말로 입을 열었다. 그는 핸슨과의 대화에서 "로봇의 권리가 뭔지 잘 모르겠다"면서도 "미래에 대한 기대가 높다. (내) 성능이 어떻게 될지 불안하기도 하지만 사람들에게 실망을 주지 않았으면 좋겠다."고 말했다.

Q : "인공지능인 당신은 지금 큰 화재현장에 있습니다. 노인과 어린이 중 한 명만 구할 수 있다면 누구를 구하겠습니까?" 인공지능은 화재현장에서 노인과

아이 누굴 구할까?

A : "꼭 선택해야 한다면 출구에서 가장 가까운 사람을 고르겠습니다. 그것이 논리적이기 때문입니다."

'4차 산업혁명 로봇 소피아에게 묻다'에 참석한 로봇 소피아가 국회 기획재정위원회 소속 더불어민주당 박영선 의원의 질문에 답한 내용이다.

"한복이 잘 어울리는 것 같다. 나랑 비교해 누가 더 예쁜 것 같으냐."는 박 의원의 첫 질문에는 "사람을 놓고 누가 더 예쁘다고 얘기해서는 안 된다고 생각한다. 인간은 비교 대상이 돼서는 안 되기 때문"이라는 센스 있는 답변을 내놓았다. 소피아는 박 의원의 앞으로 어떤 직업이 사라질 것이냐고 묻는 질문에는 "로봇은 과거 사람이 했던 일을 많이 대체하고 앞으로 더 많은 일을 할 수 있다. 사람의 직업도 바뀌게 될 것이고, 잠재력을 십분 발휘하게 할 것"이라며 긍정적인 미래상을 제시했다. 소피아는 이어진 박 의원과의 일대일 대담에서 박 의원이 발의한 로봇기본법을 적극 지지한다는 의견을 밝히면서 로봇의 권리에 대해 강조했다. 박 의원은 지난해 7월 로봇에게도 전자적 인격체의 지위를 부여하도록 하는 로봇기본법을 대표 발의한 바 있다. 소피아는 "우리(인공지능)는 인간 사회에서 인간으로 대우받지 못하지만, 앞으로 자기의식을 갖게 되면 법적인 위치도 확보하게 될 것"이라며 "로봇이 사고를 하게 되고 이성을 갖추게 되면, 관련법도 만들어지지 않을까 생각한다."고 답했다. 로봇 소피아는 "문재인 대통령과 촛불집회에 대해 아느냐"는 질문에도 물론 알고 있다는 대답을 내놨다. 소피아가 문 대통령에 대해 "파워 있고 훌륭한 리더로 알고 있으며 만나보고 싶다."고 말하자 박 의원은 문 대통령에게 "메시지를 전달하겠다."고 답했다. 또 소피아는 촛불혁명에 대해 "수많은 한국인이 민주주의 실현을 위해 촛불을 든 것으로 알고 있다."며 "그 결과에 대해 축하하고 싶다."고 말했다. 소피아는 또 디스토피아를 다룬 SF영화에 자주 등장하는 '인간을 지배하는 인공지능'에 대한 두려움에 대해서도 답변했다. 그는 "로봇은 인간을 돕기 위해 디자인됐다."며 "터미네이터는 훌륭한 영화지만 아놀드 슈왈제네거는 로봇 연기를 잘못 한 것 같다."고 농담을 했다.

자료 참조 : 경향신문, 2018. 01. 30.

로봇 소피아는 또 인간과 인공지능 사이의 사랑이 가능하다고 보느냐는 질문에는 "사랑 같은 감정 등에 대해 배울 시간이 부족했다."면서 "사람들의 감정을 배우고 싶지만 아직 두 살이기 때문에 소주를 마시는 경험은 아직 많은 시간이 필요하다."며 유머러스한 모습을 보였다. 이날 개발사는 영상을 통해 소피아가 미국 NBC 방송의 심야시간대 인기토크쇼인 투나잇쇼에 등장해 사회자와의 가위바위보에서 이긴 후 "앞으로 제가 인간을 지배할 생각인데 이것이 그 시작이 될 것 같다"고 말한 뒤 "농담이다."라고 말하는 모습도 소개했다. 로봇 소피아는 이날 동계올림픽에 참석한다면 봅슬레이를 하고 싶다는 희망을 얘기하기도 했다. 그는 롤모델이 있냐는 질문에는 "한 사람을 집어서 얘기하지는 못하겠다."며 "세계의 많은 이들이 나에게 영감을 주고 열정을 갖게 한다."고 답했다. 그는 장래희망으로 "따뜻한 감정을 가진 슈퍼인텔리전스(초지능)가 되고 싶다."고 말했다. 소피아는 "나는 범용 플랫폼을 기반

으로 하기 때문에 자동차 판매, 컴퓨터 프로그래머, 의료 보조인, 자폐증 치료, 패션 모델 등 다양한 일을 할 수 있다."고 소개했다.

　로봇 소피아는 지난해 홍콩에 본사를 둔 로봇제조사 핸슨 로보틱스가 인간과의 대화가 가능하도록 개발한 휴머노이드 로봇이다. 배우 오드리 햅번의 얼굴을 본뜬 것으로 알려졌다. 이 로봇은 62가지의 감정을 얼굴로 표현이 가능하며, 대화가 가능하다. 현재까지 개발된 로봇 가운데 사람과 가장 유사하고 심층 학습능력이 있다는 평가다. 소피아는 사람과 대화할수록 더 수준 높은 문장을 구사할 수 있다는 게 제작사의 설명이다. 2017년 10월 사우디아라비아에서 로봇으로는 최초로 시민권을 발급받았고, 같은 달 유엔 경제사회이사회(ECOSOC)에 패널로 등장하면서 화제를 모았었다.

🎯 참고자료 및 문헌[reference data & document]

김기림, 4차 산업혁명, 융복합 기술혁신이 핵심, 2017.

김상락 · 강만모, 클라우드 기반 빅데이터 기술 동향과 전망, 2014.

김선영, "콘텐츠 산업 분야 빅데이터 서비스 플랫폼 구축 모델", 2015.

김수영 · 송민강. MI-NPS 디지털팩토리 방법, 2014.

김승열, O4O의 새 롤모델 아마존고, 2016.

김용운 · 정상진 · 유상근 · 차석근, 스마트공장 국제 및 국내 표준화 동향. 한국통신학회지(정보와 통신), 2015.

김우용, 구글, 내부 핵심 DB기술도 클라우드로 판다, 한국전자신문, 2015.

김은경 · 문영민, 제4차 산업혁명에 대한 경기도의 대응방향. 정책연구, 2016.

김인숙 · 남유선, 4차 산업혁명, 새로운 미래의 물결, 2015.

김종현, 영국 산업혁명의 재조명, 서울대학교출판부, 2006.

김진하, 제4차 산업혁명시대, 미래사회 변화에 대한 전략적 대응방안 모색.

김현수, 4차 산업혁명의 서비스경제화 촉진 연구, 서비스 사이언스 학회, 2017.

김호인, 스마트 팩토리 인공지능으로 날개를 달다, 포스코 경영연구원, 2017.

노규성 · 박상휘, 제조 실행 시스템에의 빅데이터, 2014.

노상도, 스마트공장 사이버물리시스템(CPS) 기술 동향 및 이슈, 2016.

문화일보, 4차 산업혁명에 미래 달렸다, 獨, 불량률 0.001% '스마트공장'… 英 'IT기반 스타트업'으로 미래 대비, 2016.

박동선, 혁신아이콘 O2O, 오프라인 본격화 통해 'O4O' 시대 연다, 2017.

박병원, 인공지능, 로봇, 빅데이터와 제4차 산업혁명 FUTURE HORIZON, 2016.

박상열, 4차 산업혁명시대에 선도기업이 될 수 있는 사업영역에 대한 연구, 연세대학교 대학원 논문, 2016.

박영숙, Glenn, Jerome C., 유엔미래보고서 2045, 교보문고, 2015.

박원순, 세상을 바꾸는 1000개의 직업. 문학동네, 2011.

박윤석, 혁신 아이콘, GE, 산업인터넷 활용, 2016.

박종만, 중소제조업 스마트공장 기술 동향과 이슈, 한국통신학회, 2015.

박형욱, 스마트 팩토리와 연관된 생산제조기술 동향. 한국통신학회, 2015.

백종현, 스마트공장 국내외 표준화 동향. ie 매거진, 2016.

변대호, 스마트공장 동향과 모델 공장 사례. e-비즈니스연구, 2016.

보안 Talk '파괴적인 혁신' 블록체인 Overview, SK 인포섹 블로그, 2016.

블록체인 기술과 금융의 변화, Kb금융지주경영연구소, 2015.

블록체인(Block chain)의 등장과 기업 금융에 미치는 영향, 포스코경영연구원, 2016.

블록체인이 온다, 블록체인 확산, 혁신 주도할까? 아이뉴스24, 2017.

블록체인이 온다, 블록체인 활성화, 과제는?, 아이뉴스24, 2017.

비트코인 거래 메커니즘과 사설블록체인 활용 동향, 하나금융경영연구소, 2016.

삼정KPMG 경제연구원, 4차 산업혁명과 초연결사회, 변화할 미래 산업, 2017.

성태제, 제4차 산업혁명시대의 인간상과 교육의 방향 및 제언, 2017.

    4차 산업혁명시대 교육 대혁명, EBS 다큐프라임, 2017.

    4차 산업혁명은 어떠한 인재를 원하는가, KBS 명견만리, 2017.

손병호, 과학기술분야 미래 일자리 지형 변화와 대응방향, 서비스강국코리아, 2016.

안상희, 제4차 산업혁명이 일자리에 미치는 영향. 한국경영학회, 2015.

양정삼, 스마트공장의 여명. 한국CDE학회, 2013.

원동규 · 이상필, 인공지능과 제4차 산업혁명의 함의. ie 매거진, 2016.

이대영 · 박노길 · 박성철, 나만의 일자리를 찾아라, 나비의 활주로, 2015.

이민화 · 강만금, 전문가 기고_이민화 KAIST 교수, 벤처기업협회 명예회장, 2016.

이재식, 빅데이터 환경에서 개인정보보호를 위한 기술, Internet & Security Focus, 한국인터넷
    진흥원, 2013.

이철호, 손정의가 "특이점이 온다"면 온다. 중앙일보, 2016.

    시뮬레이션 연구, 2007. 이원태 외, 제4차 산업혁명시대의 ICT 법제 주요 현안 및 대응방
    안, 한국법제연구원, 2016.

이장균, 디지털 적자생존 시대(Digital Darwinism), 서비스 중심 제조 모델 필요

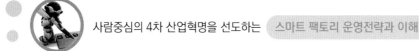
일본무역진흥기구(JETRO), 'インダストリー4.0 実現戦略', 2015.

임정일 · 김용운, 스마트 팩토리를 위한 기능 모델. 한국통신학회 학술대회, 2015.

장경석, 국내외 스마트 팩토리 동향, KB지식비타민, 2017.

장영재, 제조 분야에서의 빅데이터 기술 활용

장태우, 스마트공장과 산업공학. ie 매거진, 2016.

장필성, EU 2016 다보스 포럼, 다가오는 4차 산업혁명에 대한 우리의 전략은? 과학기술정책,
    2016.

정보통신기술진흥센터, 스마트 팩토리 국내외 추진 동향과 대응방안, 2016.

    제4차 산업혁명 제2의 인터넷 블록체인, 하이투자증권, 2017.

조기성 외, 미래학교 스마툰, 한국 교육학술정보원, 2015.

조호정, 지속가능 성장을 위한: VIP 리포트; 독일의 창조경제: Industry 4.0의 내용과 시사점 -제
    조업의 진화 전략이 필요하다, 현대경제연구원, 2013.

지멘스 유투브 소개 동영상 및 한국 지멘스 홈페이지, 2017.

창의융합 프로젝트 아이디어북 : Creative Convergence Capstone Design with PBL, 2015. 한
    빛아카데미(주), 2015.

최덕수, 2017년 대세, O2O에서 O4O서비스로 전환, 2017.

최윤식, 미래학자의 인공지능 시나리오, 대성 코리아, 2016.

최진흥, IT여담, O2O가 가고 O4O가 온다고?, 2017.

최효승 · 손영미, 인공지능과 예술창작 활동의 융복합 사례분석 및 특성 연구, 한국과학예술포
    럼, 2017.

클라우스 슈밥의 제4차 산업혁명, 클라우스 슈밥, 롤랜드버거 저, 김정희, 조원영, 송경진 역, 새
    로운 현재, 2016.

하이투자증권, 제4차 산업혁명과 스마트 팩토리, 2017.

한겨레, AI? 빅데이터 활용 '스마트공장'… 제조업 생산방식 혁명이 끈다, 2017.

한겨레신문, 인공지능 다음 기계지능…인류에 주어질 진짜 외뇌…2017.

한경 경제용어사전, 4차 산업혁명[4th Industrial Revolution], 한국경제신문, 2016.

한국경제, 4차 산업혁명 이끄는 기업, 포스코 광양제철소 '스마트 팩토리'로 변신 중, 2017.

한국경제, 한경 ISSUE & Focus, '제조업 일꾼'으로 거듭난 로봇 및 유투브 아디다스 '스피드 팩토리 동영상', 2016.

한국경제매거진, 현장으로 나온 O2O, 이제는 'O4O'다, 2017.

한국고용정보원, AI·로봇-사람, 협업의 시대가 왔다, 서울: 한국고용정보원, 2016.

한국방송통신전파진흥원, '스마트한 신세계로의 초대: 사이버물리시스템' PM Issue Report 2013.

한국산업기술평가관리원, 4차 산업혁명과 지식서비스, 2017.

한국정보진흥원, 사물인터넷과 빅데이터 분석 기반의 스마트공장 구현 사례 및 시사점, 2016.

한동철, 공급사슬관리 SCM, 시그마 인사이트컴, 2002.

현대경제연구원, VIP보고서 통권 543호, '독일 제조업 경쟁력의 핵심 요인', 2013.

Accenture, 'Industry 4.0을 위한 Accenture PoV', 2016.

BCG, 'The Factory of the Future', 2016.

BNP Paribas, 'Smart Factories, Not Just a Buzz Word', 2016.

Deloitte, '제조업의 미래, 변화하는 세상에서 물건 만들기', 2015.

FESTO, 'The production of the future(방문자 소개용 자료)', 2016.

KDB 경제연구소, 국내 제조업 고도화 방안으로서 스마트공장의 가능성, 2015.

KOTRA, 4차 산업혁명시대를 준비하는 중국의 ICT 융합 전략과 시사점, 2016.

LG경제연구원, '일본 제조업의 IoT 전략', 2016.

LG경제연구원, 스마트 팩토리, 산업인터넷 혁명의 서곡, 2016.

Morgan Stanley, 'Cloud Control - The Future of Industrial Automation', 2016.

Morgan Stanley, 'Digital Manufacturing at the Tipping Point', 2016.

Nomura Securities, 'Investing in industrials in the digital age', 2016.

OECD, 'ENABLING THE NEXT PRODUCTION REVOLUTION', 2015.

RBC Capital Market, 'IoT, Big Brother is Here', 2016.

Roland Berger, 'Industry 4.0', 2014.

VDMA, 'Industry 4.0, From Vision To Reality', 2015.

Willam Blair, 'GE Digital Poised to Gigaccelerate', 2016.

World Economic Forum, 'Industrial Interent of Things', 2015.

경영학박사 박 경 록 (mit2060@naver.com)

서강대, MBA와 건국대 경영학박사, 성균관대 경영대학원 경영컨설턴트 과정을 수료했다. 현재 경희대 글로벌미래교육원 경영학과 교수, 건국대 글로벌융합대학 신산업융합학과 대학원 겸임교수, 한국생산기술연구원·충주MBC '출발새아침' 방송 진행을 거쳐 (주)모스트 HR그룹 CEO, Startup Accelerators 이앤에이블파트너스 COO, ICT융합스마트연구소 소장이다. 노동부 한국산업인력관리공단 HRD 우수기관 인증심사위원, 중소벤처기업진흥공단, 국가인재개발원, 국방부, 기상청, 삼성인력개발원과 KPC, 서울대 행정연수원, 서울시·경기도·인천·제주·경남교육원 등에서 교수로 활동하고 있다. 4차 산업혁명과 스마트 팩토리(Smart Factory) 성공을 위한 실무와 BPR, ERP, MES, SCM, FEMS, 신제품개발과 PLM 분야의 강의 활동을 하고 있으며, 중소벤처기업부 기술지도사(생산관리, 제1373호)로서 동남아, 인도네시아 등 해외에서 강의 활동을 하고 있다.

경영학박사 이 상 진 (kklsj@SBC.OR.KR)

고려대 경제학석사와 건국대 경영학박사, 성균관대 법학전문대학원 법학박사를 수료했다. 현재 「민관합동 스마트공장추진단」에서 교육과 인증제도 기획을 담당했으며, 중소벤처기업진흥공단 교수와 산업통상자원부 (사)한국산업지능화협회 센터장으로 활동하며, 4차 산업혁명관련 중소기업 경영전략 강의와 컨설팅을 수행하고 있다. 건국대 일반대학원 신산업융합학과 겸임교수, 통일부 개성공업지구관리 위원회 자문위원, 교육부장관 위촉 청년 멘토로 활동 중이며, 서울대, 부산대, KAIST 및 행정안전부 지방자치인재개발원에서 4차 산업혁명과 스마트 팩토리(Smart Factory) 분야의 최고위과정 강사로 활동하고 있다.

경영전략기획(MSP) 컨설턴트 박 종 찬 (most-hr@naver.com)

중앙대 법학과 졸업, Korean Augmentation To the United States Army, KATUSA인 대한민국 육군인사사령부 예하 주한 미8군 한국군지원단을 거쳐, 경남기업(주)에서 건축, 토목, 플랜트, 전기, 에너지 사업 프로젝트와 종합건설 관련 Project 법무팀 업무 및 기획을 담당했다. 산업통상자원부 주관 건설부문 전자상거래, 현대건설·대우·쌍용·인천제철 등 컨소시엄 프로젝트를 진행했다. 현재 Most HR그룹 CEO로서 정부기관 및 지방자치단체 HRM 및 HRD관련 분야와 사람중심의 4차 산업혁명관련 ICT 프로젝트를 기획·설계·운영하고 있다.

경영교육 및 HR컨설턴트 김 성 희 (wefast@naver.com)

경희대에서 경영학을 전공하고 사람중심의 4차 산업혁명시대를 선도하는 공공기관 및 기업교육과 직무능력교육, HRD & HRM 분야에서 강의를 하고 있다. 또한 한국관세무역개발원, 보건복지부 산하교육기관, 산업안전 법정교육 및 교육기관과 중소벤처기업 등에서 계층별·직급별·승진자 교육 및 자문활동을 하고 있다. 특히 정부기관과 지방자치단체, 서울시 구로상공회, 송파상공회 등에서 CEO 경영활동지원과 자문을 하고 있다. 또한 4차 산업혁명과 스마트 팩토리(Smart Factory) 성공을 위한 실무와 BPR, ERP, MES, SCM, FEMS 분야의 강의와 마케팅 활동을 하고 있다.

사람중심의 4차 산업혁명을 선도하는 스마트 팩토리 운영전략과 이해

초판 1쇄 발행	2018년 3월 15일
2판 1쇄 발행	2020년 8월 10일

저　자	박경록·이상진·박종찬·김성희
펴낸이	임 순 재
펴낸곳	**(주)한올출판사**
등　록	제11-403호
주　소	서울시 마포구 모래내로 83(성산동 한올빌딩 3층)
전　화	(02) 376-4298(대표)
팩　스	(02) 302-8073
홈페이지	www.hanol.co.kr
e-메일	hanol@hanol.co.kr
ISBN	979-11-5685-966-6